CORPUS IURIS CIVILIS

für das Deutsche Reich und Oesterreich.

Sammlung der das bürgerliche Recht betreffenden deutschen und österreichischen Spezialgesetze.

Herausgegeben

von

Dr. Richard Schröder,
Professor in Würzburg.

Erster Theil.

Die handelsrechtlichen Gesetze.

Mit ausführlichem Sachregister.

Zweite Ausgabe,
bis zum Jahre 1880 ergänzt.

Bonn,
Eduard Weber's Verlag
(Julius Flittner).
1880.

Das

Allgemeine

Deutsche Handelsgesetzbuch

und die

Allgemeine Deutsche Wechselordnung

nebst

den ergänzenden handels- und seerechtlichen Gesetzen für das Deutsche Reich und Oesterreich.

Bonn,
Eduard Weber's Verlag
(Julius Flittner).
1880.

Vorrede zur ersten Ausgabe.

Die vorliegende dritte Ausgabe des Handelsgesetzbuches erscheint als der erste Theil eines Corpus iuris civilis, welches die das bürgerliche Recht betreffenden Spezialgesetze Deutschlands und Oesterreichs zusammenfassen soll. Eine Vermehrung ist eingetreten durch Aufnahme der neuen Reichsgesetze über das Geld- und Bankwesen und das Seerecht, sowie des österreichischen Genossenschaftsgesetzes und der deutschen und österreichischen Gesetze über Markenschutz, während die Gesetze über Muster- und Modellschutz, obgleich an sich zu den handelsrechtlichen Quellen gehörig, wegen ihres Zusammenhanges mit dem Urheberrecht dem zweiten Theile vorbehalten blieben. In den letzteren wurden auch die Gesetze über die vertragsmäfsigen Zinsen verwiesen. Die Einführungsgesetze zum H.-G.-B. für Preufsen und Elsafs-Lothringen sind in Wegfall gekommen, weil unser Corpus iuris nur für Reichs-, nicht für Landesgesetze bestimmt ist; dagegen wird die Verlagsbuchhandlung für die gesonderte Veröffentlichung der preufsischen und österreichischen Einführungsgesetze in einer unserer Sammlung entsprechenden Form Sorge tragen. Die Benutzung unserer Ausgabe wird durch ein ausführliches Sachregister erleichtert werden.

Würzburg, im Juni 1876.

Vorrede zur zweiten Ausgabe.

Die „Nachträge und Berichtigungen" (S. 514 ff.) enthalten alles, was aus der Gesetzgebung der letzten vier Jahre an Ergänzungen für unsere Sammlung zu entnehmen war, aufserdem einige Berichtigungen und Ergänzungen aus der früheren Zeit, namentlich die in der ersten Ausgabe nicht vollständig berücksichtigten Abweichungen der österreichischen Wechselordnung von der des Deutschen Reiches betreffend. Eine weitere Ergänzung unserer Sammlung hinsichtlich des österreichischen Rechts ist die von der Verlagsbuchhandlung veranstaltete Ausgabe der österreichischen Einführungsgesetze (Bonn 1876), welche auch die in Oesterreich in Geltung gebliebenen, im Deutschen Reiche aber durch Gesetz vom 11. Juni 1870 (S. 358) aufgehobenen oder abgeänderten Artikel des H.-G.-B., ferner das Gesetz betr. die Ertheilung von Concessionen für öffentliche Lagerhäuser, das Gesetz betr. die Organisierung der Börsen, das an die Stelle der Artikel 66—84 des H.-G.-B. getretene Gesetz vom 4. April 1875, betr. die Handelsmäkler oder Sensale, und die Verordnungen von 1850 und 1859 über das Verfahren in Wechselsachen enthält.

Würzburg, im Februar 1880. R. S.

Inhalt.

Gesetz,

betreffend die Einführung der Allgemeinen Deutschen Wechsel-Ordnung, der Nürnberger Wechsel-Novellen und des Allgemeinen Deutschen Handelsgesetzbuches als Bundesgesetze.

Vom 5. Juni 1869 [1]).

Wir Wilhelm, von Gottes Gnaden König von Preufsen etc. verordnen im Namen des Norddeutschen Bundes, nach erfolgter Zustimmung des Bundesrathes und des Reichstages, was folgt:

§. 1.

Die Allgemeine Deutsche Wechsel-Ordnung (Anlage A.) nebst den die Ergänzung und Erläuterung derselben betreffenden sogenannten Nürnberger Novellen (Anlage B.), sowie das Allgemeine Deutsche Handelsgesetzbuch (Anlage C.) werden zu Bundesgesetzen erklärt und als solche in das gesammte Bundesgebiet eingeführt, jedoch unbeschadet der Vorschriften des Bundesgesetzes über die Nationalität der Kauffahrteischiffe und ihre Befugnifs zur Führung der Bundesflagge vom 25. Oktober 1867. (Bundesgesetzblatt Seite 35.) und des Bundesgesetzes über die Aufhebung der Schuldhaft vom 29. Mai 1868. (Bundesgesetzblatt Seite 237.).

---

1) B.-Ges.-Bl. 1869, S. 379 f. Durch die „Verfassung des Deutschen Bundes" vom 31. Dezember 1870, Art. 80 Nr. 15 (B.-Ges.-Bl. 1870, S. 648) auch in Würtemberg, Baden und Hessen, und durch die Reichsgesetze vom 22. April 1871 (B.-Ges.-Bl. 1871, S. 88) und vom 19. Juni 1872 (Ges.-Bl. f. Els.-Lothr. 1872, S. 213 ff.) in Baiern und Elsafs-Lothringen eingeführt. In Oesterreich, mit Ausschlufs der Länder der ungarischen Krone, gelten 1. die „allgemeine Wechselordnung" auf Grund Gesetzes vom 25. Januar 1850, 2. die Novellen zur Allg. W.-O. auf Grund V.-O. vom 24. October 1858, 3. die vier ersten Bücher des H.-G.-B. als „Allg. H.-G.-B. für das Kaiserthum Oesterreich" auf Grund Gesetzes vom 17. Dezember 1862.

§. 2.

Die bei oder nach der Einführung der Wechsel-Ordnung, der Nürnberger Novellen und des Handelsgesetzbuches in die einzelnen Bundesstaaten oder deren Landestheile im Wege der Landesgesetzgebung erlassenen Vorschriften bleiben als landesgesetzliche Vorschriften insoweit in Kraft, als sie nur eine Ergänzung und nicht eine Abänderung einer Bestimmung der Wechsel-Ordnung, der Nürnberger Novellen oder des Handelsgesetzbuches enthalten.

§. 3.

Insbesondere bleiben folgende auf die Einführung der Wechsel-Ordnung und des Handelsgesetzbuches sich beziehende landesgesetzliche Vorschriften in Kraft:

A. in Ansehung der Wechsel-Ordnung:
die Vorschriften der §§. 5. bis 7. der für die freie und Hansestadt Hamburg am 5. März 1849. in Bezug auf die Einführung der Allgemeinen Deutschen Wechsel-Ordnung publizirten Verordnung und der entsprechenden §§. 8. bis 10. der Königlich Preufsischen Verordnung, betreffend die Einführung der Allgemeinen Deutschen Wechsel-Ordnung in die Herzogthümer Holstein und Schleswig, vom 13. Mai 1867.;

B. in Ansehung des Handelsgesetzbuches:
1) die Vorschriften, nach welchen unter Landesgesetzen im Sinne des Handelsgesetzbuches nicht blos die förmlichen Gesetze, sondern das gesammte Landesrecht zu verstehen und in Ansehung der betreffenden Vorbehalte des Handelsgesetzbuches die Erlassung maafsgebender Vorschriften auf anderem Wege, als auf dem Wege der förmlichen Gesetzgebung, soweit dies nach dem Landesrecht zulässig, nicht ausgeschlossen ist;
2) die Vorschriften, welche in Ansehung der Eintragungen in das Handelsregister noch andere als die in dem Handelsgesetzbuch bestimmten Eintragungen zulassen oder gebieten;
3) die Vorschriften, welche den Prokuristen zur Ertheilung von Konsensen vor den mit der Führung

der Eigenthums- und Hypothekenbücher oder der Schuld- und Pfandprotokolle beauftragten Behörden und Beamten nur für den Fall befugt erklären, daſs demselben diese Befugniſs besonders beigelegt ist;

4) die Vorschriften, welche bestimmen, daſs die Vorschriften des Landesrechts über die rechtlichen Voraussetzungen für den Erwerb des Eigenthums an unbeweglichen Sachen durch die Bestimmungen des Handelsgesetzbuches nicht berührt werden;

5) die Vorschriften, welche die Anwendung des Artikels 295. des Handelsgesetzbuches insoweit beschränken, als sie die abweichenden Vorschriften, welche das bürgerliche Recht für die zur Eintragung in das Hypothekenbuch bestimmten Schuldurkunden enthält, in Kraft erhalten;

6) die Vorschriften, welche die Artikel 306. und 307. des Handelsgesetzbuches auf Inhaberpapiere, so lange dieselben auſser Kurs gesetzt sind, für nicht anwendbar erklären;

7) die Vorschriften, welche bestimmen, daſs unter Konkurs im Sinne des Handelsgesetzbuches auch das Falliment des Rheinischen Rechts und das Debitverfahren des Bremischen Rechts zu verstehen sei;

8) die Vorschriften, welche bestimmen, daſs durch die Artikel 313. bis 316. des Handelsgesetzbuches die im bürgerlichen Rechte in einem weiteren Umfange begründete Zulassung des Zurückbehaltungsrechtes (Retentionsrechtes) nicht berührt werde.

§. 4.

Als Landesgesetze bleiben, auch insoweit sie Abänderungen des Handelsgesetzbuches enthalten, in Geltung:

für das Groſsherzogthum Mecklenburg-Schwerin:

die §§. 51. bis 55. der die Publikation des Handelsgesetzbuches betreffenden Verordnung vom 28. Dezember 1863;

für die freie Hansestadt Bremen:

die am 12. Februar 1866. publizirte, die

Löschung der Seeschiffe betreffende obrigkeitliche Verordnung;

für die freie und Hansestadt Hamburg:

der §. 50. des am 22. Dezember 1865. publizirten Einführungsgesetzes zum Allgemeinen Deutschen Handelsgesetzbuch.

§. 5.

Die in Gemäfsheit der §§. 16. und 52. der unter dem 6. Juni 1864. von dem Senate der freien Hansestadt Bremen publizirten obrigkeitlichen Verordnung, betreffend die Einführung des Allgemeinen Deutschen Handelsgesetzbuches, den Privatgläubigern eines Handelsgesellschafters in Ansehung des Vermögens einer Handelsgesellschaft zu der Zeit, zu welcher dieses Gesetz in Geltung tritt, zustehenden Pfand- und Vorzugsrechte bleiben unberührt.

§. 6.

Dieses Gesetz tritt am 1. Januar 1870. in Kraft.

Urkundlich unter Unserer Höchsteigenhändigen Unterschrift und beigedrucktem Bundes-Insiegel.

Gegeben Schlofs Babelsberg, den 5. Juni 1869.

(L. S.) **Wilhelm.**

Gr. v. Bismarck-Schönhausen.

Gesetz,

betreffend die Errichtung eines obersten Gerichtshofes für Handelssachen.

Vom 12. Juni 1869 [1]).

Wir Wilhelm, von Gottes Gnaden König von Preufsen etc. verordnen im Namen des Norddeutschen Bundes, nach erfolgter Zustimmung des Bundesrathes und des Reichstages, was folgt:

§. 1.

Für Handelssachen wird ein für alle Staaten des Norddeutschen Bundes gemeinsamer oberster Gerichtshof errichtet, dessen Zuständigkeit sich über das gesammte Bundesgebiet erstreckt und welcher die Benennung „Bundes-Oberhandelsgericht" führt.

§. 2.

Das Bundes-Oberhandelsgericht soll in Leipzig seinen Sitz haben und aus einem Präsidenten, einem oder mehreren Vizepräsidenten und der erforderlichen Anzahl von Räthen bestehen.

§. 3.

Die Mitglieder des Bundes-Oberhandelsgerichts werden auf Vorschlag des Bundesrathes von dem Bundespräsidium ernannt.

§. 4.

Die Ernennung der erforderlichen Sekretaire erfolgt im Namen des Bundespräsidiums durch den Bundeskanzler, die Ernennung der erforderlichen übrigen Subaltern- oder Unterbeamten durch den Präsidenten des Bundes-Oberhandelsgerichts.

---

1) B.-Ges.-Bl. 1869, S. 201 ff. Durch die „Verfassung des Deutschen Bundes" vom 31. Dezember 1870, Art. 80 Nr. 17 (B.-Ges.-Bl. 1870, S. 648) auch in Würtemberg, Baden und Hessen, und durch Reichsgesetz vom 22. April 1871 (B.-Ges.-Bl. 1871, S. 89) in Baiern eingeführt. Für Elsafs-Lothringen vgl. das Gesetz, betr. die Bestellung des Bundes-Oberhandelsgerichts zum obersten Gerichtshofe für Elsafs und Lothringen, vom 14. Juni 1871 (Reichs-Ges.-Bl. 1871, S. 315).

§. 5.

Der für das Bundes-Oberhandelsgericht erforderliche Aufwand wird aus der Bundeskasse bestritten. Insbesondere werden alle bei dem Bundes-Oberhandelsgerichte angestellten Beamten als Bundesbeamte aus der Bundeskasse besoldet.

§. 6.

Zum Mitgliede des Bundes-Oberhandelsgerichts kann nur ein Rechtskundiger ernannt werden, welcher nach den Gesetzen des Bundesstaates, dem er angehört, befähigt ist, zum rechtskundigen Mitgliede eines oberen Gerichtshofes dieses Staates ernannt zu werden, oder welcher an einer Deutschen Universität die Stelle eines ordentlichen öffentlichen Lehrers des Rechts bekleidet.

§. 7.

Zur Fassung gültiger Beschlüsse des Bundes-Oberhandelsgerichts ist die Theilnahme von mindestens sieben Mitgliedern, einschliefslich des Vorsitzenden, erforderlich. Die Zahl der Mitglieder, welche bei der Fassung eines Beschlusses eine entscheidende Stimme führen, mufs in allen Fällen eine ungerade sein. Ist die Zahl der bei der Erledigung einer Sache mitwirkenden Mitglieder eine gerade, so führt dasjenige Mitglied, welches zum Rathe des Bundes-Oberhandelsgerichts zuletzt ernannt ist und bei gleichem Dienstalter derjenige, welcher der Geburt nach der jüngere ist, nur eine berathende Stimme.

§. 8.

Das Bundes-Oberhandelsgericht kann, auf Grund eines Beschlusses des Bundesrathes, in mehrere Senate getheilt werden.

Die Zusammensetzung der Senate erfolgt durch den Präsidenten, mindestens auf die Dauer eines Gerichtsjahres. Für dieselbe Dauer hat der Präsident die Mitglieder zu bezeichnen, welchen für Verhinderungsfälle die Vertretung obliegt.

Ein Mitglied des Bundes-Oberhandelsgerichts kann gleichzeitig ständiges Mitglied mehrerer Senate sein.

Den Vorsitz in den Senaten führt der Präsident, ein Vizepräsident und in Verhinderungsfällen derjenige Rath des Senats, welcher das Amt eines Rathes am Bundes-Oberhandelsgericht am längsten bekleidet, und bei gleichem Dienstalter derjenige, welcher der Geburt nach der ältere ist.

§. 9.

Wenn die Ansicht eines Senats über eine Rechtsfrage von einer früheren Entscheidung desselben Senats oder eines anderen Senats oder des Plenums abweicht, so mufs vor der Sachentscheidung diese Rechtsfrage vor das Plenum gebracht werden. Die Ansicht des letzteren ist für die Entscheidung der Sache, welche zu der Plenarberathung Veranlassung gegeben hat, maafsgebend.

§. 10.

Zur Praxis bei dem Bundes-Oberhandelsgerichte, einschliefslich der zur Instruktion der Rechtsmittel dienenden Handlungen (§§. 17. und 18.), sowie zur Niederlassung am Sitze jenes Gerichtshofes sind alle in einem Staate des Norddeutschen Bundes zur gerichtlichen Praxis fest zugelassenen Rechtsanwalte und Advokaten berechtigt.

Zur Annahme von Zustellungen haben die Parteien einen am Sitz des Bundes-Oberhandelsgerichts wohnenden Bevollmächtigten zu bestellen. Unterlassen sie dies, so erfolgt die Zustellung durch die Post mittelst rekommandirten Schreibens.

§. 11.

Der Geschäftsgang bei dem Bundes-Oberhandelsgerichte wird durch ein Regulativ geordnet, welches der Gerichtshof zu entwerfen und dem Bundesrathe zur Bestätigung einzureichen hat.

In dem Geschäfts-Regulative sind insbesondere auch die Befugnisse des Präsidenten festzustellen und die Angelegenheiten zu bezeichnen, welche noch aufser den in diesem Gesetze bezeichneten Fällen durch das Plenum zu erledigen sind.

§. 12.

Das Bundes-Oberhandelsgericht tritt in Handelssachen an die Stelle des für das Gebiet, in welchem die Sache in erster Instanz anhängig geworden ist, nach den Landesgesetzen bestehenden obersten Gerichtshofes mit derjenigen Zuständigkeit, welche nach diesen Landesgesetzen dem obersten Gerichtshofe gebührt.

Die Zuständigkeit des Bundes-Oberhandelsgerichts kann durch Aktenversendung an juristische Spruchkollegien und Fakultäten nicht ausgeschlossen werden.

§. 13.

Handelssachen im Sinne dieses Gesetzes sind diejenigen bürgerlichen Rechtsstreitigkeiten, in welchen durch die Klage ein Anspruch

1) gegen einen Kaufmann (Art. 4. des Allgemeinen Deutschen Handelsgesetzbuchs) aus dessen Handelsgeschäften (Art. 271—276. des Allgemeinen Deutschen Handelsgesetzbuchs),
2) aus einem Wechsel im Sinne der Allgemeinen Deutschen Wechsel-Ordnung,
3) aus einem der nachstehend bezeichneten Rechtsverhältnisse geltend gemacht wird:
   a) aus dem Rechtsverhältnisse zwischen den Mitgliedern einer Handelsgesellschaft, zwischen dem stillen Gesellschafter und dem Inhaber des Handelsgewerbes, sowie zwischen den Theilnehmern einer Vereinigung zu einzelnen Handelsgeschäften oder einer Vereinigung zum Handelsbetriebe (Art. 10. des Allgemeinen Deutschen Handelsgesetzbuchs), sowohl während des Bestehens, als nach Auflösung des geschäftlichen Verhältnisses, ingleichen aus dem Rechtsverhältnisse zwischen den Liquidatoren oder den Vorstehern einer Handelsgesellschaft, und der Gesellschaft oder den Mitgliedern derselben;
   b) aus dem Rechtsverhältnisse, welches das Recht zum Gebrauche der Handelsfirma betrifft;
   c) aus dem Rechtsverhältnisse, welches durch die Veräußerung eines bestehenden Handelsgeschäfts zwischen den Kontrahenten entsteht;
   d) aus dem Rechtsverhältnisse zwischen dem Prokuristen, dem Handlungsbevollmächtigten oder dem Handlungsgehülfen und dem Eigenthümer der Handelsniederlassung, sowie aus dem Rechtsverhältnisse zwischen einer dritten Person und

demjenigen, welcher ihr als Prokurist oder Handlungsbevollmächtigter aus einem Handelsgeschäfte haftet (Art. 55. des Allgemeinen Deutschen Handelsgesetzbuchs);

e) aus dem Rechtsverhältnisse, welches aus den Berufsgeschäften des Handelsmäklers im Sinne des Allgemeinen Deutschen Handelsgesetzbuchs zwischen diesem und den Parteien entsteht;

f) aus den Rechtsverhältnissen des Seerechts, insbesondere aus denjenigen, welche auf die Rhederei, die Rechte und Pflichten des Rheders, des Korrespondent-Rheders und der Schiffsbesatzung, auf die Bodmerei und die Haverei, auf den Schadensersatz im Falle des Zusammenstofsens von Schiffen, auf die Bergung und Hülfeleistung in Seenoth und auf die Ansprüche der Schiffsgläubiger sich beziehen.

Ist nach den Landesgesetzen die Klage noch in anderen, als den vorstehend unter Nr. 1. bis 3. bezeichneten bürgerlichen Rechtsstreitigkeiten vor das Handelsgericht erster Instanz gewiesen, so sind auch diese Rechtsstreitigkeiten als Handelssachen im Sinne dieses Gesetzes anzusehen.

§. 14.

Ist in Folge einer Klagenhäufung über eine Handelssache und über eine andere Sache durch ein Erkenntnifs zu entscheiden, so ist die Zuständigkeit des Oberhandelsgerichts nur dann begründet, wenn der Werth der Handelssache der höhere ist.

Dasselbe gilt, wenn in Folge einer Widerklage, welche mit der Klage in einem und demselben Rechtsstreite zu erledigen ist, Handelssachen und andere Sachen den Gegenstand der Entscheidung bilden.

§. 15.

Wird in einem zur Zuständigkeit des Bundes-Oberhandelsgerichts gehörigen Rechtsstreite in Folge eines Sicherheitsarrestes oder einer Zwangsvollstreckung von einem Dritten Widerspruch erhoben, so ist für den aus einem solchen Widerspruche entstehenden Rechtstreit das Bundes-Oberhandelsgericht nur dann zuständig, wenn dieser Rechtsstreit nach den Vorschriften des §. 13. ganz oder zum Theil zur Zuständigkeit des Bundes-Oberhandelsgerichts gehört.

Auch in Bezug auf Einwendungen, welche im Zwangsvollstreckungsverfahren von Seiten des Klägers oder des Beklagten erhoben werden, ist das Bundes-Oberhandelsgericht nur insofern zuständig, als der in Folge dieser Einwendungen entstandene Rechtsstreit nach den Bestimmungen des §. 13. ganz oder zum Theil zur Zuständigkeit des Bundes-Oberhandelsgerichts gehört.

§. 16.

In den zur Zuständigkeit des Bundes-Oberhandelsgerichts gehörenden Rechtssachen bestimmt sich das Prozefsverfahren auch bei diesem Gerichtshofe nach den für das Gebiet, aus welchem die Sache an das Bundes-Oberhandelsgericht gelangt, geltenden Prozefsgesetzen, soweit nicht dieses Gesetz ein anderes vorschreibt.

Hierdurch wird nicht ausgeschlossen, dafs Prozefshandlungen, welche in einem anderen Gebiete vorgenommen werden, hinsichtlich der Form nach dem Rechte des Orts ihrer Vornahme zu beurtheilen sind.

§. 17.

In denjenigen Gebieten, in welchen nach den daselbst geltenden Prozefsgesetzen das Rechtsmittel, über welches der oberste Gerichtshof zu entscheiden hat, bei einem diesem nachgeordneten Gerichte instruirt wird, tritt dieses Verfahren auch in denjenigen Sachen ein, welche zur Zuständigkeit des Bundes-Oberhandelsgerichts gehören. In diesen Sachen sind die Akten nach beendigter Instruktion des Rechtsmittels an das Bundes-Oberhandelsgericht einzusenden.

Der Beschlufs des Gerichts, bei welchem das Rechtsmittel instruirt wird, die Akten an das Bundes-Oberhandelsgericht oder an den obersten Landesgerichtshof einzusenden, ist einer Anfechtung nicht unterworfen.

§. 18.

Ist das Rechtsmittel nach den für das Verfahren maafsgebenden Prozefsgesetzen des betreffenden Gebiets bei dem obersten Gerichtshofe zu instruiren, so erfolgt diese Instruktion auch in den zur Zuständigkeit des

Bundes-Oberhandelsgerichts gehörigen Sachen nicht bei letzterem, sondern bei demjenigen obersten Gerichtshofe, dessen Zuständigkeit begründet sein würde, wenn eine andere, als eine Handelssache vorläge und zwar in derselben Weise, als wenn dieser Gerichtshof auch für die Entscheidung zuständig wäre.

Nach beendigter Instruktion hat der gedachte Gerichtshof, wenn er das Bundes-Oberhandelsgericht für zuständig erachtet, die Akten an dieses abzugeben. Findet nach den für das Verfahren maafsgebenden Prozefsgesetzen eine mündliche Verhandlung vor der Entscheidung über das Rechtsmittel statt, so erfolgt diese mündliche Verhandlung bei dem Bundes-Oberhandelsgerichte. — In den nach dem Rheinischen Prozefsrechte zu verhandelnden Sachen werden die Akten nach Eingang der Erwiderungsschrift des Kassationsverklagten oder nach Ablauf der für die Niederlegung dieser Schrift bestimmten Frist unter Beifügung eines schriftlichen Requisitoriums des General-Staatsanwaltes an das Bundes-Oberhandelsgericht abgegeben.

§. 19.

Auf die nach dem Hannoverschen Prozefsrecht zu verhandelnden Sachen finden die §§. 17. und 18. keine Anwendung. Die Nichtigkeitsbeschwerde ist in Gemäfsheit des §. 435. der Hannoverschen Prozefsordnung zur Terminsbestimmung unmittelbar bei dem Bundes-Oberhandelsgerichte einzureichen. Erklärt sich das letztere für unzuständig, oder spricht der oberste Landesgerichtshof, wenn bei diesem die Nichtigkeitsbeschwerde eingereicht und der Termin zur mündlichen Verhandlung erwirkt ist, seine Unzuständigkeit aus, so sind die Akten im ersteren Falle an den obersten Landesgerichtshof, im zweiten Falle an das Bundes-Oberhandelsgericht abzugeben. Bei dem Gerichtshofe, an welchen die Akten abgegeben sind, kann jede Partei den Termin zur mündlichen Verhandlung erwirken. Die bisherigen Prozefshandlungen bleiben in den bezeichneten Fällen wirksam, was insbesondere auch in Ansehung der rechtzeitigen Einlegung des Rechtsmittels gilt.

§. 20.

Ist nach den für das Verfahren maafsgebenden Prozefsgesetzen bei der mündlichen Verhandlung eine

Mitwirkung der Staatsanwaltschaft erforderlich, so wird diese durch ein von dem Präsidenten des Bundes-Oberhandelsgerichts zu ernennendes Mitglied des letzteren vertreten.

§. 21.

Der Beschlufs eines obersten Landesgerichtshofes, durch welchen sich derselbe für zuständig oder deshalb für unzuständig erklärt, weil das Bundes-Oberhandelsgericht zuständig sei, oder der Beschlufs des letzteren, durch welchen sich dieses für zuständig oder deshalb für unzuständig erklärt, weil ein oberster Landesgerichtshof zuständig sei, ist einer Anfechtung nicht unterworfen und für den anderen Gerichtshof bindend.

§. 22.

Für die Berechnung der Gerichtskosten und für die Berechnung der Gebühren der Anwalte und Advokaten sind in den an das Bundes-Oberhandelsgericht gelangenden Sachen die Vorschriften maafsgebend, nach welchen die Kosten und Gebühren zu berechnen sein würden, wenn die Sache an den obersten Landesgerichtshof gelangt wäre. Die Mehrkosten, welche durch Reisen eines auswärtigen Anwalts oder Advokaten nach dem Sitze des Bundes-Oberhandelsgerichts entstehen, ist der Gegner zu erstatten nicht verbunden. Stempelpapier und Stempelmarken sind bei dem Bundes-Oberhandelsgerichte nicht zu verwenden, vielmehr ist der Betrag der Stempel, welche, wenn die Sache bei dem obersten Landesgerichtshofe anhängig geworden wäre, für die bei diesem stattfindenden Ausfertigungen, einschliefslich der Dekrete, Beschlüsse und Urtheile, nach den Landesgesetzen zu verwenden gewesen sein würden, als Gerichtsgebühr zu berechnen und mit den Gerichtskosten einzuziehen. Dies gilt auch von den an das Bundes-Oberhandelsgericht gerichteten Gesuchen und Eingaben der Parteien.

Die für die Geschäfte des Bundes-Oberhandelsgerichts zu berechnenden Kosten fliefsen zur Bundeskasse. Für das Verfahren, welches dadurch entstanden ist, dafs die Sache zunächst an das unzuständige Gericht gelangt und von diesem an das zuständige abgegeben ist, kommen Gerichtskosten nicht in Ansatz.

§. 23.

Die Mitglieder des Bundes-Oberhandelsgerichts werden auf Lebenszeit angestellt.

Ein Mitglied des Bundes-Oberhandelsgerichts wird seines Amtes und des damit verbundenen Gehaltes verlustig: wenn dasselbe in dem Strafverfahren durch Erkenntniſs des zuständigen Gerichts eines Bundesstaates zum Amtsverluste, zu einer entehrenden Strafe, zu einer nicht entehrenden Freiheitsstrafe von längerer als einjähriger Dauer, oder wegen eines entehrenden Verbrechens oder Vergehens zu einer Strafe rechtskräftig verurtheilt worden ist.

Entsteht Zweifel darüber, ob einer der vorstehend bezeichneten Fälle vorliege, so wird hierüber im Plenum des Bundes-Oberhandelsgerichts entschieden.

§. 24.

Ist gegen ein Mitglied des Bundes-Oberhandelsgerichts eine Untersuchung (§. 23.) eingeleitet worden, so kann das Bundes-Oberhandelsgericht mittelst Plenarbeschlusses die Suspension des Angeschuldigten von seinem Amte für die Dauer der Untersuchung aussprechen.

Die Suspension tritt von Rechtswegen ein, wenn gegen den Angeschuldigten die Untersuchungshaft verhängt wird.

Durch die Suspension wird das Recht auf den Genuſs des vollen Gehalts während der Dauer der Suspension nicht berührt.

§. 25.

Wenn ein Mitglied des Bundes-Oberhandelsgerichts durch ein körperliches Gebrechen oder durch Schwäche seiner körperlichen oder geistigen Kräfte zur Erfüllung seiner Amtspflichten dauernd unfähig wird, so tritt seine Versetzung in den Ruhestand gegen Gewährung einer Pension ein.

Die jährliche Pension beträgt bis zur Vollendung des zehnten Dienstjahres $^{20}/_{60}$ des Gehalts; sie erhöht sich mit der Vollendung eines jeden folgenden Dienstjahres und bis zur Vollendung des fünfzigsten Dienstjahres um je $^{1}/_{60}$ des Gehalts.

Bei Berechnung der Dienstzeit wird die Zeit mitgerechnet, während welcher das Mitglied sich im Dienste des Norddeutschen Bundes oder im Staats- oder Kommunaldienste eines Bundesstaates befunden oder in einem Bundesstaate als Anwalt, Advokat, Notar, Patrimonialrichter oder als öffentlicher Lehrer des Rechts an einer Deutschen Universität fungirt hat.

Liegen die Voraussetzungen der Versetzung eines Mitgliedes in den Ruhestand vor, ohne dafs dasselbe ein hierauf gerichtetes Gesuch einreicht, so kann die Versetzung dieses Mitgliedes in den Ruhestand durch Plenarbeschlufs des Bundes-Oberhandelsgerichts ausgesprochen werden.

Das Verfahren bestimmt sich nach den in der Anlage veröffentlichten Vorschriften der §§. 56—63. des Königlich Preufsischen Gesetzes, betreffend die Dienstvergehen der Richter und die unfreiwillige Versetzung derselben auf eine andere Stelle oder in den Ruhestand, vom 7. Mai 1851. Die Verrichtungen des Staatsanwaltes und des Untersuchungsrichters werden von je einem Mitgliede des Bundes-Oberhandelsgerichts, welches der Präsident ernennt, wahrgenommen.

§. 26.

Die in den §§. 23—25. bezeichneten Entscheidungen und Beschlüsse des Bundes-Oberhandelsgerichts können mit einem Rechtsmittel nicht angefochten werden.

§. 27.

Der Zeitpunkt, mit welchem dieses Gesetz in Wirksamkeit tritt, wird durch Verordnung des Bundespräsidiums bestimmt. In den zu diesem Zeitpunkte bei einem obersten Landesgerichtshofe bereits anhängigen Sachen tritt die Zuständigkeit des Bundes-Oberhandelsgerichts nicht ein. Als anhängig gelten auch diejenigen Sachen, in welchen die Absendung der Akten zur Instruktion oder zur Abfassung der Entscheidung bereits beschlossen ist.

Urkundlich unter Unserer Höchsteigenhändigen Unterschrift und beigedrucktem Bundes-Insiegel.

Gegeben Berlin, den 12. Juni 1869.

(L. S.) **Wilhelm.**

Gr. v. Bismarck-Schönhausen.

Allgemeines

Deutsches Handelsgesetzbuch.

Allgemeine Bestimmungen.

Art. 1.

In Handelssachen kommen, insoweit dieses Gesetzbuch keine Bestimmungen enthält, die Handelsgebräuche und in deren Ermangelung das allgemeine bürgerliche Recht zur Anwendung.

Art. 2.

An den Bestimmungen der Deutschen Wechsel-Ordnung wird durch dieses Gesetzbuch nichts geändert.

Art. 3.

Wo dieses Gesetzbuch von dem Handelsgerichte spricht, tritt in Ermangelung eines besonderen Handelsgerichts das gewöhnliche Gericht an dessen Stelle.

Erstes Buch.

Vom Handelsstande.

Erster Titel.

Von Kaufleuten.

Art. 4.

Als Kaufmann im Sinne dieses Gesetzbuchs ist anzusehen, wer gewerbemäſsig Handelsgeschäfte betreibt.

Art. 5.

Die in Betreff der Kaufleute gegebenen Bestimmungen gelten in gleicher Weise in Betreff der Handelsgesellschaften, insbesondere auch *der Kommanditgesellschaften auf Aktien und* [1]) der Aktiengesellschaften.

Dieselben gelten auch in Betreff der öffentlichen Banken in den Grenzen ihres Handelsbetriebs, unbeschadet der für sie bestehenden Verordnungen.

Art. 6.

Eine Frau, welche gewerbemäfsig Handelsgeschäfte betreibt (Handelsfrau), hat in dem Handelsbetriebe alle Rechte und Pflichten eines Kaufmanns.

Dieselbe kann sich in Betreff ihrer Handelsgeschäfte auf die in den einzelnen Staaten geltenden Rechtswohlthaten der Frauen nicht berufen.

Es macht hierbei keinen Unterschied, ob sie das Handelsgewerbe allein oder in Gemeinschaft mit Anderen, ob sie dasselbe in eigener Person oder durch einen Prokuristen betreibt.

Art. 7.

Eine Ehefrau kann ohne Einwilligung ihres Ehemannes nicht Handelsfrau sein.

Es gilt als Einwilligung des Mannes, wenn die Frau mit Wissen und ohne Einspruch desselben Handel treibt.

Eine Ehefrau eines Kaufmanns, welche ihrem Ehemanne nur Beihülfe in dem Handelsgewerbe leistet, ist keine Handelsfrau.

Art. 8.

Eine Ehefrau, welche Handelsfrau ist, kann sich durch Handelsgeschäfte gültig verpflichten, ohne dafs es zu den einzelnen Geschäften einer besonderen Einwilligung ihres Ehemannes bedarf.

Sie haftet für die Handelsschulden mit ihrem ganzen Vermögen, ohne Rücksicht auf die Verwaltungsrechte und den Niefsbrauch oder die sonstigen, an diesem Vermögen durch die Ehe begründeten Rechte des Ehemannes. Es haftet auch das gemeinschaftliche Vermögen, soweit Gütergemeinschaft besteht; ob zugleich der Ehemann mit seinem persönlichen Vermögen haftet, ist nach den Landesgesetzen zu beurtheilen.

---

1) Die kursiv gedruckten Worte sind Zusatz des Ges. v. 11. Juni 1870, wogegen der die Aktiengesellschaften auf Handelsgeschäfte beschränkende frühere Zusatz in Wegfall gekommen ist.

Art. 9.

Eine Handelsfrau kann in Handelssachen selbstständig vor Gericht auftreten; es macht keinen Unterschied, ob sie unverheirathet oder verheirathet ist.

Art. 10.

Die Bestimmungen, welche dieses Gesetzbuch über die Firmen, die Handelsbücher und die Prokura enthält, finden auf Höker, Trödler, Hausirer und dergleichen Handelsleute von geringem Gewerbebetriebe, ferner auf Wirthe, gewöhnliche Fuhrleute, gewöhnliche Schiffer, und Personen, deren Gewerbe nicht über den Umfang des Handwerksbetriebes hinausgeht, keine Anwendung. Den Landesgesetzen bleibt vorbehalten, im Falle es erforderlich erscheint, diese Klassen genauer festzustellen.

Vereinigungen zum Betriebe eines Handelsgewerbes, auf welches die bezeichneten Bestimmungen keine Anwendung finden, gelten nicht als Handelsgesellschaften.

Den Landesgesetzen bleibt vorbehalten, zu verordnen, dafs die bezeichneten Bestimmungen auch noch für andere Klassen von Kaufleuten ihres Staatsgebiets keine Anwendung finden sollen. Ebenso können sie aber auch verordnen, dafs diese Bestimmungen auf einzelne der genannten Klassen, oder dafs sie auf alle Kaufleute ihres Staatsgebiets Anwendung finden sollen.

Art. 11.

Durch die Landesgesetze, welche in gewerbepolizeilicher oder gewerbesteuerlicher Beziehung Erfordernisse zur Begründung der Eigenschaft eines Kaufmanns oder besonderer Klassen von Kaufleuten aufstellen, wird die Anwendung der Bestimmungen dieses Gesetzbuchs nicht ausgeschlossen; ebenso werden jene Gesetze durch dieses Gesetzbuch nicht berührt.

Zweiter Titel.

Von dem Handelsregister.

Art. 12.

Bei jedem Handelsgerichte ist ein Handelsregister zu führen, in welches die in diesem Gesetzbuche angeordneten Eintragungen aufzunehmen sind.

Das Handelsregister ist öffentlich. Die Einsicht desselben ist während der gewöhnlichen Dienststunden einem Jeden gestattet. Auch kann von den Eintragungen gegen Erlegung der Kosten eine Abschrift gefordert werden, die auf Verlangen zu beglaubigen ist.

Art. 13.

Die Eintragungen in das Handelsregister sind von dem Handelsgerichte, sofern nicht in diesem Gesetzbuche in einzelnen Fällen ausdrücklich ein Anderes bestimmt ist, nach ihrem ganzen Inhalte durch eine oder mehrere Anzeigen in öffentlichen Blättern ohne Verzug bekannt zu machen.

Art. 14.

Jedes Handelsgericht hat für seinen Bezirk alljährlich im Monat Dezember die öffentlichen Blätter zu bestimmen, in welchen im Laufe des nächstfolgenden Jahres die im Art. 13. vorgeschriebenen Bekanntmachungen erfolgen sollen. Der Beschlufs ist in einem oder mehreren öffentlichen Blättern bekannt zu machen.

Wenn eines der bestimmten Blätter im Laufe des Jahres zu erscheinen aufhört, so hat das Gericht ein anderes Blatt an dessen Stelle zu bestimmen und öffentlich bekannt zu machen.

Inwiefern die Gerichte bei der Wahl der zu bestimmenden Blätter an Weisungen höherer Behörden gebunden sind, ist nach den Landesgesetzen zu beurtheilen.

Dritter Titel.

Von Handelsfirmen.

Art. 15.

Die Firma eines Kaufmanns ist der Name, unter welchem er im Handel seine Geschäfte betreibt und die Unterschrift abgiebt.

Art. 16.

Ein Kaufmann, welcher sein Geschäft ohne Gesellschafter oder nur mit einem stillen Gesellschafter betreibt, darf nur seinen Familiennamen (bürgerlichen Namen) mit oder ohne Vornamen als Firma führen.

Er darf der Firma keinen Zusatz beifügen, welcher ein Gesellschaftsverhältnifs andeutet. Dagegen sind andere

Zusätze gestattet, welche zur näheren Bezeichnung der Person oder des Geschäftes dienen.

Art. 17.

Die Firma einer offenen Handelsgesellschaft mufs, wenn in dieselbe nicht die Namen sämmtlicher Gesellschafter aufgenommen sind, den Namen wenigstens eines der Gesellschafter mit einem das Vorhandensein einer Gesellschaft andeutenden Zusatze enthalten.

Die Firma einer Kommanditgesellschaft mufs den Namen wenigstens eines persönlich haftenden Gesellschafters mit einem das Vorhandensein einer Gesellschaft andeutenden Zusatze enthalten.

Die Namen anderer Personen, als der persönlich haftenden Gesellschafter, dürfen in die Firma einer Handelsgesellschaft nicht aufgenommen werden; auch darf sich keine offene Handelsgesellschaft oder Kommanditgesellschaft als Aktiengesellschaft bezeichnen, selbst wenn das Kapital der Kommanditisten in Aktien zerlegt ist.

Art. 18.

Die Firma einer Aktiengesellschaft mufs in der Regel von dem Gegenstande ihrer Unternehmung entlehnt sein.

Der Name von Gesellschaftern oder anderen Personen darf in die Firma nicht aufgenommen werden.

Art. 19.

Jeder Kaufmann ist verpflichtet, seine Firma bei dem Handelsgerichte, in dessen Bezirk seine Handelsniederlassung sich befindet, Behufs der Eintragung in das Handelsregister anzumelden; er hat dieselbe nebst seiner persönlichen Unterschrift vor dem Handelsgerichte zu zeichnen oder die Zeichnung derselben in beglaubigter Form einzureichen.

Art. 20.

Jede neue Firma mufs sich von allen an demselben Orte oder in derselben Gemeinde bereits bestehenden und in das Handelsregister eingetragenen Firmen deutlich unterscheiden.

Hat ein Kaufmann mit einem in das Handelsregister bereits eingetragenen Kaufmann gleiche Vor- und Familiennamen, und will auch er sich derselben als seiner Firma bedienen, so mufs er dieser einen Zusatz beifügen, durch welchen sich dieselbe von der bereits eingetragenen Firma deutlich unterscheidet.

Art. 21.

Die Firma mufs auch für die an einem anderen Orte oder in einer anderen Gemeinde errichtete Zweigniederlassung bei dem für die letztere zuständigen Handelsgerichte angemeldet werden.

Besteht an dem Orte oder in der Gemeinde, wo die Zweigniederlassung errichtet wird, bereits eine gleiche Firma, so mufs der Firma ein Zusatz beigefügt werden, durch welchen sie sich von jener bereits vorhandenen Firma deutlich unterscheidet.

Die Eintragung bei dem Handelsgerichte der Zweigniederlassung findet nicht statt, bevor nachgewiesen ist, dafs die Eintragung bei dem Handelsgerichte der Hauptniederlassung geschehen ist.

Art. 22.

Wer ein bestehendes Handelsgeschäft durch Vertrag oder Erbgang erwirbt, kann dasselbe unter der bisherigen Firma mit oder ohne einen das Nachfolgeverhältnifs andeutenden Zusatz fortführen, wenn der bisherige Geschäftsinhaber oder dessen Erben oder die etwaigen Miterben in die Fortführung der Firma ausdrücklich willigen.

Art. 23.

Die Veräufserung einer Firma als solcher, abgesondert von dem Handelsgeschäft, für welches sie bisher geführt wurde, ist nicht zulässig.

Art. 24.

Wenn in ein bestehendes Handelsgeschäft Jemand als Gesellschafter eintritt, oder wenn ein Gesellschafter zu einer Handelsgesellschaft neu hinzutritt oder aus einer solchen austritt, so kann, ungeachtet dieser Veränderung, die ursprüngliche Firma fortgeführt werden.

Jedoch ist beim Austreten eines Gesellschafters dessen ausdrückliche Einwilligung in die Fortführung der Firma erforderlich, wenn sein Name in der Firma enthalten ist.

Art. 25.

Wenn die Firma geändert wird oder erlischt, oder wenn die Inhaber der Firma sich ändern, so ist dies nach den Bestimmungen des Art. 19. bei dem Handelsgerichte anzumelden.

Ist die Aenderung oder das Erlöschen nicht in das Handelsregister eingetragen und öffentlich bekannt gemacht, so kann derjenige, bei welchem jene Thatsachen eingetreten sind, dieselben einem Dritten nur insofern entgegensetzen, als er beweist, dafs sie dem letzteren bekannt waren.

Ist die Eintragung und Bekanntmachung geschehen, so mufs ein Dritter die Aenderung oder das Erlöschen gegen sich gelten lassen, sofern nicht die Umstände die Annahme begründen, dafs er diese Thatsachen weder gekannt habe, noch habe kennen müssen.

Art. 26.

Das Handelsgericht hat die Betheiligten zur Befolgung der Vorschriften der Art. 19. 21. und 25. von Amtswegen durch Ordnungsstrafen anzuhalten.

In gleicher Weise hat es gegen diejenigen einzuschreiten, welche sich einer nach den Vorschriften dieses Titels ihnen nicht zustehenden Firma bedienen.

Art. 27.

Wer durch den unbefugten Gebrauch einer Firma in seinen Rechten verletzt ist, kann den Unberechtigten auf Unterlassung der weiteren Führung der Firma und auf Schadensersatz belangen.

Ueber das Vorhandensein und die Höhe des Schadens entscheidet das Handelsgericht nach seinem freien Ermessen.

Das Handelsgericht kann die Veröffentlichung des Erkenntnisses auf Kosten des Verurtheilten verordnen.

Vierter Titel.

Von den Handelsbüchern.

Art. 28.

Jeder Kaufmann ist verpflichtet, Bücher zu führen, aus welchen seine Handelsgeschäfte und die Lage seines Vermögens vollständig zu ersehen sind.

Er ist verpflichtet, die empfangenen Handelsbriefe aufzubewahren und eine Abschrift (Kopie oder Abdruck) der abgesandten Handelsbriefe zurückzubehalten und nach der Zeitfolge in ein Kopirbuch einzutragen.

Art. 29.

Jeder Kaufmann hat bei dem Beginne seines Gewerbes seine Grundstücke, seine Forderungen und Schulden, den Betrag seines baaren Geldes und seine anderen Vermögensstücke genau zu verzeichnen, dabei den Werth der Vermögensstücke anzugeben und einen das Verhältnifs des Vermögens und der Schulden darstellenden Abschlufs zu machen; er hat demnächst in jedem Jahre ein solches Inventar und eine solche Bilanz seines Vermögens anzufertigen.

Hat der Kaufmann ein Waarenlager, dessen Inventur nach der Beschaffenheit des Geschäfts nicht füglich in jedem Jahre geschehen kann, so genügt es, wenn das Inventar des Waarenlagers alle zwei Jahre aufgenommen wird.

Für Handelsgesellschaften kommen dieselben Bestimmungen in Bezug auf das Gesellschaftsvermögen zur Anwendung.

Art. 30.

Das Inventar und die Bilanz sind von dem Kaufmann zu unterzeichnen.

Sind mehrere persönlich haftende Gesellschafter vorhanden, so haben sie alle zu unterzeichnen.

Das Inventar und die Bilanz können in ein dazu bestimmtes Buch eingeschrieben oder jedesmal besonders aufgestellt werden. Im letzteren Falle sind dieselben zu sammeln und in zusammenhängender Reihenfolge geordnet aufzubewahren.

Art. 31.

Bei der Aufnahme des Inventars und der Bilanz sind sämmtliche Vermögensstücke und Forderungen nach dem Werthe anzusetzen, welcher ihnen zur Zeit der Aufnahme beizulegen ist.

Zweifelhafte Forderungen sind nach ihrem wahrscheinlichen Werthe anzusetzen, uneinbringliche Forderungen aber abzuschreiben.

Art. 32.

Bei der Führung der Handelsbücher und bei den übrigen erforderlichen Aufzeichnungen mufs sich der Kaufmann einer lebenden Sprache und der Schriftzeichen einer solchen bedienen.

Die Bücher müssen gebunden und jedes von ihnen mufs Blatt für Blatt mit fortlaufenden Zahlen versehen sein.

An Stellen, welche der Regel nach zu beschreiben sind, dürfen keine leeren Zwischenräume gelassen werden. Der ursprüngliche Inhalt einer Eintragung darf nicht durch Durchstreichen oder auf andere Weise unleserlich gemacht, es darf nichts radirt, noch dürfen solche Veränderungen vorgenommen werden, bei deren Beschaffenheit es ungewifs ist, ob sie bei der ursprünglichen Eintragung oder erst später gemacht worden sind.

Art. 33.

Die Kaufleute sind verpflichtet, ihre Handelsbücher während zehn Jahre, von dem Tage der in dieselben geschehenen letzten Eintragung an gerechnet, aufzubewahren.

Dasselbe gilt in Ansehung der empfangenen Handelsbriefe, sowie in Ansehung der Inventare und Bilanzen.

Art. 34.

Ordnungsmäfsig geführte Handelsbücher liefern bei Streitigkeiten über Handelssachen unter Kaufleuten in der Regel einen unvollständigen Beweis, welcher durch den Eid oder durch andere Beweismittel ergänzt werden kann.

Jedoch hat der Richter nach seinem durch die Erwägung aller Umstände geleiteten Ermessen zu entscheiden, ob dem Inhalte der Bücher ein gröfseres oder geringeres Maafs der Beweiskraft beizulegen, ob in dem Falle, wo die Handelsbücher der streitenden Theile nicht übereinstimmen, von diesem Beweismittel ganz abzusehen, oder ob den Büchern des einen Theils eine überwiegende Glaubwürdigkeit beizumessen sei.

Ob und inwiefern die Handelsbücher gegen Nichtkaufleute Beweiskraft haben, ist nach den Landesgesetzen zu beurtheilen.

Art. 35.

Handelsbücher, bei deren Führung Unregelmäfsigkeiten vorgefallen sind, können als Beweismittel nur insoweit berücksichtigt werden, als dieses nach der Art und Bedeutung der Unregelmäfsigkeiten, sowie nach der Lage der Sache geeignet erscheint.

Art. 36.

Die Eintragungen in die Handelsbücher können, unbeschadet ihrer Beweiskraft, durch Handlungsgehülfen bewirkt werden.

Art. 37.

Im Laufe eines Rechtsstreits kann der Richter auf den Antrag einer Partei die Vorlegung der Handelsbücher der Gegenpartei verordnen. Geschieht die Vorlegung nicht, so wird zum Nachtheil des Weigernden der behauptete Inhalt der Bücher für erwiesen angenommen.

Art. 38.

Wenn in einem Rechtsstreite Handelsbücher vorgelegt werden, so ist von dem Inhalte derselben, soweit er den Streitpunkt betrifft, unter Zuziehung der Parteien Einsicht zu nehmen und im geeigneten Falle ein Auszug zu fertigen. Der übrige Inhalt der Bücher ist dem Richter insoweit offen zu legen, als dies zur Prüfung ihrer ordnungsmäfsigen Führung nothwendig ist.

Art. 39.

Befinden sich die Handelsbücher, welche vorzulegen sind, an einem Orte, welcher nicht zum Bezirke des Prozefsrichters gehört, so mufs der letztere das Gericht des Ortes, wo sich die Handelsbücher befinden, ersuchen, die Vorlegung der Bücher vor sich bewirken zu lassen, dabei nach den Bestimmungen des vorhergehenden Artikels zu verfahren und einen beglaubigten Auszug mit dem über die Verhandlungen aufgenommenen Protokolle zu übersenden.

Art. 40.

Die Mittheilung der Handelsbücher zur vollständigen Kenntnifsnahme von ihrem ganzen Inhalte kann in Erbschafts- oder Gütergemeinschafts-Angelegenheiten, sowie in Gesellschaftstheilungssachen und im Konkurse, soweit es die Bücher des Gemeinschuldners betrifft, gerichtlich verordnet werden.

Fünfter Titel.

Von den Prokuristen und Handlungsbevollmächtigten.

Art. 41.

Wer von dem Eigenthümer einer Handelsniederlassung (Prinzipal) beauftragt ist, in dessen Namen und für dessen Rechnung das Handelsgeschäft zu betreiben und per procura die Firma zu zeichnen, ist Prokurist.

Die Bestellung des Prokuristen kann durch Ertheilung einer ausdrücklich als Prokura bezeichneten Vollmacht, oder durch ausdrückliche Bezeichnung des Bevollmächtigten als Prokuristen, oder durch die Ermächtigung, per procura die Firma des Prinzipals zu zeichnen, geschehen.

Die Proknra kann mehreren Personen gemeinschaftlich ertheilt werden (Kollektivprokura).

Art. 42.

Die Prokura ermächtigt zu allen Arten von gerichtlichen und aufsergerichtlichen Geschäften und Rechtshandlungen, welche der Betrieb eines Handelsgewerbes mit sich bringt; sie ersetzt jede nach den Landesgesetzen erforderliche Spezialvollmacht; sie berechtigt zur Anstellung und Entlassung von Handlungsgehülfen und Bevollmächtigten.

Zur Veräufserung und Belastung von Grundstücken ist der Prokurist nur ermächtigt, wenn ihm diese Befugnifs besonders ertheilt ist.

Art. 43.

Eine Beschränkung des Umfanges der Prokura (Art. 42.) hat dritten Personen gegenüber keine rechtliche Wirkung.

Dies gilt insbesondere von der Beschränkung, dafs die Prokura nur für gewisse Geschäfte oder gewisse Arten von Geschäften gelte, oder dafs sie nur unter gewissen Umständen oder für eine gewisse Zeit oder an einzelnen Orten ausgeübt werden solle.

Art. 44.

Der Prokurist hat in der Weise zu zeichnen, dafs er der Firma einen die Prokura andeutenden Zusatz und seinen Namen beifügt.

Bei einer Kollektivprokura hat jeder Prokurist der mit diesem Zusatze versehenen Firmazeichnung seinen Namen beizufügen.

Art. 45.

Die Ertheilung der Prokura ist vom Prinzipal persönlich oder in beglaubigter Form beim Handelsgerichte zur Eintragung in das Handelsregister anzumelden.

Der Prokurist hat die Firma nebst seiner Namensunterschrift persönlich vor dem Handelsgerichte zu zeichnen (Art. 44.) oder die Zeichnung in beglaubigter Form einzureichen.

Das Erlöschen der Prokura ist von dem Prinzipal in gleicher Weise zur Eintragung in das Handelsregister anzumelden.

Die Betheiligten sind zur Befolgung dieser Vorschriften von Amtswegen durch Ordnungsstrafen anzuhalten.

Art. 46.

Wenn das Erlöschen der Prokura nicht in das Handelsregister eingetragen und öffentlich bekannt gemacht ist, so kann der Prinzipal dasselbe einem Dritten nur dann entgegensetzen, wenn er beweist, daſs es letzterem beim Abschlusse des Geschäfts bekannt war.

Ist die Eintragung und Bekanntmachung geschehen, so muſs ein Dritter das Erlöschen der Prokura gegen sich gelten lassen, sofern nicht durch die Umstände die Annahme begründet wird, daſs er das Erlöschen beim Abschlusse des Geschäfts weder gekannt habe, noch habe kennen müssen.

Art. 47.

Wenn ein Prinzipal Jemanden ohne Ertheilung der Prokura, sei es zum Betriebe seines ganzen Handelsgewerbes oder zu einer bestimmten Art von Geschäften oder zu einzelnen Geschäften, in seinem Handelsgewerbe bestellt (Handlungsbevollmächtigter), so erstreckt sich die Vollmacht auf alle Geschäfte und Rechtshandlungen, welche der Betrieb eines derartigen Handelsgewerbes oder die Ausführung derartiger Geschäfte gewöhnlich mit sich bringt.

Jedoch ist der Handlungsbevollmächtigte zum Eingehen von Wechselverbindlichkeiten, zur Aufnahme von Darlehen und zur Prozeſsführung nur ermächtigt, wenn ihm eine solche Befugniſs besonders ertheilt ist.

Im Uebrigen bedarf er zu den Geschäften, auf welche sich seine Vollmacht erstreckt, der in den Landesgesetzen vorgeschriebenen Spezialvollmacht nicht.

Art. 48.

Der Handlungsbevollmächtigte hat sich bei der Zeichnung jedes eine Prokura andeutenden Zusatzes zu enthalten; er hat mit einem das Vollmachtsverhältniſs ausdrückenden Zusatze zu zeichnen.

Art. 49.

Die Bestimmungen der beiden vorhergehenden Artikel finden auch Anwendung auf Handlungsbevollmächtigte, welche ihr Prinzipal als Handlungsreisende zu Geschäften an auswärtigen Orten verwendet. Dieselben gelten insbesondere für ermächtigt, den Kaufpreis aus den von ihnen abgeschlossenen Verkäufen einzuziehen oder dafür Zahlungsfristen zu bewilligen.

Art. 50.

Wer in einem Laden oder in einem offenen Magazin oder Waarenlager angestellt ist, gilt für ermächtigt, daselbst Verkäufe und Empfangnahmen vorzunehmen, welche in einem derartigen Laden, Magazin oder Waarenlager gewöhnlich geschehen.

Art. 51.

Wer die Waare und eine unquittirte Rechnung überbringt, gilt deshalb noch nicht für ermächtigt, die Zahlung zu empfangen.

Art. 52.

Durch das Rechtsgeschäft, welches ein Prokurist oder ein Handlungsbevollmächtigter gemäſs der Prokura oder der Vollmacht im Namen des Prinzipals schlieſst, wird der letztere dem Dritten gegenüber berechtigt und verpflichtet.

Es ist gleichgültig, ob das Geschäft ausdrücklich im Namen des Prinzipals geschlossen worden ist, oder ob die Umstände ergeben, daſs es nach dem Willen der Kontrahenten für den Prinzipal geschlossen werden sollte.

Zwischen dem Prokuristen oder Bevollmächtigten und dem Dritten erzeugt das Geschäft weder Rechte noch Verbindlichkeiten.

Art. 53.

Der Prokurist oder der Handlungsbevollmächtigte kann ohne Einwilligung des Prinzipals seine Prokura oder Handlungsvollmacht auf einen Anderen nicht übertragen.

Art. 54.

Die Prokura oder Handlungsvollmacht ist zu jeder Zeit widerruflich, unbeschadet der Rechte aus dem bestehenden Dienstverhältnisse.

Der Tod des Prinzipals hat das Erlöschen der Prokura oder Handlungsvollmacht nicht zur Folge.

Art. 55.

Wer ein Handelsgeschäft als Prokurist oder als Handlungsbevollmächtigter schliefst, ohne Prokura oder Handlungsvollmacht erhalten zu haben, ingleichen ein Handlungsbevollmächtigter, welcher bei Abschlufs eines Geschäfts seine Vollmacht überschreitet, ist dem Dritten persönlich nach Handelsrecht verhaftet; der Dritte kann nach seiner Wahl ihn auf Schadensersatz oder Erfüllung belangen.

Diese Haftungspflicht tritt nicht ein, wenn der Dritte, ungeachtet er den Mangel der Prokura oder der Vollmacht oder die Ueberschreitung der letzteren kannte, sich mit ihm eingelassen hat.

Art. 56.

Ein Prokurist oder ein zum Betriebe eines ganzen Handelsgewerbes bestellter Handlungsbevollmächtigter darf ohne Einwilligung des Prinzipals weder für eigene Rechnung, noch für Rechnung eines Dritten Handelsgeschäfte machen.

Eine Einwilligung des Prinzipals ist schon dann anzunehmen, wenn ihm bei Ertheilung der Prokura oder der Vollmacht bekannt war, dafs der Prokurist oder Handlungsbevollmächtigte für eigene oder fremde Rechnung Handelsgeschäfte betreibe, und er die Aufgebung dieses Betriebes nicht bedungen hat.

Uebertritt der Prokurist oder Handlungsbevollmächtigte diese Vorschrift, so kann der Prinzipal Ersatz des verursachten Schadens fordern. Auch mufs sich der Prokurist oder Handlungsbevollmächtigte auf Verlangen des Prinzipals gefallen lassen, dafs die für seine Rechnung gemachten Geschäfte als für Rechnung des Prinzipals geschlossen angesehen werden.

Sechster Titel.

Von den Handlungsgehülfen.

Art. 57.

Die Natur der Dienste und die Ansprüche der Handlungsgehülfen (Handlungsdiener, Handlungslehrlinge) auf Gehalt und Unterhalt werden, in Ermangelung einer Uebereinkunft, durch den Ortsgebrauch oder durch das Ermessen des Gerichts, nöthigenfalls nach Einholung eines Gutachtens von Sachverständigen, bestimmt.

Art. 58.

Ein Handlungsgehülfe ist nicht ermächtigt, Rechtsgeschäfte im Namen und für Rechnung des Prinzipals vorzunehmen.

Wird er jedoch von dem Prinzipal zu Rechtsgeschäften in dessen Handelsgewerbe beauftragt, so finden die Bestimmungen über Handlungsbevollmächtigte Anwendung.

Art. 59.

Ein Handlungsgehülfe darf ohne Einwilligung des Prinzipals weder für eigene Rechnung noch für Rechnung eines Dritten Handelsgeschäfte machen.

In dieser Beziehung kommen die für den Prokuristen und Handlungsbevollmächtigten geltenden Bestimmungen (Art. 56.) zur Anwendung.

Art. 60.

Ein Handlungsgehülfe, welcher durch unverschuldetes Unglück an Leistung seines Dienstes zeitweise verhindert wird, geht dadurch seiner Ansprüche auf Gehalt und Unterhalt nicht verlustig. Jedoch hat er auf diese Vergünstigung nur für die Dauer von sechs Wochen Anspruch.

Art. 61.

Das Dienstverhältnifs zwischen dem Prinzipal und dem Handlungsdiener kann von jedem Theile mit Ablauf eines jeden Kalendervierteljahres nach vorgängiger sechswöchentlicher Kündigung aufgehoben werden. Ist durch Vertrag eine kürzere oder längere Zeitdauer oder eine kürzere oder längere Kündigungsfrist bedungen, so hat es hierbei sein Bewenden.

In Betreff der Handlungslehrlinge ist die Dauer der Lehrzeit nach dem Lehrvertrage und in Ermangelung vertragsmäfsiger Bestimmungen nach den örtlichen Verordnungen oder dem Ortsgebrauche zu beurtheilen.

Art. 62.

Die Aufhebung des Dienstverhältnisses vor der bestimmten Zeit (Art. 61.) kann aus wichtigen Gründen von jedem Theile verlangt werden.

Die Beurtheilung der Wichtigkeit der Gründe bleibt dem Ermessen des Richters überlassen.

Art. 63.

Gegen den Prinzipal kann insbesondere die Aufhebung des Dienstverhältnisses ausgesprochen werden, wenn derselbe den Gehalt oder den gebührenden Unterhalt nicht gewährt, oder wenn er sich thätlicher Mifshandlungen oder schwerer Ehrverletzungen gegen den Handlungsgehülfen schuldig macht.

Art. 64.

Gegen den Handlungsgehülfen kann insbesondere die Aufhebung des Dienstverhältnisses ausgesprochen werden:

1) wenn derselbe im Dienste untreu ist oder das Vertrauen mifsbraucht;
2) wenn derselbe ohne Einwilligung des Prinzipals für eigene Rechnung oder für Rechnung eines Dritten Handelsgeschäfte macht;
3) wenn derselbe seine Dienste zu leisten verweigert oder ohne einen rechtmäfsigen Hinderungsgrund während einer den Umständen nach erheblichen Zeit unterläfst;
4) wenn derselbe durch anhaltende Krankheit oder Kränklichkeit oder durch eine längere Freiheitsstrafe oder Abwesenheit an Verrichtung seiner Dienste verhindert wird;
5) wenn derselbe sich thätlicher Mifshandlungen oder erheblicher Ehrverletzungen gegen den Prinzipal schuldig macht;
6) wenn derselbe sich einem unsittlichen Lebenswandel ergiebt.

Art. 65.

Hinsichtlich der Personen, welche bei dem Betriebe des Handelsgewerbes Gesindedienste verrichten, hat es bei den für das Gesindedienstverhältnifs geltenden Bestimmungen sein Bewenden.

Siebenter Titel.

Von den Handelsmäklern oder Sensalen.

Art. 66.

Die Handelsmäkler (Sensale) sind amtlich bestellte Vermittler für Handelsgeschäfte.

Sie leisten vor Antritt ihres Amtes den Eid, dafs sie die ihnen obliegenden Pflichten getreu erfüllen wollen.

Art. 67.

Die Handelsmäkler vermitteln für Auftraggeber Käufe und Verkäufe über Waaren, Schiffe, Wechsel, inländische und ausländische Staatspapiere, Aktien und andere Handelspapiere, ingleichen Verträge über Versicherungen, Bodmerei, Befrachtung und Miethe von Schiffen, sowie über Land- und Wassertransporte und andere den Handel betreffende Gegenstände.

Durch die übertragene Geschäftsvermittelung ist ein Handelsmäkler noch nicht als bevollmächtigt anzusehen, eine Zahlung oder eine andere im Vertrage bedungene Leistung in Empfang zu nehmen.

Art. 68.

Die Anstellung der Handelsmäkler geschieht entweder im Allgemeinen für alle Arten von Mäklergeschäften oder nur für einzelne Arten derselben.

Art. 69.

Die Handelsmäkler haben insbesondere folgende Pflichten:

1) sie dürfen für eigene Rechnung keine Handelsgeschäfte machen, weder unmittelbar noch mittelbar, auch nicht als Kommissionaire, sie dürfen für die Erfüllung der Geschäfte, welche sie vermitteln, sich nicht verbindlich machen oder Bürgschaft leisten, alles dies unbeschadet der Gültigkeit der Geschäfte;
2) sie dürfen zu keinem Kaufmann in dem Verhältnisse eines Prokuristen, Handlungsbevollmächtigten oder Handlungsgehülfen stehen;
3) sie dürfen sich nicht mit anderen Handelsmäklern zu einem gemeinschaftlichen Betriebe der Mäklergeschäfte oder eines Theiles derselben vereinigen; zur gemeinschaftlichen Vermittelung einzelner Geschäfte sind sie unter Zustimmung der Auftraggeber befugt;
4) sie müssen die Mäklerverrichtungen persönlich betreiben und dürfen sich zur Abschliefsung der Geschäfte eines Gehülfen nicht bedienen;
5) sie sind zur Verschwiegenheit über die Aufträge, Verhandlungen und Abschlüsse verpflichtet, soweit nicht das Gegentheil durch die Parteien bewilligt oder durch die Natur des Geschäfts geboten ist;

6) sie dürfen zu keinem Geschäfte die Einwilligung der Parteien oder deren Bevollmächtigten anders annehmen, als durch ausdrückliche und persönliche Erklärung; es ist den Mäklern weder erlaubt, von Abwesenden Aufträge zu übernehmen, noch sich zur Vermittelung eines Unterhändlers zu bedienen.

Art. 70.

Handelsmäklern, welche Schiffsmäkelei betreiben, kann gestattet werden, den Schiffern im Einziehen und Vorschiefsen der Frachten und Unkosten als Abrechner oder in anderer ortsüblicher Weise Hülfsdienste zu leisten.

Art. 71.

Der Handelsmäkler mufs aufser seinem Handbuche ein Tagebuch führen, in welches letztere alle abgeschlossenen Geschäfte täglich einzutragen sind. Das Eingetragene hat er täglich zu unterzeichnen.

Das Tagebuch mufs vor dem Gebrauche Blatt für Blatt mit fortlaufenden Zahlen bezeichnet und der vorgesetzten Behörde zur Beglaubigung der Zahl der Blätter vorgelegt werden.

Art. 72.

Die Eintragungen in das Tagebuch müssen die Namen der Kontrahenten, die Zeit des Abschlusses, die Bezeichnung des Gegenstandes und die Bedingungen des Geschäfts, insbesondere bei Verkäufen von Waaren die Gattung und Menge derselben, sowie den Preis und die Zeit der Lieferung enthalten.

Die Eintragungen müssen in Deutscher Sprache, oder, sofern die Geschäftssprache des Ortes eine andere ist, in dieser geschehen; sie müssen nach Ordnung des Datums und ohne leere Zwischenräume erfolgen.

Die Bestimmungen über die Einrichtung der Handelsbücher (Art. 32.) finden auch auf das Tagebuch des Mäklers Anwendung.

Art. 73.

Der Handelsmäkler mufs ohne Verzug nach Abschlufs des Geschäfts jeder Partei eine von ihm unterzeichnete Schlufsnote, welche die in dem vorhergehenden Artikel als Gegenstand der Eintragung bezeichneten Thatsachen enthält, zustellen.

Bei Geschäften, welche nicht sofort erfüllt werden sollen, ist die Schlufsnote den Parteien zu ihrer Unterschrift zuzustellen und jeder Partei das von der anderen unterschriebene Exemplar zu übersenden.

Verweigert eine Partei die Annahme oder Unterschrift der Schlufsnote, so mufs der Handelsmäkler davon der anderen Partei ohne Verzug Anzeige machen.

Art. 74.

Der Handelsmäkler ist verpflichtet, den Parteien zu jeder Zeit auf Verlangen beglaubigte Auszüge aus dem Tagebuche zu geben, die Alles enthalten müssen, was von dem Mäkler in Ansehung des die Parteien angehenden Geschäfts eingetragen ist.

Art. 75.

Wenn ein Handelsmäkler stirbt oder aus dem Amte scheidet, so ist sein Tagebuch bei der Behörde niederzulegen.

Art. 76.

Der Abschlufs eines durch Handelsmäkler vermittelten Vertrages ist von der Eintragung desselben in das Tagebuch oder von der Aushändigung der Schlufsnoten unabhängig.

Diese Thatsachen dienen nur zum Beweise des abgeschlossenen Vertrages.

Art. 77.

Das ordnungsmäfsig geführte Tagebuch, sowie die Schlufsnoten eines Handelsmäklers liefern in der Regel den Beweis für den Abschlufs des Geschäfts und dessen Inhalt.

Jedoch hat der Richter nach seinem durch die Erwägung aller Umstände geleiteten Ermessen zu entscheiden, ob dem Inhalte des Tagebuchs und der Schlufsnoten ein geringeres Gewicht beizulegen, ob die eidliche Bestärkung durch den Mäkler oder andere Beweise zu fordern, ob insbesondere die Weigerung einer Partei, die Schlufsnote anzunehmen oder zu unterzeichnen, für Beurtheilung der Sache von Erheblichkeit sei.

Art. 78.

Das Tagebuch eines Handelsmäklers, bei dessen Führung Unregelmäfsigkeiten vorgefallen sind, kann als Beweismittel nur insoweit berücksichtigt werden, als dieses nach der Art und Bedeutung der Unregelmäſsigkeiten, sowie nach Lage der Sache als geeignet erscheint.

Art. 79.

Im Laufe eines Rechtsstreits kann der Richter, selbst ohne Antrag einer Partei, die Vorlegung des Tagebuchs verordnen, um dasselbe einzusehen und mit der Schluſsnote, den Auszügen und anderen Beweismitteln zu vergleichen.

Die Vorschrift des Art. 39. findet auch in Bezug auf die Vorlegung des Tagebuchs Anwendung.

Art. 80.

Der Handelsmäkler muſs, sofern nicht die Parteien ihm dieses erlassen haben oder der Ortsgebrauch mit Rücksicht auf die Gattung der Waare davon entbindet, von jeder durch seine Vermittelung nach Probe verkauften Waare die Probe, nachdem er dieselbe Behufs der Wiedererkennung gezeichnet hat, so lange aufbewahren, bis die Waare ohne Einwendung gegen ihre Beschaffenheit angenommen, oder das Geschäft in anderer Weise erledigt ist.

Art. 81.

Jedes Verschulden des Handelsmäklers berechtigt die dadurch beschädigte Partei, Schadloshaltung von ihm zu fordern.

Art. 82.

Der Handelsmäkler hat die Mäklergebühr (Sensarie) zu fordern, sobald das Geschäft geschlossen und, wenn es ein bedingtes war, unbedingt geworden und von ihm seiner Verpflichtung wegen Zustellung der Schluſsnoten Genüge geschehen ist, unbeschadet anderweiter Bestimmung durch örtliche Verordnungen oder durch Ortsgebrauch.

Ist das Geschäft nicht zum Abschlusse gekommen, oder nicht zu einem unbedingten geworden, so kann für die Unterhandlungen keine Mäklergebühr gefordert werden.

Der Betrag der Mäklergebühr wird durch örtliche Verordnungen geregelt; in Ermangelung derselben entscheidet der Ortsgebrauch.

Art. 83.

Ist unter den Parteien nichts darüber vereinbart, wer die Mäklergebühr bezahlen soll, so ist dieselbe in Ermangelung örtlicher Verordnungen oder eines Ortsgebrauchs von jeder Partei zur Hälfte zu entrichten.

Art. 84.

Ueber die Anstellung der Handelsmäkler und über die Bestrafung der von ihnen im Berufe begangenen Pflichtverletzungen das Erforderliche zu bestimmen, bleibt den Landesgesetzen überlassen.

Den Landesgesetzen bleibt vorbehalten, die Vorschriften dieses Titels nach Maafsgabe der örtlichen Bedürfnisse zu ergänzen; es kann insbesondere den Handelsmäklern das ausschliefsliche Recht zur Vermittelung von Handelsgeschäften beigelegt werden.

Auch kann in den Landesgesetzen oder in örtlichen Verordnungen der in diesem Titel den Handelsmäklern zugewiesene Kreis von Amtsverrichtungen und Befugnissen (Art. 67. 70.) oder der Umfang ihrer Pflichten (Art. 69.) erweitert oder eingeschränkt werden.

Zweites Buch.

Von den Handelsgesellschaften.

Erster Titel.

Von der offenen Handelsgesellschaft.

Erster Abschnitt.

Von der Errichtung der Gesellschaft.

Art. 85.

Eine offene Handelsgesellschaft ist vorhanden, wenn zwei oder mehrere Personen ein Handelsgewerbe unter gemeinschaftlicher Firma betreiben und bei keinem der Gesellschafter die Betheiligung auf Vermögenseinlagen beschränkt ist.

Zur Gültigkeit des Gesellschaftsvertrages bedarf es der schriftlichen Abfassung oder anderer Förmlichkeiten nicht.

Art. 86.

Die Errichtung einer offenen Handelsgesellschaft ist von den Gesellschaftern bei dem Handelsgerichte, in dessen Bezirk die Gesellschaft ihren Sitz hat, und bei jedem Handelsgerichte, in dessen Bezirk sie eine Zweigniederlassung hat, Behufs der Eintragung in das Handelsregister anzumelden.

Die Anmeldung mufs enthalten:

1) den Namen, Vornamen, Stand und Wohnort jedes Gesellschafters;

2) die Firma der Gesellschaft und den Ort, wo sie ihren Sitz hat;
3) den Zeitpunkt, mit welchem die Gesellschaft begonnen hat;
4) im Falle vereinbart ist, daſs nur einer oder einige der Gesellschafter die Gesellschaft vertreten sollen, die Angabe, welcher oder welche dazu bestimmt sind, ingleichen, ob das Recht nur in Gemeinschaft ausgeübt werden soll.

Art. 87.

Wenn die Firma einer bestehenden Gesellschaft geändert oder der Sitz der Gesellschaft an einen anderen Ort verlegt wird, oder wenn neue Gesellschafter in dieselbe eintreten, oder wenn einem Gesellschafter die Befugniſs, die Gesellschaft zu vertreten (Art. 86. Ziff. 4.), nachträglich ertheilt, oder wenn eine solche Befugniſs aufgehoben wird, so sind diese Thatsachen bei dem Handelsgerichte Behufs der Eintragung in das Handelsregister anzumelden.

Bei der Aenderung der Firma, bei der Verlegung des Sitzes der Gesellschaft und bei der Aufhebung der Vertretungsbefugniſs richtet sich die Wirkung gegen Dritte in den Fällen der geschehenen oder der nicht geschehenen Eintragung und Bekanntmachung nach den Bestimmungen des Art. 25.

Art. 88.

Die Anmeldungen (Art. 86. 87.) müssen von allen Gesellschaftern persönlich vor dem Handelsgerichte unterzeichnet oder in beglaubigter Form eingereicht werden. Sie sind ihrem ganzen Inhalte nach in das Handelsregister einzutragen.

Die Gesellschafter, welche die Gesellschaft vertreten sollen, haben die Firma nebst ihrer Namensunterschrift persönlich vor dem Handelsgerichte zu zeichnen oder die Zeichnung derselben in beglaubigter Form einzureichen.

Art. 89.

Das Handelsgericht hat die Betheiligten zur Befolgung der vorstehenden Anordnungen (Art. 86—88.) von Amtswegen durch Ordnungsstrafen anzuhalten.

Zweiter Abschnitt.

Von dem Rechtsverhältnifs der Gesellschafter unter einander.

Art. 90.

Das Rechtsverhältnifs der Gesellschafter unter einander richtet sich zunächst nach dem Gesellschaftsvertrage.

Soweit über die in den nachfolgenden Artikeln dieses Abschnitts berührten Punkte keine Vereinbarung getroffen ist, kommen die Bestimmungen dieser Artikel zur Anwendung.

Art. 91.

Wenn Geld oder andere verbrauchbare oder vertretbare Sachen, oder wenn unverbrauchbare oder unvertretbare Sachen nach einer Schätzung, die nicht blos zum Zweck der Gewinnvertheilung geschieht, in die Gesellschaft eingebracht werden, so werden diese Gegenstände Eigenthum der Gesellschaft.

Im Zweifel wird angenommen, dafs die in das Inventar der Gesellschaft mit der Unterschrift sämmtlicher Gesellschafter eingetragenen, bis dahin einem Gesellschafter gehörigen, beweglichen oder unbeweglichen Sachen Eigenthum der Gesellschaft geworden sind.

Art. 92.

Ein Gesellschafter ist nicht verpflichtet, die Einlage über den vertragsmäfsigen Betrag zu erhöhen, oder die durch Verlust verminderte Einlage zu ergänzen.

Art. 93.

Für die Auslagen, welche ein Gesellschafter in Gesellschaftsangelegenheiten macht, für die Verbindlichkeiten, welche er wegen derselben übernimmt, und für die Verluste, welche er unmittelbar durch seine Geschäftsführung oder aus Gefahren, welche von derselben unzertrennlich sind, erleidet, ist ihm die Gesellschaft verhaftet.

Von den vorgeschossenen Geldern kann er Zinsen fordern, vom Tage des geleisteten Vorschusses an gerechnet.

Für die Bemühungen bei dem Betriebe der Gesellschaftsgeschäfte steht dem Gesellschafter ein Anspruch auf Vergütung nicht zu.

Art. 94.

Jeder Gesellschafter ist verpflichtet, in den Angelegenheiten der Gesellschaft den Fleifs und die Sorgfalt anzuwenden, welche er in seinen eigenen Angelegenheiten anzuwenden pflegt.

Er haftet der Gesellschaft für den Schaden, welcher ihr durch sein Verschulden entstanden ist. Er kann gegen diesen Schaden nicht die Vortheile aufrechnen, welche er der Gesellschaft in anderen Fällen durch seinen Fleiſs verschafft hat.

Art. 95.

Ein Gesellschafter, welcher seine Geldeinlage nicht zur rechten Zeit einzahlt, oder eingenommene Gesellschaftsgelder nicht zur rechten Zeit an die Gesellschaftskasse abliefert, oder unbefugt Gelder aus der Gesellschaftskasse für sich entnimmt, ist von Rechtswegen zur Entrichtung von Zinsen seit dem Tage verpflichtet, an welchem die Zahlung oder die Ablieferung hätte geschehen sollen oder die Herausnahme des Geldes erfolgt ist.

Die Verpflichtung zum Ersatze des etwa entstandenen gröſseren Schadens und die übrigen rechtlichen Folgen der Handlung werden hierdurch nicht ausgeschlossen.

Art. 96.

Ein Gesellschafter darf ohne Genehmigung der anderen Gesellschafter weder in dem Handelszweige der Gesellschaft für eigene Rechnung oder für Rechnung eines Dritten Geschäfte machen, noch an einer anderen gleichartigen Handelsgesellschaft als offener Gesellschafter Theil nehmen.

Eine Genehmigung der Theilnahme an einer anderen gleichartigen Handelsgesellschaft ist schon dann anzunehmen, wenn den übrigen Gesellschaftern bei Eingehung der Gesellschaft bekannt war, daſs der Gesellschafter an jener Handelsgesellschaft als offener Gesellschafter Theil nehme, und gleichwohl das Aufgeben der Theilnahme nicht ausdrücklich bedungen worden ist.

Art. 97.

Ein Gesellschafter, welcher den vorstehenden Bestimmungen zuwiderhandelt, muſs sich auf Verlangen der Gesellschaft gefallen lassen, daſs die für seine Rechnung gemachten Geschäfte als für Rechnung der Gesellschaft geschlossen angesehen werden; auch kann die Gesellschaft statt dessen den Ersatz des entstandenen Schadens fordern; alles dieses unbeschadet des Rechts, die Auflösung des Gesellschaftsvertrags in den geeigneten Fällen herbeizuführen.

Das Recht der Gesellschaft, in ein von dem Gesellschafter für eigene Rechnung gemachtes Geschäft einzutreten oder Schadensersatz zu fordern, erlischt nach drei Monaten, von dem Zeitpunkte an gerechnet, in welchem die Gesellschaft von dem Abschlusse des Geschäfts Kenntnifs erhalten hat.

Art. 98.

Ein Gesellschafter kann ohne die Einwilligung der übrigen Gesellschafter keinen Dritten in die Gesellschaft aufnehmen.

Wenn ein Gesellschafter einseitig einen Dritten an seinem Antheile betheiligt oder seinen Antheil an denselben abtritt, so erlangt dieser gegen die Gesellschaft unmittelbar keine Rechte; er ist insbesondere zur Einsicht der Handelsbücher und Papiere der Gesellschaft nicht berechtigt.

Art. 99.

Wenn die Geschäftsführung in dem Gesellschaftsvertrage einem oder mehreren der Gesellschafter übertragen ist, so schliefsen diese die übrigen Gesellschafter von der Geschäftsführung aus; sie sind berechtigt, ungeachtet des Widerspruchs der übrigen Gesellschafter, alle Handlungen vorzunehmen, welche der gewöhnliche Betrieb des Handelsgewerbes der Gesellschaft mit sich bringt.

Art. 100.

Wenn die Geschäftsführung mehreren Gesellschaftern mit der ausdrücklichen Beschränkung übertragen ist, dafs einer nicht ohne den andern handeln könne, so darf keiner allein Geschäfte vornehmen, es sei denn, dafs Gefahr im Verzuge ist.

Ist hingegen mehreren Gesellschaftern die Geschäftsführung ohne diese ausdrückliche Beschränkung übertragen, so darf jeder derselben allein alle zur Geschäftsführung gehörenden Handlungen vornehmen. Jedoch mufs, wenn einer unter ihnen gegen die Vornahme einer Handlung Widerspruch erhebt, dieselbe unterbleiben.

Art. 101.

Die im Gesellschaftsvertrage einem oder mehreren Gesellschaftern geschehene Uebertragung der Geschäftsführung kann, so lange die Gesellschaft dauert, nicht ohne rechtmäfsige Ursache widerrufen werden.

Die Beurtheilung, ob eine rechtmäfsige Ursache vorliege, bleibt dem Ermessen des Richters überlassen.

Der Widerruf kann insbesondere in den im Art. 125. Ziffer 2. bis 5. bezeichneten Fällen für begründet erklärt werden.

Art. 102.

Wenn im Gesellschaftsvertrage die Geschäftsführung nicht einem oder mehreren Gesellschaftern übertragen ist, so sind alle Gesellschafter zum Betriebe der Geschäfte der Gesellschaft gleichmäfsig berechtigt und verpflichtet.

Erhebt ein Gesellschafter gegen die Vornahme einer Handlung Widerspruch, so mufs dieselbe unterbleiben.

Art. 103.

Ein Beschlufs der sämmtlichen Gesellschafter mufs vor der Vornahme von Geschäften eingeholt werden, welche über den gewöhnlichen Betrieb des Handelsgewerbes der Gesellschaft hinausgehen, oder welche dem Zweck derselben fremd sind.

Dies ist auch dann erforderlich, wenn die Geschäftsführung einem oder mehreren Gesellschaftern übertragen ist.

Zur Fassung des Beschlusses ist Stimmeneinhelligkeit erforderlich. Ist diese nicht zu erlangen, so mufs die Handlung, in Ansehung deren Beschlufs gefafst werden soll, unterbleiben.

Art. 104.

Zur Bestellung eines Prokuristen ist, sofern nicht Gefahr im Verzuge ist, die Einwilligung aller geschäftsführenden Gesellschafter, und wenn keine solche ernannt sind, die Einwilligung aller Gesellschafter erforderlich.

Der Widerruf der Prokura kann von jedem der zur Ertheilung derselben befugten Gesellschafter geschehen.

Art. 105.

Jeder Gesellschafter, auch wenn er nicht in dem Geschäftsbetriebe der Gesellschaft thätig ist, kann sich persönlich von dem Gange der Gesellschaftsangelegenheiten unterrichten; er kann jederzeit in das Geschäftslokal kommen, die Handelsbücher und Papiere der Gesellschaft einsehen und auf ihrer Grundlage eine Bilanz zu seiner Uebersicht anfertigen.

Ist im Gesellschaftsvertrage ein Anderes bestimmt, so verliert diese Bestimmung ihre Wirkung, wenn eine Unredlichkeit in der Geschäftsführung nachgewiesen wird.

Art. 106.

Jedem Gesellschafter werden am Schlusse eines jeden Geschäftsjahres von seiner Einlage, oder, wenn sich dieselbe beim Schlusse des vorigen Jahres durch Hinzurechnung seines Antheils am Gewinne vermehrt oder durch Abrechnung seines Antheils am Verluste vermindert hat, von seinem Antheile am Gesellschaftsvermögen Zinsen, zu Vier vom Hundert gutgeschrieben und von den während des Geschäftsjahres auf den Antheil entnommenen Geldern Zinsen in demselben Maafsstabe zur Last geschrieben.

Die dem Gesellschafter hiernach zukommenden Zinsen vermehren seinen Antheil am Gesellschaftsvermögen.

Vor Deckung dieser Zinsen ist kein Gewinn vorhanden, und der Verlust der Gesellschaft wird durch dieselben vermehrt oder gebildet.

Art. 107.

Am Schlusse eines jeden Geschäftsjahres wird, auf Grund des Inventars und der Bilanz, der Gewinn oder der Verlust dieses Jahres ermittelt und für jeden Gesellschafter sein Antheil daran berechnet.

Der Gewinn jedes Gesellschafters wird seinem Antheile am Gesellschaftsvermögen zugeschrieben, der Verlust von demselben abgeschrieben.

Art. 108.

Ein Gesellschafter darf ohne Einwilligung der übrigen Gesellschafter seine Einlage und seinen Antheil am Gesellschaftsvermögen nicht vermindern.

Er darf jedoch, auch ohne diese Einwilligung, auf seinen Antheil am Gesellschaftsvermögen die Zinsen desselben für das letztverflossene Jahr, und soweit es nicht zum offenbaren Nachtheil der Gesellschaft gereicht, Gelder bis zu einem Betrage entnehmen, welcher seinen Antheil am Gewinne des letztverflossenen Jahres nicht übersteigt.

Art. 109.

Der Gewinn oder Verlust wird, in Ermangelung einer anderen Vereinbarung, unter die Gesellschafter nach Köpfen vertheilt.

Dritter Abschnitt.

Von dem Rechtsverhältniſs der Gesellschaft zu dritten Personen.

Art. 110.

Die rechtliche Wirksamkeit einer offenen Handelsgesellschaft tritt im Verhältniſs zu dritten Personen mit dem Zeitpunkte ein, in welchem die Errichtung der Gesellschaft in das Handelsregister eingetragen ist, oder die Gesellschaft auch nur ihre Geschäfte begonnen hat.

Die Beschränkung, daſs die Gesellschaft erst mit einem späteren Zeitpunkte, als dem der Eintragung, ihren Anfang nehmen soll, hat gegen dritte Personen keine rechtliche Wirkung.

Art. 111.

Die Handelsgesellschaft kann unter ihrer Firma Rechte erwerben und Verbindlichkeiten eingehen, Eigenthum und andere dingliche Rechte an Grundstücken erwerben, vor Gericht klagen und verklagt werden.

Ihr ordentlicher Gerichtsstand ist bei dem Gericht, in dessen Bezirk sie ihren Sitz hat.

Art. 112.

Die Gesellschafter haften für alle Verbindlichkeiten der Gesellschaft solidarisch und mit ihrem ganzen Vermögen.

Eine entgegenstehende Verabredung hat gegen Dritte keine rechtliche Wirkung.

Art. 113.

Wer in eine bestehende Handelsgesellschaft eintritt, haftet gleich den anderen Gesellschaftern für alle von der Gesellschaft vor seinem Eintritte eingegangenen Verbindlichkeiten, es mag die Firma eine Aenderung erleiden oder nicht.

Ein entgegenstehender Vertrag ist gegen Dritte ohne rechtliche Wirkung.

Art. 114.

Jeder zur Vertretung der Gesellschaft befugte Gesellschafter ist ermächtigt, alle Arten von Geschäften und Rechtshandlungen im Namen der Gesellschaft vorzunehmen, insbesondere auch die der Gesellschaft gehörenden Grundstücke zu veräufsern und zu belasten.

Die Gesellschaft wird durch die Rechtsgeschäfte, welche ein zur Vertretung der Gesellschaft befugter Gesellschafter in ihrem Namen schliefst, berechtigt und verpflichtet; es ist gleichgültig, ob das Geschäft ausdrücklich im Namen der Gesellschaft geschlossen worden ist, oder ob die Umstände ergeben, dafs es nach dem Willen der Kontrahenten für die Gesellschaft geschlossen werden sollte.

Art. 115.

Die Gesellschaft wird durch Rechtsgeschäfte eines Gesellschafters nicht verpflichtet, wenn derselbe von der Befugnifs, die Gesellschaft zu vertreten, ausgeschlossen (Art. 86. Ziff. 4.), oder seine Befugnifs, die Gesellschaft zu vertreten, aufgehoben ist (Art. 87.), sofern hinsichtlich dieser Ausschliefsung oder Aufhebung die Voraussetzungen vorhanden sind, unter welchen nach Art. 46. hinsichtlich des Erlöschens der Prokura die Wirkung gegen Dritte eintritt.

Art. 116.

Eine Beschränkung des Umfanges der Befugnifs eines Gesellschafters, die Gesellschaft zu vertreten, hat dritten Personen gegenüber keine rechtliche Wirkung; insbesondere ist die Beschränkung nicht zulässig, dafs die Vertretung sich nur auf gewisse Geschäfte oder Arten von Geschäften erstrecken, oder dafs sie nur unter gewissen Umständen oder für eine gewisse Zeit oder an einzelnen Orten stattfinden solle.

Art. 117.

Die Gesellschaft wird vor Gericht von jedem Gesellschafter gültig vertreten, welcher von der Befugnifs, die Gesellschaft zu vertreten, nicht ausgeschlossen ist.

Zur Behändigung von Vorladungen und anderen Zustellungen an die Gesellschaft genügt es, wenn dieselbe an einen der zur Vertretung befugten Gesellschafter geschieht.

Art. 118.

Die Ertheilung, sowie die Aufhebung einer Prokura geschieht mit rechtlicher Wirkung gegen Dritte durch einen der zur Vertretung der Gesellschaft befugten Gesellschafter.

Art. 119.

Die Privatgläubiger eines Gesellschafters sind nicht befugt, die zum Gesellschaftsvermögen gehörigen Sachen, Forderungen oder Rechte oder einen Antheil an denselben zum Behuf ihrer Befriedigung oder Sicherstellung in Anspruch zu nehmen. Gegenstand der Exekution, des Arrestes oder der Beschlagnahme kann für sie nur dasjenige sein, was der Gesellschafter selbst an Zinsen und an Gewinnantheilen zu fordern berechtigt ist, und was ihm bei der Auseinandersetzung zukommt.

Art. 120.

Die Bestimmung des vorigen Artikels gilt auch in Betreff der Privatgläubiger, zu deren Gunsten eine Hypothek oder ein Pfandrecht an dem Vermögen eines Gesellschafters kraft des Gesetzes oder aus einem andern Rechtsgrunde besteht. Ihre Hypothek oder ihr Pfandrecht erstreckt sich nicht auf die zum Gesellschaftsvermögen gehörigen Sachen, Forderungen und Rechte, oder auf einen Antheil an denselben, sondern nur auf dasjenige, was in dem letzten Satze des vorigen Artikels bezeichnet ist.

Jedoch werden die Rechte, welche an den von einem Gesellschafter in das Vermögen der Gesellschaft eingebrachten Gegenständen bereits zur Zeit des Einbringens bestanden, durch die vorstehenden Bestimmungen nicht berührt.

Art. 121.

Eine Kompensation zwischen Forderungen der Gesellschaft und Privatforderungen des Gesellschaftsschuldners gegen einen einzelnen Gesellschafter findet während der Dauer der Gesellschaft weder ganz noch theilweise statt; nach Auflösung der Gesellschaft ist sie zulässig, wenn und insoweit die Gesellschaftsforderung dem Gesellschafter bei der Auseinandersetzung überwiesen ist.

Art. 122.

Im Falle des Konkurses der Gesellschaft werden die Gläubiger derselben aus dem Gesellschaftsvermögen abgesondert befriedigt, und können aus dem Privatvermögen der Gesellschafter nur wegen des Ausfalls ihre Befriedigung suchen; den Landesgesetzen bleibt vorbehalten, zu bestimmen, ob und wie weit den Privatgläubigern der Gesellschafter ein Absonderungsrecht in Bezug auf das Privatvermögen derselben zusteht.

Vierter Abschnitt.

Von der Auflösung der Gesellschaft und dem Austreten einzelner Gesellschafter aus derselben.

Art. 123.

Die Gesellschaft wird aufgelöst:

1) durch die Eröffnung des Konkurses über die Gesellschaft;
2) durch den Tod eines der Gesellschafter, wenn nicht der Vertrag bestimmt, dafs die Gesellschaft mit den Erben des Verstorbenen fortbestehen soll;
3) durch die Eröffnung des Konkurses über das Vermögen eines der Gesellschafter oder durch die eingetretene rechtliche Unfähigkeit eines der Gesellschafter zur selbstständigen Vermögensverwaltung;
4) durch gegenseitige Uebereinkunft;
5) durch Ablauf der Zeit, auf deren Dauer die Gesellschaft eingegangen ist, sofern nicht die Gesellschafter dieselbe stillschweigend fortsetzen; in diesem Falle gilt sie von da an als auf unbestimmte Dauer eingegangen;
6) durch die von Seiten eines Gesellschafters geschehene Aufkündigung, wenn die Gesellschaft auf unbestimmte Dauer eingegangen ist.

   Eine auf Lebenszeit eingegangene Gesellschaft ist als eine Gesellschaft von unbestimmter Dauer zu betrachten.

Art. 124.

Die Aufkündigung einer Gesellschaft von unbestimmter Dauer Seitens eines Gesellschafters mufs, wenn nicht ein

Anderes vereinbart ist, mindestens sechs Monate vor Ablauf des Geschäftsjahres der Gesellschaft erfolgen.

Art. 125.

Ein Gesellschafter kann die Auflösung der Gesellschaft vor Ablauf der für ihre Dauer bestimmten Zeit oder bei Gesellschaften von unbestimmter Dauer ohne vorgängige Aufkündiguug verlangen, sofern hierzu wichtige Gründe vorhanden sind.

Die Beurtheilung, ob solche Gründe anzunehmen sind, bleibt im Falle des Widerspruchs dem Ermessen des Richters überlassen.

Die Auflösung kann insbesondere ausgesprochen werden:

1) wenn durch äufsere Umstände die Erreichung des gesellschaftlichen Zwecks unmöglich wird;
2) wenn ein Gesellschafter bei der Geschäftsführung oder bei der Rechnungslegung unredlich verfährt;
3) wenn ein Gesellschafter die Erfüllung der ihm obliegenden wesentlichen Verpflichtungen unterläfst;
4) wenn ein Gesellschafter die Firma oder das Vermögen der Gesellschaft für seine Privatzwecke mifsbraucht;
5) wenn ein Gesellschafter durch anhaltende Krankheit oder aus anderen Ursachen zu den ihm obliegenden Geschäften der Gesellschaft unfähig wird.

Art. 126.

Hat ein Privatgläubiger eines Gesellschafters nach fruchtlos vollstreckter Exekution in dessen Privatvermögen die Exekution in das dem Gesellschafter bei dereinstiger Auflösung der Gesellschaft zukommende Guthaben erwirkt, so ist er berechtigt, es mag die Gesellschaft auf bestimmte oder auf unbestimmte Dauer eingegangen sein, Behufs seiner Befriedigung nach vorher von ihm geschehener Aufkündigung die Auflösung der Gesellschaft zu verlangen.

Die Aufkündigung mufs mindestens sechs Monate vor Ablauf des Geschäftsjahres der Gesellschaft geschehen.

Art. 127.

Wenn die Gesellschafter vor der Auflösung der Gesellschaft übereingekommen sind, dafs, ungeachtet des Ausscheidens eines oder mehrerer Gesellschafter, die Gesellschaft unter den übrigen fortgesetzt werden soll, so endigt die Gesellschaft nur in Beziehung auf den Ausscheidenden; im Uebrigen besteht sie mit allen ihren bisherigen Rechten und Verbindlichkeiten fort.

Art. 128.

Wenn die Auflösung der Gesellschaft aus Gründen gefordert werden darf, welche in der Person eines Gesellschafters liegen (Art. 125.), so kann anstatt derselben auf Ausschliefsung dieses Gesellschafters erkannt werden, sofern die sämmtlichen übrigen Gesellschafter hierauf antragen.

Art. 129.

Die Auflösung der Gesellschaft mufs, wenn sie nicht in Folge der Eröffnung des Konkurses über die Gesellschaft geschieht, in das Handelsregister eingetragen werden.

Diese Eintragung mufs selbst dann geschehen, wenn die Gesellschaft durch Ablauf der Zeit, für welche sie eingegangen war, beendigt wird.

Gleich der Auflösung der Gesellschaft mufs auch das Ausscheiden oder die Ausschliefsung eines Gesellschafters aus der Gesellschaft in das Handelsregister eingetragen werden.

Das Handelsgericht hat die Betheiligten zur Anmeldung dieser Thatsachen von Amtswegen durch Ordnungsstrafen anzuhalten.

Dritten Personen kann die Auflösung der Gesellschaft oder das Ausscheiden oder die Ausschliefsung eines Gesellschafters aus derselben nur insofern entgegengesetzt werden, als hinsichtlich einer solchen Thatsache die Voraussetzungen vorhanden sind, unter welchen nach Art. 25. hinsichtlich des Erlöschens der Firma oder der Aenderung ihrer Inhaber die Wirkung gegen Dritte eintritt.

Art. 130.

Wenn ein Gesellschafter ausscheidet oder ausgeschlossen wird, so erfolgt die Auseinandersetzung der Gesellschaft mit demselben auf Grund der Vermögenslage, in welcher sich die Gesellschaft zur Zeit des Ausscheidens oder zur Zeit der Behändigung der Klage auf Ausschliefsung befindet.

An den späteren Geschäften, Rechten und Verbindlichkeiten nimmt der Ausgeschiedene oder Ausgeschlossene nur insofern Antheil, als dieselben eine unmittelbare Folge dessen sind, was vor jenem Zeitpunkte bereits geschehen war.

Der Ausgeschiedene oder Ausgeschlossene mufs sich die Beendigung der laufenden Geschäfte in der Weise gefallen lassen, wie sie nach dem Ermessen der verbleibenden Gesellschafter am vortheilhaftesten ist.

Jedoch ist er, wenn eine frühere vollständige Auseinandersetzung nicht möglich ist, berechtigt, am Schlusse eines jeden Geschäftsjahres Rechnungsablage über die inzwischen erledigten Geschäfte, sowie die Auszahlung der ihm hiernach gebührenden Beträge zu fordern; auch kann er am Schlusse eines jeden Geschäftsjahres den Nachweis über den Stand der noch laufenden Geschäfte fordern.

Art. 131.

Ein ausgeschiedener oder ausgeschlossener Gesellschafter mufs sich die Auslieferung seines Antheils am Gesellschaftsvermögen in einer den Werth desselben darstellenden Geldsumme gefallen lassen; er hat kein Recht auf einen verhältnifsmäfsigen Antheil an den einzelnen Forderungen, Waaren oder anderen Vermögensstücken der Gesellschaft.

Art. 132.

Macht ein Privatgläubiger eines Gesellschafters von dem nach Art. 126. ihm zustehenden Rechte Gebrauch, so können die übrigen Gesellschafter auf Grund eines einstimmigen Beschlusses statt der Auflösung der Gesellschaft die Auseinandersetzung und die Auslieferung des Antheils des Schuldners nach den Bestimmungen der vorhergehenden Artikel vornehmen; der letztere ist dann als aus der Gesellschaft ausgeschieden zu betrachten.

Fünfter Abschnitt.

Von der Liquidation der Gesellschaft.

Art. 133.

Nach Auflösung der Gesellschaft aufser dem Fall des Konkurses derselben erfolgt die Liquidation, sofern diese nicht durch einstimmigen Beschlufs der Gesellschafter oder durch den Gesellschaftsvertrag einzelnen Gesellschaftern oder anderen Personen übertragen ist, durch die sämmtlichen bisherigen Gesellschafter oder deren Vertreter als Liquidatoren. Ist einer der Gesellschafter gestorben, so haben dessen Rechtsnachfolger einen gemeinschaftlichen Vertreter zu bestellen.

Auf den Antrag eines Gesellschafters kann aus wichtigen Gründen die Ernennung von Liquidatoren durch den Richter erfolgen. Der Richter kann in einem solchen Falle Personen zu Liquidatoren ernennen oder als solche beiordnen, welche nicht zu den Gesellschaftern gehören.

Art. 134.

Die Abberufung von Liquidatoren geschieht durch einstimmigen Beschlufs aller Gesellschafter; sie kann auch auf den Antrag eines Gesellschafters aus wichtigen Gründen durch den Richter erfolgen.

Art. 135.

Die Liquidatoren sind von den Gesellschaftern beim Handelsgerichte zur Eintragung in das Handelsregister anzumelden; sie haben ihre Unterschrift persönlich vor dem Handelsgerichte zu zeichnen oder die Zeichnung in beglaubigter Form einzureichen.

Das Austreten eines Liquidators oder das Erlöschen der Vollmacht eines solchen ist gleichfalls zur Eintragung in das Handelsregister anzumelden.

Die Gesellschafter sind zur Befolgung dieser Vorschriften von Amtswegen durch Ordnungsstrafen anzuhalten.

Dritten Personen kann die Ernennung von Liquidatoren, sowie das Austreten eines Liquidators oder das Erlöschen der Vollmacht eines solchen nur insofern entgegengesetzt werden, als hinsichtlich dieser Thatsachen die Voraussetzungen vorhanden sind, unter welchen nach Art. 25. und 46. hinsichtlich einer Aenderung der Inhaber einer Firma oder des Erlöschens einer Prokura die Wirkung gegen Dritte eintritt.

Art. 136.

Sind mehrere Liquidatoren vorhanden, so können sie die zur Liquidation gehörenden Handlungen mit rechtlicher Wirkung nur in Gemeinschaft vornehmen, sofern nicht ausdrücklich bestimmt ist, dafs sie einzeln handeln können.

Art. 137.

Die Liquidatoren haben die laufenden Geschäfte zu beendigen, die Verpflichtungen der aufgelösten Gesellschaft zu erfüllen, die Forderungen derselben einzuziehen und das Vermögen der Gesellschaft zu versilbern; sie haben die Gesellschaft gerichtlich und aufsergerichtlich zu vertreten; sie können für dieselbe Vergleiche schliefsen und Kompromisse eingehen. Zur Beendigung schwebender Geschäfte können die Liquidatoren auch neue Geschäfte eingehen.

Die Veräufserung von unbeweglichen Sachen kann durch die Liquidatoren ohne Zustimmung der sämmtlichen Gesellschafter nicht anders, als durch öffentliche Versteigerung bewirkt werden.

Art. 138.

Eine Beschränkung des Umfanges der Geschäftsbefugnisse der Liquidatoren (Art. 137.) hat gegen dritte Personen keine rechtliche Wirkung.

Art. 139.

Die Liquidatoren haben ihre Unterschrift in der Weise abzugeben, dafs sie der bisherigen, nun als Liquidationsfirma zu bezeichnenden Firma ihren Namen beifügen.

Art. 140.

Die Liquidatoren haben, selbst wenn sie vom Richter bestellt sind, den Gesellschaftern gegenüber bei der Geschäftsführung den von diesen einstimmig getroffenen Anordnungen Folge zu geben.

Art. 141.

Die während der Liquidation entbehrlichen Gelder werden vorläufig unter die Gesellschafter vertheilt.

Zur Deckung von Schulden der Gesellschaft, welche erst später fällig werden, sowie zur Deckung der Ansprüche, welche den einzelnen Gesellschaftern bei der Auseinandersetzung zustehen, sind die erforderlichen Gelder zurückzubehalten.

Art. 142.

Die Liquidatoren haben die schliefsliche Auseinandersetzung unter den Gesellschaftern herbeizuführen.

Streitigkeiten, welche über die Auseinandersetzung entstehen, fallen der richterlichen Entscheidung anheim.

Art. 143.

Wenn ein Gesellschafter Sachen in die Gesellschaft eingebracht hat, welche Eigenthum derselben geworden sind, so fallen dieselben bei der Auseinandersetzung nicht an ihn zurück, sondern er erhält den Werth aus dem Gesellschaftsvermögen erstattet, für welchen sie gemäfs Uebereinkunft übernommen wurden.

Fehlt es an dieser Werthbestimmung, so geschieht die Erstattung nach dem Werthe, welchen die Sachen zur Zeit der Einbringung hatten.

Art. 144.

Ungeachtet der Auflösung der Gesellschaft kommen bis zur Beendigung der Liquidation in Bezug auf das Rechtsverhältnifs der bisherigen Gesellschafter unter einander, sowie der Gesellschaft zu dritten Personen die Vorschriften des zweiten und dritten Abschnitts zur Anwendung, soweit sich aus den Bestimmungen des gegenwärtigen Abschnitts und aus dem Wesen der Liquidation nicht ein Anderes ergiebt.

Der Gerichtsstand, welchen die Gesellschaft zur Zeit ihrer Auflösung hatte, bleibt bis zur Beendigung der Liquidation für die aufgelöste Gesellschaft bestehen.

Zustellungen an die Gesellschaft geschehen mit rechtlicher Wirkung an einen der Liquidatoren.

Art. 145.

Nach Beendigung der Liquidation werden die Bücher und Schriften der aufgelösten Gesellschaft einem der gewesenen Gesellschafter oder einem Dritten in Verwahrung gegeben. Der Gesellschafter oder der Dritte wird in Ermangelung einer gütlichen Uebereinkunft durch das Handelsgericht bestimmt.

Die Gesellschafter und deren Rechtsnachfolger behalten das Recht auf Einsicht und Benutzung der Bücher und Papiere.

Sechster Abschnitt.

Von der Verjährung der Klagen gegen die Gesellschafter.

Art. 146.

Die Klagen gegen einen Gesellschafter aus Ansprüchen gegen die Gesellschaft verjähren in fünf Jahren nach Auflösung der Gesellschaft oder nach seinem Ausscheiden oder seiner Ausschliefsung aus derselben, sofern nicht nach Beschaffenheit der Forderung eine kürzere Verjährungsfrist gesetzlich eintritt.

Die Verjährung beginnt mit dem Tage, an welchem die Auflösung der Gesellschaft oder das Ausscheiden oder die Ausschliefsung des Gesellschafters aus derselben in das Handelsregister eingetragen ist.

Wird die Forderung erst nach der Eintragung fällig, so beginnt die Verjährung mit dem Zeitpunkte der Fälligkeit.

Art. 147.

Ist noch ungetheiltes Gesellschaftsvermögen vorhanden, so kann dem Gläubiger die fünfjährige Verjährung nicht entgegengesetzt werden, sofern er seine Befriedigung nur aus dem Gesellschaftsvermögen sucht.

Art. 148.

Die Verjährung zu Gunsten eines ausgeschiedenen oder ausgeschlossenen Gesellschafters wird durch Rechtshandlungen nicht unterbrochen, welche gegen die fortbestehende Gesellschaft oder einen anderen Gesellschafter vorgenommen werden.

Die Verjährung zu Gunsten eines bei der Auflösung einer Gesellschaft zu derselben gehörigen Gesellschafters wird nicht durch Rechtshandlungen gegen einen anderen Gesellschafter, wohl aber durch Rechtshandlungen gegen die Liquidatoren unterbrochen.

Art. 149.

Die Verjährung läuft auch gegen Minderjährige und bevormundete Personen, sowie gegen juristische Personen, denen gesetzlich die Rechte der Minderjährigen zustehen, ohne Zulassung der Wiedereinsetzung in den vorigen Stand, jedoch mit Vorbehalt des Regresses gegen die Vormünder und Verwalter.

Zweiter Titel.

Von der Kommanditgesellschaft.

Erster Abschnitt.

Von der Kommanditgesellschaft im Allgemeinen.

Art. 150.

Eine Kommanditgesellschaft ist vorhanden, wenn bei einem unter einer gemeinschaftlichen Firma betriebenen

Handelsgewerbe ein oder mehrere Gesellschafter sich nur mit Vermögenseinlagen betheiligen (Kommanditisten), während bei einem oder mehreren anderen Gesellschaftern die Betheiligung nicht in dieser Weise beschränkt ist (persönlich haftende Gesellschafter).

Sind mehrere persönlich haftende Gesellschafter vorhanden, so ist in Ansehung ihrer die Gesellschaft zugleich eine offene Gesellschaft.

Zur Gültigkeit des Gesellschaftsvertrages bedarf es der schriftlichen Abfassung nicht.

Art. 151.

Die Errichtung einer Kommanditgesellschaft ist von sämmtlichen Gesellschaftern bei dem Handelsgerichte, in dessen Bezirk die Gesellschaft ihren Sitz hat, Behufs der Eintragung in das Handelsregistsr anzumelden.

Die Anmeldung mufs enthalten:

1) den Namen, Vornamen, Stand und Wohnort jedes persönlich haftenden Gesellschafters;
2) den Namen, Vornamen, Stand und Wohnort jedes Kommanditisten mit der Bezeichnung desselben als solchen;
3) die Firma der Gesellschaft und den Ort, wo sie ihren Sitz hat;
4) den Betrag der Vermögenseinlage jedes Kommanditisten.

Die Anmeldung mufs von allen Gesellschaftern persönlich vor dem Handelsgerichte unterzeichnet, oder in beglaubigter Form eingereicht werden; sie ist nach ihrem ganzen Inhalt in das Handelsregister einzutragen. Bei der Bekanntmachung der Kommanditgesellschaft in den öffentlichen Blättern (Art. 13.) unterbleibt die Angabe der Namen, des Standes und des Wohnorts der Kommanditisten, sowie die Angabe des Betrages ihrer Vermögenseinlagen.

Art. 152.

Bei jedem Handelsgerichte, in dessen Bezirk die Kommanditgesellschaft eine Zweigniederlassung hat, mufs dies Behufs der Eintragung in das Handelsregister angemeldet werden.

Die Anmeldung mufs die in Art. 151. Ziff. 1.—4. bezeichneten Angaben enthalten, und von sämmtlichen persönlich haftenden Gesellschaftern vor dem Handelsgericht unterzeichnet oder in beglaubigter Form eingereicht werden.

Art. 153.

Die persönlich haftenden Gesellschafter, welche die Gesellschaft vertreten sollen, haben die Firma nebst ihrer Namensunterschrift persönlich vor dem Handelsgericht, in dessen Bezirk die Gesellschaft ihren Sitz hat, und vor jedem Handelsgericht, in dessen Bezirk sie eine Zweigniederlassung hat, zu zeichnen oder die Zeichnung in beglaubigter Form einzureichen.

Art. 154.

Das Handelsgericht hat die persönlich haftenden Gesellschafter zur Befolgung der in den Art. 151. 152. und 153. enthaltenen Vorschriften von Amtswegen durch Ordnungsstrafen anzuhalten.

Art. 155.

Wenn die Firma einer bestehenden Kommanditgesellschaft geändert, oder der Sitz der Gesellschaft an einen anderen Ort verlegt wird, so sind diese Thatsachen von sämmtlichen Gesellschaftern in der durch Art. 151. bestimmten Weise Behufs der Eintragung in das Handelsregister anzumelden. Das Handelsgericht hat die persönlich haftenden Gesellschafter zur Befolgung dieser Anordnung von Amtswegen durch Ordnungsstrafen anzuhalten.

Bei der Bekanntmachung kommt in Betreff der Kommanditisten die Vorschrift des Art. 151. zur Anwendung.

Die Wirkung gegen Dritte richtet sich nach den Bestimmungen des Art. 25.

Art. 156.

Wenn in eine bestehende Kommanditgesellschaft ein neuer Kommanditist eintritt, so mufs dies von sämmtlichen Gesellschaftern zur Eintragung in das Handelsregister und zur Bekanntmachung nach den Bestimmungen des Art. 151. angemeldet werden.

Art. 157.

Das Rechtsverhältnifs der Gesellschafter unter einander richtet sich zunächst nach dem Gesellschaftsvertrage. Soweit keine Vereinbarung getroffen ist, kommen die gesetzlichen Bestimmungen über das Rechtsverhältniſs der offenen Gesellschafter unter einander auch hier zur Anwendung, jedoch mit den Abweichungen, welche die nachfolgenden Artikel (158. bis 162.) ergeben.

Art. 158.

Die Geschäftsführung der Gesellschaft wird durch den oder die persönlich haftenden Gesellschafter besorgt.

Ein Kommanditist ist zur Führung der Geschäfte der Gesellschaft weder berechtigt noch verpflichtet.

Er kann gegen die Vornahme einer Handlung der Geschäftsführung durch die persönlich haftenden Gesellschafter (Art. 99. bis 102.) Widerspruch nicht erheben.

Art. 159.

Ein Kommanditist darf ohne Genehmigung der anderen Gesellschafter in dem Handelszweig der Gesellschaft für eigene oder fremde Rechnung Geschäfte machen und an einer anderen gleichartigen Handelsgesellschaft als offener Gesellschafter Theil nehmen.

Art. 160.

Jeder Kommanditist ist berechtigt, die abschriftliche Mittheilung der jährlichen Bilanz zu verlangen und die Richtigkeit derselben unter Einsicht der Bücher und Papiere zu prüfen.

Die im Art. 105. bezeichneten weiteren Rechte eines offenen Gesellschafters stehen einem Kommanditisten nicht zu.

Jedoch kann das Handelsgericht auf den Antrag eines Kommanditisten, wenn wichtige Gründe dazu vorliegen, die Mittheilung einer Bilanz oder sonstiger Aufklärungen nebst Vorlegung der Bücher und Papiere zu jeder Zeit anordnen.

Art. 161.

Die Bestimmungen der Art. 106. bis 108. über die Verzinsung der Einlage, über die jährliche Berechnung des Gewinnes oder Verlustes und über die Befugniſs, Zinsen und Gewinn zu erheben, gelten auch in Betreff des Kommanditisten.

Jedoch nimmt ein Kommanditist an dem Verluste nur bis zum Betrage seiner eingezahlten oder rückständigen Einlage Antheil.

Er ist nicht verpflichtet, die Zinsen und den Gewinn,

welche er bezogen hat, wegen späterer Verluste zurückzuzahlen; jedoch wird, so lange seine ursprüngliche Einlage durch Verlust vermindert ist, der jährliche Gewinn zur Deckung des Verlustes verwendet.

Art. 162.

Ist über die Höhe der Betheiligung an Gewinn und Verlust nichts vereinbart, so wird dieselbe nach richterlichem Ermessen, nöthigenfalls unter Zuziehung von Sachverständigen, festgestellt.

Art. 163.

Im Verhältnifs zu dritten Personen tritt die rechtliche Wirksamkeit einer Kommanditgesellschaft mit dem Zeitpunkt ein, in welchem die Errichtung der Gesellschaft bei dem Handelsgericht, in dessen Bezirk die Gesellschaft ihren Sitz hat, in das Handelsregister eingetragen ist, oder die Gesellschaft auch nur ihre Geschäfte begonnen hat.

Die Beschränkung, dafs die Gesellschaft erst mit einem späteren Zeitpunkt als dem der Eintragung ihren Anfang nehmen soll, hat gegen dritte Personen keine rechtliche Wirkung.

Hat die Gesellschaft vor der Eintragung ihre Geschäfte begonnen, so haftet jeder Kommanditist dritten Personen für die bis zur Eintragung entstandenen Verbindlichkeiten der Gesellschaft gleich einem persönlich haftenden Gesellschafter, wenn er nicht beweist, dafs denselben seine beschränkte Betheiligung bei der Gesellschaft bekannt war.

Art. 164.

Die Kommanditgesellschaft kann unter ihrer Firma Rechte erwerben und Verbindlichkeiten eingehen, Eigenthum und andere dingliche Rechte an Grundstücken erwerben, vor Gericht klagen und verklagt werden.

Ihr ordentlicher Gerichtsstand ist bei dem Gericht, in dessen Bezirk sie ihren Sitz hat.

Art. 165.

Für die Verbindlichkeiten der Gesellschaft haftet der Kommanditist nur mit der Einlage und, soweit diese nicht eingezahlt ist, mit dem versprochenen Betrage.

Die Einlage des Kommanditisten kann während des Bestehens der Gesellschaft weder ganz noch theilweise zurückbezahlt oder erlassen werden.

Zinsen können ihm von der Gesellschaft nur insoweit bezahlt werden, als dadurch die ursprüngliche Einlage nicht vermindert wird.

Er kann bis zur Wiederergänzung der durch Verlust verminderten Einlage weder Zinsen noch Gewinn beziehen.

Er haftet für die Verbindlichkeiten der Gesellschaft, wenn und insoweit er diesen Bestimmungen entgegen Zahlungen von der Gesellschaft empfangen hat.

Er ist jedoch nicht verpflichtet, die Zinsen und den Gewinn zurückzuzahlen, welche er auf Grund einer in gutem Glauben errichteten Bilanz in gutem Glauben bezogen hat.

Art. 166.

Wer in eine bestehende Handelsgesellschaft als Kommanditist eintritt, haftet nach Maafsgabe des vorhergehenden Artikels für alle von der Gesellschaft vor seinem Eintritt eingegangenen Verbindlichkeiten, es mag die Firma eine Aenderung erleiden oder nicht.

Ein entgegenstehender Vertrag ist gegen Dritte ohne rechtliche Wirkung.

Art. 167.

Die Kommanditgesellschaft wird durch die persönlich haftenden Gesellschafter berechtigt und verpflichtet; sie wird durch dieselben vor Gericht vertreten.

Zur Behändigung von Vorladungen und anderen Zustellungen an die Gesellschaft genügt es, wenn dieselbe an einen der zur Vertretung befugten Gesellschafter geschieht.

Ein Kommanditist, welcher für die Gesellschaft Geschäfte schliefst, ohne ausdrücklich zu erklären, dafs er nur als Prokurist oder als Bevollmächtigter handle, ist aus diesen Geschäften gleich einem persönlich haftenden Gesellschafter verpflichtet.

Art. 168.

Der Name eines Kommanditisten darf in der Firma der Gesellschaft nicht enthalten sein; im entgegengesetzten Falle haftet er den Gläubigern der Gesellschaft gleich einem offenen Gesellschafter.

Art. 169.

Die Bestimmungen der Art. 119. 120. 121. und 122. finden auch bei der Kommanditgesellschaft Anwendung.

Art. 170.

Wenn ein Kommanditist stirbt oder zur Verwaltung seines Vermögens rechtlich unfähig wird, so hat dies die Auflösung der Gesellschaft nicht zur Folge.

Im Uebrigen gelten die in den Art. 123. bis 128. für die offene Gesellschaft gegebenen Bestimmungen auch für die Kommanditgesellschaft.

Art. 171.

Wenn eine Kommanditgesellschaft aufgelöst wird, oder wenn ein Kommanditist mit seiner ganzen Einlage oder mit einem Theile derselben ausscheidet, so müssen diese Thatsachen in das Handelsregister eingetragen werden.

Bei der Bekanntmachung unterbleibt die Bezeichnung des Kommanditisten und die Angabe des Betrages der Einlage.

Die Bestimmungen des Art. 129. kommen auch hier zur Anwendung.

Art. 172.

Was bei der offenen Gesellschaft über die Art der Auseinandersetzung (Art. 130. 131. und 132.), über die Liquidation und über die Verjährung der Klagen gegen die Gesellschafter bestimmt ist, gilt auch bei der Kommanditgesellschaft in Betreff aller Gesellschafter.

Zweiter Abschnitt.

Von der Kommanditgesellschaft auf Aktien insbesondere.

Art. 173*.

Das Kapital der Kommanditisten kann in Aktien oder Aktienantheile zerlegt werden.

Die Aktien oder Aktienantheile müssen auf Namen lauten. Sie müssen auf einen Betrag von mindestens *funfzig* [1]) Vereinsthalern gestellt werden, wenn nicht die Landesgesetze nach Maafsgabe der besonderen örtlichen Bedürfnisse einen geringeren Betrag gestatten. Aktien oder Aktienantheile, welche auf Inhaber lauten, oder welche auf einen geringeren als den gesetzlich bestimmten Betrag gestellt

1) So nach dem Gesetze vom 11. Juni 1870.

werden, sind nichtig. Die Ausgeber solcher Aktien oder Aktienantheile sind den Besitzern für allen durch die Ausgabe verursachten Schaden solidarisch verhaftet.

Die vorstehenden Bestimmungen gelten auch von Promessen und Interimsscheinen.

Art. 174*.

Eine[1]) *Kommanditgesellschaft auf Aktien gilt als Handelsgesellschaft, auch wenn der Gegenstand des Unternehmens nicht in Handelsgeschäften besteht.*

Ueber die Errichtung und den Inhalt des Gesellschaftsvertrages mufs eine gerichtliche oder notarielle Urkunde aufgenommen werden. Zur Aktienzeichnung genügt eine schriftliche Erklärung.

Art. 175*.

Der Gesellschaftsvertrag mufs enthalten:

1) den Namen, Vornamen, Stand und Wohnort jedes persönlich haftenden Gesellschafters;
2) die Firma der Gesellschaft und den Ort, wo sie ihren Sitz hat;
3) den Gegenstand des Unternehmens;
4) die Zeitdauer des Unternehmens, im Fall dasselbe auf eine bestimmte Zeit beschränkt sein soll;
5) die Zahl und den Betrag der Aktien oder Aktienantheile;
6) die Bestimmung, dafs ein Aufsichtsrath von mindestens *drei*[2]) Mitgliedern aus der Zahl der Kommanditisten durch Wahl derselben bestellt werden müsse;
7) die Form, in welcher die Zusammenberufung der Generalversammlung der Kommanditisten geschieht;
8) die Form, in welcher die von der Gesellschaft ausgehenden Bekanntmachungen erfolgen, sowie die öffentlichen Blätter, in welche dieselben aufzunehmen sind.

Art. 176*.

Der Gesellschaftsvertrag mufs bei dem Handelsge-

---

1) So nach dem Gesetze vom 11. Juni 1870. Der erste Absatz lautete ursprünglich: „Kommanditgesellschaften auf Aktien können nur mit staatlicher Genehmigung errichtet werden.“

2) So nach dem Gesetze vom 11. Juni 1870.

richt, in dessen Bezirk die Gesellschaft ihren Sitz hat, in das Handelsregister eingetragen und im Auszuge veröffentlicht werden.

Der Auszug mufs enthalten:

1) das Datum des Gesellschaftsvertrages;
2) den Namen, Vornamen, Stand und Wohnort jedes persönlich haftenden Gesellschafters;
3) die Firma der Gesellschaft und den Ort, wo sie ihren Sitz hat;
4) die Zahl und den Betrag der Aktien und Aktienantheile;
5) die Form, in welcher die von der Gesellschaft ausgehenden Bekanntmachungen erfolgen, sowie die öffentlichen Blätter, in welche dieselben aufzunehmen sind.

Ist in dem Gesellschaftsvertrage bestimmt, dafs das Austreten eines oder mehrerer persönlich haftender Gesellschafter die Auflösung der Gesellschaft nicht zur Folge habe (Art. 199.), so ist auch diese Bestimmung zu veröffentlichen [1]).

Art. 177.

Der Anmeldung Behufs der Eintragung in das Handelsregister mufs beigefügt sein:

1) die Bescheinigung, dafs der gesammte Betrag des Kapitals der Kommanditisten durch Unterschriften gedeckt ist;
2) die Bescheinigung, dafs mindestens ein Viertheil des von jedem Kommanditisten gezeichneten Betrages von ihm eingezahlt ist;
3) der Nachweis, dafs der Aufsichtsrath nach Inhalt des Vertrages (Art. 175. Ziff. 6.) in einer Generalversammlung der Kommanditisten gewählt ist.

Die Anmeldung mufs von sämmtlichen persönlich haftenden Gesellschaftern vor dem Handelsgerichte unterzeichnet oder in beglaubigter Form eingereicht werden. Die der Anmeldung beigefügten Schriftstücke werden bei dem Handelsgerichte in Urschrift oder in beglaubigter Abschrift aufbewahrt.

---

1) Zusatz des Gesetzes vom 11. Juni 1870.

Art. 178*.

Vor erfolgter Eintragung in das Handelsregister besteht die Kommanditgesellschaft als solche nicht. Die *vor der Eintragung*[1]) ausgegebenen Aktien oder Aktienantheile sind nichtig. Die Ausgeber sind den Besitzern für allen durch die Ausgabe verursachten Schaden solidarisch verhaftet.

Wenn vor erfolgter Genehmigung und Eintragung im Namen der Gesellschaft gehandelt worden ist, so haften die Handelnden persönlich und solidarisch.

Art. 179.

Die Vorschriften der Art. 152. und 153. sind auch bei der Kommanditgesellschaft auf Aktien zu befolgen; die Anmeldung mufs die im Art. 176. Ziffer 1—5. bezeichneten Angaben enthalten. Das Handelsgericht hat die persönlich haftenden Gesellschafter zur Befolgung dieser Vorschriften von Amtswegen durch Ordnungsstrafen anzuhalten.

Art. 180.

Wenn ein Gesellschafter eine Einlage macht, welche nicht in baarem Gelde besteht, oder wenn er sich zu seinen Gunsten besondere Vortheile ausbedingt, so mufs in einer Generalversammlung der Kommanditisten die Abschätzung und Prüfung der Zulässigkeit angeordnet und in einer späteren Generalversammlung die Genehmigung durch Beschlufs erfolgt sein.

Der Beschlufs wird nach der Mehrheit der in der Versammlung anwesenden oder durch Vollmacht vertretenen Kommanditisten gefafst; jedoch mufs diese Mehrheit mindestens ein Viertheil der sämmtlichen Kommanditisten begreifen und der Betrag ihrer Antheile zusammen mindestens ein Viertheil des Gesammtkapitals der Kommanditisten darstellen. Der Gesellschafter, welcher die Einlage macht oder sich besondere Vortheile ausbedingt, hat bei der Beschlufsfassung kein Stimmrecht.

Ein gegen den Inhalt dieser Bestimmung geschlossener Vertrag hat keine rechtliche Wirkung.

Art. 181.

Für die gesellschaftlichen Kapitalantheile, welche auf

---

1) Zusatz des Gesetzes vom 11. Juni 1870.

die Einlagen der persönlich haftenden Gesellschafter fallen, oder welche denselben als besondere Vortheile ausbedungen sind, dürfen keine Aktien ausgegeben werden; diese Kapitalantheile dürfen von den persönlich haftenden Gesellschaftern, so lange die letzteren in diesem ihrem Rechtsverhältnisse zur Gesellschaft stehen, nicht veräufsert werden.

Art. 182.

Die Aktien oder Aktienantheile sind untheilbar.

Sie müssen mit genauer Bezeichnung des Inhabers nach Namen, Wohnort und Stand in das Aktienbuch der Gesellschaft eingetragen werden.

Sie können, sofern nicht der Gesellschaftsvertrag ein Anderes bestimmt, ohne Einwilligung der übrigen Gesellschafter auf andere Personen übertragen werden.

Die Uebertragung kann durch Indossament geschehen.

In Betreff der Form des Indossaments kommen die Bestimmungen der Art. 11—13. der Allgemeinen Deutschen Wechselordnung zur Anwendung.

Art. 183.

Wenn das Eigenthum der Aktie auf einen Anderen übergeht, so ist dies, unter Vorlegung der Aktie und des Nachweises des Ueberganges, bei der Gesellschaft anzumelden und im Aktienbuche zu bemerken.

Im Verhältnisse zu der Gesellschaft werden nur diejenigen als die Eigenthümer der Aktien angesehen, welche als solche im Aktienbuche verzeichnet sind.

Zur Prüfung der Legitimation ist die Gesellschaft berechtigt, aber nicht verpflichtet.

Art. 184.

So lange der Betrag einer Aktie nicht vollständig eingezahlt ist, bleibt der ursprüngliche Zeichner zur Einzahlung des Rückstandes an die Gesellschaft verpflichtet; die Gesellschaft kann ihn dieser Verbindlichkeit nicht entlassen.

Art. 185.

Die persönlich haftenden Gesellschafter sind verpflichtet, dem Aufsichtsrath und den Kommanditisten spätestens in den ersten sechs Monaten jedes Geschäftsjahres eine Bilanz des verflossenen Geschäftsjahres vorzulegen.

Art. 186.

Die Rechte, welche den Kommanditisten gegenüber den persönlich haftenden Gesellschaftern nach dem Gesellschaftsvertrage oder nach den Bestimmungen des vorigen Abschnitts in Beziehung auf die Führung der Geschäfte, die Einsicht und Prüfung der Bilanz, die Bestimmung der Gewinnvertheilung, die Auflösung oder Kündigung der Gesellschaft und die Befugnifs, das Ausscheiden eines persönlich haftenden Gesellschafters zu verlangen, zustehen, werden von der Gesammtheit der Kommanditisten in der Generalversammlung ausgeübt.

Die Beschlüsse der Generalversammlung werden durch den Aufsichtsrath ausgeführt, wenn nicht im Gesellschaftsvertrage ein Anderes bestimmt ist.

Art. 187.

Die Generalversammlung der Kommanditisten wird durch die persönlich haftenden Gesellschafter oder durch den Aufsichtsrath berufen, sofern nicht nach dem Gesellschaftsvertrage auch andere Personen dazu befugt sind.

Art. 188.

Eine Generalversammlung der Kommanditisten ist aufser den im Gesellschaftsvertrage ausdrücklich bestimmten Fällen zu berufen, wenn dies im Interesse der Gesellschaft erforderlich erscheint.

Die Generalversammlung mufs auch dann berufen werden, wenn dies von einem Kommanditisten oder einer Anzahl von Kommanditisten, deren Aktien zusammen den zehnten Theil des Gesammtkapitals der Kommanditisten darstellen, in einer von ihnen unterzeichneten Eingabe unter Angabe des Zwecks und der Gründe verlangt wird. Ist im Gesellschaftsvertrage das Recht, die Berufung einer Generalversammlung zu verlangen, an den Besitz eines gröfseren oder eines geringeren Antheils am Gesammtkapitale geknüpft, so hat es hierbei sein Bewenden.

Art. 189.

Die Berufung der Generalversammlung hat in der durch den Gesellschaftsvertrag bestimmten Weise zu erfolgen.

Der Zweck der Generalversammlung mufs jederzeit bei der Berufung bekannt gemacht werden. Ueber Gegenstände, deren Verhandlung nicht in dieser Weise angekündigt ist, können Beschlüsse nicht gefaſst werden; hiervon ist jedoch der Beschluſs über den in einer Generalversammlung gestellten Antrag auf Berufung einer auſserordentlichen Generalversammlung ausgenommen.

Zur Stellung von Anträgen und zu Verhandlungen ohne Beschluſsfassung bedarf es der Ankündigung nicht.

Art. 190.

Soweit nicht der Gesellschaftsvertrag ein Anderes bestimmt, werden die Beschlüsse der Generalversammlung der Kommanditisten mit einfacher Stimmenmehrheit gefaſst, und jede Aktie gewährt dem Inhaber Eine Stimme.

Art. 191.

Der Aufsichtsrath kann das erste Mal nicht auf länger als Ein Jahr, später nicht auf länger als fünf Jahre gewählt werden.

Insoweit die Wahl auf einen längeren Zeitraum geschieht, ist dieselbe ohne rechtliche Wirkung.

Art. 192.

Den Mitgliedern des ersten Aufsichtsrathes darf eine Vergütung für die Ausübung ihres Berufs nur durch einen nach Ablauf des ersten Geschäftsjahres einzuholenden Beschluſs der Generalversammlung der Kommanditisten bewilligt werden.

Ist die Vergütung früher, oder in einer anderen als der vorstehenden Weise bewilligt, so ist diese Festsetzung ohne rechtliche Wirkung.

Art. 193.

Der Aufsichtsrath überwacht die Geschäftsführung der Gesellschaft in allen Zweigen ihrer Verwaltung; er kann sich von dem Gange der Angelegenheiten der Gesellschaft unterrichten, die Bücher und Schriften derselben jederzeit einsehen und den Bestand der Gesellschaftskasse untersuchen.

Er hat die Jahresrechnungen, die Bilanzen und die Vorschläge zur Gewinnvertheilung zu prüfen und darüber alljährlich der Generalversammlung Bericht zu erstatten.

Art. 194.

Der Aufsichtsrath ist ermächtigt, gegen die persönlich haftenden Gesellschafter die Prozesse zu führen, welche die Generalversammlung beschliefst.

Jeder Kommanditist ist befugt, als Intervenient in den Prozefs auf seine Kosten einzutreten.

Handelt es sich um die eigene Verantwortlichkeit des Aufsichtsrathes, so kann letzterer ohne und selbst gegen den Beschlufs der Generalversammlung gegen die persönlich haftenden Gesellschafter klagen.

Art. 195.

Wenn die Kommanditisten selbst in Gesammtheit und im gemeinsamen Interesse gegen die persönlich haftenden Gesellschafter auftreten wollen, oder gegen die Mitglieder des Aufsichtsrathes einen Prozefs zu führen haben, so werden sie durch Bevollmächtigte vertreten, welche in der Generalversammlung gewählt werden.

Falls aus irgend einem Grunde die Bestellung von Bevollmächtigten durch Wahl in der Generalversammlung gehindert wird, kann das Handelsgericht auf Antrag die Bevollmächtigten ernennen.

Jeder Kommanditist ist befugt, als Intervenient in den Prozefs auf seine Kosten einzutreten.

Art. 196.

Die Gesellschaft wird durch die persönlich haftenden Gesellschafter berechtigt und verpflichtet; sie wird durch dieselben vor Gericht vertreten.

Zur Behändigung von Vorladungen und anderen Zustellungen an die Gesellschaft genügt es, wenn dieselbe an einen der zur Vertretung befugten Gesellschafter geschieht.

Die Bestimmung des Art. 167. in Betreff des Kommanditisten, welcher für die Gesellschaft Geschäfte schliefst, findet bei den Kommanditgesellschaften auf Aktien keine Anwendung.

Art. 197.

Die Einlagen können den Kommanditisten, so lange die Gesellschaft besteht, nicht zurückgezahlt werden.

Zinsen von bestimmter Höhe können für die Kommanditisten nicht bedungen noch ausbezahlt werden; es darf nur dasjenige unter sie vertheilt werden, was sich nach der jährlichen Bilanz, und, wenn im Gesellschaftsvertrage die Innehaltung eines Reservekapitals bestimmt ist, nach Abzug desselben als reiner Ueberschufs ergiebt.

Die Kommanditisten haften für die Verbindlichkeiten der Gesellschaft, wenn und insoweit sie diesen Bestimmungen entgegen Zahlungen von der Gesellschaft empfangen haben; sie sind jedoch nicht verpflichtet, die in gutem Glauben bezogenen Dividenden zurückzuzahlen.

Art. 198*.

Jede Abänderung des Gesellschaftsvertrages bedarf zu ihrer Gültigkeit der notariellen oder gerichtlichen Abfassung.

Der abändernde Vertrag mufs in gleicher Weise, wie der ursprüngliche Vertrag, in das Handelsregister eingetragen und im Auszuge veröffentlicht werden (Art. 176. 179.).

Der abändernde Vertrag hat keine rechtliche Wirkung, bevor derselbe bei dem Handelsgericht, in dessen Bezirk die Gesellschaft ihren Sitz hat, in das Handelsregister eingetragen ist.

Art. 199 [1]).

Eine Uebereinkunft, durch welche das Austreten eines oder mehrerer persönlich haftender Gesellschafter bestimmt wird, steht der Auflösung der Gesellschaft gleich. Zu derselben bedarf es der Zustimmung einer Generalversammlung der Kommanditisten.

Es kann jedoch durch den Gesellschaftsvertrag oder durch einen denselben abändernden Vertrag (Art. 198.) bestimmt werden, dafs das Austreten eines oder mehrerer persönlich haftender Gesellschafter die Auflösung der Gesellschaft dann nicht zur Folge habe, wenn mindestens noch ein persönlich haftender Gesellschafter bleibt. In Ansehung der Eintragung in das Handelsregister finden die Bestimmungen des Art. 129. Anwendung.

Art. 200.

Wenn ein Kommanditist stirbt, oder in Konkurs verfällt, oder zur Verwaltung seines Vermögens rechtlich unfähig wird, so hat dies die Auflösung der Gesellschaft nicht zur Folge. Der Art. 126. findet in Bezug auf die Privatgläubiger eines Kommanditisten keine Anwendung. Im

1) So nach Gesetz vom 11. Juni 1870.

Uebrigen gelten die Artikel 123. bis 128. auch für die Kommanditgesellschaft auf Aktien.

Art. 201.

Die Auflösung der Gesellschaft mufs, wenn sie nicht in Folge der Eröffnung des Konkurses über die Gesellschaft geschieht, in das Handelsregister eingetragen werden.

Diese Eintragung mufs selbst dann geschehen, wenn die Gesellschaft durch Ablauf der Zeit, für welche sie eingegangen war, beendigt wird.

Art. 202.

Bei der Auflösung einer Kommanditgesellschaft auf Aktien, welche aufser dem Falle der Eröffnung des Konkurses erfolgt, darf die Vertheilung des Vermögens unter die Gesellschafter nicht eher vollzogen werden, als nach Verlauf eines Jahres, von dem Tage an gerechnet, an welchem die Auflösung der Gesellschaft in das Handelsregister eingetragen ist.

Die aus den Handelsbüchern der Gesellschaft ersichtlichen oder in anderer Weise bekannten Gläubiger sind durch besondere Erlasse aufzufordern, sich zu melden; unterlassen sie dies, so ist der Betrag ihrer Forderungen gerichtlich niederzulegen.

Das letztere mufs auch in Ansehung der noch schwebenden Verbindlichkeiten und streitigen Forderungen geschehen, sofern nicht die Vertheilung des Gesellschaftsvermögens bis zu deren Erledigung ausgesetzt bleibt, oder den Gläubigern eine angemessene Sicherheit bestellt wird.

Art. 203*.

Eine theilweise Zurückzahlung des Kapitals der Kommanditisten kann nur vermöge einer Abänderung des Gesellschaftsvertrages erfolgen.

Die Zurückzahlung kann nur unter Beobachtung derselben Bestimmungen geschehen, welche für die Vertheilung des Gesellschaftsvermögens im Falle der Auflösung maafsgebend sind (Art. 201. 202.).

Art. 204.

Die Mitglieder des Aufsichtsrathes sind gleich den persönlich haftenden Gesellschaftern solidarisch zur Er-

stattung geleisteter Zahlungen verpflichtet, wenn mit ihrem Wissen und ohne ihr Einschreiten

1) Einlagen an die Kommanditisten zurückgezahlt, oder

2) Zinsen oder Dividenden gezahlt sind, welche nicht aus dem auf die Aktien fallenden Gewinne entnommen wurden, oder

3) die Vertheilung des Gesellschaftsvermögens oder eine theilweise Zurückzahlung des Kapitals der Kommanditisten ohne Beobachtung der gesetzlichen Bestimmungen (Art. 202. 203.) erfolgt ist.

Art. 205.

Die Liquidation erfolgt, sofern der Gesellschaftsvertrag nicht ein Anderes bestimmt, durch sämmtliche persönlich haftende Gesellschafter und eine oder mehrere von der Generalversammlung der Kommanditisten gewählte Personen.

Art. 206[1]).

Die persönlich haftenden Mitglieder und die Mitglieder des Aufsichtsrathes werden mit Gefängnifs bis zu drei Monaten bestraft:

1) wenn sie vorsätzlich Behufs der Eintragung des Gesellschaftsvertrages in das Handelsregister falsche Angaben über die Zeichnung oder Einzahlung des Kapitals der Kommanditisten machen;

2) wenn durch ihre Schuld länger als drei Monate die Gesellschaft ohne Aufsichtsrath geblieben ist, oder in dem letzteren die zur Beschlufsfähigkeit erforderliche Zahl von Mitgliedern gefehlt hat;

3) wenn sie in ihren Darstellungen, in ihren Uebersichten über den Vermögensstand der Gesellschaft oder in den in der Generalversammlung gehaltenen Vorträgen wissentlich den Stand der Verhältnisse der Gesellschaft unwahr darstellen oder verschleiern.

Wird in den Fällen zu 2. und 3. festgestellt, dafs mildernde Umstände vorhanden sind, so ist auf Geldstrafe bis zu Eintausend Thalern zu erkennen.

---

1) So nach Ges. v. 11. Juni 1870.

Dritter Titel.
Von der Aktiengesellschaft.

Erster Abschnitt.
Allgemeine Grundsätze.

Art. 207*.

Eine Gesellschaft ist eine Aktiengesellschaft, wenn sich die sämmtlichen Gesellschafter nur mit Einlagen betheiligen, ohne persönlich für die Verbindlichkeiten der Gesellschaft zu haften.

Das Gesellschaftskapital wird in Aktien oder auch in Aktienantheile zerlegt.

Die Aktien oder Aktienantheile sind untheilbar.

Dieselben können auf Inhaber oder auf Namen lauten.

Art. 207a[1]).

Die Aktien oder Aktienantheile müssen, wenn sie auf Namen lauten, auf einen Betrag von mindestens funfzig Vereinsthalern, wenn sie auf Inhaber lauten, auf einen Betrag von mindestens Einhundert Vereinsthalern gestellt werden. Bei Versicherungsgesellschaften müssen auch solche Aktien oder Aktienantheile, welche auf Namen lauten, auf einen Betrag von mindestens Einhundert Vereinsthalern gestellt werden.

Aktien oder Aktienantheile, welche auf einen geringeren Betrag gestellt werden, sind nichtig. Die Ausgeber solcher Aktien oder Aktienantheile sind den Besitzern für allen durch die Ausgabe verursachten Schaden solidarisch verhaftet.

Der Nominalbetrag der Aktien oder Aktienantheile darf während des Bestehens der Gesellschaft weder vermindert noch erhöht werden[2]).

---

1) Zusatz des Ges. v. 11. Juni 1870.

2) Vgl. Gesetz vom 16. Dez. 1875, (R.-G.-Bl. 1875, S. 317), wonach die Bestimmung dieses Absatzes bis zum 1. Januar 1878 keine Anwendung findet, „wenn der Nominalbetrag von Aktien, welcher nicht auf Thalerwährung oder Reichswährung lautet und nicht in eine mit fünfzig theilbare Summe in Mark umgerechnet werden kann, auf den nächst niedrigeren durch fünfzig theilbaren Betrag in Mark vermindert oder auf den nächst höheren durch fünfzig theilbaren Betrag in Mark erhöht wird“.

Die vorstehenden Bestimmungen gelten auch von Promessen und Interimsscheinen.

Art. 208*.

Eine Aktiengesellschaft gilt als Handelsgesellschaft, auch wenn der Gegenstand des Unternehmens nicht in Handelsgeschäften besteht [1]).

Ueber die Errichtung und den Inhalt des Gesellschaftsvertrages (Statuts) mufs eine gerichtliche oder notarielle Urkunde aufgenommen werden.

Zur Aktienzeichnung genügt eine schriftliche Erklärung.

Art. 209*.

Der Gesellschaftsvertrag mufs insbesondere bestimmen:

1) die Firma und den Sitz der Gesellschaft;
2) den Gegenstand des Unternehmens;
3) die Zeitdauer des Unternehmens, im Falle dasselbe auf eine bestimmte Zeit beschränkt sein soll;
4) die Höhe des Grundkapitals und der einzelnen Aktien oder Aktienantheile;
5) die Eigenschaft der Aktien, ob sie auf Inhaber oder auf Namen gestellt werden sollen, ingleichen die etwa bestimmte Zahl der einen oder der anderen Art, sowie die etwa zugelassene Umwandlung derselben;
6) *die* [1]) *Bestellung eines Aufsichtsrathes von mindestens drei, aus der Zahl der Aktionaire zu wählenden Mitgliedern*;
7) die Grundsätze, nach welchen die Bilanz aufzunehmen und der Gewinn zu berechnen und auszuzahlen ist, sowie die Art und Weise, wie die Prüfung der Bilanz erfolgt;
8) die Art der Bestellung und Zusammensetzung des Vorstandes und die Formen für die Legitimation der Mitglieder desselben und der Beamten der Gesellschaft;
9) die Form, in welcher die Zusammenberufung der Aktionaire geschieht;
10) die Bedingungen des Stimmrechts der Aktionaire und die Form, in welcher dasselbe ausgeübt wird;
11) die Gegenstände, über welche nicht schon durch einfache Stimmenmehrheit der auf Zusammenberufung

---

1) Zusatz des Ges. v. 11. Juni 1870.

erschienenen Aktionaire, sondern nur durch eine größere Stimmenmehrheit oder nach anderen Erfordernissen Beschluß gefaßt werden kann;

12) die Form, in welcher die von der Gesellschaft ausgehenden Bekanntmachungen erfolgen, sowie die öffentlichen Blätter, in welche dieselben aufzunehmen sind.

Art. 209a[1]).

Nach der Zeichnung des Grundkapitals hat eine Generalversammlung der Aktionaire auf Grund der ihr vorzulegenden Bescheinigungen durch Beschluß festzustellen, daß das Grundkapital vollständig gezeichnet, und daß mindestens zehn Prozent, bei Versicherungsgesellschaften mindestens zwanzig Prozent, auf jede Aktie eingezahlt sind, sofern nicht der Gesellschaftsvertrag zwischen den sämmtlichen Aktionairen abgeschlossen und darin die Erfüllung jener Erfordernisse anerkannt ist.

Ueber den Beschluß ist eine gerichtliche oder notarielle Urkunde aufzunehmen.

Art. 209b.

Wenn ein Aktionair eine auf das Grundkapital anzurechnende Einlage macht, welche nicht in baarem Gelde besteht, oder wenn Anlagen oder sonstige Vermögensstücke von der zu errichtenden Gesellschaft übernommen werden sollen, so ist in dem Gesellschaftsvertrage der Werth der Einlage oder des Vermögensstücks festzusetzen und die Zahl der Aktien oder der Preis zu bestimmen, welche für dieselben gewährt werden. Jeder zu Gunsten eines Aktionairs bedungene besondere Vortheil ist im Gesellschaftsvertrage gleichfalls festzusetzen.

Nach der Zeichnung des Grundkapitals muß in den Fällen, welche in dem vorstehenden Absatz bezeichnet sind, sofern nicht der Gesellschaftsvertrag zwischen den sämmtlichen Aktionairen abgeschlossen ist, die Genehmigung des Vertrages in einer Generalversammlung der Aktionaire durch Beschluß erfolgen.

Die den Vertrag genehmigende Mehrheit muß mindestens ein Viertheil der sämmtlichen Aktionaire begreifen

---

1) Art. 209. a. b. c. Zusätze des Ges. v. 11. Juni 1870.

und der Betrag ihrer Antheile mindestens ein Viertheil des gesammten Grundkapitals darstellen. Der Gesellschafter, welcher die betreffende Einlage macht oder sich besondere Vortheile ausbedingt, hat bei der Beschlufsfassung kein Stimmrecht.

Ueber den Beschlufs ist eine gerichtliche oder notarielle Urkunde aufzunehmen.

Art. 209c.

Die Zusammenberufung der Generalversammlung erfolgt in den Fällen der Artikel 209a. und 209b. nach den Bestimmungen, welche der Gesellschaftsvertrag über die Zusammenberufung der Generalversammlungen enthält.

Art. 210*.

Der Gesellschaftsvertrag mufs bei dem Handelsgericht, in dessen Bezirk die Gesellschaft ihren Sitz hat, in das Handelsregister eingetragen und im Auszuge veröffentlicht werden.

Der Auszug mufs enthalten:

1) das Datum des Gesellschaftsvertrages;
2) die Firma und den Sitz der Gesellschaft;
3) den Gegenstand und die Zeitdauer des Unternehmens;
4) die Höhe des Grundkapitals und der einzelnen Aktien oder Aktienantheile;
5) die Eigenschaft derselben, ob sie auf Inhaber oder auf Namen gestellt sind;
6) die Form, in welcher die von der Gesellschaft ausgehenden Bekanntmachungen erfolgen, sowie die öffentlichen Blätter, in welche dieselben aufzunehmen sind.

Ist im Gesellschaftsvertrage eine Form bestimmt, in welcher der Vorstand seine Willenserklärungen kundgiebt und für die Gesellschaft zeichnet, so ist auch diese Bestimmung zu veröffentlichen.

Art. 210a[1]).

Der Anmeldung Behufs der Eintragung in das Handelsregister mufs beigefügt sein:

---

1) Zusatz des Ges. v. 11. Juni 1870.

1) die Bescheinigung, dafs der gesammte Betrag des Grundkapitals durch Unterschriften gedeckt ist;

2) die Bescheinigung, dafs mindestens zehn Prozent, bei Versicherungsgesellschaften mindestens zwanzig Prozent, des von jedem Aktionair gezeichneten Betrages eingezahlt sind;

3) der Nachweis, dafs der Aufsichtsrath nach Inhalt des Vertrages in einer Generalversammlung der Aktionaire gewählt ist;

4) betreffenden Falls die gerichtliche oder notarielle Urkunde über die in den Artikeln 209a. und 209b. bezeichneten Beschlüsse der Generalversammlung.

Die Anmeldung mufs von sämmtlichen Mitgliedern des Vorstandes vor dem Handelsgericht unterzeichnet oder in beglaubigter Form eingereicht werden. Die der Anmeldung beigefügten Schriftstücke werden bei dem Handelsgericht in Urschrift oder in beglaubigter Abschrift aufbewahrt.

Art. 211*.

Vor erfolgter Eintragung in das Handelsregister besteht die Aktiengesellschaft als solche nicht. *Die vor der Eintragung ausgegebenen Aktien oder Aktienantheile sind nichtig. Die Ausgeber sind den Besitzern für allen durch die Ausgabe verursachten Schaden solidarisch verhaftet*[1]*).*

Wenn vor erfolgter Eintragung in das Handelsregister im Namen der Gesellschaft gehandelt worden ist, so haften die Handelnden persönlich und solidarisch.

Art. 212*.

Bei jedem Handelsgericht, in dessen Bezirk die Handelsgesellschaft eine Zweigniederlassung hat, mufs dies Behufs der Eintragung in das Handelsregister angemeldet werden.

Die Anmeldung mufs *von sämmtlichen Mitgliedern des Vorstandes vor dem Handelsgericht unterzeichnet oder in beglaubigter Form eingereicht werden und*[2]) die in Artikel 210. Absatz 2. und 3. bezeichneten Angaben enthalten. Das Handelsgericht hat die Mitglieder des Vorstandes zur Be-

---

1) Zusatz des Ges. v. 11. Juni 1870.
2) Zusatz des Ges. v. 11. Juni 1870.

folgung dieser Vorschriften von Amtswegen durch Ordnungsstrafen anzuhalten.

Art. 213.

Die Aktiengesellschaft als solche hat selbstständig ihre Rechte und Pflichten; sie kann Eigenthum und andere dingliche Rechte an Grundstücken erwerben; sie kann vor Gericht klagen und verklagt werden.

Ihr ordentlicher Gerichtsstand ist bei dem Gerichte, in dessen Bezirk sie ihren Sitz hat.

Art. 214*.

Jeder Beschlufs der Generalversammlung, welcher die Fortsetzung der Gesellschaft oder eine Abänderung der Bestimmungen des Gesellschaftsvertrages zum Gegenstande hat, bedarf zu seiner Gültigkeit der notariellen oder gerichtlichen Beurkundung.

Ein solcher Beschlufs mufs in gleicher Weise wie der ursprüngliche Vertrag in das Handelsregister eingetragen und veröffentlicht werden (Art. 210. 212.).

Der Beschlufs hat keine rechtliche Wirkung, bevor derselbe bei dem Handelsgericht, in dessen Bezirk die Gesellschaft ihren Sitz hat, in das Handelsregister eingetragen ist.

Art. 215*.

Die Abänderung des Gegenstandes der Unternehmung der Gesellschaft kann nicht durch Stimmenmehrheit beschlossen werden, sofern dies nicht im Gesellschaftsvertrage ausdrücklich gestattet ist.

Dasselbe gilt von dem Falle, wenn die Gesellschaft durch Uebertragung ihres Vermögens und ihrer Schulden an eine andere Aktiengesellschaft gegen Gewährung von Aktien der letzteren aufgelöst werden soll.

Die Aktiengesellschaft darf eigene Aktien nicht erwerben. Sie darf eigene Aktien auch nicht amortisiren, sofern dies nicht durch den ursprünglichen Gesellschaftsvertrag oder durch einen, den letzteren abändernden, vor Ausgabe der Aktien gefafsten Beschlufs zugelassen ist[1]).

---

1) Zusatz des Ges. v. 11. Juni 1870.

Zweiter Abschnitt.

Rechtsverhältnifs der Aktionaire.

Art. 216.

Jeder Aktionair hat einen verhältnifsmäfsigen Antheil an dem Vermögen der Gesellschaft.

Er kann den eingezahlten Betrag nicht zurückfordern und hat, so lange die Gesellschaft besteht, nur einen Anspruch auf den reinen Gewinn, soweit dieser nach dem Gesellschaftsvertrage zur Vertheilung unter die Aktionaire bestimmt ist.

Art. 217*.

Zinsen von bestimmter Höhe dürfen für die Aktionaire nicht bedungen, noch ausbezahlt werden; es darf nur dasjenige unter sie vertheilt werden, was sich nach der jährlichen Bilanz und, wenn im Gesellschaftsvertrage die Innehaltung eines Reservekapitals bestimmt ist, nach Abzug desselben als reiner Ueberschufs *über die volle Einlage* ergiebt. *Die Aktionaire können bis zur Wiederergänzung des durch Verlust verminderten Gesammtbetrages der Einlagen Dividenden nicht beziehen*[1]).

Jedoch können für den in dem Gesellschaftsvertrage angegebenen Zeitraum, welchen die Vorbereitung des Unternehmens bis zum Anfange des vollen Betriebes erfordert, den Aktionairen Zinsen von bestimmter Höhe bedungen werden.

Art. 218.

Der Aktionair ist in keinem Falle verpflichtet, die in gutem Glauben empfangenen Zinsen und Dividenden zurückzugeben.

Art. 219.

Der Aktionair ist nicht schuldig, zu den Zwecken der Gesellschaft und zur Erfüllung ihrer Verbindlichkeiten mehr beizutragen, als den für die Aktie statutenmäfsig zu leistenden Beitrag.

Art. 220.

Ein Aktionair, welcher den Betrag seiner Aktie nicht

1) Zusatz des Ges. v. 11. Juni 1870.

zur rechten Zeit einzahlt, ist zur Zahlung von Verzugszinsen von Rechtswegen verpflichtet.

Im Gesellschaftsvertrage können für den Fall der verzögerten Einzahlung des gezeichneten Aktienbetrages oder eines Theils desselben Konventionalstrafen ohne Rücksicht auf die sonst stattfindenden gesetzlichen Einschränkungen festgesetzt werden; auch kann bestimmt werden, dafs die säumigen Aktionaire ihrer Anrechte aus der Zeichnung der Aktien und der geleisteten Theilzahlungen zu Gunsten der Gesellschaft verlustig gehen.

Art. 221.

Ist im Gesellschaftsvertrage keine besondere Form, wie die Aufforderung zur Einzahlung geschehen soll, bestimmt, so geschieht dieselbe in der Form, in welcher die Bekanntmachungen der Gesellschaft nach dem Gesellschaftsvertrage überhaupt erfolgen müssen (Art. 209. Ziff. 11.).

Jedoch kann in keinem Falle ein Aktionair seines Anrechts verlustig erklärt werden, wenn nicht die Aufforderung zur Zahlung mindestens dreimal in den hierzu bestimmten öffentlichen Blättern (Art. 209. Ziff. 11.), das letzte Mal wenigstens vier Wochen vor dem für die Einzahlungen gesetzten Schlufstermine, bekannt gemacht worden ist. Wenn die Aktien auf Namen lauten und ohne Einwilligung der übrigen Aktionaire nicht übertragbar sind, so kann die Bekanntmachung dieser Aufforderungen durch besondere Erlasse an die einzelnen Aktionaire statt der Einrückungen in die öffentlichen Blätter erfolgen.

Art. 222*.

Wenn die Aktien oder Aktienantheile auf Inhaber gestellt werden, so kommen folgende Grundsätze zur Anwendung:

1) Die Ausgabe der Aktien darf vor Einzahlung des ganzen Nominalbetrages derselben nicht erfolgen; ebensowenig dürfen über die geleisteten Partialzahlungen Promessen oder Interimsscheine, welche auf Inhaber lauten, ausgestellt werden.
2) Der Zeichner der Aktie ist für die Einzahlung von 40 Prozent des Nominalbetrages der Aktie unbedingt verhaftet; von dieser Verpflichtung kann derselbe weder durch Uebertragung seines Anrechtes

auf einen Dritten sich befreien, noch Seitens der Gesellschaft entbunden werden; wird der Zeichner der Aktie, wegen verzögerter Einzahlung, seines Anrechtes aus der Zeichnung verlustig erklärt (Art. 220.), so bleibt er dessen ungeachtet zur Einzahlung von 40 Prozent des Nominalbetrages der Aktie verpflichtet.

3) Im Gesellschaftsvertrage kann bestimmt werden, dafs und unter welchen Maafsgaben nach erfolgter Einzahlung von 40 Prozent die Befreiung des Zeichners von der Haftung für weitere Einzahlungen zulässig sei, und dafs im Falle der eingetretenen Befreiung über die geleisteten Einzahlungen Promessen oder Interimsscheine, welche auf Inhaber lauten, ausgestellt werden dürfen.

Diejenigen Landesgesetze, welche die Höhe der Einzahlung (Art. 222. Ziffer 2. und 3.) auf 25 Prozent des Nominalbetrages der Aktie herabgesetzt haben, werden hierdurch nicht berührt [1].

Art. 223.

Wenn die Aktien auf Namen lauten, so kommen die bei der Kommanditgesellschaft auf Aktien gegebenen Bestimmungen über die Eintragung der Aktien in das Aktienbuch der Gesellschaft und über die Uebertragung derselben auf Andere (Art. 182. 183.) auch hier zur Anwendung.

So lange der Betrag der Aktie nicht vollständig eingezahlt ist, wird der Aktionair durch Uebertragung seines Anrechts auf einen Anderen von der Verbindlichkeit zur Zahlung des Rückstandes nur dann befreit, wenn die Gesellschaft den neuen Erwerber an seiner Stelle annimmt und ihn der Verbindlichkeit entläfst.

Auch in diesem Falle bleibt der austretende Aktionair auf Höhe des Rückstandes für alle bis dahin von der Gesellschaft eingegangenen Verbindlichkeiten noch auf ein Jahr, vom Tage des Austritts an gerechnet, subsidiarisch verhaftet.

Art. 224.

Die Rechte, welche den Aktionairen in den Angelegen-

---

1) Zusatz des Ges. vom 11. Juni 1870.

heiten der Gesellschaft, insbesondere in Beziehung auf die Führung der Geschäfte, die Einsicht und Prüfung der Bilanz und die Bestimmung der Gewinnvertheilung zustehen, werden von der Gesammtheit der Aktionaire in der Generalversammlung ausgeübt.

Jede Aktie gewährt dem Inhaber Eine Stimme, wenn nicht der Gesellschaftsvertrag ein Anderes festsetzt.

Art. 225 [1]).

Die für den Aufsichtsrath einer Kommanditgesellschaft auf Aktien in den Art. 191. und 192. gegebenen Bestimmungen finden auch auf den Aufsichtsrath einer Aktiengesellschaft Anwendung.

Art. 225 a.

Der Aufsichtsrath überwacht die Geschäftsführung der Gesellschaft in allen Zweigen der Verwaltung; er kann sich von dem Gange der Angelegenheiten der Gesellschaft unterrichten, die Bücher und Schriften derselben jederzeit einsehen und den Bestand der Gesellschaftskasse untersuchen.

Er hat die Jahresrechnungen, die Bilanzen und die Vorschläge zur Gewinnvertheilung zu prüfen und darüber alljährlich der Generalversammlung der Aktionaire Bericht zu erstatten.

Er hat eine Generalversammlung zu berufen, wenn dies im Interesse der Gesellschaft erforderlich ist.

Art. 225 b.

Die Mitglieder des Aufsichtsrathes sind persönlich und solidarisch zum Schadenersatz verpflichtet, wenn mit ihrem Wissen und ohne ihr Einschreiten:

1) *Einlagen an die Aktionaire zurückgezahlt, oder, der Bestimmung des Artikels 215. Absatz 3. entgegen, eigene Aktien der Gesellschaft erworben oder amortisirt worden sind;*
2) *Zinsen oder Dividenden gezahlt sind, welche nach Maafsgabe der Bestimmungen des Artikels 217. nicht gezahlt werden durften;*
3) *die Vertheilung des Gesellschaftsvermögens oder eine theilweise Zurückzahlung oder eine Herabsetzung*

---

1) Art. 225, 225 a und 225 b aus dem Gesetze vom 11. Juni 1870.

des Grundkapitals ohne Beobachtung der gesetzlichen Bestimmungen (Art. 245. u. 248.) erfolgt ist.

Art. 226.

Handelt es sich um die Führung von Prozessen gegen die Mitglieder des Vorstandes oder des Aufsichtsrathes, so kommen die für die Kommanditgesellschaft auf Aktien bestehenden Bestimmungen (Art. 194. 195.) auch hier zur Anwendung.

Dritter Abschnitt.

Rechte und Pflichten des Vorstandes.

Art. 227.

Jede Aktiengesellschaft mufs einen Vorstand haben (Art. 209. Ziff. 7.). Sie wird durch denselben gerichtlich und aufsergerichtlich vertreten.

Der Vorstand kann aus einem oder mehreren Mitgliedern bestehen; diese können besoldet oder unbesoldet, Aktionaire oder Andere sein.

Ihre Bestellung ist zu jeder Zeit widerruflich, unbeschadet der Entschädigungsansprüche aus bestehenden Verträgen.

Art. 228.

Die jeweiligen Mitglieder des Vorstandes müssen alsbald nach ihrer Bestellung zur Eintragung in das Handelsregister angemeldet werden. Der Anmeldung ist ihre Legitimation beizufügen.

Sie haben ihre Unterschrift vor dem Handelsgerichte zu zeichnen, oder die Zeichnung derselben in beglaubigter Form einzureichen.

Das Handelsgericht hat die Mitglieder des Vorstandes zur Befolgung dieser Vorschriften von Amtswegen durch Ordnungsstrafen anzuhalten.

Art. 229.

Der Vorstand hat in der durch den Gesellschaftsvertrag bestimmten Form seine Willenserklärungen kundzugeben und für die Gesellschaft zu zeichnen. Ist nichts darüber bestimmt, so ist die Zeichnung durch sämmtliche Mitglieder des Vorstandes erforderlich.

Die Zeichnung geschieht in der Weise, dafs die Zeichnenden zu der Firma der Gesellschaft oder zu der Benennung des Vorstandes ihre Unterschrift hinzufügen.

Art. 230.

Die Gesellschaft wird durch die von dem Vorstande in ihrem Namen geschlossenen Rechtsgeschäfte berechtigt und verpflichtet; es ist gleichgültig, ob das Geschäft ausdrücklich im Namen der Gesellschaft geschlossen worden ist, oder ob die Umstände ergeben, dafs es nach dem Willen der Kontrahenten für die Gesellschaft geschlossen werden sollte.

Art. 231.

Der Vorstand ist der Gesellschaft gegenüber verpflichtet, die Beschränkungen einzuhalten, welche in dem Gesellschaftsvertrage oder durch Beschlüsse der Generalversammlung für den Umfang seiner Befugnifs, die Gesellschaft zu vertreten, festgesetzt sind.

Gegen dritte Personen hat jedoch eine Beschränkung der Befugnifs des Vorstandes, die Gesellschaft zu vertreten, keine rechtliche Wirkung. Dies gilt insbesondere für den Fall, dafs die Vertretung sich nur auf gewisse Geschäfte oder Arten von Geschäften erstrecken, oder nur unter gewissen Umständen oder für eine gewisse Zeit oder an einzelnen Orten stattfinden soll, oder dafs die Zustimmung der Generalversammlung, eines Verwaltungsrathes, eines Aufsichtsrathes oder eines anderen Organes der Aktionaire für einzelne Geschäfte erfordert ist.

Art. 232.

Eide Namens der Gesellschaft werden durch den Vorstand geleistet.

Art. 233.

Jede Aenderung der Mitglieder des Vorstandes mufs bei Ordnungsstrafe zur Eintragung in das Handelsregister angemeldet werden.

Dritten Personen kann die Aenderung nur insofern entgegengesetzt werden, als in Betreff dieser Aenderung die im Art. 46. in Betreff des Erlöschens der Prokura bezeichneten Voraussetzungen verhanden sind.

Art. 234.

Der Betrieb von Geschäften der Gesellschaft, sowie die Vertretung der Gesellschaft in Bezug auf diese Geschäftsführung kann auch sonstigen Bevollmächtigten oder Beamten der Gesellschaft zugewiesen werden. In diesem Falle bestimmt sich die Befugniſs derselben nach der ihnen ertheilten Vollmacht; sie erstreckt sich im Zweifel auf alle Rechtshandlungen, welche die Ausführung derartiger Geschäfte gewöhnlich mit sich bringt.

Art. 235.

Zur Behändigung von Vorladungen und anderen Zustellungen an die Gesellschaft genügt es, wenn dieselbe an ein Mitglied des Vorstandes, welches zu zeichnen oder mitzuzeichnen befugt ist, oder an einen Beamten der Gesellschaft, welcher dieselbe vor Gericht zu vertreten berechtigt ist, geschieht.

Art. 236.

Die Generalversammlung der Aktionaire wird durch den Vorstand berufen, soweit nicht nach dem Gesellschaftsvertrage auch andere Personen dazu befugt sind.

Art. 237.

Eine Generalversammlung der Aktionaire ist, auſser den im Gesellschaftsvertrage ausdrücklich bestimmten Fällen, zu berufen, wenn dies im Interesse der Gesellschaft erforderlich erscheint.

Die Generalversammlung muſs auch dann berufen werden, wenn dies ein Aktionair oder eine Anzahl von Aktionairen, deren Aktien zusammen den zehnten Theil des Grundkapitals darstellen, in einer von ihnen unterzeichneten Eingabe unter Angabe des Zwecks und der Gründe verlangen. Ist in dem Gesellschaftsvertrage das Recht, die Berufung einer Generalversammlung zu verlangen, an den Besitz eines gröſseren oder eines geringeren Antheils am Grundkapital geknüpft, so hat es hierbei sein Bewenden.

Art. 238.

Die Berufung der Generalversammlung hat in der durch den Gesellschaftsvertrag bestimmten Weise zu erfolgen.

Der Zweck der Generalversammlung muſs jederzeit

bei der Berufung bekannt gemacht werden. Ueber Gegenstände, deren Verhandlung nicht in dieser Weise angekündigt ist, können Beschlüsse nicht gefafst werden; hiervon ist jedoch der Beschlufs über den in einer Generalversammlung gestellten Antrag auf Berufung einer aufserordentlichen Generalversammlung ausgenommen.

Zur Stellung von Anträgen und zu Verhandlungen ohne Beschlufsfassung bedarf es der Ankündigung nicht.

Art. 239*.

Der Vorstand ist verpflichtet, Sorge zu tragen, dafs die erforderlichen Bücher der Gesellschaft geführt werden. Er mufs den Aktionairen spätestens in den ersten sechs Monaten jedes Geschäftsjahres eine Bilanz des verflossenen Geschäftsjahres vorlegen *und solche innerhalb dieser Frist in der Form und in den öffentlichen Blättern, welche für die Bekanntmachungen der Gesellschaft in dem Gesellschaftsvertrage bestimmt sind, veröffentlichen*[1].

Zur Entlastung des Vorstandes bei Legung der Rechnung können Personen nicht bestellt werden, welche auf irgend eine Weise an der Geschäftsführung Theil nehmen.

Dieses Verbot bezieht sich nicht auf die Personen, welchen die Aufsicht über die Geschäftsführung zusteht.

Art. 239a[2].

Für die Aufstellung der Bilanz sind folgende Vorschriften maafsgebend:

1) kurshabende Papiere dürfen höchstens zu dem Kurswerthe, welchen dieselben zur Zeit der Bilanzaufstellung haben, angesetzt werden;

2) die Kosten der Organisation und Verwaltung dürfen nicht unter die Aktiva aufgeführt werden, müssen vielmehr ihrem vollen Betrag nach in der Jahresrechnung als Ausgabe erscheinen;

3) der Betrag des Grundkapitals und des etwa im Gesellschaftsvertrage vorgeschriebenen Reserve- oder Erneuerungsfonds ist unter die Passiva aufzunehmen;

4) der aus der Vergleichung sämmtlicher Aktiva und sämmtlicher Passiva sich ergebende Gewinn oder

---

1) Zusatz des Ges. vom 11. Juni 1870.

2) Zusatz des Ges. vom 11. Juni 1870.

Verlust mufs am Schlusse der Bilanz besonders angegeben werden.

Art. 240*.

Ergiebt sich aus der letzten Bilanz, dafs sich das Grundkapital um die Hälfte vermindert hat, so mufs der Vorstand unverzüglich eine Generalversammlung berufen und dieser davon Anzeige machen.

Ergiebt sich, dafs das Vermögen der Gesellschaft nicht mehr die Schulden deckt, so mufs der Vorstand hiervon dem Gericht Behufs der Eröffnung des Konkurses Anzeige machen.

Art. 241.

Die Mitglieder des Vorstandes sind aus den von ihnen im Namen der Gesellschaft vorgenommenen Rechtshandlungen Dritten gegenüber für die Verbindlichkeiten der Gesellschaft persönlich nicht verpflichtet.

Mitglieder des Vorstandes, welche aufser den Grenzen ihres Auftrages, oder den Vorschriften dieses Titels oder des Gesellschaftsvertrages entgegen handeln, haften persönlich und solidarisch für den dadurch entstandenen Schaden. Dies gilt insbesondere, wenn sie der Bestimmung des Art. 217. entgegen an die Aktionaire Dividenden oder Zinsen zahlen, oder wenn sie zu einer Zeit noch Zahlungen leisten, in welcher ihnen die Zahlungsunfähigkeit der Gesellschaft hätte bekannt sein müssen.

Vierter Abschnitt.

Auflösung der Gesellschaft.

Art. 242*.

Die Aktiengesellschaft wird aufgelöst:

1) durch Ablauf der im Gesellschaftsvertrage bestimmten Zeit;
2) durch einen notariellen oder gerichtlich beurkundeten Beschlufs der Aktionaire;
3) durch Eröffnung des Konkurses.

Wenn die Auflösung einer Aktiengesellschaft aus anderen Gründen erfolgt, so finden die Bestimmungen dieses Abschnitts ebenfalls Anwendung.

Art. 243.

Die Auflösung der Gesellschaft mufs, wenn sie nicht eine Folge des eröffneten Konkurses ist, durch den Vorstand, bei Ordnungsstrafe, zur Eintragung in das Handelsregister angemeldet werden; sie mufs zu drei verschiedenen Malen durch die hierzu bestimmten öffentlichen Blätter (Art. 209. Ziff. 11.) bekannt gemacht werden.

Durch diese Bekanntmachung müssen zugleich die Gläubiger aufgefordert werden, sich bei der Gesellschaft zu melden.

Art. 244.

Die Liquidation geschieht durch den Vorstand, wenn nicht dieselbe durch den Gesellschaftsvertrag oder einen Beschlufs der Aktionaire an andere Personen übertragen wird.

Es kommen die bei der offenen Handelsgesellschaft über die Anmeldung und das Rechtsverhältnifs der Liquidatoren gegebenen Bestimmungen auch hier zur Anwendung, mit der Maafsgabe, dafs die Anmeldungen Behufs der Eintragung in das Handelsregister durch den Vorstand zu machen sind.

Die Bestellung der Liquidatoren ist jederzeit widerruflich.

Art. 245.

Das Vermögen einer aufgelösten Aktiengesellschaft wird nach Tilgung ihrer Schulden unter die Aktionaire nach Verhältnifs ihrer Aktien vertheilt.

Die Vertheilung darf nicht eher vollzogen werden, als nach Ablauf eines Jahres, von dem Tage an gerechnet, an welchem die Bekanntmachung in den hierzu bestimmten öffentlichen Blättern (Art. 243.) zum dritten Male erfolgt ist.

In Ansehung der aus den Handelsbüchern ersichtlichen oder in anderer Weise bekannten Gläubiger und in Ansehung der noch schwebenden Verbindlichkeiten und streitigen Forderungen kommen die bei der Kommanditgesellschaft auf Aktien gegebenen Bestimmungen (Art. 202. Absatz 2. und 3.) zur Anwendung.

Mitglieder des Vorstandes und Liquidatoren, welche diesen Vorschriften entgegen handeln, sind persönlich und solidarisch zur Erstattung der geleisteten Zahlungen verpflichtet.

Art. 246.

Die Handelsbücher der aufgelösten Gesellschaft sind an einem von dem Handelsgerichte zu bestimmenden sicheren Orte zur Aufbewahrung auf die Dauer von zehn Jahren niederzulegen.

Art. 247*.

Bei der Auflösung einer Aktiengesellschaft durch Vereinigung derselben mit einer anderen Aktiengesellschaft (Art. 215.) kommen folgende Bestimmungen zur Anwendung [1]):

1) Das Vermögen der aufzulösenden Gesellschaft ist so lange getrennt zu verwalten, bis die Befriedigung oder Sicherstellung ihrer Gläubiger erfolgt ist.
2) Der bisherige Gerichtsstand der Gesellschaft bleibt für die Dauer der getrennten Vermögensverwaltung bestehen; dagegen wird die Verwaltung von der anderen Gesellschaft geführt.
3) Der Vorstand der letzteren Gesellschaft ist den Gläubigern für die Ausführung der getrennten Verwaltung persönlich und solidarisch verantwortlich.
4) Die Auflösung der Gesellschaft ist zur Eintragung in das Handelsregister bei Ordnungsstrafe anzumelden.
5) Die öffentliche Aufforderung der Gläubiger der aufgelösten Gesellschaft (Art. 243.) kann unterlassen oder auf einen späteren Zeitpunkt verschoben werden. Jedoch ist die Vereinigung der Vermögen der beiden Gesellschaften erst in dem Zeitpunkte zulässig, in welchem eine Vertheilung des Vermögens einer aufgelösten Aktiengesellschaft unter die Aktionaire erfolgen darf (Art. 245.).

Art. 248*.

Eine theilweise Zurückzahlung des Grundkapitals an die Aktionaire *oder eine Herabsetzung desselben* kann nur auf Beschlufs der Generalversammlung erfolgen.

Die Zurückzahlung *oder Herabsetzung* kann nur unter Beobachtung derselben Bestimmungen erfolgen, welche für

---

1) So nach dem Gesetz vom 11. Juni 1870.

die Vertheilung des Gesellschaftsvermögens im Falle der Auflösung maafsgebend sind (Art. 243. 245.).

Die Mitglieder des Vorstandes, welche dieser Vorschrift entgegen handeln, sind den Gläubigern der Gesellschaft persönlich und solidarisch verhaftet.

Fünfter Abschnitt.

Schlufsbestimmungen.

Art. 249[1]*.*

Die Mitglieder des Aufsichtsrathes und des Vorstandes werden mit Gefängnifs bis zu drei Monaten bestraft:

1) wenn sie vorsätzlich Behufs der Eintragung des Gesellschaftsvertrages in das Handelsregister falsche Angaben über die Zeichnung oder Einzahlung des Grundkapitals machen;

2) wenn durch ihre Schuld länger als drei Monate die Gesellschaft ohne Aufsichtsrath geblieben ist, oder in dem letzteren die zur Beschlufsfähigkeit erforderliche Zahl von Mitgliedern gefehlt hat;

3) wenn sie in ihren Darstellungen, in ihren Uebersichten über den Vermögensstand der Gesellschaft oder in den in der Generalversammlung gehaltenen Vorträgen wissentlich den Stand der Verhältnisse der Gesellschaft unwahr darstellen oder verschleiern.

Wird in den Fällen zu 2. und 3. festgestellt, dafs mildernde Umstände vorhanden sind, so ist auf Geldstrafe bis zu Eintausend Thalern zu erkennen.

Art. 249a.

Die Mitglieder des Vorstandes werden mit Gefängnifs bis zu drei Monaten bestraft, wenn sie der Vorschrift des Artikels 240. zuwider dem Gericht die Anzeige zu machen unterlassen, dafs das Vermögen der Gesellschaft nicht mehr die Schulden deckt.

Die Strafe tritt nicht ein, wenn von ihnen nachgewiesen wird, dafs die Anzeige ohne ihr Verschulden unterblieben ist.

---

1) Art. 249 und 249a sind Zusätze des Gesetzes vom 11. Juni 1870.

Drittes Buch.

Von der stillen Gesellschaft und von der Vereinigung zu einzelnen Handelsgeschäften für gemeinschaftliche Rechnung.

Erster Titel.

Von der stillen Gesellschaft.

Art. 250.

Eine stille Gesellschaft ist vorhanden, wenn sich Jemand an dem Betriebe des Handelsgewerbes eines Anderen mit einer Vermögenseinlage gegen Antheil an Gewinn und Verlust betheiligt.

Zur Gültigkeit des Vertrages bedarf es der schriftlichen Abfassung oder sonstiger Förmlichkeiten nicht.

Art. 251.

Der Inhaber des Handelsgewerbes betreibt die Geschäfte unter seiner Firma.

Eine das Verhältnifs einer Handelsgesellschaft andeutende Firma darf derselbe wegen der Betheiligung eines stillen Gesellschafters bei Ordnungsstrafe nicht annehmen.

Art. 252.

Der Inhaber des Handelsgewerbes wird Eigenthümer der Einlage des stillen Gesellschafters.

Der stille Gesellschafter ist nicht verpflichtet, die Einlage über den vertragsmäfsigen Betrag zu erhöhen, oder die durch Verlust verminderte Einlage zu ergänzen.

Art. 253.

Der stille Gesellschafter ist berechtigt, die abschriftliche Mittheilung der jährlichen Bilanz zu verlangen und die Richtigkeit derselben unter Einsicht der Bücher und Papiere zu prüfen.

Das Handelsgericht kann auf den Antrag des stillen Gesellschafters, wenn wichtige Gründe dazu vorliegen, die Mittheilung einer Bilanz oder sonstiger Aufklärungen nebst Vorlegung der Bücher und Papiere zu jeder Zeit anordnen.

Art. 254.

Ist über die Höhe der Betheiligung des stillen Gesellschafters an Gewinn und Verlust nichts vereinbart, so wird dieselbe nach richterlichem Ermessen, nöthigenfalls unter Zuziehung von Sachverständigen, festgestellt.

Art. 255.

Am Schlusse eines jeden Geschäftsjahres wird der Gewinn und Verlust berechnet und dem stillen Gesellschafter der ihm zufallende Gewinn ausbezahlt.

Der stille Gesellschafter nimmt an dem Verluste nur bis zum Betrage seiner eingezahlten oder rückständigen Einlage Antheil. Er ist nicht verpflichtet, den bezogenen Gewinn wegen späterer Verluste zurückzuzahlen; jedoch wird, so lange seine ursprüngliche Einlage durch Verlust vermindert ist, der jährliche Gewinn zur Deckung des Verlustes verwendet.

Der Gewinn, welcher von dem stillen Gesellschafter nicht erhoben wird, vermehrt dessen Einlage nicht, sofern nicht ein Anderes vereinbart ist.

Art. 256.

Aus den Geschäften des Handelsgewerbes wird der Inhaber desselben dem Dritten gegenüber allein berechtigt und verpflichtet.

Art. 257.

Der Name eines stillen Gesellschafters darf in der Firma des Inhabers des Handelsgewerbes nicht enthalten sein; im entgegengesetzten Falle haftet der stille Gesellschafter den Gläubigern der Gesellschaft persönlich und solidarisch.

Art. 258.

Wenn der Inhaber des Handelsgewerbes in Konkurs verfällt, so ist der stille Gesellschafter befugt, wegen seiner Einlage, soweit dieselbe den Betrag des auf ihn fallenden Antheils am Verluste übersteigt, seine Forderung als Konkursgläubiger geltend zu machen.

Ist die Einlage rückständig, so hat der stille Gesellschafter dieselbe bis zu dem Betrage, welcher zur Deckung seines Antheils am Verluste erforderlich ist, in die Konkursmasse zu zahlen.

Art. 259.

Wenn innerhalb eines Jahres vor Eröffnung des Konkurses über das Vermögen des Inhabers des Handelsgewerbes durch Vereinbarung zwischen ihm und dem stillen Gesellschafter das Gesellschaftsverhältnifs aufgelöst worden ist, so können die Konkursgläubiger verlangen, dafs der stille Gesellschafter die ihm zurückbezahlte Einlage in die Konkursmasse einzahle, unbeschadet seines Rechts, die in dem Zeitpunkt der Auflösung ihm aus dem Gesellschaftsverhältnisse zustehende Forderung als Konkursgläubiger geltend zu machen.

Dasselbe gilt, wenn dem stillen Gesellschafter in dem bezeichneten Zeitraum ohne Auflösung des Gesellschaftsverhältnisses die Einlage zurückbezahlt wurde.

In gleicher Weise ist, wenn der Inhaber des Handelsgewerbes in dem bezeichneten Zeitraum dem stillen Gesellschafter dessen Antheil an dem entstandenen Verluste ganz oder theilweise erlassen hat, der Erlafs zu Gunsten der Konkursgläubiger unwirksam.

Die Bestimmungen dieses Artikels treten nicht ein, wenn der stille Gesellschafter beweist, dafs der Konkurs in Umständen seinen Grund hat, welche erst nach dem Zeitpunkt der Auflösung, der Zurückzahlung oder des Erlasses eingetreten sind.

Art. 260.

Ob und inwieweit eine rechtliche Wirkung zu Gunsten dritter Personen eintritt, wenn durch einen stillen Gesellschafter oder mit dessen Willen das Vorhandensein der stillen Gesellschaft kundgemacht wird, ist nach allgemeinen Rechtsgrundsätzen zu beurtheilen.

Art. 261.

Die stille Gesellschaft wird aufgelöst:

1) durch den Tod des Inhabers des Handelsgewerbes, wenn nicht der Vertrag bestimmt, dafs die Gesellschaft mit den Erben des Verstorbenen fortbestehen soll;
2) durch die eingetretene rechtliche Unfähigkeit des Inhabers des Handelsgewerbes zur selbstständigen Vermögensverwaltung;
3) durch die Eröffnung des Konkurses über das Vermögen des Inhabers des Handelsgewerbes oder des stillen Gesellschafters;

4) durch gegenseitige Uebereinkunft;
5) durch Ablauf der Zeit, auf deren Dauer die stille Gesellschaft eingegangen ist, wenn dieselbe nicht stillschweigend fortgesetzt wird; in diesem Falle gilt der Vertrag von da an als auf unbestimmte Dauer geschlossen;
6) durch die Aufkündigung eines der beiden Theile, wenn der Vertrag auf unbestimmte Dauer geschlossen ist.

Ein auf Lebenszeit geschlossener Vertrag ist als auf unbestimmte Dauer geschlossen zu betrachten.

Die Aufkündigug eines auf unbestimmte Dauer geschlossenen Vertrages mufs, wenn nicht ein anderes vereinbart ist, mindestens sechs Monate vor Ablauf des Geschäftsjahres erfolgen.

Art. 262.

Die Auflösung der stillen Gesellschaft kann vor Ablauf der für ihre Dauer bestimmten Zeit oder bei einem Vertrage von unbestimmter Dauer ohne vorherige Aufkündigung verlangt werden, wenn dazu wichtige Gründe vorhanden sind. Die Beurtheilung, ob solche Gründe anzunehmen sind, bleibt im Falle des Widerspruchs dem Ermessen des Richters überlassen.

Art. 263.

Die Bestimmung des Art. 126. gilt auch zu Gunsten der Privatgläubiger eines stillen Gesellschafters.

Art. 264.

Wenn der stille Gesellschafter stirbt, oder zur Verwaltung seines Vermögens rechtlich unfähig wird, so hat dies die Auflösung der stillen Gesellschaft nicht zur Folge.

Art. 265.

Nach Auflösung der stillen Gesellschaft mufs der Inhaber des Handelsgewerbes sich mit dem stillen Gesellschafter auseinandersetzen und die Forderung desselben in Gelde berichtigen.

Der Inhaber des Handelsgewerbes besorgt die Liquidation der bei der Auflösung noch schwebenden Geschäfte.

Zweiter Titel.

Von der Vereinigung zu einzelnen Handelsgeschäften für gemeinschaftliche Rechnung.

Art. 266.

Die Vereinigung zu einem oder mehreren einzelnen Handelsgeschäften für gemeinschaftliche Rechnung bedarf einer schriftlichen Abfassung nicht und ist sonstigen Förmlichkeiten nicht unterworfen.

Art. 267.

Wenn nicht ein Anderes verabredet ist, so sind alle Theilnehmer in gleichem Verhältnisse zu dem gemeinsamen Unternehmen beizutragen verpflichtet.

Art. 268.

Ist über den Antheil der Theilnehmer am Gewinn und Verlust nichts vereinbart, so werden die Einlagen verzinst, der Gewinn oder Verlust aber nach Köpfen vertheilt.

Art. 269.

Aus Geschäften, welche ein Theilnehmer mit einem Dritten geschlossen hat, wird Ersterer dem Dritten gegenüber allein berechtigt und verpflichtet.

Ist ein Theilnehmer zugleich im Auftrage und Namen der übrigen aufgetreten, oder haben alle Theilnehmer gemeinschaftlich oder durch einen gemeinsamen Bevollmächtigten gehandelt, so ist jeder Theilnehmer Dritten gegenüber solidarisch berechtigt und verpflichtet.

Art. 270.

Nach Beendigung des gemeinschaftlichen Geschäfts mufs der Theilnehmer, welcher dasselbe führte, den übrigen Theilnehmern unter Mittheilung der Beläge Rechnung ablegen.

Er besorgt die Liquidation.

Viertes Buch.

Von den Handelsgeschäften.

Erster Titel.

Von den Handelsgeschäften im Allgemeinen.

Erster Abschnitt.

Begriff der Handelsgeschäfte.

Art. 271.

Handelsgeschäfte sind:

1) der Kauf oder die anderweite Anschaffung von Waaren oder anderen beweglichen Sachen, von Staatspapieren, Aktien oder anderen für den Handelsverkehr bestimmten Werthpapieren, um dieselben weiter zu veräufsern; es macht keinen Unterschied, ob die Waaren oder anderen beweglichen Sachen in Natur oder nach einer Bearbeitung oder Verarbeitung weiter veräufsert werden sollen;
2) die Uebernahme einer Lieferung von Gegenständen der unter Ziffer 1. bezeichneten Art, welche der Uebernehmer zu diesem Zweck anschafft;
3) die Uebernahme einer Versicherung gegen Prämie;
4) die Uebernahme der Beförderung von Gütern oder Reisenden zur See und das Darleihen gegen Verbodmung.

Art. 272.

Handelsgeschäfte sind ferner die folgenden Geschäfte, wenn sie gewerbemäfsig betrieben werden:

1) die Uebernahme der Bearbeitung oder Verarbeitung beweglicher Sachen für Andere, wenn der Gewerbebetrieb des Uebernehmers über den Umfang des Handwerks hinausgeht;
2) die Bankier- oder Geldwechslergeschäfte;
3) die Geschäfte des Kommissionairs (Art. 360.), des Spediteurs und des Frachtführers, sowie die Geschäfte der für den Transport von Personen bestimmten Anstalten;
4) die Vermittelung oder Abschliefsung von Handelsgeschäften für andere Personen; die amtlichen Ge-

schäfte der Handelsmäkler sind jedoch hierin nicht einbegriffen;

5) die Verlagsgeschäfte, sowie die sonstigen Geschäfte des Buch- oder Kunsthandels; ferner die Geschäfte der Druckereien, sofern nicht ihr Betrieb nur ein handwerksmäfsiger ist.

Die bezeichneten Geschäfte sind auch alsdann Handelsgeschäfte, wenn sie zwar einzeln, jedoch von einem Kaufmann im Betriebe seines gewöhnlich auf andere Geschäfte gerichteten Handelsgewerbes gemacht werden.

Art. 273.

Alle einzelnen Geschäfte eines Kaufmanns, welche zum Betriebe seines Handelsgewerbes gehören, sind als Handelsgeschäfte anzusehen.

Dies gilt insbesondere für die gewerbliche Weiterveräufserung der zu diesem Zweck angeschafften Waaren, beweglichen Sachen und Werthpapiere, sowie für die Anschaffung von Geräthen, Material und anderen beweglichen Sachen, welche bei dem Betriebe des Gewerbes unmittelbar benutzt oder verbraucht werden sollen.

Die Weiterveräufserungen, welche von Handwerkern vorgenommen werden, sind, insoweit dieselben nur in Ausübung ihres Handwerksbetriebes geschehen, als Handelsgeschäfte nicht zu betrachten.

Art. 274.

Die von einem Kaufmann geschlossenen Verträge gelten im Zweifel als zum Betriebe des Handelsgewerbes gehörig.

Die von einem Kaufmann gezeichneten Schuldscheine gelten als im Betriebe des Handelsgewerbes gezeichnet, sofern sich nicht aus denselben das Gegentheil ergiebt.

Art. 275.

Verträge über unbewegliche Sachen sind keine Handelsgeschäfte.

Art. 276.

Die Eigenschaft oder die Gültigkeit eines Handelsgeschäfts wird dadurch nicht ausgeschlossen, dafs einer Person wegen ihres Amtes oder Standes, oder aus gewerbepolizeilichen oder anderen ähnlichen Gründen untersagt ist, Handel zu treiben oder Handelsgeschäfte zu schliefsen.

Art. 277.

Bei jedem Rechtsgeschäft, welches auf der Seite eines der Kontrahenten ein Handelsgeschäft ist, sind die Bestimmungen dieses vierten Buchs in Beziehung auf beide Kontrahenten gleichmäfsig anzuwenden, sofern nicht aus diesen Bestimmungen selbst sich ergiebt, dafs ihre besonderen Festsetzungen sich nur auf denjenigen von beiden Kontrahenten beziehen, auf dessen Seite das Geschäft ein Handelsgeschäft ist.

Zweiter Abschnitt.

Allgemeine Bestimmungen über Handelsgeschäfte.

Art. 278.

Bei Beurtheilung und Auslegung der Handelsgeschäfte hat der Richter den Willen der Kontrahenten zu erforschen und nicht an dem buchstäblichen Sinne des Ausdrucks zu haften.

Art. 279.

In Beziehung auf die Bedeutung und Wirkung von Handlungen und Unterlassungen ist auf die im Handelsverkehr geltenden Gewohnheiten und Gebräuche Rücksicht zu nehmen.

Art. 280.

Wenn zwei oder mehrere Personen einem Anderen gegenüber in einem Geschäft, welches auf ihrer Seite ein Handelsgeschäft ist, gemeinschaftlich eine Verpflichtung eingegangen sind, so sind sie als Solidarschuldner zu betrachten, sofern sich nicht aus der Uebereinkunft mit dem Gläubiger das Gegentheil ergiebt.

Art. 281.

Bei Handelsgeschäften, ingleichen in allen Fällen, in welchen in diesem Gesetzbuche eine solidarische Verpflichtung auferlegt wird, steht einem Solidarschuldner die Einrede der Theilung oder der Vorausklage nicht zu.

Dasselbe gilt von Bürgen, wenn die Schuld aus einem Handelsgeschäft auf Seiten des Hauptschuldners hervorgeht, oder wenn die Bürgschaft selbst ein Handelsgeschäft ist.

Art. 282.

Wer aus einem Geschäft, welches auf seiner Seite ein Handelsgeschäft ist, einem Anderen zur Sorgfalt verpflichtet ist, mufs die Sorgfalt eines ordentlichen Kaufmanns anwenden.

Art. 283.

Wer Schadensersatz zu fordern hat, kann die Erstattung des wirklichen Schadens und des entgangenen Gewinnes verlangen.

Art. 284.

Die Konventionalstrafe unterliegt keiner Beschränkung in Ansehung des Betrages; sie kann das Doppelte des Interesses übersteigen.

Der Schuldner ist im Zweifel nicht berechtigt, sich durch Erlegung der Konventionalstrafe von der Erfüllung zu befreien.

Die Verabredung einer Konventionalstrafe schliefst im Zweifel den Anspruch auf einen den Betrag derselben übersteigenden Schadensersatz nicht aus.

Art. 285.

Die Daraufgabe (Arrha) gilt nur dann als Reugeld, wenn dies vereinbart oder ortsgebräuchlich ist.

Sie ist, wenn nichts Anderes vereinbart oder ortsgebräuchlich ist, zurückzugeben oder in Anrechnung zu bringen.

Art. 286.

Wegen übermäfsiger Verletzung, insbesondere wegen Verletzung über die Hälfte, können Handelsgeschäfte nicht angefochten werden.

Art. 287.

Die Höhe der gesetzlichen Zinsen, insbesondere auch der Verzugszinsen, ist bei Handelsgeschäften sechs vom Hundert jährlich.

In allen Fällen, in welchen in diesem Gesetzbuche die Verpflichtung zur Zahlung von Zinsen ohne Bestimmung der Höhe ausgesprochen wird, sind darunter Zinsen zu sechs vom Hundert jährlich zu verstehen.

Art. 288.

Wer aus einem Geschäft, welches auf seiner Seite ein

Handelsgeschäft ist, eine fällige Forderung hat, kann wegen derselben vom Tage der Mahnung an Zinsen fordern, sofern er nicht nach dem bürgerlichen Recht schon von einem früheren Zeitpunkte an Zinsen zu fordern berechtigt ist.

Die Uebersendung der Rechnung gilt für sich allein nicht als Mahnung.

Art. 289.

Kaufleute unter einander sind berechtigt, in beiderseitigen Handelsgeschäften auch ohne Verabredung oder Mahnung von jeder Forderung seit dem Tage, an welchem sie fällig war, Zinsen zu fordern.

Art. 290.

Ein Kaufmann, welcher in Ausübung des Handelsgewerbes einem Kaufmann oder Nichtkaufmann Geschäfte besorgt oder Dienste leistet, kann dafür auch ohne vorherige Verabredung Provision, und wenn es sich um Aufbewahrung handelt, zugleich auch Lagergeld nach den an dem Orte gewöhnlichen Sätzen fordern.

Von seinen Darlehen, Vorschüssen, Auslagen und anderen Verwendungen kann er, vom Tage ihrer Leistung oder Beschaffung an, Zinsen in Ansatz bringen.

Dies gilt insbesondere auch von dem Kommissionair und Spediteur.

Art. 291.

Wenn ein Kaufmann mit einem anderen Kaufmann in laufender Rechnung (Kontokurrent) steht, so ist derjenige, welchem beim Rechnungsabschlusse ein Ueberschufs gebührt, von dem ganzen Betrage desselben, wenngleich darunter Zinsen begriffen sind, seit dem Tage des Abschlusses Zinsen zu fordern berechtigt.

Der Rechnungsabschlufs geschieht jährlich einmal, sofern nicht von den Parteien ein Anderes bestimmt ist.

Art. 292[1]).

Bei Handelsgeschäften können Zinsen zu sechs vom Hundert jährlich bedungen werden; höhere Zinsen zu be-

1) Siehe jetzt das Reichsgesetz vom 14. November 1867, betreffend die vertragsmäfsigen Zinsen.

dingen ist nur insofern zulässig, als die Landesgesetze solches gestatten.

Bei Darlehen, welche ein Kaufmann empfängt, und bei Schulden eines Kaufmanns aus seinen Handelsgeschäften können auch höhere Zinsen als sechs vom Hundert jährlich bedungen werden.

Art. 293.

Die Zinsen können bei Handelsgeschäften in ihrem Gesammtbetrage das Kapital übersteigen.

Art. 294.

Die Anerkennung einer Rechnung schliefst den Beweis eines Irrthums oder eines Betrugs in der Rechnung nicht aus.

Art. 295.

Die Beweiskraft eines Schuldscheins oder einer Quittung ist an den Ablauf einer Zeitfrist nicht gebunden.

Art. 296.

Der Ueberbringer einer Quittung gilt für ermächtigt, die Zahlung zu empfangen, sofern nicht die dem Zahlenden bekannten Umstände der Annahme einer solchen Ermächtigung entgegenstehen.

Art. 297.

Ein Antrag, ein Auftrag oder eine Vollmacht, welche von einem Kaufmann in dem Handelsgewerbe ausgegangen sind, werden durch seinen Tod nicht aufgehoben, sofern nicht eine entgegengesetzte Willensmeinung aus seiner Erklärung oder aus den Umständen hervorgeht.

Art. 298.

Bei einer Vollmacht zu Handelsgeschäften kommen in Betreff des Verhältnisses zwischen dem Vollmachtgeber, dem Bevollmächtigten und dem Dritten, mit welchem der Bevollmächtigte Namens des Vollmachtgebers das Geschäft schliefst, dieselben Bestimmungen zur Anwendung, welche im Artikel 52. in Beziehung auf die Prokuristen und Handlungsbevollmächtigten gegeben sind.

Ingleichen gilt die Bestimmung des Artikel 55. in Beziehung auf denjenigen, welcher ein Handelsgeschäft als Bevollmächtigter schliefst, ohne Vollmacht dazu erhalten zu haben, oder welcher bei dem Abschlusse des Handelsgeschäfts seine Vollmacht überschreitet.

Art. 299.

Im Falle der Abtretung einer aus einem Handelsgeschäft hervorgegangenen Forderung kann die Bezahlung ihres vollen Betrages auch dann verlangt werden, wenn dieser Betrag die Summe des für die Abtretung vereinbarten Preises übersteigt.

Art. 300.

Ein Kaufmann, welcher eine auf ihn ausgestellte Anweisung (Assignation) gegenüber demjenigen, zu dessen Gunsten sie ausgestellt ist, angenommen hat, ist demselben zur Erfüllung verpflichtet. Die auf eine schriftliche Anweisung geschriebene und unterschriebene Annahme-Erklärung gilt als ein dem Assignatar geleistetes Zahlungsversprechen.

Art. 301.

Anweisungen und Verpflichtungsscheine, welche von Kaufleuten über Leistungen von Geld oder einer Quantität vertretbarer Sachen oder Werthpapiere ausgestellt sind, ohne dafs darin die Verpflichtung zur Leistung von einer Gegenleistung abhängig gemacht ist, können durch Indossament übertragen werden, wenn sie an Order lauten.

Zur Gültigkeit der Urkunde oder des Indossaments ist nicht erforderlich, dafs sie die Angabe des Verpflichtungsgrundes oder das Empfangsbekenntnifs der Valuta enthalten.

Wer eine solche Anweisung acceptirt hat, ist demjenigen, zu dessen Gunsten sie ausgestellt oder an welchen sie indossirt ist, zur Erfüllung verpflichtet.

Art. 302.

Ingleichen können Konnossemente der Seeschiffer und Ladescheine der Frachtführer, Auslieferungsscheine (Lagerscheine, Warrants) über Waaren oder andere bewegliche Sachen, welche von einer zur Aufbewahrung solcher Sachen staatlich ermächtigten Anstalt ausgestellt sind, ferner Bodmereibriefe und Seeassekuranzpolizen durch Indossament übertragen werden, wenn sie an Order lauten.

Art. 303.

Durch das Indossament der in den beiden vorhergehenden Artikeln bezeichneten Urkunden gehen alle Rechte aus dem indossirten Papiere auf den Indossatar über.

Der Verpflichtete kann sich nur solcher Einreden bedienen, welche ihm nach Maafsgabe der Urkunde selbst oder unmittelbar gegen den jedesmaligen Kläger zustehen.

Der Schuldner ist nur gegen Aushändigung des quittirten Papiers zu erfüllen verpflichtet.

Art. 304.

Ob aufser den in diesem Gesetzbuch bezeichneten noch andere an Order lautende Anweisungen, Verpflichtungsscheine oder sonstige Urkunden mit der in Artikel 303. erwähnten Wirkung durch Indossament übertragen werden können, ist nach den Landesgesetzen zu beurtheilen.

Art. 305.

Für Papiere, welche an Order lauten und welche durch Indossament übertragen werden können (Artikel 301. bis 304.), gelten in Betreff der Form des Indossaments, in Betreff der Legitimation des Inhabers und der Prüfung dieser Legitimation, sowie in Betreff der Verpflichtung des Besitzers zur Herausgabe dieselben Bestimmungen, welche die Art. 11. bis 13. 36. und 74. der Allgemeinen Deutschen Wechsel-Ordnung in Betreff des Wechsels enthalten.

Sind die im Art. 301. bezeichneten Papiere abhanden gekommen, so finden in Bezug auf die Amortisation die im Artikel 73. der Allgemeinen Deutschen Wechsel-Ordnung gegebenen Bestimmungen Anwendung. Die Amortisation der im Artikel 302. bezeichneten Papiere richtet sich nach den Landesgesetzen.

Art. 306.

Wenn Waaren oder andere bewegliche Sachen von einem Kaufmann in dessen Handelsbetriebe veräufsert und übergeben worden sind, so erlangt der redliche Erwerber das Eigenthum, auch wenn der Veräufserer nicht Eigenthümer war. Das früher begründete Eigenthum erlischt. Jedes früher begründete Pfandrecht oder sonstige dingliche Recht erlischt, wenn dasselbe dem Erwerber bei der Veräufserung unbekannt war.

Sind Waaren oder andere bewegliche Sachen von einem Kaufmann in dessen Handelsbetriebe verpfändet und übergeben worden, so kann ein früher begründetes Eigenthum, Pfandrecht oder sonstiges dingliches Recht an den Gegenständen zum Nachtheil des redlichen Pfandnehmers oder dessen Rechtsnachfolger nicht geltend gemacht werden.

Das gesetzliche Pfandrecht des Kommissionairs, Spediteurs und Frachtführers steht einem durch Vertrag erworbenen Pfandrechte gleich.

Dieser Artikel findet keine Anwendung, wenn die Gegenstände gestohlen oder verloren waren.

Art. 307.

Die Bestimmungen des vorigen Artikels finden bei Papieren auf Inhaber auch dann Anwendung, wenn die Veräufserung oder Verpfändung nicht von einem Kaufmann in dessen Handelsbetriebe geschehen ist, und wenn die Papiere gestohlen oder verloren waren.

Art. 308.

Durch die beiden vorhergehenden Artikel werden die Landesgesetze nicht berührt, welche für den Besitzer noch günstigere Bestimmungen enthalten.

Art. 309.

Die zur Bestellung eines Faustpfandes in dem bürgerlichen Rechte vorgeschriebenen Förmlichkeiten sind nicht erforderlich, wenn unter Kaufleuten für eine Forderung aus beiderseitigen Handelsgeschäften ein Faustpfand an beweglichen Sachen, an Papieren auf Inhaber oder an Papieren, welche durch Indossament übertragen werden können, bestellt wird.

In diesem Falle genügt neben der einfachen Vereinbarung über die Verpfändung:

1) bei beweglichen Sachen und bei Papieren auf Inhaber die Uebertragung des Besitzes auf den Gläubiger, wie solche nach den Bestimmungen des bürgerlichen Rechts für das Faustpfand erfordert wird;
2) bei Papieren, welche durch Indossament übertragen werden können, die Uebergabe des indossirten Papiers.

Art. 310.

Ist die Bestellung eines Faustpfandes unter Kaufleuten

für eine Forderung aus beiderseitigen Handelsgeschäften schriftlich erfolgt, so kann der Gläubiger, wenn der Schuldner im Verzuge ist, sich aus dem Pfande sofort bezahlt machen, ohne dafs es einer Klage gegen den Schuldner bedarf.

Der Gläubiger hat die Bewilligung hierzu unter Vorlegung der erforderlichen Bescheinigungsmittel bei dem für ihn zuständigen Handelsgerichte nachzusuchen, von welchem hierauf ohne Gehör des Schuldners und auf Gefahr des Gläubigers der Verkauf der verpfändeten Gegenstände oder eines Theils derselben verordnet wird.

Von der Bewilligung, sowie von der Vollziehung des Verkaufs hat der Gläubiger den Schuldner, soweit es thunlich, sofort zu benachrichtigen; unterläfst er die Anzeige, so ist er zum Schadenersatze verpflichtet. Um den Verkauf zu bewirken, ist der Nachweis der Anzeige nicht erforderlich.

Art. 311.

Wenn die Bestellung eines Faustpfandes unter Kaufleuten für eine Forderung aus beiderseitigen Handelsgeschäften erfolgt, und schriftlich vereinbart ist, dafs der Gläubiger ohne gerichtliches Verfahren sich aus dem Pfande befriedigen könne, so darf, wenn der Schuldner im Verzuge ist, der Gläubiger das Pfand öffentlich verkaufen lassen; er darf in diesem Falle, wenn die verpfändeten Gegenstände einen Börsenpreis oder Marktpreis haben, den Verkauf auch nicht öffentlich durch einen Handelsmäkler oder in Ermangelung eines solchen durch einen zu Versteigerungen befugten Beamten zum laufenden Preise bewirken. Von der Vollziehung des Verkaufs hat der Gläubiger den Schuldner, soweit es thunlich, sofort zu benachrichtigen; bei Unterlassung der Anzeige ist er zum Schadensersatze verpflichtet.

Art. 312.

Durch die vorhergehenden Artikel werden die den öffentlichen Pfandanstalten, Kreditinstituten oder Banken durch Gesetze, Verordnungen oder Statuten verliehenen besonderen Rechte in Betreff der Bestellung oder Veräufserung von Pfändern nicht berührt.

Ingleichen ist durch die vorhergehenden Artikel nicht ausgeschlossen, dafs die Bestellung oder die Veräufserung von Faustpfändern unter Kaufleuten für Forderungen aus Handelsgeschäften rechtsgültig geschehen kann, wenn dabei die in den einzelnen Staaten für die Bestellung oder Veräufserung von Faustpfändern geltenden Bestimmungen beobachtet werden.

Art. 313.

Ein Kaufmann hat wegen der fälligen Forderungen, welche ihm gegen einen anderen Kaufmann aus den zwischen ihnen geschlossenen beiderseitigen Handelsgeschäften zustehen, ein Zurückbehaltungsrecht (Retentionsrecht) an allen beweglichen Sachen und Werthpapieren des Schuldners, welche mit dessen Willen auf Grund von Handelsgeschäften in seinen Besitz gekommen sind, sofern er dieselben noch in seinem Gewahrsam hat oder sonst, insbesondere vermittelst Konnossemente, Ladescheine oder Lagerscheine, noch in der Lage ist, darüber zu verfügen.

Dieses Recht tritt jedoch nicht ein, wenn die Zurückbehaltung der Gegenstände der von dem Schuldner vor oder bei der Uebergabe ertheilten Vorschrift oder der von dem Gläubiger übernommenen Verpflichtung, in einer bestimmten Weise mit den Gegenständen zu verfahren, widerstreiten würde.

Art. 314.

Das in dem vorhergehenden Artikel bezeichnete Zurückbehaltungsrecht besteht unter den dort angegebenen Voraussetzungen selbst wegen der nicht fälligen Forderungen:

1) wenn über das Vermögen des Schuldners der Konkurs eröffnet worden ist, oder der Schuldner auch nur seine Zahlungen eingestellt hat;
2) wenn eine Exekution in das Vermögen des Schuldners fruchtlos vollstreckt oder wider denselben wegen Nichterfüllung einer Zahlungsverbindlichkeit die Vollstreckung des Personalarrestes erwirkt worden ist.

In diesen Fällen steht auch die Vorschrift des Schuldners oder die Uebernahme der Verpflichtung, in einer bestimmten Weise mit den Gegenständen zu verfahren, dem Zurückbehaltungsrecht nicht entgegen, sofern die vorstehend unter 1. und 2. bezeichneten Umstände erst nach Uebergabe der Gegenstände oder nach Uebernahme der

Verpflichtung eingetreten oder dem Gläubiger bekannt geworden sind.

Art. 315.

Der Gläubiger, welchem das Zurückbehaltungsrecht nach den Artikeln 313. oder 314. zusteht, ist verpflichtet, von der Ausübung desselben den Schuldner ohne Verzug zu benachrichtigen. Er ist befugt, wenn ihn dieser nicht rechtzeitig in anderer Weise sichert, im Wege der Klage bei dem für ihn selbst zuständigen Gerichte gegen den Schuldner den Verkauf der Gegenstände zu beantragen; er kann sich aus dem Erlöse vor den anderen Gläubigern des Schuldners befriedigen. Der Gläubiger hat diese Rechte auch gegenüber der Konkursmasse des Schuldners.

Art. 316.

Die in den Artikeln 313. bis 315. dem Gläubiger gegebenen Rechte treten nicht ein, soweit die Parteien dies besonders vereinbart haben.

Dritter Abschnitt.

Abschliefsung der Handelsgeschäfte.

Art. 317.

Bei Handelsgeschäften ist die Gültigkeit der Verträge durch schriftliche Abfassung oder andere Förmlichkeiten nicht bedingt.

Ausnahmen von dieser Regel finden nur insoweit statt, als sie in diesem Gesetzbuche enthalten sind.

Art. 318.

Ueber einen Antrag unter Gegenwärtigen zur Abschliefsung eines Handelsgeschäfts mufs die Erklärung sogleich abgegeben werden, widrigenfalls der Antragende an seinen Antrag nicht länger gebunden ist.

Art. 319.

Bei einem unter Abwesenden gestellten Antrage bleibt der Antragende bis zu dem Zeitpunkte gebunden, in welchem er bei ordnungsmäfsiger rechtzeitiger Absendung der Antwort den Eingang der letzteren erwarten darf. Bei der Berechnung dieses Zeitpunktes darf der Antragende von der Voraussetzung ausgehen, dafs sein Antrag rechtzeitig angekommen sei.

Trifft die rechtzeitig abgesandte Annahme erst nach diesem Zeitpunkte ein, so besteht der Vertrag nicht, wenn der Antragende in der Zwischenzeit oder ohne Verzug nach dem Eintreffen der Annahme von seinem Rücktritt Nachricht gegeben hat.

Art. 320.

Geht der Widerruf eines Antrages dem anderen Theile früher als der Antrag, oder zu gleicher Zeit mit demselben zu, so ist der Antrag für nicht geschehen zu erachten.

Ebenso ist die Annahme für nicht geschehen zu erachten, wenn der Widerruf noch vor der Erklärung der Annahme oder zu gleicher Zeit mit derselben bei dem Antragsteller eingegangen ist.

Art. 321.

Ist ein unter Abwesenden verhandelter Vertrag zu Stande gekommen, so gilt der Zeitpunkt, in welchem die Erklärung der Annahme Behufs der Absendung abgegeben ist, als der Zeitpunkt des Abschlusses des Vertrages.

Art. 322.

Eine Annahme unter Bedingungen oder Einschränkungen gilt als Ablehnung des Antrages verbunden mit einem neuen Antrage.

Art. 323.

Wenn zwischen dem Kaufmann, welchem ein Auftrag gegeben wird, und dem Auftraggeber eine Geschäftsverbindung besteht, oder sich derselbe gegen letzteren zur Ausrichtung solcher Aufträge erboten hat, so ist er zu einer Antwort ohne Zögern verpflichtet, widrigenfalls sein Schweigen als Uebernahme des Auftrages gilt.

Auch wenn derselbe den Auftrag ablehnt, ist er schuldig, die mit dem Auftrage etwa übersandten Waaren oder anderen Gegenstände auf Kosten des Auftraggebers, soweit er für diese Kosten gedeckt ist, und soweit es ohne seinen Nachtheil geschehen kann, einstweilen vor Schaden zu bewahren.

Das Handelsgericht kann auf seinen Antrag verordnen, daſs das Gut in einem öffentlichen Lagerhause oder bei einem Dritten so lange niedergelegt wird, bis der Eigenthümer anderweitige Vorkehrung trifft.

Vierter Abschnitt.

Erfüllung der Handelsgeschäfte.

Art. 324.

Die Erfüllung des Handelsgeschäfts mufs an dem Orte geschehen, welcher im Vertrage bestimmt oder nach der Natur des Geschäfts oder der Absicht der Kontrahenten als Ort der Erfüllung anzusehen ist.

Fehlt es an diesen Voraussetzungen, so hat der Verpflichtete an dem Orte zu erfüllen, an welchem er zur Zeit des Vertragsabschlusses seine Handelsniederlassung oder in deren Ermangelung seinen Wohnort hatte. Wenn jedoch eine bestimmte Sache übergeben werden soll, welche sich zur Zeit des Vertragsschlusses mit Wissen der Kontrahenten an einem anderen Orte befand, so geschieht die Uebergabe an diesem Orte.

Art. 325.

Bei Geldzahlungen, mit Ausnahme der Auszahlung von indossabelen oder auf Inhaber lautenden Papieren, ist der Schuldner verpflichtet, wenn nicht ein Anderes aus dem Vertrage oder aus der Natur des Geschäfts oder der Absicht der Kontrahenten hervorgeht, auf seine Gefahr und Kosten die Zahlung dem Gläubiger an den Ort zu übermachen, an welchem der letztere zur Zeit der Entstehung der Forderung seine Handelsniederlassung oder in deren Ermangelung seinen Wohnort hatte.

Durch diese Bestimmung wird jedoch der gesetzliche Erfüllungsort des Schuldners (Artikel 324.) in Betreff des Gerichtsstandes oder in sonstiger Beziehung nicht geändert.

Art. 326.

Wenn die Zeit der Erfüllung einer Verbindlichkeit in dem Vertrage nicht bestimmt ist, so kann die Erfüllung zu jeder Zeit gefordert und geleistet werden, sofern nicht nach den Umständen oder nach dem Handelsgebrauche etwas Anderes anzunehmen ist.

Art. 327.

Lautet die Erfüllungszeit auf das Frühjahr oder den Herbst oder auf ähnliche Zeitbestimmungen, so entscheidet der Handelsgebrauch des Ortes der Erfüllung.

Ist die Erfüllung auf die Mitte eines Monats gestellt

worden, so gilt der funfzehnte dieses Monats als der Tag der Erfüllung.

Art. 328.

Wenn die Erfüllung einer Verbindlichkeit mit dem Ablaufe einer bestimmten Frist nach Abschlufs des Vertrages erfolgen soll, so fällt der Zeitpunkt der Erfüllung:

1) wenn die Frist nach Tagen bestimmt ist, auf den letzten Tag der Frist; bei Berechnung der Frist wird der Tag, an welchem der Vertrag geschlossen ist, nicht mit gerechnet; ist die Frist auf acht oder vierzehn Tage bestimmt, so werden darunter volle acht oder vierzehn Tage verstanden;
2) wenn die Frist nach Wochen, Monaten, oder einem mehrere Monate umfassenden Zeitraum (Jahr, halbes Jahr, viertel Jahr) bestimmt ist, auf denjenigen Tag der letzten Woche oder des letzten Monats, welcher durch seine Benennung oder Zahl dem Tage des Vertragsschlusses entspricht; fehlt dieser Tag in dem letzten Monate, so fällt die Erfüllung auf den letzten Tag dieses Monats.

   Der Ausdruck „halber Monat" wird einem Zeitraum von funfzehn Tagen gleich geachtet. Ist die Frist zur Erfüllung auf einen oder mehrere ganze Monate und einen halben Monat gestellt, so sind die funfzehn Tage zuletzt zu zählen.

Nach den vorstehenden Grundsätzen ist die Frist auch dann zu berechnen, wenn der Anfang derselben nicht nach dem Tage des Vertragsschlusses sondern nach einem anderen Zeitpunkte oder Ereignisse bestimmt worden ist.

Art. 329.

Fällt der Zeitpunkt der Erfüllung auf einen Sonntag oder allgemeinen Feiertag, so gilt der nächste Werktag als der Tag der Erfüllung.

Art. 330.

Soll die Erfüllung innerhalb eines gewissen Zeitraums geschehen, so mufs sie vor Ablauf desselben erfolgen.

Fällt der letzte Tag des Zeitraums auf einen Sonntag oder allgemeinen Feiertag, so mufs spätestens am nächstvorhergehenden Werktage erfüllt werden.

Art. 331.

Abänderungen in diesen Zeitberechnungen (Artikel 328. bis 330.), soweit sie die Liquidationstermine der Börsengeschäfte betreffen, bleiben den Börsenordnungen vorbehalten.

Art. 332.

Die Erfüllung mufs an dem Erfüllungstage während der gewöhnlichen Geschäftszeit geleistet und angenommen werden.

Art. 333.

Ist die vertragsmäfsige Frist zur Erfüllung einer Verbindlichkeit verlängert worden, so beginnt die neue Frist im Zweifel am ersten Tage nach Ablauf der alten Frist.

Art. 334.

In allen Fällen, in welchen ein Verfalltag bestimmt worden ist, ist nach der Natur des Geschäfts und der Absicht der Kontrahenten zu beurtheilen, ob derselbe nur zu Gunsten eines der beiden Kontrahenten hinzugefügt worden ist.

Auch wenn der Schuldner hiernach vor dem Verfalltage zu zahlen befugt ist, ist er doch nicht berechtigt, ohne Einwilligung des Gläubigers den Diskonto abzuziehen, insofern nicht Uebereinkunft oder Handelsgebrauch ihn dazu ermächtigen.

Art. 335.

Ist im Vertrage über die Beschaffenheit und Güte der Waare nichts Näheres bestimmt, so hat der Verpflichtete Handelsgut mittlerer Art und Güte zu gewähren.

Art. 336.

Maafs, Gewicht, Münzfufs, Münzsorten, Zeitrechnung und Entfernungen, welche an dem Orte gelten, wo der Vertrag erfüllt werden soll, sind im Zweifel als die vertragsmäfsigen zu betrachten.

Ist die im Vertrage bestimmte Münzsorte am Zahlungsorte nicht im Umlauf oder nur eine Rechnungswährung, so kann der Betrag nach dem Werthe zur Verfallzeit in der Landesmünze gezahlt werden, sofern nicht durch den Gebrauch des Wortes „effektiv“ oder eines ähnlichen Zusatzes die Zahlung in der im Vertrage benannten Münzsorte ausdrücklich bedungen ist.

Zweiter Titel.
Vom Kauf.

Art. 337.

Das Anerbieten zum Verkauf, welches erkennbar für mehrere Personen, insbesondere durch Mittheilung von Preislisten, Lagerverzeichnissen, Proben oder Mustern geschieht, oder bei welchem die Waare, der Preis oder die Menge nicht bestimmt bezeichnet ist, ist kein verbindlicher Antrag zum Kauf.

Art. 338.

Nach den Bestimmungen über den Kauf ist auch ein Handelsgeschäft zu beurtheilen, dessen Gegenstand in der Lieferung einer Quantität vertretbarer Sachen gegen einen bestimmten Preis besteht.

Art. 339.

Ein Kauf auf Besicht oder auf Probe ist unter der in dem Willen des Käufers stehenden Bedingung geschlossen, daſs der Käufer die Waare besehen oder prüfen und genehmigen werde. Diese Bedingung ist im Zweifel eine aufschiebende.

Der Käufer ist vor seiner Genehmigung an den Kauf nicht gebunden. Der Verkäufer hört auf, gebunden zu sein, wenn der Käufer bis zum Ablauf der verabredeten oder ortsgebräuchlichen Frist nicht genehmigt.

In Ermangelung einer verabredeten oder ortsgebräuchlichen Frist kann der Verkäufer nach Ablauf einer den Umständen angemessenen Zeit den Käufer zur Erklärung auffordern; er hört auf, gebunden zu sein, wenn sich der Käufer auf die Aufforderung nicht sofort erklärt.

Ist die auf Besicht oder Probe verkaufte Waare zum Zweck der Besichtigung oder Probe bereits übergeben, so gilt das Stillschweigen des Käufers bis nach Ablauf der Frist oder auf die Aufforderung als Genehmigung.

Art. 340.

Ein Kauf nach Probe oder Muster ist unbedingt, jedoch unter der Verpflichtung des Verkäufers geschlossen, daſs die Waare der Probe oder dem Muster gemäſs sei.

Art. 341.

Ein Kauf zur Probe ist unbedingter Kauf unter Hinzufügung des Beweggrundes.

Art. 342.

Hinsichtlich des Ortes der Erfüllung der Verbindlichkeiten des Verkäufers und des Käufers kommen die Bestimmungen des Art. 324. Absatz 1. zur Anwendung.

Die Uebergabe der Waare geschieht, wenn aus diesen Bestimmungen sich nicht ein anderes ergiebt, an dem Orte, wo der Verkäufer zur Zeit des Vertragsabschlusses seine Handelsniederlassung oder in deren Ermangelung seinen Wohnort hatte. Wenn jedoch eine bestimmte Sache verkauft ist, welche sich zur Zeit des Vertragsabschlusses mit Wissen der Kontrahenten an einem anderen Orte befand, so geschieht die Uebergabe an diesem Orte.

Der Kaufpreis ist bei der Uebergabe zu entrichten, sofern nicht ein Anderes durch die Natur des Geschäfts bedingt oder durch Vertrag oder Handelsgebrauch bestimmt ist. Im Uebrigen kommt die Bestimmung des Artikels 325. auch in Bezug auf diese Zahlung in Anwendung.

Art. 343.

Der Verkäufer ist verpflichtet, die Waare, so lange der Käufer mit der Empfangnahme nicht im Verzuge ist, mit der Sorgfalt eines ordentlichen Geschäftsmannes aufzubewahren.

Ist der Käufer mit der Empfangnahme der Waare im Verzuge, so kann der Verkäufer die Waare auf Gefahr und Kosten des Käufers in einem öffentlichen Lagerhause oder bei einem Dritten niederlegen. Er ist auch befugt, nach vorgängiger Androhung die Waare öffentlich verkaufen zu lassen; er darf, wenn die Waare einen Börsenpreis oder einen Marktpreis hat, nach vorgängiger Androhung den Verkauf auch nicht öffentlich durch einen Handelsmäkler oder in Ermangelung eines solchen durch einen zu Versteigerungen befugten Beamten zum laufenden Preise bewirken. Ist die Waare dem Verderben ausgesetzt und Gefahr im Verzuge, so bedarf es der vorgängigen Androhung nicht.

Von der Vollziehung des Verkaufs hat der Verkäufer den Käufer, soweit es thunlich, sofort zu benachrichtigen; bei Unterlassung ist er zum Schadensersatze verpflichtet.

Art. 344.

Soll die Waare dem Käufer von einem anderen Orte übersendet werden, und hat der Käufer über die Art der

Uebersendung nichts bestimmt, so gilt der Verkäufer für beauftragt, mit der Sorgfalt eines ordentlichen Kaufmanns die Bestimmung statt des Käufers zu treffen, insbesondere auch die Person zu bestimmen, durch welche der Transport der Waare besorgt oder ausgeführt werden soll.

Art. 345.

Nach Uebergabe der Waare an den Spediteur oder Frachtführer oder die sonst zum Transport der Waare bestimmte Person trägt der Käufer die Gefahr, von welcher die Waare betroffen wird. Hat jedoch der Käufer eine besondere Anweisung über die Art der Uebersendung ertheilt, und ist der Verkäufer ohne dringende Veranlassung davon abgewichen, so ist dieser für den daraus entstandenen Schaden verantwortlich.

Der Verkäufer hat die Gefahr, von welcher die Waare auf dem Transport betroffen wird, in dem Falle zu tragen, wenn er gemäfs dem Vertrage die Waare an dem Orte, wohin der Transport geschieht, zu liefern hat, so dafs dieser Ort für ihn als der Ort der Erfüllung gilt. Daraus, dafs der Verkäufer die Zahlung von Kosten oder Auslagen der Versendung übernommen hat, folgt für sich allein noch nicht, dafs der Ort, wohin der Transport geschieht, für den Verkäufer als der Ort der Erfüllung gilt.

Durch die Bestimmungen dieses Artikels ist nicht ausgeschlossen, dafs die Gefahr schon seit einem früheren Zeitpunkte von dem Käufer getragen wird, sofern dies nach dem bürgerlichen Recht der Fall sein würde.

Art. 346.

Der Käufer ist verpflichtet, die Waare zu empfangen, sofern sie vertragsmäfsig beschaffen ist oder in Ermangelung besonderer Verabredung den gesetzlichen Erfordernissen entspricht (Art. 335.).

Die Empfangnahme mufs sofort geschehen, wenn nicht ein Anderes bedungen oder ortsgebräuchlich oder durch die Umstände geboten ist.

Art. 347.

Ist die Waare von einem anderen Orte übersendet, so hat der Käufer ohne Verzug nach der Ablieferung, soweit dies nach dem ordnungsmäfsigen Geschäftsgange thunlich ist, die Waare zu untersuchen, und wenn sich dieselbe nicht als vertragsmäſsig oder gesetzmäſsig (Artikel 335.) ergiebt, dem Verkäufer sofort davon Anzeige zu machen.

Versäumt er dies, so gilt die Waare als genehmigt, soweit es sich nicht um Mängel handelt, welche bei der sofortigen Untersuchung nach ordnungsmäſsigem Geschäftsgange nicht erkennbar waren.

Ergeben sich später solche Mängel, so muſs die Anzeige ohne Verzug nach der Entdeckung gemacht werden, widrigenfalls die Waare auch rücksichtlich dieser Mängel als genehmigt gilt.

Die vorstehende Bestimmung findet auch auf den Verkauf auf Besicht oder Probe oder nach Probe Anwendung, insoweit es sich um Mängel der übersendeten Waare handelt, welche bei ordnungsmäſsigem Besicht oder ordnungsmäſsiger Prüfung nicht erkennbar waren.

Art. 348.

Wenn der Käufer die von einem anderen Orte übersendete Waare beanstandet, so ist er verpflichtet, für die einstweilige Aufbewahrung derselben zu sorgen.

Er kann, wenn sich bei der Ablieferung oder später Mängel ergeben, den Zustand der Waare durch Sachverständige feststellen lassen. Der Verkäufer ist in gleicher Weise berechtigt, diese Feststellung zu verlangen, wenn ihm der Käufer die Anzeige gemacht hat, daſs er die Waare wegen Mängel beanstande.

Die Sachverständigen ernennt auf Antrag des Betheiligten das Handelsgericht oder in dessen Ermangelung der Richter des Orts.

Die Sachverständigen haben das Gutachten schriftlich oder zu Protokoll zu erstatten.

Ist die Waare dem Verderben ausgesetzt und Gefahr im Verzuge, so kann der Käufer die Waare unter Beobachtung der Bestimmungen des Art. 343. verkaufen lassen.

Art. 349.

Der Mangel der vertragsmäſsigen oder gesetzmäſsigen Beschaffenheit der Waare kann von dem Käufer nicht geltend gemacht werden, wenn derselbe erst nach Ablauf von sechs Monaten seit der Ablieferung an den Käufer entdeckt worden ist.

Die Klagen gegen den Verkäufer wegen Mängel verjähren in sechs Monaten nach der Ablieferung an den Käufer.

Die Einreden sind erloschen, wenn die im Artikel 347. vorgeschriebene sofortige Absendung der Anzeige des Mangels nicht innerhalb sechs Monate nach der Ablieferung an den Käufer geschehen ist. Ist die Anzeige in dieser Weise erfolgt, so bleiben die Einreden bestehen.

An den besonderen Gesetzen oder Handelsgebräuchen, durch welche für einzelne Arten von Gegenständen eine kürzere Frist bestimmt ist, wird hierdurch nichts geändert.

Ist die Haftbarkeit des Verkäufers auf eine kürzere oder längere Frist vertragsmäfsig festgesetzt, so hat es hierbei sein Bewenden.

Art. 350.

Die Bestimmungen der Artikel 347 und 349. können von dem Verkäufer im Falle eines Betruges nicht geltend gemacht werden.

Art. 351.

Sofern nicht durch Ortsgebrauch oder besondere Abrede ein Anderes bestimmt ist, trägt der Verkäufer die Kosten der Uebergabe, insbesondere des Messens und des Wägens; der Käufer die Kosten der Abnahme.

Art. 352.

Ist der Kaufpreis nach dem Gewicht der Waare zu berechnen, so kommt das Gewicht der Verpackung (Taragewicht) in Abzug, wenn nicht durch besondere Abrede oder durch den Handelsgebrauch am Orte der Uebergabe ein Anderes bestimmt ist. Ob und in welcher Höhe das Taragewicht nach einem bestimmten Ansatze oder Verhältnisse statt nach genauer Ausmittelung abzuziehen ist, ingleichen ob und wieviel als Gutgewicht zu Gunsten des Käufers zu berechnen ist, oder als Vergütung für schadhafte oder unbrauchbare Theile (Refaktie) gefordert werden kann, ist nach dem Vertrage oder dem Handelsgebrauche am Orte der Uebergabe zu beurtheilen.

Art. 353.

Ist im Vertrage der Marktpreis oder der Börsenpreis als Kaufpreis bestimmt, so ist im Zweifel hierunter der laufende Preis, welcher zur Zeit und an dem Orte der Erfüllung oder an dem für letzteren maafsgebenden Handelsplatze nach den dafür bestehenden örtlichen Einrichtungen festgestellt ist, in Ermangelung einer solchen Feststellung oder bei nachgewiesener Unrichtigkeit derselben, der mittlere Preis zu verstehen, welcher sich aus der Vergleichung der zur Zeit und am Orte der Erfüllung geschlossenen Kaufverträge ergiebt.

Art. 354.

Wenn der Käufer mit der Zahlung des Kaufpreises im Verzuge und die Waare noch nicht übergeben ist, so hat der Verkäufer die Wahl, ob er die Erfüllung des Vertrages und Schadensersatz wegen verspäteter Erfüllung verlangen, oder ob er statt der Erfüllung die Waare unter Beobachtung der Bestimmungen des Artikels 343. für Rechnung des Käufers verkaufen und Schadensersatz fordern, oder ob er von dem Vertrage abgehen will, gleich als ob derselbe nicht geschlossen wäre.

Art. 355.

Wenn der Verkäufer mit der Uebergabe der Waare im Verzuge ist, so hat der Käufer die Wahl, ob er die Erfüllung nebst Schadensersatz wegen verspäteter Erfüllung verlangen, oder ob er statt der Erfüllung Schadensersatz wegen Nichterfüllung fordern oder von dem Vertrage abgehen will, gleich als ob derselbe nicht geschlossen wäre.

Art. 356.

Will ein Kontrahent auf Grund der Bestimmungen der vorigen Artikel statt der Erfüllung Schadensersatz wegen Nichterfüllung fordern oder von dem Vertrage abgehen, so mufs er dies dem anderen Kontrahenten anzeigen und ihm dabei, wenn die Natur des Geschäfts dies zuläfst, noch eine den Umständen angemessene Frist zur Nachholung des Versäumten gewähren.

Art. 357.

Ist bedungen, dafs die Waare genau zu einer festbestimmten Zeit oder binnen einer festbestimmten Frist geliefert werden soll, so kommt der Artikel 356. nicht zur Anwendung. Der Käufer sowie der Verkäufer kann die Rechte, welche ihm gemäfs Artikel 354. oder 355. zustehen, nach seiner Wahl ausüben. Es mufs jedoch derjenige, welcher auf der Erfüllung bestehen will, dies unverzüglich nach Ablauf der Zeit oder der Frist dem anderen Kontrahenten anzeigen; unterläfst er dies, so kann er später nicht auf der Erfüllung bestehen.

Will der Verkäufer statt der Erfüllung für Rechnung des säumigen Käufers verkaufen, so muſs er, im Falle die Waare einen Markt- oder Börsenpreis hat, den Verkauf unverzüglich nach Ablauf der Zeit oder Frist vornehmen. Ein späterer Verkauf gilt nicht als für Rechnung des Käufers geschehen. Eine vorgängige Androhung ist nicht erforderlich, dagegen hat der Verkäufer auch in diesem Falle den bewirkten Verkauf dem Käufer ungesäumt anzuzeigen.

Wenn der Käufer statt der Erfüllung Schadensersatz wegen Nichterfüllung fordert, so besteht, im Falle die Waare einen Markt- oder Börsenpreis hat, der Betrag des von dem Verkäufer zu leistenden Schadensersatzes in der Differenz zwischen dem Kaufpreise und dem Markt- und Börsenpreise zur Zeit und am Orte der geschuldeten Lieferung, unbeschadet des Rechts des Käufers, einen erweislich höheren Schaden geltend zu machen.

Art. 358.

In den Fällen des Artikels 357. ist jeder Kontrahent berechtigt, den Verzug des anderen Kontrahenten auf dessen Kosten durch eine öffentliche Urkunde (Protest) feststellen zu lassen.

Art. 359.

Wenn in den Fällen der Artikel 354. 355. und 357. sich aus den Umständen, insbesondere aus der Natur des Vertrages, aus der Absicht der Kontrahenten oder aus der Beschaffenheit des zu leistenden Gegenstandes ergiebt, daſs die Erfüllung des Vertrages auf beiden Seiten theilbar ist, so kann das Abgehen des einen Kontrahenten von dem Vertrage nur in Betreff des von dem anderen Kontrahenten nicht erfüllten Theiles des Vertrages erfolgen.

Dritter Titel.

Von dem Kommissionsgeschäft.

Art. 360.

Kommissionair ist derjenige, welcher gewerbemäſsig in eigenem Namen für Rechnung eines Auftraggebers (Kommittenten) Handelsgeschäfte schlieſst.

Durch die Geschäfte, welche der Kommissionair mit Dritten schlieſst, wird er allein berechtigt und verpflichtet. Zwischen dem Kommittenten und den Dritten entstehen daraus keine Rechte und Pflichten.

Ist von dem Auftraggeber ausdrücklich bestimmt, daſs das Geschäft auf seinen Namen abgeschlossen werden soll, so ist dies keine kaufmännische Kommission, sondern ein gewöhnlicher Auftrag zu einem Handelsgeschäft.

Art. 361.

Der Kommissionair hat das Geschäft mit der Sorgfalt eines ordentlichen Kaufmanns im Interesse des Kommittenten gemäſs dem Auftrage auszuführen; er hat dem Kommittenten die erforderlichen Nachrichten zu geben, insbesondere sofort nach der Ausführung des Auftrages davon Anzeige zu machen; er ist verpflichtet, dem Kommittenten über das Geschäft Rechenschaft zu geben und ihm dasjenige zu leisten, was er aus dem Geschäft zu fordern hat.

Art. 362.

Handelt der Kommissionair nicht gemäſs dem übernommenen Auftrage, so ist er dem Kommittenten zum Ersatze des Schadens verpflichtet; der Kommittent ist nicht gehalten, das Geschäft für seine Rechnung gelten zu lassen.

Art. 363.

Hat der Kommissionair unter dem ihm gesetzten Preise verkauft, so muſs er dem Kommittenten den Unterschied im Preise vergüten, sofern er nicht beweist, daſs ein Verkauf zu dem gesetzten Preise nicht ausgeführt werden konnte und die Vornahme des Verkaufs von dem Kommittenten Schaden abgewendet hat.

Art. 364.

Hat der Kommissionair den für den Einkauf gesetzten Preis überschritten, so kann der Kommittent den Einkauf als nicht für seine Rechnung geschehen zurückweisen, sofern sich der Kommissionair nicht zugleich mit der Einkaufsanzeige zur Deckung des Unterschiedes erbietet.

Der Kommittent, welcher den Einkauf als nicht für seine Rechnung geschehen zurückweisen will, muſs dies ohne Verzug auf die Einkaufsanzeige erklären, widrigenfalls die Ueberschreitung des Auftrages als genehmigt gilt.

Art. 365.

Wenn das Gut, welches dem Kommissionair zugesandt wird, bei der Ablieferung sich in einem äuſserlich erkennbar beschädigten oder mangelhaften Zustande befindet, so mufs der Kommissionair die Rechte gegen den Frachtführer oder Schiffer wahren, für den Beweis jenes Zustandes sorgen und dem Kommittenten ohne Verzug Nachricht geben.

Im Unterlassungsfalle ist er für den daraus entstandenen Schaden verantwortlich.

Er kann den Zustand durch Sachverständige feststellen lassen, und wenn das Gut dem Verderben ausgesetzt und Gefahr im Verzuge ist, unter Beobachtung der Bestimmungen des Artikels 343 den Verkauf des Guts bewirken.

Art. 366.

Treten Veränderungen an dem Gute ein, welche dessen Entwerthung befürchten lassen, und ist keine Zeit vorhanden, die Verfügung des Kommittenten einzuholen, oder der Kommittent in der Ertheilung der Verfügung säumig, so kann der Kommissionair unter Beobachtung der Bestimmungen des Artikels 343. den Verkauf des Guts veranlassen.

Ein gleiches Recht hat der Kommissionair in allen anderen Fällen, in welchen der Kommittent, obwohl hierzu nach Lage der Sache verpflichtet, über das Gut zu verfügen unterläfst.

Art. 367.

Für Verlust oder Beschädigung des Guts ist der Kommissionair, während er Aufbewahrer desselben ist, verantwortlich, wenn er nicht beweist, dafs der Verlust oder die Beschädigung durch Umstände herbeigeführt ist, welche durch die Sorgfalt eines ordentlichen Kaufmanns nicht abgewendet werden konnten.

Der Kommissionair ist wegen Unterlassung der Versicherung des Guts nur dann verantwortlich, wenn er von dem Kommittenten den Auftrag zur Versicherung erhalten hat.

Art. 368.

Forderungen aus einem Geschäft, welches der Kommissionair abgeschlossen hat, kann der Kommittent dem Schuldner gegenüber erst nach der Abtretung geltend machen.

Jedoch gelten solche Forderungen, auch wenn sie nicht abgetreten sind, im Verhältnifs zwischen dem Kommittenten und dem Kommissionair oder dessen Gläubigern als Forderungen des Kommittenten.

Art. 369.

Der Kommissionair, welcher ohne Einwilligung des Kommittenten einem Dritten Vorschüsse macht oder Kredit giebt, thut dies auf eigene Gefahr.

Insoweit jedoch der Handelsgebrauch am Orte des Geschäfts das Kreditiren des Kaufpreises mit sich bringt, ist in Ermangelung einer anderen Bestimmung des Kommittenten auch der Kommissionair dazu berechtigt.

Hat der Kommissionair unbefugt auf Kredit verkauft, so hat er dem Kommittenten, welcher dies nicht genehmigt, sofort als Schuldner des Kaufpreises die Zahlung zu leisten. Beweist der Kommissionair, dafs beim Verkauf gegen baar der Preis ein geringerer gewesen sein würde, so hat er nur diesen Preis und, wenn derselbe geringer ist, als der auftraggemäfse Preis, auch den Unterschied gemäfs Artikel 363. zu vergüten.

Art. 370.

Der Kommissionair steht für die Zahlung oder für die anderweitige Erfüllung der Verbindlichkeit seines Kontrahenten ein, wenn dies von ihm übernommen oder am Orte seiner Niederlassung Handelsgebrauch ist.

Der Kommissionair, welcher für seinen Kontrahenten einsteht, ist dem Kommittenten für die gehörige Erfüllung im Zeitpunkte des Verfalls unmittelbar und persönlich insoweit verhaftet, als solche aus dem Vertragsverhältnisse überhaupt rechtlich gefordert werden kann.

Der Kommissionair, welcher für seinen Kontrahenten einsteht, ist dafür zu einer Vergütung (del credere-Provision) berechtigt.

Art. 371.

Der Kommittent ist schuldig, dem Kommissionair zu ersetzen, was dieser an baaren Auslagen oder überhaupt zum Vollzuge des Geschäfts nothwendig oder nützlich aufgewendet hat. Hierzu gehört auch die Vergütung für die Benutzung der Lagerräume und der Transportmittel des Kommissionairs und der Arbeit seiner Leute.

Der Kommissionair hat die Provision zu fordern, wenn das Geschäft zur Ausführung gekommen ist. Für Geschäfte, welche nicht zur Ausführung gekommen sind, kann eine Provision nicht gefordert werden; jedoch hat der Kommissionair das Recht auf die Auslieferungsprovision, sofern eine solche ortsgebräuchlich ist.

Art. 372.

Wenn der Kommissionair zu vortheilhafteren Bedingungen abschließt, als sie ihm vom Kommittenten gestellt worden, so kommt der Vortheil dem letzteren allein zu Statten.

Dies gilt insbesondere, wenn der Preis, für welchen der Kommissionair verkauft, den vom Kommittenten bestimmten niedrigsten Preis übersteigt, oder wenn der Preis, für welchen er einkauft, den vom Kommittenten bestimmten höchsten Preis nicht erreicht.

Art. 373.

Ein Kommissionair, welcher den Ankauf eines Wechsels übernommen hat, ist, wenn er den Wechsel indossirt, verpflichtet, denselben regelmäßsig und ohne Vorbehalt zu indossiren.

Art. 374.

Der Kommissionair hat an dem Kommissionsgut, sofern er dasselbe noch in seinem Gewahrsam hat oder sonst, insbesondere mittelst der Konnossemente, Ladescheine oder Lagerscheine, noch in der Lage ist, darüber zu verfügen, ein Pfandrecht wegen der auf das Gut verwendeten Kosten, wegen der Provision, wegen der rücksichtlich des Gutes gegebenen Vorschüsse und Darlehen, wegen der rücksichtlich desselben gezeichneten Wechsel oder in anderer Weise eingegangenen Verbindlichkeiten, sowie wegen aller Forderungen aus laufender Rechnung in Kommissionsgeschäften.

Der Kommissionair kann sich für die vorstehend erwähnten Ansprüche aus den durch das Kommissionsgeschäft begründeten und noch ausstehenden Forderungen vorzugsweise vor dem Kommittenten und dessen Gläubigern befriedigen.

Art. 375.

Ist der Kommittent in Erfüllung der in dem vorigen Artikel bezeichneten Verpflichtungen gegen den Kommissionair im Verzuge, so ist der letztere berechtigt, sich unter Beobachtung der Vorschriften des Artkels 310. aus dem Kommissionsgute bezahlt zu machen; er hat dieses Recht auch gegenüber den übrigen Gläubigern und der Konkursmasse des Kommittenten.

Art. 376.

Bei der Kommission zum Einkauf oder zum Verkauf von Waaren, Wechseln und Werthpapieren, welche einen Börsenpreis oder Marktpreis haben, ist der Kommissionair, wenn der Kommittent nicht, ein anderes bestimmt hat, befugt, das Gut, welches er einkaufen soll, selbst als Verkäufer zu liefern, oder das Gut, welches er zu verkaufen beauftragt ist, als Käufer für sich zu behalten.

In diesem Falle ist die Pflicht des Kommissionairs, Rechenschaft über die Abschliefsung des Kaufs oder Verkaufs zu geben, auf den Nachweis beschränkt, dafs bei dem berechneten Preise der Börsenpreis oder Marktpreis zur Zeit der Ausführung des Auftrags eingehalten ist. Er ist zu der gewöhnlichen Provision berechtigt und kann die bei Kommissionsgeschäften sonst regelmäfsig vorkommenden Unkosten berechnen.

Macht der Kommissionair nicht zugleich mit der Anzeige über die Ausführung des Auftrages eine andere Person als Käufer oder Verkäufer namhaft, so ist der Kommittent befugt, den Kommissionair selbst als Käufer oder Verkäufer in Anspruch zu nehmen.

Art. 377.

Wenn der Kommittent den Auftrag widerruft und der Widerruf bei dem Kommissionair eintrifft, bevor die Anzeige von der Ausführung des Auftrages Behufs ihrer Absendung abgegeben ist, so kann sich der Kommissionair der Befugnifs, selbst als Käufer oder Verkäufer einzutreten, nicht mehr bedienen.

Art. 378.

Die Bestimmungen dieses Titels kommen auch zur Anwendung, wenn ein Kaufmann, dessen gewöhnlicher Handelsbetrieb nicht in Kommissionsgeschäften besteht, ein einzelnes Handelsgeschäft in eigenem Namen für Rechnung eines Auftraggebers schliefst.

Vierter Titel.

Von dem Speditionsgeschäfte.

Art. 379.

Spediteur ist derjenige, welcher gewerbemäfsig in eigenem Namen für fremde Rechnung Güterversendungen durch Frachtführer oder Schiffer zu besorgen übernimmt.

Art. 380.

Der Spediteur haftet für jeden Schaden, welcher aus der Vernachlässigung der Sorgfalt eines ordentlichen Kaufmanns bei der Empfangnahme und Aufbewahrung des Gutes, bei der Wahl der Frachtführer, Schiffer oder Zwischenspediteure und überhaupt bei der Ausführung der von ihm übernommenen Versendung der Güter entsteht.

Der Spediteur hat die Anwendung dieser Sorgfalt zu beweisen.

Art. 381.

Der Spediteur hat die Provision und die Erstattung dessen zu fordern, was er an Auslagen und Kosten oder überhaupt zum Zweck der Versendung nothwendig oder nützlich aufgewendet hat (Artikel 371.).

Er ist nicht befugt, eine höhere als die mit dem Frachtführer oder Schiffer bedungene Fracht zu berechnen.

Art. 382.

Der Spediteur hat wegen der Fracht, der Provision, der Auslagen, Kosten und Verwendungen und wegen der dem Versender auf das Gut geleisteten Vorschüsse ein Pfandrecht an dem Gute, sofern er dasselbe noch in seinem Gewahrsam hat oder in der Lage ist, darüber zu verfügen.

Er kann dieses Recht auch gegenüber den übrigen Gläubigern und der Konkursmasse des Eigenthümers geltend machen.

Bedient sich der Spediteur eines Zwischenspediteurs, so hat der letztere zugleich die seinem Vormann zustehenden Rechte, insbesondore dessen Pfandrecht, auszuüben.

Soweit der Vormann wegen seiner Forderung durch Nachnahme von dem Nachmann befriedigt ist, geht die Forderung und das Pfandrecht des Vormanns von Rechtswegen auf den Nachmann über. Dasselbe gilt in Bezug auf die Forderung und das Pfandrecht des Frachtführers, wenn und insoweit der letztere von dem Zwischenspediteur befriedigt ist.

Art. 383.

Ein Spediteur, welcher die Versendung durch Frachtführer oder Schiffer, jedoch mittelst von ihm für eigene Rechnung gemietheter Transportmittel besorgt, kann die gewöhnliche Fracht nebst der Provision und den sonstigen Kosten berechnen.

Art. 384.

Wenn ein Spediteur mit dem Absender oder Empfänger über bestimmte Sätze der Transportkosten sich geeinigt hat, so haftet er, in Ermangelung einer entgegenstehenden Vereinbarung, für die von ihm angenommenen Zwischenspediteure und Frachtführer. Er ist in diesem Falle zur Provision nur dann berechtigt, wenn vereinbart ist, daſs eine solche neben den bestimmten Sätzen der Transportkosten gefordert werden könne.

Art. 385.

Der Spediteur ist, wenn nicht ein Anderes bestimmt ist, befugt, den Transport der Güter selbst auszuführen.

Wenn er sich dieser Befugniſs bedient, so hat er zugleich die Rechte und Pflichten eines Frachtführers und kann die gewöhnliche Fracht, die Provision und die bei Speditionsgeschäften sonst regelmäſsig vorkommenden Unkosten berechnen.

Art. 386.

Die Klagen gegen den Spediteur wegen gänzlichen Verlustes oder wegen Verminderung, Beschädigung oder verspäteter Ablieferung des Guts verjähren nach einem Jahre.

Die Frist beginnt in Ansehung der Klagen wegen gänzlichen Verlustes mit dem Ablauf des Tages, an welchem die Ablieferung hätte bewirkt sein müssen; in Ansehung der Klagen wegen Verminderung, Beschädigung oder verspäteter Ablieferung mit dem Ablauf des Tages, an welchem die Ablieferung geschehen ist.

In gleicher Art sind die Einreden wegen Verlustes, Verminderung, Beschädigung oder verspäteter Ablieferung des Guts erloschen, wenn nicht die Anzeige von diesen Thatsachen an den Spediteur binnen der einjährigen Frist abgesandt worden ist.

Die Bestimmungen dieses Artikels finden in Fällen des Betruges oder der Veruntreuung des Spediteurs keine Anwendung.

Art. 387.

Im Uebrigen sind die Rechte und Pflichten des Spediteurs, soweit dieser Titel keine Bestimmungen darüber enthält, nach den Grundsätzen des vorigen Titels zu beurtheilen; insbesondere kommen die Bestimmungen, welche in den Artikeln 365. bis 367. für den Kommissionair gegeben sind, auch für den Spediteur zur Anwendung.

Art. 388.

Wenn ein Kaufmann, dessen gewöhnlicher Handelsbetrieb nicht in Speditionsgeschäften besteht, eine Güterversendung durch Frachtführer oder Schiffer für fremde Rechnung in eigenem Namen zu besorgen übernimmt, so gelten in Ansehung eines solchen Geschäfts die Vorschriften dieses Titels.

Art. 389.

Die Bestimmungen dieses Titels finden keine Anwendung auf Personen, welche nur die Vermittelung von Frachtverträgen zwischen dem Absender und dem Frachtführer oder Schiffer bewirken (Frachtmäkler, Güterbestätter, Schiffsprokureure).

Fünfter Titel.

Von dem Frachtgeschäft.

Erster Abschnitt.

Vom Frachtgeschäft überhaupt.

Art. 390.

Frachtführer ist derjenige, welcher gewerbemäſsig den Transport von Gütern zu Lande oder auf Flüssen und Binnengewässern ausführt.

Art. 391.

Der Frachtbrief dient als Beweis über den Vertrag zwischen dem Frachtführer und dem Absender.

Der Frachtführer kann die Ausstellung eines Frachtbriefes verlangen.

Art. 392.

Der Frachtbrief enthält:

1) die Bezeichnung des Guts nach Beschaffenheit, Menge und Merkzeichen;
2) den Namen und Wohnort des Frachtführers;
3) den Namen des Absenders;
4) den Namen dessen, an welchen das Gut abgeliefert werden soll;
5) den Ort der Ablieferung;
6) die Bestimmung in Ansehung der Fracht;
7) den Ort und Tag der Ausstellung;

8) die besonderen Vereinbarungen, welche die Parteien etwa noch über andere Punkte, namentlich über die Zeit, innerhalb welcher der Transport bewirkt werden soll, und über die Entschädigung wegen verspäteter Ablieferung getroffen haben.

Art. 393.

Der Absender ist verpflichtet, bei Gütern, welche vor der Ablieferung an den Empfänger einer zoll- oder steueramtlichen Behandlung unterliegen, den Frachtführer in den Besitz der deshalb erforderlichen Begleitpapiere zu setzen. Er haftet dem Frachtführer, sofern nicht diesem selbst ein Verschulden zur Last fällt, für alle Strafen und Schäden, welche denselben wegen Unrichtigkeit oder Unzulänglichkeit der Begleitpapiere treffen.

Art. 394.

Ist über die Zeit, binnen welcher der Frachtführer den Transport bewirken soll, im Frachtvertrage nichts bedungen, so wird die Frist, innerhalb deren er die Reise antreten mufs, durch den Ortsgebrauch bestimmt; besteht ein Ortsgebrauch nicht, so ist die Reise binnen einer den Umständen des Falles angemessenen Frist anzutreten.

Wird der Antritt oder die Fortsetzung der Reise durch Naturereignisse oder sonstige Zufälle zeitweilig verhindert, so braucht der Absender die Aufhebung des Hindernisses nicht abzuwarten, er kann vielmehr von dem Vertrage zurücktreten, mufs aber den Frachtführer, sofern demselben kein Verschulden zur Last fällt, wegen der Kosten zur Vorbereitung der Reise, der Kosten der Wiederausladung und der Ansprüche in Beziehung auf die bereits zurückgelegte Reise entschädigen. Ueber die Höhe der Entschädigung entscheidet der Ortsgebrauch und in dessen Ermangelung das richterliche Ermessen.

Art. 395.

Der Frachtführer haftet für den Schaden, welcher durch Verlust oder Beschädigung des Frachtguts seit der Empfangnahme bis zur Ablieferung entstanden ist, sofern er nicht beweist, dafs der Verlust oder die Beschädigung durch höhere Gewalt (vis maior) oder durch die natürliche Beschaffenheit des Guts, namentlich durch inneren Verderb, Schwinden, gewöhnliche Leckage u. dgl., oder durch äufserlich nicht erkennbare Mängel der Verpackung entstanden ist.

Für Kostbarkeiten, Gelder und Werthpapiere haftet der Frachtführer nur dann, wenn ihm diese Beschaffenheit oder der Werth des Guts angegeben ist.

Art. 396.

Wenn auf Grund des vorhergehenden Artikels von dem Frachtführer für Verlust oder Beschädigung des Guts Ersatz geleistet werden mufs, so ist der Berechnung des Schadens nur der gemeine Handelswerth des Guts zu Grunde zu legen.

Im Falle des Verlustes ist der gemeine Handelswerth zu ersetzen, welchen Gut derselben Art und Beschaffenheit am Ort der Ablieferung zu der Zeit hatte, in welcher das Gut abzuliefern war; davon kommt in Abzug, was in Folge des Verlustes an Zöllen und Unkosten erspart ist.

Im Falle der Beschädigung ist der Unterschied zwischen dem Verkaufswerth des Guts im beschädigten Zustande und dem gemeinen Handelswerth zu ersetzen, welchen das Gut ohne diese Beschädigung am Ort und zur Zeit der Ablieferung gehabt haben würde, nach Abzug der Zölle und Unkosten, soweit sie in Folge der Beschädigung erspart sind.

Hat das Gut keinen Handelswerth, so ist der Berechnung des Schadens der gemeine Werth des Guts zu Grunde zu legen.

Wenn dem Frachtführer eine bösliche Handlungsweise nachgewiesen wird, so hat er den vollen Schaden zu ersetzen.

Art. 397.

Der Frachtführer haftet für den Schaden, welcher durch Versäumung der bedungenen oder üblichen Lieferungszeit entstanden ist, sofern er nicht beweist, dafs er die Verspätung durch Anwendung der Sorgfalt eines ordentlichen Frachtführers nicht habe abwenden können.

Art. 398.

Ist für den Fall verspäteter Ablieferung ein Abzug an der Fracht oder der Verlust der Fracht oder sonst eine Konventionalstrafe bedungen, so kann im Zweifel aufserdem auch der Ersatz des diesen Betrag übersteigenden Schadens gefordert werden, welcher durch die verspätete Ablieferung entstanden ist.

Art. 399.

Beweist der Frachtführer, dafs er die Verspätung durch

die Sorgfalt eines ordentlichen Frachtführers nicht habe abwenden können, so kann die bedungene gänzliche oder theilweise Einbehaltung der Fracht, oder die Konventionalstrafe wegen verspäteter Ablieferung nicht in Anspruch genommen werden, es sei denn, dafs sich aus dem Vertrage eine entgegenstehende Absicht ergiebt.

Art. 400.

Der Frachtführer haftet für seine Leute und für andere Personen, deren er sich bei Ausführung des von ihm übernommenen Transports bedient.

Art. 401.

Wenn der Frachtführer zur gänzlichen oder theilweisen Ausführung des von ihm übernommenen Transports das Gut einem anderen Frachtführer übergiebt, so haftet er für diesen und die etwa folgenden Frachtführer bis zur Ablieferung.

Jeder Frachtführer, welcher auf einen anderen Frachtführer folgt, tritt dadurch, dafs er das Gut mit dem ursprünglichen Frachtbrief annimmt, in den Frachtvertrag gemäfs dem Frachtbrief ein, übernimmt eine selbstständige Verpflichtung, den Transport nach Inhalt des Frachtbriefes auszuführen, und hat auch in Bezug auf den von den früheren Frachtführern bereits ausgeführten Transport für die Verbindlichkeiten derselben einzustehen.

Art. 402.

Der Frachtführer hat den späteren Anweisungen des Absenders wegen Zurückgabe des Guts oder wegen Auslieferung desselben an einen anderen als den im Frachtbriefe bezeichneten Empfänger so lange Folge zu leisten, als er nicht letzterem nach Ankunft des Guts am Ort der Ablieferung denFrachtbrief übergeben hat.

Ist dies bereits geschehen, so hat er nur die Anweisungen des bezeichneten Empfängers zu beachten, widrigenfalls er demselben für das Gut verhaftet ist.

Art. 403.

Der Frachtführer ist verpflichtet, am Ort der Ablieferung dem durch den Frachtbrief bezeichneten Empfänger das Frachtgut auszuhändigen.

Art. 404.

Der im Frachtbriefe bezeichnete Empfänger ist vor Ankunft des Guts am Ort der Ablieferung dem Frachtführer gegenüber berechtigt, alle zur Sicherstellung des Guts erforderlichen Maafsregeln zu ergreifen und dem Frachtführer die zu diesem Zweck nothwendigen Anweisungen zu ertheilen; die Auslieferung des Guts kann er vor dessen Ankunft am Ort der Ablieferung nur dann fordern, wenn der Absender den Frachtführer zu derselben ermächtigt hat.

Art. 405.

Nach Ankunft des Frachtführers am Ort der Ablieferung ist der im Frachtbriefe bezeichnete Empfänger berechtigt, die durch den Frachtvertrag begründeten Rechte gegen Erfüllung der Verpflichtungen, wie sie der Frachtbrief ergiebt, in eigenem Namen gegen den Frachtführer geltend zu machen, sei es, dafs er hierbei in eigenem oder fremdem Interesse handle; er ist insbesondere berechtigt, den Frachtführer auf Uebergabe des Frachtbriefes und Auslieferung des Guts zu belangen, sofern nicht der Absender demselben vor Anstellung der Klage eine nach Maafsgabe des Artikels 402. noch zulässige entgegenstehende Anweisung gegeben hat.

Art. 406.

Durch Annahme des Guts und des Frachtbriefes wird der Empfänger verpflichtet, dem Frachtführer nach Maafsgabe des Frachtbriefes Zahlung zu leisten.

Art. 407.

Wenn der bezeichnete Empfänger des Guts nicht auszumitteln ist oder die Annahme verweigert, oder wenn Streit über die Annahme oder den Zustand des Guts entsteht, so kann der Betheiligte den letzteren durch Sachverständige feststellen lassen.

Die Sachverständigen ernennt auf das Ansuchen des Betheiligten das Handelsgericht oder in dessen Ermangelung der Richter des Orts.

Die Sachverständigen haben ihr Gutachten schriftlich oder zu Protokoll zu erstatten.

Das Gericht kann auf Ansuchen des Betheiligten verordnen, dafs das Gut in einem öffentlichen Lagerhause oder bei einem Dritten niedergelegt, und dafs es ganz oder zu einem entsprechenden Theile Behufs Bezahlung der Fracht und der übrigen Forderungen des Frachtführers öffentlich verkauft wird.

Ueber das Ansuchen um Ernennung von Sachverständigen oder um Verfügung des Gerichts wegen Niederlegung und wegen Verkaufs des Guts wird die Gegenparthei, wenn sie am Ort anwesend ist, gehört.

Art. 408.

Durch Annahme des Guts und Bezahlung der Fracht erlischt jeder Anspruch gegen den Frachtführer.

Nur wegen Verlustes oder Beschädigung, welche bei der Ablieferung äußerlich nicht erkennbar waren, kann der Frachtführer selbst nach der Annahme und nach Bezahlung der Fracht in Anspruch genommen werden, wenn die Feststellung des Verlustes oder der Beschädigung ohne Verzug nach der Entdeckung nachgesucht worden ist, und bewiesen wird, daſs der Verlust oder die Beschädigung während der Zeit seit der Empfangnahme bis zur Ablieferung entstanden ist.

Die Bestimmungen über die Verjährung der Klagen und Einreden gegen den Spediteur wegen Verlustes, Beschädigung oder verspäteter Ablieferung des Guts (Artikel 386.) finden auch auf den Frachtführer Anwendung.

Art. 409.

Der Frachtführer hat wegen aller durch den Frachtvertrag begründeten Forderungen, insbesondere der Fracht- und Liegegelder, sowie wegen der Zollgelder und anderer Auslagen ein Pfandrecht an dem Frachtgut. Dieses Pfandrecht besteht, so lange das Gut zurückbehalten oder niedergelegt ist; es dauert auch nach der Ablieferung noch fort, insofern der Frachtführer es binnen drei Tagen nach der Ablieferung gerichtlich geltend macht, und das Gut noch bei dem Empfänger oder bei einem Dritten sich befindet, welcher es für den Empfänger besitzt.

Er kann zu seiner Befriedigung den Verkauf des Guts oder eines Theils desselben veranlassen (Artikel 407.).

Er hat dieses Recht auch gegenüber den übrigen Gläubigern und der Konkursmasse des Eigenthümers.

Art. 410.

Geht das Gut durch die Hände mehrerer Frachtführer, so hat der letzte bei der Ablieferung, sofern nicht der Frachtbrief das Gegentheil bestimmt, auch die aus dem Frachtbriefe sich ergebenden Forderungen den vorhergehenden einzuziehen und deren Rechte, insbesondere auch das Pfandrecht, auszuüben.

Der vorhergehende Frachtführer, welcher von dem nachfolgenden befriedigt ist, überträgt auf diesen von Rechtswegen seine Forderung und sein Pfandrecht.

In gleicher Art wird die Forderung und das Pfandrecht des Spediteurs auf den nachfolgenden Spediteur und den Frachtführer übertragen.

Das Pfandrecht der Vormänner besteht so lange, als das Pfandrecht des letzten Frachtführers.

Art. 411.

Wenn auf demselben Gute zwei oder mehrere gemäſs den Artikeln 374. 382. und 409. begründete Pfandrechte bestehen, so geht unter denjenigen Pfandrechten, welche durch die Versendung oder durch den Transport des Guts entstanden sind, das später entstandene dem früher entstandenen vor; diese Pfandrechte haben sämmtlich den Vorrang vor dem Pfandrecht des Kommissionairs und vor dem Pfandrecht des Spediteurs für Vorschüsse; unter den letzteren Pfandrechten geht das früher entstandene dem später entstandenen vor.

Art. 412.

Wenn der Frachtführer das Gut ohne Bezahlung abliefert und das Pfandrecht nicht binnen drei Tagen nach der Ablieferung gerichtlich geltend macht, so wird er, sowie die vorhergehenden Frachtführer und die Spediteure, des Rückgriffs gegen die Vormänner verlustig. Der Anspruch gegen den Empfänger bleibt in Kraft.

Art. 413.

Der Absender und der Frachtführer können übereinkommen, daſs der letztere dem ersteren einen Ladeschein ausstellt.

Der Ladeschein ist eine Urkunde, durch welche der Frachtführer sich zur Aushändigung des Guts verpflichtet.

Art. 414.

Der Ladeschein enthält:

1) die Bezeichnung der geladenen Güter nach Beschaffenheit, Menge und Merkzeichen;
2) den Namen und Wohnort des Frachtführers;
3) den Namen des Absenders;
4) den Namen desjenigen, an den oder an dessen Order das Gut abgeliefert werden soll. Als solcher ist der

Absender zu verstehen, wenn der Ladeschein lediglich an Order gestellt ist;

5) den Ort der Ablieferung;

6) die Bestimmung in Ansehung der Fracht;

7) den Ort und Tag der Ausstellung.

Der Ladeschein mufs von dem Frachtführer unterzeichnet sein.

Der Absender hat dem Frachtführer auf dessen Verlangen eine von ihm unterzeichnete gleichlautende Kopie des Ladescheins auszuhändigen.

Art. 415.

Der Ladeschein entscheidet für die Rechtsverhältnisse zwischen dem Frachtführer und dem Empfänger des Guts; die nicht in denselben aufgenommenen Bestimmungen des Frachtvertrages haben gegenüber dem Empfänger keine rechtliche Wirkung, sofern nicht auf dieselben ausdrücklich Bezug genommen ist.

Für die Rechtsverhältnisse zwischen Frachtführer und Absender bleiben die Bestimmungen des Frachtvertrages maafsgebend.

Art. 416.

Wenn der Frachtführer einen Ladeschein ausgestellt hat, darf er späteren Anweisungen des Absenders wegen Zurückgabe oder Auslieferung des Guts an einen anderen als den durch den Ladeschein legitimirten Empfänger nur dann Folge leisten, wenn ihm der Ladeschein zurückgegeben wird. Handelt er dieser Bestimmung entgegen, so ist er dem rechtmäfsigen Inhaber des Ladescheins für das Gut verpflichtet.

Art. 417.

Zum Empfange des Guts legitimirt ist derjenige, an welchen das Gut nach dem Ladeschein abgeliefert werden soll, oder auf welchen der Ladeschein, wenn er an Order lautet, durch Indossament übertragen ist.

Art. 418.

Der Frachtführer ist zur Ablieferung des Guts nur gegen Rückgabe des Ladescheins, auf welchem die Ablieferung des Guts zu bescheinigen ist, verpflichtet.

Art. 419.

Im Uebrigen kommen die Bestimmungen über die Rechte

und Pflichten des Frachtführers auch in dem Falle zur Anwendung, wenn ein Ladeschein ausgestellt ist.

Art. 420.

Wenn ein Kaufmann, dessen gewöhnlicher Handelsbetrieb sich nicht auf die Ausführung von Frachtgeschäften erstreckt, in einem einzelnen Falle einen Transport von Gütern zu Land oder auf Flüssen und Binnengewässern auszuführen übernimmt, so kommen die Bestimmungen dieses Titels auch in Bezug auf ein solches Geschäft zur Anwendung.

Art. 421.

Die Bestimmungen dieses Abschnitts finden auch Anwendung auf Frachtgeschäfte von Eisenbahnen und anderen öffentlichen Transportanstalten.

Sie gelten jedoch für die Postanstalten nur insoweit, als nicht durch besondere Gesetze oder Verordnungen für dieselben ein Anderes bestimmt ist [1]).

Für die Eisenbahnen kommen ferner die Bestimmungen des folgenden Abschnitts zur Anwendung.

Zweiter Abschnitt.

Von dem Frachtgeschäft der Eisenbahnen insbesondere [2]).

Art. 422.

Eine Eisenbahn, welche dem Publikum zur Benutzung für den Gütertransport eröffnet ist, kann die bei ihr nachgesuchte Eingehung eines Frachtgeschäfts für ihre Bahnstrecke nicht verweigern, insofern

1) die Güter, an sich oder vermöge ihrer Verpackung nach den Reglements, und im Falle die letzteren fehlen oder keinen Anhalt gewähren, nach den Einrichtungen und der Benutzungsweise der Bahn zum Transport sich eignen;

---

1) Vgl. Gesetz über das Postwesen des Deutschen Reiches v. 28. October 1871 (R.-Ges.-Bl. 1871, S. 347 ff.)

2) Vgl. Verfassung des Deutschen Reiches v. 16 April 1871 (R.-Ges.-Bl. 1871, S. 63 ff.) Art. 42—47, ferner Gesetz, betr. die Errichtung eines Reichs-Eisenbahn-Amtes, vom 27. Juni 1873 (R.-Ges.-Bl. 1873, S. 164) und das Betriebsreglement für die Eisenbahnen Deutschlands vom 11. Mai 1874 (Centralblatt f. d. Deutsche Reich 1874, S. 179—214).

2) der Absender in Bezug auf die Fracht, die Auflieferung der Güter und die sonstigen den Eisenbahnen freigestellten Transportbedingungen sich den allgemein geltenden Anordnungen der Bahnverwaltung unterwirft;
3) die regelmäfsigen Transportmittel der Bahn zur Ausführung des Transports genügen.

Die Eisenbahnen sind nicht verpflichtet, die Güter zum Transport eher anzunehmen, als bis die Beförderung derselben geschehen kann.

In Ansehung der Zeit der Beförderung darf kein Absender vor dem Anderen ohne einen in den Einrichtungen der Bahn, in den Transportverhältnissen, oder im öffentlichen Interesse liegenden Grund begünstigt werden.

Zuwiderhandlungen gegen die Bestimmungen dieses Artikels begründen den Anspruch auf Ersatz des dadurch entstandenen Schadens.

Art. 423.

Die im Artikel 422. bezeichneten Eisenbahnen sind nicht befugt, die Anwendung der in den Artikeln 395. 396. 397. 400. 401. 408. enthaltenen Bestimmungen über die Verpflichtung des Frachtführers zum Schadensersatze, sei es in Bezug auf den Eintritt, den Umfang oder die Dauer der Verpflichtung oder in Bezug auf die Beweislast, zu ihrem Vortheil durch Verträge (mittelst Reglements oder durch besondere Uebereinkunft) im Voraus auszuschliefsen oder zu beschränken, aufser, soweit solches durch die nachfolgenden Artikel zugelassen ist.

Vertragsbestimmungen, welche dieser Vorschrift entgegenstehen, haben keine rechtliche Wirkung.

Art. 424.

Es kann bedungen werden:

1) in Ansehung der Güter, welche nach Vereinbarung mit dem Absender in unbedeckten Wagen transportirt werden:

   dafs für den Schaden nicht gehaftet werde, welcher aus der mit dieser Transportart verbundenen Gefahr entstanden ist;

2) in Ansehung der Güter, welche, ungeachtet ihre Natur eine Verpackung zum Schutz gegen Verlust

oder Beschädigung auf dem Transport erfordert, nach Erklärung des Absenders auf dem Frachtbrief unverpackt oder mit mangelhafter Verpackung aufgegeben sind:

dafs für den Schaden nicht gehaftet werde, welcher aus der mit dem Mangel der Verpackung oder mit der mangelhaften Beschaffenheit der Verpackung verbundenen Gefahr entstanden ist;

3) in Ansehung der Güter, deren Auf- und Abladen nach Vereinbarung mit dem Absender von diesem besorgt wird:

dafs für den Schaden nicht gehaftet werde, der aus der mit dem Auf- und Abladen oder mit mangelhafter Verladung verbundenen Gefahr entstanden ist;

4) in Ansehung der Güter, welche vermöge ihrer eigenthümlichen natürlichen Beschaffenheit der besonderen Gefahr ausgesetzt sind, gänzlichen oder theilweisen Verlust oder Beschädigung, namentlich Bruch, Rost, inneren Verderb, aufsergewöhnliche Leckage u. s. w. zu erleiden:

dafs für den Schaden nicht gehaftet werde, welcher aus dieser Gefahr entstanden ist;

5) in Ansehung lebender Thiere:

dafs für den Schaden nicht gehaftet werde, welcher aus der mit dem Transport dieser Thiere für dieselben verbundenen besonderen Gefahr entstanden ist;

6) in Ansehung begleiteter Güter:

dafs für den Schaden nicht gehaftet werde, welcher aus der Gefahr entstanden ist, deren Abwendung durch die Begleitung bezweckt wird.

Ist eine der in diesem Artikel zugelassenen Bestimmungen bedungen, so gilt zugleich als bedungen, dafs bis zum Nachweise des Gegentheils vermuthet werden soll, dafs ein eingetretener Schaden, wenn er aus der nicht übernommenen Gefahr entstehen konnte, aus derselben wirklich entstanden ist.

Eine nach diesem Artikel bedungene Befreiung von der Haftpflicht kann nicht geltend gemacht werden, wenn nachgewiesen wird, daſs der Schaden durch Verschulden der Bahnverwaltung oder ihrer Leute entstanden ist.

Art. 425.

In Ansehung des Reisegepäcks kann bedungen werden:

1) daſs für Verlust oder Beschädigung von Reisegepäck, welches nicht zum Transport aufgegeben ist, nur gehaftet werde, wenn ein Verschulden der Bahnverwaltung oder ihrer Leute nachgewiesen wird. Dasselbe kann in Ansehung von Gegenständen bedungen werden, welche sich in Reise-Equipagen befinden;
2) daſs für Verlust von Reisegepäck, welches zum Transport aufgegeben ist, nur gehaftet werde, wenn das Gepäck binnen einer bestimmten Frist nach der Ablieferungszeit abgefordert wird.

Die Frist darf nicht kürzer als drei Tage sein.

Art. 426.

In Ansehung der Güter, welche nach ihrer natürlichen Beschaffenheit bei dem Transport regelmäſsig einen Verlust an Gewicht oder an Maaſs erleiden, kann bedungen werden, daſs bis zu einem im Voraus bestimmten Normalsatze für Verlust an Gewicht oder Maaſs nicht gehaftet werde. Der Normalsatz muſs, im Falle mehrere Stücke zusammen transportirt worden sind, für jedes einzelne Stück besondes berechnet werden, wenn das Gewicht oder Maaſs der einzelnen Stücke im Frachtbrief verzeichnet oder sonst erweislich ist.

Die hier bezeichnete Bestimmung kann nicht geltend gemacht werden, wenn nachgewiesen wird, daſs der Verlust nach den Umständen des Falles nicht in Folge der natürlichen Beschaffenheit des Guts entstanden ist, oder daſs der bestimmte Normalsatz dieser Beschaffenheit oder den sonstigen Umständen des Falles nicht entspricht.

Art. 427.

Es kann bedungen werden:

1) daſs der nach Artikel 396. der Schadensberechnung zu Grunde zu legende Werth den im Frachtbrief, im Ladeschein oder im Gepäckschein als Werth des Guts angegebenen Betrag und in Ermangelung einer solchen Angabe einen im Voraus bestimmten Normalsatz nicht übersteigen soll;

2) daſs die Höhe des nach Artikel 397. wegen verspäteter Lieferung zu leistenden Schadenersatzes den im Frachtbrief, im Ladeschein oder im Gepäckschein als die Höhe des Interesses an der rechtzeitigen Lieferung angegebenen Betrag und in Ermangelung einer solchen Angabe einen im Voraus bestimmten Normalsatz, welcher auch in dem Verluste der Fracht oder eines Theiles derselben bestehen kann, nicht übersteigen soll.

Im Falle einer böslichen Handlungsweise der Eisenbahnverwaltung oder ihrer Leute kann die Beschränkung der Haftpflicht auf den Normalsatz oder den angegebenen Werth des Guts nicht geltend gemacht werden.

Art. 428.

Es kann bedungen werden, daſs nach erfolgter Empfangnahme des Guts und Bezahlung der Fracht jeder Anspruch wegen Verlustes an dem Gute oder wegen Beschädigung desselben auch dann, wenn dieselben bei der Ablieferung nicht erkennbar waren und erst später entdeckt worden sind (Artikel 408. Abs. 2), erlischt, wenn der Anspruch nicht binnen einer bestimmten Frist nach der Ablieferung bei der Eisenbahnverwaltung angemeldet worden ist.

Die Frist darf nicht kürzer als vier Wochen sein.

Art. 429.

Wenn eine Eisenbahn das Gut mit einem Frachtbrief übernimmt, nach welchem der Transport durch mehrere sich an einander anschlieſsende Eisenbahnen zu bewirken ist, so kann bedungen werden, daſs nicht sämmtliche Eisenbahnen, welche das Gut mit dem Frachtbrief übernommen haben, nach Maaſsgabe des Artikels 401. als Frachtführer für den ganzen Transport haften, sondern daſs nur die erste Bahn und diejenige Bahn, welche das Gut mit dem Frachtbriefe zuletzt übernommen hat, dieser Haftpflicht für den ganzen Transport unterliegt, vorbehaltlich des Rückgriffs der Eisenbahnen gegeneinander, daſs dagegen eine der übrigen, in der Mitte liegenden, Eisenbahnen nur dann als Frachtführer in Anspruch genommen werden kann, wenn ihr nachgewiesen wird, daſs der Schaden auf ihrer Bahn sich ereignet hat.

Art. 430.

Wenn eine Eisenbahn das Gut mit einem Frachtbrief

zum Transport übernimmt, in welchem als Ort der Ablieferung ein weder an ihrer Bahn, noch an einer der sich an sie anschliefsenden Bahnen liegender Ort bezeichnet ist, so kann bedungen werden, dafs die Haftpflicht der Eisenbahn oder der Eisenbahnen als Frachtführer nicht für den ganzen Transport bis zum Ort der Ablieferung, sondern nur für den Transport bis zu dem Ort bestehe, wo der Transport mittelst Eisenbahn enden soll; ist dies bedungen, so treten in Bezug auf die Weiterbeförderung nur die Verpflichtungen des Spediteurs ein.

Art. 431.

Ist von dem Absender auf dem Frachtbrief bestimmt, dafs das Gut an einem an der Eisenbahn liegenden Ort abgegeben werden oder liegen bleiben soll, so gilt, ungeachtet im Frachtbrief ein anderweitiger Bestimmungsort angegeben ist, der Transport als nur bis zu jenem an der Bahn liegenden Ort übernommen, und die Bahn ist nur bis zur Ablieferung an diesem Ort verantwortlich.

Fünftes Buch [1]).
Vom Seehandel.

Erster Titel.
Allgemeine Bestimmungen [2]).

Art. 432.

[Für die zum Erwerb durch die Seefahrt bestimmten Schiffe, welchen das Recht, die Landesflagge zu führen, zusteht, ist ein Schiffsregister zu führen.

Das Schiffsregister ist öffentlich; die Einsicht desselben ist während der gewöhnlichen Dienststunden einem Jeden gestattet.]

Art. 433.

[Die Eintragung in das Schiffsregister darf erst ge-

---

1) In Oesterreich ist das fünfte Buch des H.-G.-B. nicht eingeführt.

2) Die Artikel 432. bis 438. sind abgeändert durch das unten abgedruckte Reichsgesetz vom 25. October 1867 über die Nationalität der Kauffahrteischiffe und ihre Befugnifs zur Führung der Bundesflagge.

schehen, nachdem das Recht, die Landesflagge zu führen, nachgewiesen ist.

Vor der Eintragung in das Schiffsregister darf das Recht, die Landesflagge zu führen, nicht ausgeübt werden.]

Art. 434.

[Die Landesgesetze bestimmen die Erfordernisse, von welchen das Recht eines Schiffs, die Landesflagge zu führen, abhängig ist.

Sie bestimmen die Behörden, welche das Schiffsregister zu führen haben.

Sie bestimmen, ob und unter welchen Voraussetzungen die Eintragung in das Schiffsregister für ein aus einem anderen Lande erworbenes Schiff vorläufig durch eine Konsulatsurkunde ersetzt werden kann.]

Art. 435.

[Die Eintragung in das Schiffsregister mufs enthalten:

1) die Thatsachen, welche das Recht des Schiffs, die Landesflagge zu führen, begründen;
2) die Thatsachen, welche zur Feststellung der Identität des Schiffs und seiner Eigenthumsverhältnisse erforderlich sind;
3) den Hafen, von welchem aus mit dem Schiff die Seefahrt betrieben werden soll (Heimathshafen, Registerhafen).

Ueber die Eintragung wird eine, mit dem Inhalte derselben übereinstimmende Urkunde (Certifikat) ausgefertigt.]

Art. 436.

[Treten in den Thatsachen, welche in dem vorhergehenden Artikel bezeichnet sind, nach der Eintragung Veränderungen ein, so müssen dieselben in das Schiffsregister eingetragen und auf dem Certifikat vermerkt werden.

Im Fall das Schiff untergeht, oder das Recht, die Landesflagge zu führen, verliert, ist das Schiff in dem Schiffsregister zu löschen und das ertheilte Certifikat zurückzuliefern, sofern nicht glaubhaft bescheinigt wird, dafs es nicht zurückgeliefert werden könne.]

Art. 437.

[Die Landesgesetze bestimmen die Fristen, binnen welcher die Thatsachen anzuzeigen und nachzuweisen sind, welche eine Eintragung oder Löschung erforderlich machen, sowie die Strafen, welche für den Fall der Versäumung dieser Fristen oder der Nichtbefolgung der vorhergehenden Vorschriften verwirkt sind.]

Art. 438.

[Die Landesgesetze können bestimmen, dafs die Vorschriften der Artikel 432.—437. auf kleinere Fahrzeuge (Küstenfahrer u. s. w.) keine Anwendung finden.]

Art. 439.

Bei der Veräufserung eines Schiffs oder eines Antheils am Schiff (Schiffspart) kann zum Eigenthumserwerb die nach den Grundsätzen des bürgerlichen Rechts etwa erforderliche Uebergabe durch die unter den Kontrahenten getroffene Vereinbarung ersetzt werden, dafs das Eigenthum sofort auf den Erwerber übergehen soll.

Art. 440.

In allen Fällen der Veräufserung eines Schiffs oder einer Schiffspart kann jeder Theil verlangen, dafs ihm auf seine Kosten eine beglaubigte Urkunde über die Veräufserung ertheilt werde.

Art. 441.

Wird ein Schiff oder eine Schiffspart veräufsert, während das Schiff auf der Reise sich befindet, so ist im Verhältnifs zwischen dem Veräufserer und Erwerber in Ermangelung einer anderen Vereinbarung anzunehmen, dafs dem Erwerber der Gewinn der laufenden Reise gebühre oder der Verlust derselben zur Last falle.

Art. 442.

Durch die Veräufserung eines Schiffs oder einer Schiffspart wird in den persönlichen Verpflichtungen des Veräufserers gegen Dritte nichts geändert.

Art. 443.

Unter dem Zubehör eines Schiffs sind alle Sachen begriffen, welche zu dem bleibenden Gebrauch des Schiffs bei der Seefahrt bestimmt sind.

Dahin gehören insbesondere auch die Schiffsboote.

Im Zweifel werden Gegenstände, welche in das Schiffsinventar eingetragen sind, als Zubehör des Schiffs angesehen.

Art. 444.

Im Sinne dieses fünften Buches gilt ein seeuntüchtig gewordenes Schiff

1) als reparaturunfähig, wenn die Reparatur des Schiffs überhaupt nicht möglich ist, oder an dem Ort, wo das Schiff sich befindet, nicht bewerkstelligt, dasselbe auch nicht nach dem Hafen, wo die Reparatur auszuführen wäre, gebracht werden kann;
2) als reparaturunwürdig, wenn die Kosten der Reparatur ohne Abzug für den Unterschied zwischen alt und neu mehr betragen würden, als drei Viertel seines früheren Werths.

Ist die Seeuntüchtigkeit während einer Reise eingetreten, so gilt als der frühere Werth derjenige, welchen das Schiff bei dem Antritt der Reise gehabt hat, in den übrigen Fällen derjenige, welchen das Schiff, bevor es seeuntüchtig geworden ist, gehabt hat oder bei gehöriger Ausrüstung gehabt haben würde.

Art. 445.

Zur Schiffsbesatzung werden gerechnet der Schiffer, die Schiffsmannschaft, sowie alle übrigen auf dem Schiff angestellten Personen.

Art. 446.

Ein zum Abgehen fertiges (segelfertiges) Schiff kann wegen Schulden nicht mit Beschlag belegt werden. Diese Bestimmung tritt jedoch nicht ein, wenn die Schulden zum Behuf der anzutretenden Reise gemacht worden sind.

Durch eine Beschlagnahme von bereits an Bord des Schiffs befindlichen Gütern wegen Schulden kann deren Wiederausladung nur in denjenigen Fällen erwirkt werden, in welchen der Ablader selbst die Wiederausladung noch zu fordern befugt wäre, und nur gegen Leistung desjenigen, was dieser alsdann zu leisten haben würde.

Eine zur Schiffsbesatzung gehörige Person kann wegen Schulden von dem Zeitpunkt an nicht mehr verhaftet werden, in welchem das Schiff segelfertig ist.

Art. 447.

Wenn in diesem fünften Buche die Europäischen Häfen den nichteuropäischen Häfen entgegengesetzt werden, so sind unter den ersteren zugleich die nichteuropäischen Häfen des Mittelländischen, Schwarzen und Azowschen Meeres als mitbegriffen anzusehen.

Art. 448.

Die Bestimmungen des fünften Buches, welche sich auf den Aufenthalt des Schiffs im Heimathshafen beziehen, können von den Landesgesetzen auf alle oder einige Häfen des Reviers des Heimathshafens ausgedehnt werden.

Art. 449.

Für die Postanstalten gelten die Bestimmungen des fünften Buches nur insoweit, als nicht durch besondere Gesetze oder Verordnungen für dieselben ein Anderes vorgeschrieben ist.

Zweiter Titel.
Von dem Rheder und von der Rhederei.

Art. 450.

Rheder ist der Eigenthümer eines ihm zum Erwerb durch die Seefahrt dienenden Schiffs.

Art. 451.

Der Rheder ist für den Schaden verantwortlich, welchen eine Person der Schiffsbesatzung einem Dritten durch ihr Verschulden in Ausführung ihrer Dienstverrichtungen zufügt.

Art. 452.

Der Rheder haftet für den Anspruch eines Dritten nicht persönlich, sondern er haftet nur mit Schiff und Fracht:

1) wenn der Anspruch auf ein Rechtsgeschäft gegründet wird, welches der Schiffer als solcher kraft seiner gesetzlichen Befugnisse, und nicht mit Bezug auf eine besondere Vollmacht geschlossen hat;
2) wenn der Anspruch auf die Nichterfüllung oder auf die unvollständige oder mangelhafte Erfüllung eines von dem Rheder abgeschlossenen Vertrages gegründet wird, insofern die Ausführung des Vertrages zu den Dienstobliegenheiten des Schiffers gehört hat, ohne Unterschied, ob die Nichterfüllung oder die unvollständige oder die mangelhafte Erfüllung von einer Person der Schiffsbesatzung verschuldet ist oder nicht;
3) wenn der Anspruch auf das Verschulden einer Person der Schiffsbesatzung gegründet wird.

In den unter Ziffer 1. und 2. bezeichneten Fällen kommt

jedoch dieser Artikel nicht zur Anwendung, wenn den Rheder selbst in Ansehung der Vertragserfüllung ein Verschulden trifft, oder wenn derselbe die Vertragserfüllung besonders gewährleistet hat.

Art. 453.

Der Rheder haftet für die Forderungen der zur Schiffsbesatzung gehörenden Personen aus den Dienst- und Heuer-Verträgen nicht nur mit Schiff und Fracht, sondern zugleich persönlich.

Wenn jedoch das Schiff dem Rheder ohne sein Verschulden vor Vollendung der Reise verloren geht, insbesondere

wenn es verunglückt,

wenn es als reparaturunfähig oder reparaturunwürdig kondemnirt (Artikel 444.) und in dem letzteren Falle ohne Verzug öffentlich verkauft wird,

wenn es geraubt wird,

wenn es aufgebracht oder angehalten und für gute Prise erklärt wird,

so haftet der Rheder für die Forderungen aus der nicht vollendeten Reise oder, sofern dieselbe aus mehreren Abschnitten besteht, für die Forderungen aus dem letzten Reise-Abschnitt nicht persönlich.

Der letzte Reise-Abschnitt beginnt in dem Hafen, in welchem das Schiff zuletzt Ladung eingenommen oder gelöscht hat, und mit dem Zeitpunkt, in welchem mit dem Laden der Anfang gemacht oder die Löschung vollendet ist. Ein Nothhafen wird als Ladungs- oder Löschungshafen im Sinne dieser Vorschrift nicht angesehen.

Der Rheder ist in keinem der vorgenannten Fälle befugt, die etwa gezahlten Handgelder und Vorschüsse zurück zu fordern.

Art. 454.

Die übrigen Fälle, in welcher der Rheder nicht persönlich, sondern nur mit Schiff und Fracht haftet, sind in den folgenden Titeln bestimmt.

Art. 455.

Der Rheder als solcher kann wegen eines jeden Anspruchs, ohne Unterschied ob er persönlich oder nur mit Schiff und Fracht haftet, vor dem Gerichte des Heimathshafens (Artikel 435.) belangt werden.

Art. 456.

Wird von mehreren Personen ein ihnen gemeinschaftlich zustehendes Schiff zum Erwerb durch die Seefahrt für gemeinschaftliche Rechnung verwendet, so besteht eine Rhederei.

Der Fall, wenn das Schiff einer Handelsgesellschaft gehört, wird durch die Bestimmungen über die Rhederei nicht berührt.

Art. 457.

Das Rechtsverhältniſs der Mitrheder unter einander bestimmt sich zunächst nach dem zwischen ihnen geschlossenen Vertrage. Soweit eine Vereinbarung nicht getroffen ist, kommen die Bestimmungen der nachfolgenden Artikel zur Anwendung.

Art. 458.

Für die Angelegenheiten der Rhederei sind die Beschlüsse der Mitrheder maaſsgebend. Bei der Beschluſsfassung entscheidet die Mehrheit der Stimmen. Die Stimmen werden nach der Gröſse der Schiffsparten gezählt. Die Stimmenmehrheit für einen Beschluſs ist vorhanden, wenn der Person oder den Personen, welche für den Beschluſs gestimmt haben, zusammen mehr als die Hälfte des ganzen Schiffs gehört.

Einstimmigkeit sämmtlicher Mitrheder ist erforderlich zu Beschlüssen, welche eine Abänderung des Rhedereivertrages bezwecken oder welche den Bestimmungen des Rhedereivertrages entgegen oder dem Zwecke der Rhederei fremd sind.

Art. 459.

Durch Beschluſs der Mehrheit kann für den Rhedereibetrieb ein Korrespondentrheder (Schiffsdirektor, Schiffsdisponent) bestellt werden. Zur Bestellung eines Korrespondentrheders, welcher nicht zu den Mitrhedern gehört, ist ein einstimmiger Beschluſs erforderlich.

Die Bestellung des Korrespondentrheders kann zu jeder Zeit durch Stimmenmehrheit widerrufen werden, unbeschadet der Rechte auf Entschädigung aus bestehenden Verträgen.

Art. 460.

Im Verhältniſs zu Dritten ist der Korrespondentrheder

kraft seiner Bestellung befugt, alle Geschäfte und Rechtshandlungen vorzunehmen, welche der Geschäftsbetrieb einer Rhederei gewöhnlich mit sich bringt.

Diese Befugnifs erstreckt sich insbesondere auf die Ausrüstung, Erhaltung und Verfrachtung des Schiffs, auf die Versicherung der Fracht, der Ausrüstungskosten und der Havereigelder, sowie auf die mit dem gewöhnlichen Geschäftsbetrieb verbundene Empfangnahme von Geldern.

Der Korrespondentrheder ist in demselben Umfange befugt, die Rhederei vor Gericht zu vertreten.

Er ist befugt, den Schiffer anzustellen und zu entlassen; der Schiffer hat sich nur an dessen Anweisungen und nicht auch an die etwaigen Anweisungen der einzelnen Mitrheder zu halten.

Im Namen der Rhederei oder einzelner Mitrheder Wechselverbindlichkeiten einzugehen oder Darlehen aufzunehmen, das Schiff oder Schiffsparten zu verkaufen oder zu verpfänden oder für dieselben Versicherung zu nehmen, ist der Korrespondentrheder nicht befugt, es sei denn, dafs ihm eine Vollmacht hierzu besonders ertheilt ist.

Im Uebrigen bedarf es zu den Geschäften und Rechtshandlungen, welche er kraft seiner Bestellung vorzunehmen befugt ist, der in den Landesgesetzen etwa vorgeschriebenen Spezialvollmacht nicht.

Art. 461.

Durch ein Rechtsgeschäft, welches der Korrespondentrheder als solcher innerhalb der Grenzen seiner Befugnisse geschlossen hat, wird die Rhederei dem Dritten gegenüber auch dann berechtigt und verpflichtet, wenn das Geschäft ohne Nennung der einzelnen Mitrheder geschlossen ist.

Ist die Rhederei durch ein von dem Korrespondentrheder abgeschlossenes Geschäft verpflichtet, so haften die Mitrheder in gleichem Umfange (Artikel 452.), als wenn das Geschäft von ihnen selbst geschlossen wäre.

Art. 462.

Eine Beschränkung der im Artikel 460. bezeichneten Befugnisse des Korrespondentrheders kann die Rhederei einem Dritten nur insofern entgegensetzen, als sie beweist, dafs die Beschränkung dem Dritten zur Zeit des Abschlusses des Geschäfts bekannt war.

Art. 463.

Der Rhederei gegenüber ist der Korrespondentrheder verpflichtet, die Beschränkungen einzuhalten, welche von derselben für den Umfang seiner Befugnisse festgesetzt sind; er hat sich ferner nach den gefafsten Beschlüssen zu richten und dieselben zur Ausführung zu bringen.

Im Uebrigen ist der Umfang seiner Befugnisse auch der Rhederei gegenüber nach den Bestimmungen des Artikels 460. mit der Maafsgabe zu beurtheilen, dafs er zu neuen Reisen und Unternehmungen, zu aufsergewöhnlichen Reparaturen, sowie zur Anstellung oder Entlassung des Schiffers vorher die Beschlüsse der Rhederei einholen mufs.

Art. 464.

Der Korrespondentrheder ist verpflichtet, in den Angelegenheiten der Rhederei die Sorgfalt eines ordentlichen Rheders anzuwenden.

Art. 465.

Der Korrespondentrheder hat über seine die Rhederei betreffende Geschäftsführung abgesondert Buch zu führen und die dazu gehörigen Beläge aufzubewahren. Er hat auch jedem Mitrheder auf dessen Verlangen Kenntnifs von allen Verhältnissen zu geben, die sich auf die Rhederei, insbesondere auf das Schiff, die Reise und die Ausrüstung beziehen; er mufs ihm jederzeit die Einsicht der die Rhederei betreffenden Bücher, Briefe und Papiere gestatten.

Art. 466.

Der Korrespondentrheder ist verpflichtet, jederzeit auf Beschlufs der Rhederei derselben Rechnung zu legen. Die Genehmigung der Rechnung und die Billigung der Verwaltung des Korrespondentrheders durch die Mehrheit hindert die Minderheit nicht, ihr Recht geltend zu machen.

Art. 467.

Jeder Mitrheder hat nach Verhältnifs seiner Schiffspart zu den Ausgaben der Rhederei, insbesondere zu den Kosten der Ausrüstung und der Reparatur des Schiffs, beizutragen.

Ist ein Mitrheder mit Leistung seines Beitrags in Verzug und wird das Geld von Mitrhedern für ihn vorgeschossen, so ist er denselben von Rechtswegen zur Entrichtung von Zinsen von dem Zeitpunkt der Vorschüsse an verpflichtet. Ob durch einen solchen Vorschufs ein Pfandrecht an der Schiffspart des säumigen Mitrheders erworben wird, ist nach den Landesgesetzen zu beurtheilen. Auch wenn ein Pfandrecht nicht erworben ist, wird durch den Vorschufs ein versicherbares Interesse hinsichtlich der Schiffspart für die Mitrheder begründet. Im Falle der Versicherung dieses Interesse hat der säumige Mitrheder die Kosten derselben zu ersetzen.

Art. 468.

Wenn eine neue Reise oder wenn nach Beendigung einer Reise die Reparatur des Schiffs oder wenn die Befriedigung eines Gläubigers beschlossen worden ist, welchem die Rhederei nur mit Schiff und Fracht haftet, so kann jeder Mitrheder, welcher dem Beschlusse nicht zugestimmt hat, sich von der Leistung der zur Ausführung desselben erforderlichen Einzahlungen dadurch befreien, dafs er seine Schiffspart ohne Anspruch auf Entgelt aufgiebt.

Der Mitrheder, welcher von dieser Befugnifs Gebrauch machen will, mufs dies den Mitrhedern oder dem Korrespondentrheder innerhalb dreier Tage nach dem Tage des Beschlusses oder, wenn er bei der Beschlufsfassung nicht anwesend und nicht vertreten war, innerhalb dreier Tage nach der Mittheilung des Beschlusses gerichtlich oder notariell kundgeben.

Die aufgegebene Schiffspart fällt den übrigen Mitrhedern nach Verhältnifs der Gröfse ihrer Schiffsparten zu.

Art. 469.

Die Vertheilung des Gewinnes und Verlustes geschieht nach der Gröfse der Schiffsparten.

Die Berechnung des Gewinnes und Verlustes und die Auszahlung des etwaigen Gewinnes erfolgt jedesmal, nachdem das Schiff in den Heimathshafen zurückgekehrt ist, oder nachdem es in einem anderen Hafen seine Reise beendigt hat und die Schiffsmannschaft entlassen ist.

Aufserdem müssen auch vor dem erwähnten Zeitpunkte die eingehenden Gelder, insoweit sie nicht zu späteren Ausgaben oder zur Deckung von Ansprüchen einzelner Mitrheder an die Rhederei erforderlich sind, unter die einzelnen Mitrheder nach Verhältnifs der Gröfse ihrer Schiffsparten vorläufig vertheilt und ausgezahlt werden.

Art. 470.

Jeder Mitrheder darf seine Schiffspart jederzeit und ohne Einwilligung der übrigen Mitrheder ganz oder theilweise veräufsern.

Ein gesetzliches Vorkaufsrecht steht den Mitrhedern nicht zu. Es kann jedoch die Veräufserung einer Schiffspart, in Folge welcher das Schiff das Recht, die Landesflagge zu führen, verlieren würde, rechtsgültig nur mit Zustimmung aller Mitrheder erfolgen. Die Landesgesetze, welche eine solche Veräufserung überhaupt für unzulässig erklären, werden durch diese Bestimmung nicht berührt.

Art. 471.

Der Mitrheder, welcher seine Schiffspart veräufsert hat, wird, so lange die Veräufserung von ihm und dem Erwerber den Mitrhedern oder dem Korrespondentrheder nicht angezeigt worden ist, im Verhältnifs zu den Mitrhedern noch als Mitrheder betrachtet und bleibt wegen aller vor dieser Anzeige begründeten Verbindlichkeiten als Mitrheder den übrigen Mitrhedern verhaftet.

Der Erwerber der Schiffspart ist jedoch im Verhältnifs zu den übrigen Mitrhedern schon seit dem Zeitpunkte der Erwerbung als Mitrheder verpflichtet.

Er mufs die Bestimmungen des Rhedereivertrages, die gefafsten Beschlüsse und eingegangenen Geschäfte gleichwie der Veräufserer gegen sich gelten lassen; die übrigen Mitrheder können aufserdem alle gegen den Veräufserer als Mitrheder begründeten Verbindlichkeiten in Bezug auf die veräufserte Schiffspart gegen den Erwerber zur Aufrechnung bringen, unbeschadet des Rechts des letzteren auf Gewährleistung gegen den Veräufserer.

Art. 472.

Eine Aenderung in den Personen der Mitrheder ist ohne Einflufs auf den Fortbestand der Rhederei.

Wenn ein Mitrheder stirbt oder in Konkurs geräth, oder zur Verwaltung seines Vermögens rechtlich unfähig wird, so hat dies die Auflösung der Rhederei nicht zur Folge.

Eine Aufkündigung von Seiten eines Mitrheders oder eine Ausschliefsung eines Mitrheders findet nicht statt.

Art. 473.

Die Auflösung der Rhederei kann durch Stimmenmehrheit beschlossen werden. Der Beschluſs, das Schiff zu veräuſsern, steht dem Beschlusse der Auflösung gleich.

Ist die Auflösung der Rhederei oder die Veräuſserung des Schiffs beschlossen, so muſs das Schiff öffentlich verkauft werden. Der Verkauf kann nur geschehen, wenn das Schiff zu einer Reise nicht verfrachtet ist und in dem Heimathshafen oder in einem inländischen Hafen sich befindet. Ist jedoch das Schiff als reparaturunfähig oder reparaturunwürdig (Artikel 444.) kondemnirt, so kann der Verkauf desselben, auch wenn es verfrachtet ist, und selbst im Auslande erfolgen. Soll von den vorstehenden Bestimmungen abgewichen werden, so ist die Zustimmung aller Mitrheder erforderlich.

Art. 474.

Die Mitrheder als solche haften Dritten, wenn ihre persönliche Haftung eintritt, nur nach Verhältniſs der Gröſse ihrer Schiffsparten.

Ist eine Schiffspart veräuſsert, so haften für die in der Zeit zwischen der Veräuſserung und der im Artikel 471. erwähnten Anzeige etwa begründeten persönlichen Verbindlichkeiten rücksichtlich dieser Schiffspart sowohl der Veräuſserer als der Erwerber.

Art. 475.

Die Mitrheder als solche können wegen eines jeden Anspruchs, ohne Unterschied, ob dieser von einem Mitrheder oder von einem Dritten erhoben ist, vor dem Gerichte des Heimathshafens (Artikel 435.) belangt werden.

Diese Vorschrift kommt auch dann zur Anwendung, wenn die Klage nur gegen einen Mitrheder oder gegen einige Mitrheder gerichtet ist.

Art. 476.

Auf die Vereinigung zweier oder mehrerer Personen, ein Schiff für gemeinschaftliche Rechnung zu erbauen und zur Seefahrt zu verwenden, finden die Artikel 457. 458. 467., der letztere mit der Maaſsgabe Anwendung, daſs er zugleich auf die Baukosten zu beziehen ist, desgleichen die Artikel 472. und 474. und, sobald das Schiff vollendet und von dem Erbauer abgeliefert ist, auſserdem die Artikel 470. 471. und 473.

Der Korrespondentrheder (Artikel 459.) kann auch schon vor Vollendung des Schiffs bestellt werden; er hat in diesem Falle sogleich nach seiner Bestellung in Bezug auf den künftigen Rhedereibetrieb die Rechte und Pflichten eines Korrespondentrheders.

Art. 477.

Wer ein ihm nicht gehöriges Schiff zum Erwerb durch die Seefahrt für seine Rechnung verwendet und es entweder selbst führt oder die Führung einem Schiffer anvertraut, wird im Verhältnifs zu Dritten als Rheder angesehen.

Der Eigenthümer kann denjenigen, welcher aus der Verwendung einen Anspruch als Schiffsgläubiger herleitet, an der Durchführung des Anspruchs nicht hindern, sofern er nicht beweist, dafs die Verwendung ihm gegenüber eine widerrechtliche und der Gläubiger nicht in gutem Glauben war.

Dritter Titel.

Von dem Schiffer.

Art. 478.

Der Führer des Schiffs (Schiffskapitain, Schiffer) ist verpflichtet, bei allen Dienstverrichtungen, namentlich bei der Erfüllung der von ihm auszuführenden Verträge, die Sorgfalt eines ordentlichen Schiffers anzuwenden. Er haftet für jeden durch sein Verschulden entstandenen Schaden, insbesondere für den Schaden, welcher aus der Verletzung der in diesem und den folgenden Titeln ihm auferlegten Pflichten entsteht.

Art. 479.

Diese Haftung des Schiffers besteht nicht nur gegenüber dem Rheder, sondern auch gegenüber dem Befrachter, Ablader und Ladungsempfänger, dem Reisenden, der Schiffsbesatzung und demjenigen Schiffsgläubiger, dessen Forderung aus einem Kreditgeschäft (Artikel 497.) entstanden ist, insbesondere dem Bodmereigläubiger.

Der Schiffer wird dadurch, dafs er auf Anweisung des Rheders gehandelt hat, den übrigen vorgenannten Personen gegenüber von der Haftung nicht befreit.

Durch eine solche Anweisung wird auch der Rheder persönlich verpflichtet, wenn er bei Ertheilung derselben von dem Sachverhältnifs unterrichtet war.

Art. 480.

Der Schiffer hat vor Antritt der Reise dafür zu sorgen, dafs das Schiff in seetüchtigem Stande, gehörig eingerichtet und ausgerüstet, gehörig bemannt und verproviantirt ist, und dafs die zum Ausweis für Schiff, Besatzung und Ladung erforderlichen Papiere an Bord sind.

Art. 481.

Der Schiffer hat zu sorgen für die Tüchtigkeit der Geräthschaften zum Laden und Löschen, sowie für die gehörige Stauung nach Seemannsbrauch, auch wenn die Stauung durch besondere Stauer bewirkt wird.

Er hat dafür zu sorgen, dafs das Schiff nicht überladen, und dafs es mit dem nöthigen Ballaste und der erforderlichen Garnierung versehen wird.

Art. 482.

Wenn der Schiffer im Auslande die dort geltenden gesetzlichen Vorschriften, insbesondere die Polizei-, Steuer- und Zollgesetze nicht beobachtet, so hat er den daraus entstehenden Schaden zu ersetzen.

Desgleichen hat er den Schaden zu ersetzen, welcher daraus entsteht, dafs er Güter ladet, von welchen er wufste oder wissen mufste, dafs sie Kriegskontrebande seien.

Art. 483.

Sobald das Schiff zum Abgehen fertig ist, hat der Schiffer die Reise bei der ersten günstigen Gelegenheit anzutreten.

Auch wenn er durch Krankheit oder andere Ursachen verhindert ist, das Schiff zu führen, darf er den Abgang oder die Weiterfahrt desselben nicht ungebührlich aufhalten; er mufs vielmehr, wenn Zeit und Umstände gestatten, die Anordnung des Rheders einzuholen, diesem ungesäumt die Verhinderung anzeigen und für die Zwischenzeit die geeigneten Vorkehrungen treffen, im entgegengesetzten Falle einen anderen Schiffer einsetzen. Für diesen Stellvertreter ist er nur insofern verantwortlich, als ihm bei der Wahl desselben ein Verschulden zur Last fällt.

Art. 484.

Vom Beginn des Ladens an bis zur Beendigung der Löschung darf der Schiffer das Schiff gleichzeitig mit dem

Steuermann nur in dringenden Fällen verlassen; er hat in solchen Fällen zuvor aus den Schiffsoffizieren oder der übrigen Mannschaft einen geeigneten Vertreter zu bestellen.

Dasselbe gilt auch vor Beginn des Ladens und nach Beendigung der Löschung, wenn das Schiff in einem nicht sicheren Hafen oder auf einer nicht sicheren Rhede liegt.

Bei drohender Gefahr oder wenn das Schiff in See sich befindet, mufs der Schiffer an Bord sein, sofern nicht eine dringende Nothwendigkeit seine Abwesenheit rechtfertigt.

Art. 485.

Wenn der Schiffer in Fällen der Gefahr mit den Schiffsoffizieren einen Schiffsrath zu halten für angemessen findet, so ist er gleichwohl an die gefafsten Beschlüsse nicht gebunden; er bleibt stets für die von ihm getroffenen Maafsregeln verantwortlich.

Art. 486.

Auf jedem Schiffe mufs ein Journal geführt werden, in welches für jede Reise alle erheblichen Begebenheiten, seit mit dem Einnehmen der Ladung oder des Ballastes begonnen ist, einzutragen sind.

Das Journal wird unter Aufsicht des Schiffers von dem Steuermann und im Falle der Verhinderung des letzteren von dem Schiffer selbst oder unter seiner Aufsicht von einem durch ihn zu bestimmenden geeigneten Schiffsmann geführt.

Art. 487.

Von Tag zu Tag sind in das Journal einzutragen:

die Beschaffenheit von Wind und Wetter;

die von dem Schiffe gehaltenen Kurse und zurückgelegten Distanzen;

die ermittelte Breite und Länge;

der Wasserstand bei den Pumpen.

Ferner sind in das Journal einzutragen:

die durch das Loth ermittelte Wassertiefe;

jedes Annehmen eines Lootsen und die Zeit seiner Ankunft und seines Abganges;

die Veränderungen im Personal der Schiffsbesatzung;

die im Schiffsrath gefafsten Beschlüsse;

alle Unfälle, welche dem Schiff oder der Ladung zustofsen, und die Beschreibung derselben.

Auch die auf dem Schiffe begangenen strafbaren Handlungen und die verhängten Disziplinarstrafen, sowie die vorgekommenen Geburts- und Sterbefälle sind in das Journal einzutragen.

Die Eintragungen müssen, soweit die Umstände nicht hindern, täglich geschehen.

Das Journal ist von dem Schiffer und dem Steuermann zu unterschreiben.

Art. 488.

Das Journal, wenn es ordnungsmäſsig geführt und in der Form unverdächtig ist, liefert für die Begebenheiten der Reise, soweit darüber weder eine Verklarung erforderlich (Artikel 490.), noch die Beibringung anderer Beläge gebräuchlich ist, in der Regel einen unvollständigen Beweis, welcher durch den Eid oder andere Beweismittel ergänzt werden kann. Jedoch hat der Richter nach seinem durch die Erwägung aller Umstände geleiteten Ermessen zu entscheiden, ob dem Inhalt des Journals ein gröſseres oder geringeres Maaſs der Beweiskraft beizulegen sei.

Art. 489.

Die Landesgesetze können bestimmen, daſs auf kleineren Fahrzeugen (Küstenfahrer u. dgl.) die Führung eines Journals nicht erforderlich sei.

Art. 490.

Der Schiffer hat über alle Unfälle, welche sich während der Reise ereignen, sie mögen den Verlust oder die Beschädigung des Schiffs oder der Ladung, das Einlaufen in einen Nothhafen oder einen sonstigen Nachtheil zur Folge haben, mit Zuziehung aller Personen der Schiffsbesatzung oder einer genügenden Anzahl derselben eine Verklarung abzulegen.

Die Verklarung ist ohne Verzug zu bewirken und zwar:

im Bestimmungshafen oder bei mehreren Bestimmungshäfen, in demjenigen, welchen das Schiff nach dem Unfalle zuerst erreicht;

im Nothhafen, sofern in diesem reparirt oder gelöscht wird;

am ersten geeigneten Orte, wenn die Reise endet, ohne daſs der Bestimmungshafen erreicht wird.

Ist der Schiffer gestorben oder auſser Stande, die

Aufnahme der Verklarung zu bewirken, so ist hierzu der im Range nächste Schiffsoffizier berechtigt und verpflichtet.

Art. 491.

Die Verklarung mufs einen Bericht über die erheblichen Begebenheiten der Reise, namentlich eine vollständige und deutliche Erzählung der erlittenen Unfälle, unter Angabe der zur Abwendung oder Verringerung der Nachtheile angewendeten Mittel enthalten.

Art. 492.

Im Gebiete dieses Gesetzbuchs mufs die Verklarung, unter Vorlegung des Journals und eines Verzeichnisses aller Personen der Schiffsbesatzung, bei dem zuständigen Gericht angemeldet werden [1]).

Das Gericht hat nach Eingang der Anmeldung so bald als thunlich die Verklarung aufzunehmen.

Der dazu anberaumte Termin wird in geeigneter Weise öffentlich bekannt gemacht, insofern die Umstände einen solchen Aufenthalt gestatten.

Die Interessenten von Schiff und Ladung, sowie die etwa sonst bei dem Unfalle Betheiligten sind berechtigt, selbst oder durch Vertreter der Ablegung der Verklarung beizuwohnen.

Die Verklarung geschieht auf Grundlage des Journals. Kann das geführte Journal nicht beigebracht werden oder ist ein Journal nicht geführt (Artikel 489.), so ist der Grund hiervon anzugeben.

Art. 493.

Der Richter ist befugt, aufser den gestellten noch andere Personen der Schiffsbesatzung, deren Abhörung er angemessen findet, zu vernehmen. Er kann zum Zweck besserer Aufklärung dem Schiffer sowohl als jeder anderen Person der Schiffsbesatzung geeignete Fragen zur Beantwortung vorlegen.

Der Schiffer und die zugezogenen übrigen Personen der Schiffsbesatzung haben ihre Aussagen zu beschwören.

---

1) Nach dem Gesetze, betr. die Organisation der Bundeskonsulate, vom 8. Nov. 1867 (B.-Ges.-Bl. 1867, S. 137 ff.) sind im Auslande die Bundeskonsuln befugt, die Verklarungen aufzunehmen.

Die über die Verklarung aufgenommene Verhandlung ist in Urschrift aufzubewahren und jedem Betheiligten auf Verlangen beglaubigte Abschrift zu ertheilen.

Art. 494.

Die in Gemäfsheit Artikel 492. und 493. aufgenommene Verklarung liefert vollen Beweis der dadurch beurkundeten Begebenheiten der Reise.

Jedem Betheiligten bleibt im Prozesse der Gegenbeweis vorbehalten.

Art. 495.

Rechtsgeschäfte, welche der Schiffer eingeht, während das Schiff im Heimathshafen sich befindet, sind für den Rheder nur dann verbindlich, wenn der Schiffer auf Grund einer Vollmacht gehandelt hat, oder wenn ein anderer besonderer Verpflichtungsgrund vorhanden ist.

Zur Annahme der Schiffsmannschaft ist der Schiffer auch im Heimathshafen befugt.

Art. 496.

Befindet sich das Schiff aufserhalb des Heimathshafens, so ist der Schiffer Dritten gegenüber kraft seiner Anstellung befugt, für den Rheder alle Geschäfte und Rechtshandlungen vorzunehmen, welche die Ausrüstung, Bemannung, Verproviantirung und Erhaltung des Schiffs, sowie überhaupt die Ausführung der Reise mit sich bringen.

Diese Befugnifs erstreckt sich auch auf die Eingehung von Frachtverträgen; sie erstreckt sich ferner auf die Anstellung von Klagen, welche sich auf den Wirkungskreis des Schiffers beziehen.

Art. 497.

Zur Aufnahme von Darlehen, zur Eingehung von Käufen auf Borg, sowie zum Abschlusse ähnlicher Kreditgeschäfte ist jedoch der Schiffer nur dann befugt, wenn es zur Erhaltung des Schiffs oder zur Ausführung der Reise nothwendig und nur insoweit, als es zur Befriedigung des Bedürfnisses erforderlich ist. Ein Bodmereigeschäft ist er einzugehen nur dann befugt, wenn es zur Ausführung der Reise nothwendig und nur insoweit, als es zur Befriedigung des Bedürfnisses erforderlich ist.

Die Gültigkeit des Geschäfts ist weder von der wirklichen Verwendung, noch von der Zweckmäfsigkeit der unter mehreren Kreditgeschäften getroffenen Wahl, noch von dem Umstande abhängig, ob dem Schiffer das erforderliche Geld zur Verfügung gestanden habe, es sei denn, daſs dem Dritten der böse Glaube bewiesen würde.

Art. 498.

Auf den persönlichen Kredit des Rheders Geschäfte abzuschlieſsen, insbesondere Wechselverbindlichkeiten für denselben einzugehen, ist der Schiffer nur auf Grund einer ihn hierzu ermächtigenden Vollmacht (Artikel 452. Ziff. 1.) befugt. Verhaltungsmaaſsregeln und dienstliche Anweisungen, welche der Schiffer vom Rheder erhält, genügen nicht, die persönliche Haftung des Rheders dem Dritten gegenüber zu begründen.

Art. 499.

Die Befugniſs zum Verkaufe des Schiffs hat der Schiffer nur im Falle dringender Nothwendigkeit, und nachdem dieselbe durch das Ortsgericht nach Anhörung von Sachverständigen und mit Zuziehung des Landeskonsuls, wo ein solcher vorhanden, festgestellt ist.

Ist keine Gerichtsbehörde und auch keine andere Behörde, welche die Untersuchung übernimmt, am Ort vorhanden, so hat der Schiffer zur Rechtfertigung seines Verfahrens das Gutachten von Sachverständigen einzuholen und, wenn dies nicht möglich ist, mit anderen Beweisen sich zu versehen.

Der Verkauf muſs öffentlich geschehen.

Art. 500.

Der Rheder, welcher die gesetzlichen Befugnisse des Schiffers beschränkt hat, kann dem Dritten die Nichteinhaltung dieser Beschränkungen nur dann entgegensetzen, wenn er beweist, daſs dieselben dem Dritten bekannt waren.

Art. 501.

Hat der Schiffer ohne besonderen Auftrag für Rechnung des Rheders aus eigenen Mitteln Vorschüsse geleistet oder sich persönlich verpflichtet, so stehen ihm gegen den Rheder wegen des Ersatzes keine gröſseren Rechte als einem Dritten zu.

Art. 502.

Durch ein Rechtsgeschäft, welches der Schiffer in seiner Eigenschaft als Führer des Schiffs, sei es mit, sei es ohne Bezeichnung des Rheders, innerhalb seiner gesetzlichen Befugnisse geschlossen hat, wird der Rheder dem Dritten gegenüber berechtigt und die Haftung des Rheders mit Schiff und Fracht begründet.

Der Schiffer selbst wird dem Dritten durch das Rechtsgeschäft nicht verpflichtet, es sei denn, dafs er eine Gewährleistung für die Erfüllung übernommen oder seine Befugnisse überschritten hätte. Die Haftung des Schiffers nach Maafsgabe der Artikel 478. und 479. wird hierdurch nicht ausgeschlossen.

Art. 503.

Auch dem Rheder gegenüber sind für den Umfang der Befugnisse des Schiffers die vorstehenden Artikel maafsgebend, soweit der Rheder diese Befugnisse nicht beschränkt hat.

Aufserdem ist der Schiffer verpflichtet, von dem Zustande des Schiffs, den Begebnissen der Reisen, den von ihm geschlossenen Verträgen und den anhängig gewordenen Prozessen den Rheder in fortlaufender Kenntnifs zu erhalten und in allen erheblichen Fällen, namentlich in den Fällen der Artikel 497. und 499., oder wenn er eine Reise zu ändern oder einzustellen sich genöthigt findet, oder bei aufsergewöhnlichen Reparaturen und Anschaffungen die Ertheilung von Verhaltungsmaafsregeln nachzusuchen, sofern die Umstände es gestatten.

Zu aufsergewöhnlichen Reparaturen und Anschaffungen, selbst wenn er sie mit den ihm zur Verfügung stehenden Mitteln des Rheders bestreiten kann, darf er nur im Falle der Nothwendigkeit schreiten.

Wenn er das zur Bestreitung eines Bedürfnisses nöthige Geld nicht anders sich verschaffen kann, als entweder durch Bodmerei, oder durch den Verkauf von entbehrlichem Schiffszubehör, oder durch den Verkauf von entbehrlichen Schiffsvorräthen, so hat er diejenige Maafsregel zu ergreifen, welche für den Rheder mit dem geringsten Nachtheil verbunden ist.

Er mufs dem Rheder nach der Rückkehr in den Heimathshafen und aufserdem, so oft es verlangt wird, Rechnung legen.

Art. 504.

Im Interesse der Ladungsbetheiligten hat der Schiffer während der Reise zugleich für das Beste der Ladung nach Möglichkeit Sorge zu tragen.

Werden zur Abwendung oder Verringerung eines Verlustes besondere Maafsregeln erforderlich, so liegt ihm ob, das Interesse der Ladungsbetheiligten als Vertreter derselben wahrzunehmen, wenn thunlich deren Anweisungen einzuholen und, insoweit es den Verhältnissen entspricht, zu befolgen, sonst aber nach eigenem Ermessen zu verfahren und überhaupt thunlichst dafür zu sorgen, dafs die Ladungsbetheiligten von solchen Vorfällen und den dadurch veranlafsten Maafsregeln schleunigst in Kenntnifs gesetzt werden.

Er ist in solchen Fällen namentlich auch berechtigt, die Ladung ganz oder zum Theil zu löschen, äufserstenfalls, wenn ein erheblicher Verlust wegen drohenden Verderbs oder aus sonstigen Gründen anders nicht abzuwenden ist, zu verkaufen oder Behufs Beschaffung der Mittel zu ihrer Erhaltung und Weiterbeförderung zu verbodmen, sowie im Falle der Anhaltung oder Aufbringung zu reklamiren oder, wenn sie auf andere Weise seiner Verfügung entzogen ist, ihre Wiedererlangung aufsergerichtlich und gerichtlich zu betreiben.

Art. 505.

Wird die Fortsetzung der Reise in der ursprünglichen Richtung durch einen Zufall verhindert, so ist der Schiffer befugt, die Reise entweder in einer anderen Richtung fortzusetzen, oder dieselbe auf kürzere oder längere Zeit einzustellen, oder nach dem Abgangshafen zurückzukehren, je nachdem es den Verhältnissen und den möglichst zu berücksichtigenden Anweisungen entspricht.

Im Falle der Auflösung des Frachtvertrages hat er nach den Vorschriften des Artikels 634. zu verfahren.

Art. 506.

Auf den persönlichen Kredit der Ladungsbetheiligten Geschäfte abzuschliefsen, ist der Schiffer auch in den Fällen des Artikels 504. nur auf Grund einer ihn hierzu ermächtigenden Vollmacht befugt.

Art. 507.

Aufser den Fällen des Artikels 504. ist der Schiffer zur Verbodmung der Ladung oder zur Verfügung über Ladungstheile durch Verkauf oder Verwendung nur dann befugt, wenn und insoweit es zum Zweck der Fortsetzung der Reise nothwendig ist.

Art. 508.

Gründet sich das Bedürfnifs in einer grofsen Haverei und kann der Schiffer demselben durch verschiedene Maafsregeln abhelfen, so hat er diejenige Maafsregel zu ergreifen, welche für die Betheiligten mit dem geringsten Nachtheil verbunden ist.

Art. 509.

Liegt der Fall einer grofsen Haverei nicht vor, so ist der Schiffer zur Verbodmung der Ladung oder zur Verfügung über Ladungstheile durch Verkauf oder Verwendung nur dann befugt, wenn er dem Bedürfnifs auf anderem Wege nicht abhelfen kann, oder wenn die Wahl eines anderen Mittels einen unverhältnifsmäfsigen Schaden für den Rheder zur Folge haben würde.

Auch in diesen Fällen kann er die Ladung nur zusammen mit dem Schiff und der Fracht verbodmen (Artikel 681. Absatz 2.).

Er hat die Verbodmung vor dem Verkauf zu wählen, es sei denn, dafs die Verbodmung einen unverhältnifsmäfsigen Schaden für den Rheder zur Folge haben würde.

Art. 510.

Die Verbodmung der Ladung oder die Verfügung über Ladungstheile durch Verkauf oder Verwendung wird in den Fällen des vorstehenden Artikels als ein für Rechnung des Rheders abgeschlossenes Kreditgeschäft (Artikel 497. und 757. Ziffer 7.) angesehen.

Art. 511.

In Bezug auf die Gültigkeit der in den Fällen der Artikel 504. und 507. bis 509. von dem Schiffer abgeschlossenen Rechtsgeschäfte kommen die Vorschriften des Artikels 497. zur Anwendung.

Art. 512.

Zu den Geschäften und Rechtshandlungen, welche der Schiffer nach den Artikeln 495. 496. 497. 499. 504. 507. bis 509. vorzunehmen befugt ist, bedarf er der in den Landesgesetzen etwa vorgeschriebenen Spezialvollmacht nicht.

Art. 513.

Was der Schiffer vom Befrachter, Ablader oder Ladungsempfänger aufser der Fracht als Kaplaken, Primage oder sonst als Belohnung oder Entschädigung, gleichviel unter welchem Namen, erhält, mufs er dem Rheder als Einnahme in Rechnung bringen.

Art. 514.

Der Schiffer darf ohne Einwilligung des Rheders für eigene Rechnung keine Güter verladen. Handelt er dieser Bestimmung zuwider, so mufs er dem Rheder die höchste am Abladungsort zur Abladungszeit für solche Reisen und Güter bedungene Fracht erstatten, unbeschadet des Rechts des Rheders, einen erweislich höheren Schaden geltend zu machen.

Art. 515.

Der Schiffer kann, selbst wenn das Gegentheil vereinbart ist, jederzeit von dem Rheder entlassen werden, jedoch unbeschadet seiner Entschädigungsansprüche.

Art. 516.

Erfolgt die Entlassung, weil der Schiffer untüchtig befunden ist, oder weil er seiner Pflicht nicht genügt, so erhält er nur dasjenige, was er von der Heuer einschliefslich aller sonst bedungenen Vortheile bis dahin verdient hat.

Art. 517.

Wenn ein Schiffer, welcher für eine bestimmte Reise angestellt ist, entlassen wird, weil die Reise wegen Krieg, Embargo oder Blokade, oder wegen eines Einfuhr- oder Ausfuhrverbots, oder wegen eines anderen Schiff oder Ladung betreffenden Zufalls nicht angetreten oder fortgesetzt werden kann, so erhält er gleichfalls nur dasjenige, was er von der Heuer einschliefslich aller sonst bedungenen Vortheile bis dahin verdient hat. Dasselbe gilt, wenn ein auf unbestimmte Zeit angestellter Schiffer entlassen wird, nachdem er die Ausführung einer bestimmten Reise übernommen hat.

Erfolgt in diesen Fällen die Entlassung während der Reise, so hat der Schiffer aufserdem nach seiner Wahl entweder auf freie Zurückbeförderung nach dem Hafen, wo er geheuert worden ist, oder auf eine entsprechende Vergütung Anspruch.

Wenn nach den Bestimmungen dieses Gesetzbuchs ein Anspruch auf freie Zurückbeförderung begründet ist, so umfafst derselbe auch den Unterhalt während der Reise.

Art. 518.

Wird ein Schiffer, welcher auf unbestimmte Zeit angestellt ist, aus anderen als den in den Artikeln 516. und 517. angeführten Gründen entlassen, nachdem er die Ausführung einer bestimmten Reise übernommen hat, so erhält er aufser demjenigen, was ihm nach den Bestimmungen des vorigen Artikels gebührt, als Entschädigung noch die Heuer für zwei oder vier Monate, je nachdem die Entlassung in einem Europäischen oder in einem nichteuropäischen Hafen erfolgt ist. Jedoch erhält er in keinem Falle mehr, als er erhalten haben würde, wenn er die Reise zu Ende geführt hätte.

Art. 519.

War die Heuer nicht zeitweise, sondern in Bausch und Bogen für die ganze Reise bedungen, so wird in den Fällen der Artikel 516. bis 518. die verdiente Heuer mit Rücksicht auf den vollen Heuerbetrag nach Verhältnifs der geleisteten Dienste, sowie des etwa zurückgelegten Theiles der Reise bestimmt. Zur Ermittelung der im Artikel 518. erwähnten Heuer für zwei oder vier Monate wird die durchschnittliche Dauer der Reise einschliefslich der Ladungs-, und Löschungszeit unter Berücksichtigung der Beschaffenheit des Schiffs in Ansatz gebracht, und danach die Heuer für die zwei oder vier Monate berechnet.

Art. 520.

Endet die Rückreise des Schiffs nicht in dem Heimathshafen, und war der Schiffer für die Aus- und Rückreise oder auf bestimmte Zeit angestellt, so hat der Schiffer Anspruch auf freie Zurückbeförderung nach dem Hafen, wo er geheuert worden ist, und auf Fortbezug der Heuer während der Reise oder nach seiner Wahl auf eine entsprechende Vergütung.

Art. 521.

Der Schiffer, welcher auf unbestimmte Zeit angestellt ist, mufs, sobald er eine Reise angetreten hat, in dem Dienste verbleiben, bis das Schiff in den Heimathshafen oder in einen inländischen Hafen zurückgekehrt und die Entlöschung erfolgt ist.

Er kann jedoch seine Entlassung fordern, wenn seit der ersten Abreise zwei oder drei Jahre verflossen sind, je nachdem das Schiff zur Zeit der Aufkündigung in einem Europäischen oder in einem nichteuropäischen Hafen sich befindet. Er hat in einem solchen Falle dem Rheder die zu seiner Ersetzung erforderliche Zeit zu gewähren und den Dienst inzwischen fortzusetzen, jedenfalls die laufende Reise zu beendigen.

Hat der Rheder sofort nach der Kündigung die Rückreise angeordnet, so mufs der Schiffer das Schiff zurückführen.

Art. 522.

Die Schiffspart, mit welcher der Schiffer auf Grund einer mit den übrigen Rhedern getroffenen Vereinbarung als Mitrheder an dem Schiff betheiligt ist, mufs im Falle seiner unfreiwilligen Entlassung auf sein Verlangen von den Mitrhedern gegen Auszahlung des durch Sachverständige zu bestimmenden Schätzungswerthes übernommen werden. Dieses Recht des Schiffers erlischt, wenn er die Erklärung, davon Gebrauch zu machen, ohne Grund verzögert.

Art. 523[1]).

Falls der Schiffer nach Antritt der Reise erkrankt oder verwundet wird, so trägt der Rheder die Kosten der Verpflegung und Heilung:

1) wenn der Schiffer mit dem Schiff zurückkehrt und die Rückreise in dem Heimathshafen oder in dem Hafen endet, wo er geheuert worden ist, bis zur Beendigung der Rückreise;

---

1) Vgl. Ges. v. 8. Nov. 1867 (s. oben S. 151 Anm. 1) §. 35: „Die Bundeskonsuln sind befugt, an Stelle eines gestorbenen, erkrankten oder sonst zur Führung des Schiffes untauglich gewordenen Schiffers auf den Antrag der Betheiligten einen neuen Schiffsführer einzusetzen.“

2) wenn er mit dem Schiff zurückkehrt und die Reise nicht in einem der genannten Häfen endet, bis zum Ablauf von sechs Monaten seit Beendigung der Rückreise;
3) wenn er während der Reise am Lande zurückgelassen werden mufste, bis zum Ablauf von sechs Monaten seit der Weiterreise des Schiffs.

Auch gebührt ihm in den beiden letzteren Fällen freie Zurückbeförderung (Artikel 517.) oder nach seiner Wahl eine entsprechende Vergütung.

Die Heuer einschliefslich aller sonst bedungenen Vortheile bezieht der nach Antritt der Reise erkrankte oder verwundete Schiffer, wenn er mit dem Schiff zurückkehrt, bis zur Beendigung der Rückreise, wenn er am Lande zurückgelassen werden mufste, bis zu dem Tage, an welchem er das Schiff verläfst.

Ist der Schiffer bei Vertheidigung des Schiffs beschädigt, so hat er überdies auf eine angemessene, erforderlichenfalls von dem Richter zu bestimmende Belohnung Anspruch.

Art. 524.

Stirbt der Schiffer nach Antritt des Dienstes, so hat der Rheder die bis zum Todestage verdiente Heuer einschliefslich aller sonst bedungenen Vortheile zu entrichten; ist der Tod nach Antritt der Reise erfolgt, so hat der Rheder auch die Beerdigungskosten zu tragen.

Wird der Schiffer bei Vertheidigung des Schiffs getödtet, so hat der Rheder überdies eine angemessene, erforderlichenfalls von dem Richter zu bestimmende Belohnung zu zahlen.

Art. 525.

Auf die in den Artikeln 523. und 524. bezeichneten Forderungen findet die Vorschrift des Artikels 453. gleichfalls Anwendung.

Art. 526.

Auch nach dem Verluste des Schiffs ist der Schiffer verpflichtet, noch für die Verklarung zu sorgen und überhaupt das Interesse des Rheders so lange wahrzunehmen, als es erforderlich ist. Er hat aber auch für diese Zeit

Anspruch auf Fortbezug der Heuer und auf Erstattung der Kosten des Unterhalts. Für diese Heuer und Unterhaltskosten haftet der Rheder persönlich. Aufserdem behält der Schiffer, jedoch nur nach Maafsgabe des Artikels 453., Anspruch auf freie Zurückbeförderung (Artikel 517.) oder nach seiner Wahl auf eine entsprechende Vergütung.

Art. 527.

Die Bestimmungen der Landesgesetze über die von dem Schiffer nachzuweisende Qualifikation werden durch dieses Gesetzbuch nicht berührt.

Vierter Titel.

Von der Schiffsmannschaft.

Art. 528—556 [1]).

Fünfter Titel.

Von dem Frachtgeschäft zur Beförderung von Gütern.

Art. 557.

Der Frachtvertrag zur Beförderung von Gütern bezieht sich entweder

1) auf das Schiff im Ganzen oder einen verhältnifsmäfsigen Theil oder einen bestimmt bezeichneten Raum des Schiffs, oder
2) auf einzelne Güter (Stückgüter).

Art. 558.

Wird das Schiff im Ganzen oder zu einem verhältnifsmäfsigen Theil, oder wird ein bestimmt bezeichneter Raum des Schiffs verfrachtet, so kann jede Partei verlangen, dafs über den Vertrag eine schriftliche Urkunde (Charteпartie) errichtet werde.

Art. 559.

In der Verfrachtung eines ganzen Schiffs ist die Kajüte nicht einbegriffen; es dürfen jedoch in dieselbe ohne Einwilligung des Befrachters keine Güter verladen werden.

---

1) Aufgehoben durch die „Seemannsordnung" vom 27. Dezember 1872, §. 110.

Art. 560.

Bei jeder Art von Frachtvertrag (Artikel 557.) hat der Verfrachter das Schiff in seetüchtigem Stande zu liefern.

Er haftet dem Befrachter für jeden Schaden, welcher aus dem mangelhaften Zustande des Schiffs entsteht, es sei denn, dafs die Mängel aller Sorgfalt ungeachtet nicht zu entdecken waren.

Art. 561.

Der Schiffer hat zur Einnahme der Ladung das Schiff an den vom Befrachter oder, wenn das Schiff an Mehrere verfrachtet ist, von sämmtlichen Befrachtern ihm angewiesenen Platz hinzulegen.

Wenn die Anweisung nicht rechtzeitig erfolgt, oder wenn von sämmtlichen Befrachtern nicht derselbe Platz angewiesen wird, oder wenn die Wassertiefe, die Sicherheit des Schiffs oder die örtlichen Verordnungen oder Einrichtungen die Befolgung der Anweisung nicht gestatten, so mufs der Schiffer an dem ortsüblichen Ladungsplatz anlegen.

Art. 562.

Sofern nicht durch Vertrag oder durch die örtlichen Verordnungen des Abladungshafens und in deren Ermangelung durch einen daselbst bestehenden Ortsgebrauch ein Anderes bestimmt ist, müssen die Güter von dem Befrachter kostenfrei bis an das Schiff geliefert, dagegen die Kosten der Einladung derselben in das Schiff von dem Verfrachter getragen werden.

Art. 563.

Der Verfrachter mufs statt der vertragsmäfsigen Güter andere, von dem Befrachter zur Verschiffung nach demselben Bestimmungshafen ihm angebotene Güter annehmen, wenn dadurch seine Lage nicht erschwert wird.

Diese Bestimmung findet keine Anwendung, wenn die Güter im Vertrage nicht blos nach Art oder Gattung, sondern speziell bezeichnet sind.

Art. 564 [1]).

Der Befrachter oder Ablader, welcher die verladenen

---

1) Vgl. Strafgesetzbuch für das Deutsche Reich, vom 15. Mai 1871 (R.-Ges.-Bl. 1876, S. 40 ff.) §. 297: „Ein Rei-

Güter unrichtig bezeichnet oder Kriegskontrebande oder Güter verladet, deren Ausfuhr oder deren Einfuhr in den Bestimmungshafen verboten ist, oder welcher bei der Abladung die gesetzlichen Vorschriften, insbesondere die Polizei-, Steuer- und Zollgesetze übertritt, wird, insofern ihm dabei ein Verschulden zur Last fällt, nicht blos dem Verfrachter, sondern auch allen übrigen im ersten Absatz des Artikels 479. bezeichneten Personen für den durch sein Verfahren veranlaſsten Aufenthalt und jeden anderen Schaden verantwortlich.

Dadurch, daſs er mit Genehmigung des Schiffers gehandelt hat, wird seine Verantwortlichkeit den übrigen Personen gegenüber nicht ausgeschlossen.

Er kann aus der Konfiskation der Güter keinen Grund herleiten, die Zahlung der Fracht zu verweigern.

Gefährden die Güter das Schiff oder die übrige Ladung, so ist der Schiffer befugt, dieselben ans Land zu setzen oder in dringenden Fällen über Bord zu werfen.

Art. 565.

Auch derjenige, welcher ohne Wissen des Schiffers Güter an Bord bringt, ist nach Maaſsgabe des vorigen Artikels zum Ersatze des daraus entstehenden Schadens verpflichtet. Der Schiffer ist befugt, solche Güter wieder ans Land zu setzen oder, wenn sie das Schiff oder die übrige Ladung gefährden, nöthigenfalls über Bord zu werfen. Hat der Schiffer die Güter an Bord behalten, so muſs dafür die höchste am Abladungsort zur Abladungszeit für solche Reisen und Güter bedungene Fracht bezahlt werden.

Art. 566.

Der Verfrachter ist nicht befugt, ohne Erlaubniſs des Befrachters die Güter in ein anderes Schiff zu verladen. Handelt er dieser Bestimmung zuwider, so ist er für jeden Schaden verantwortlich, in Ansehung dessen er nicht be-

---

sender oder Schiffsmann, welcher ohne Vorwissen des Schiffers, ingleichen ein Schiffer, welcher ohne Vorwissen des Rheders Gegenstände an Bord nimmt, welche das Schiff oder die Ladung gefährden, indem sie die Beschlagnahme oder Einziehung des Schiffes oder der Ladung veranlassen können, wird mit Geldstrafe bis zu Eintausend fünfhundert Mark oder mit Gefängniſs bis zu zwei Jahren bestraft.“

weist, dafs derselbe auch dann entstanden und dem Befrachter zur Last gefallen sein würde, wenn die Güter nicht in ein anderes Schiff verladen worden wären.

Auf Umladungen in ein anderes Schiff, welche in Fällen der Noth nach Antritt der Reise erfolgen, findet dieser Artikel keine Anwendung.

Art. 567.

Ohne Genehmigung des Abladers dürfen dessen Güter weder auf das Verdeck verladen, noch an die Seiten des Schiffs gehängt werden.

Den Landesgesetzen bleibt vorbehalten zu bestimmen, dafs in Ansehung der Küstenschifffahrt die vorstehende Vorschrift, soweit sie auf die Beladung des Verdecks sich bezieht, keine Anwendung finde.

Art. 568.

Bei der Verfrachtung eines Schiffs im Ganzen hat der Schiffer, sobald er zur Einnahme der Ladung fertig und bereit ist, dies dem Befrachter anzuzeigen.

Mit dem auf die Anzeige folgenden Tage beginnt die Ladezeit.

Ueber die Ladezeit hinaus hat der Verfrachter auf die Abladung noch länger zu warten, wenn es vereinbart ist (Ueberliegezeit).

Für die Ladezeit kann, sofern nicht das Gegentheil bedungen ist, keine besondere Vergütung verlangt werden. Dagegen mufs der Befrachter dem Verfrachter für die Ueberliegezeit eine Vergütung (Liegegeld) gewähren.

Art. 569.

Ist die Dauer der Ladezeit durch Vertrag nicht festgesetzt, so wird sie durch die örtlichen Verordnungen des Abladungshafens und in deren Ermangelung durch den daselbst bestehenden Ortsgebrauch bestimmt. Besteht auch ein solcher Ortsgebrauch nicht, so gilt als Ladezeit eine den Umständen des Falles angemessene Frist.

Ist eine Ueberliegezeit, nicht aber deren Dauer, durch Vertrag bestimmt, so beträgt die Ueberliegezeit vierzehn Tage.

Enthält der Vertrag nur die Festsetzung eines Liegegeldes, so ist anzunehmen, dafs eine Ueberliegezeit ohne Bestimmung der Dauer vereinbart sei.

Art. 570.

Ist die Dauer der Ladezeit oder der Tag, mit welchem dieselbe enden soll, durch Vertrag bestimmt, so beginnt die Ueberliegezeit ohne Weiteres mit dem Ablauf der Ladezeit.

In Ermangelung einer solchen vertragsmäfsigen Bestimmung beginnt die Ueberliegezeit erst, nachdem der Verfrachter dem Befrachter erklärt hat, dafs die Ladezeit abgelaufen sei. Der Verfrachter kann schon innerhalb der Ladezeit dem Befrachter erklären, an welchem Tage er die Ladezeit für abgelaufen halte. In diesem Falle ist zum Ablauf der Ladezeit und zum Beginn der Ueberliegezeit eine neue Erklärung des Verfrachters nicht erforderlich.

Art. 571.

Nach Ablauf der Ladezeit oder, wenn eine Ueberliegezeit vereinbart ist, nach Ablauf der Ueberliegezeit ist der Verfrachter nicht verpflichtet, auf die Abladung noch länger zu warten. Er mufs jedoch seinen Willen, nicht länger zu warten, spätestens drei Tage vor Ablauf der Ladezeit oder der Ueberliegezeit dem Befrachter erklären.

Ist dies nicht geschehen, so läuft die Ladezeit oder Ueberliegezeit nicht eher ab, als bis die Erklärung nachgeholt ist und seit dem Tage der Abgabe derselben drei Tage verstrichen sind.

Die in diesem Artikel erwähnten drei Tage werden in allen Fällen als ununterbrochen fortlaufende Tage nach dem Kalender gezählt.

Art. 572.

Die in den Artikeln 570. und 571. erwähnten Erklärungen des Verfrachters sind an keine besondere Form gebunden. Weigert sich der Befrachter, den Empfang einer solchen Erklärung in genügender Weise zu bescheinigen, so ist der Verfrachter befugt, eine öffentliche Urkunde darüber auf Kosten des Befrachters errichten zu lassen.

Art. 573.

Das Liegegeld wird, wenn es nicht durch Vertrag bestimmt ist, von dem Richter nach billigem Ermessen, nöthigenfalls nach Anhörung von Sachverständigen festgesetzt.

Der Richter hat hierbei auf die näheren Umstände

des Falles, insbesondere auf die Heuerbeträge und Unterhaltskosten der Schiffsbesatzung, sowie auf den dem Verfrachter entgehenden Frachtverdienst Rücksicht zu nehmen.

Art. 574.

Bei Berechnung der Lade- und Ueberliegezeit werden die Tage in ununterbrochen fortlaufender Reihenfolge gezählt; insbesondere kommen in Ansatz die Sonn- und Feiertage, sowie diejenigen Tage, an welchen der Befrachter durch Zufall die Ladung zu liefern verhindert ist.

Nicht in Ansatz kommen jedoch die Tage, an welchen durch Wind und Wetter oder durch irgend einen anderen Zufall entweder

1) die Lieferung nicht nur der bedungenen, sondern jeder Art von Ladung an das Schiff, oder
2) die Uebernahme der Ladung

verhindert ist.

Art. 575.

Für die Tage, während welcher der Verfrachter wegen Verhinderung der Lieferung jeder Art von Ladung hat länger warten müssen, gebührt ihm Liegegeld, selbst wenn die Verhinderung während der Ladezeit eingetreten ist. Dagegen ist für die Tage, während welcher er wegen Verhinderung der Uebernahme der Ladung hat länger warten müssen, Liegegeld nicht zu entrichten, selbst wenn die Verhinderung während der Ueberliegezeit eingetreten ist.

Art. 576.

Sind für die Dauer der Ladezeit nach Artikel 569. die örtlichen Verordnungen oder der Ortsgebrauch maafsgebend, so kommen bei Berechnung der Ladezeit die beiden vorstehenden Artikel nur insoweit zur Anwendung, als die örtlichen Verordnungen oder der Ortsgebrauch nichts Abweichendes bestimmen.

Art. 577.

Hat der Verfrachter sich ausbedungen, dafs die Abladung bis zu einem bestimmten Tage beendigt sein müsse, so wird er durch die Verhinderung der Lieferung jeder Art von Ladung (Artikel 547. Ziff. 1.) zum längeren Warten nicht verpflichtet.

Art. 578.

Soll der Verfrachter die Ladung von einem Dritten

erhalten, und ist dieser Dritte ungeachtet der von dem Verfrachter in ortsüblicher Weise kundgemachten Bereitschaft zum Laden nicht zu ermitteln, oder verweigert er die Lieferung der Ladung, so hat der Verfrachter den Befrachter schleunigst hiervon zu benachrichtigen und nur bis zum Ablauf der Ladezeit, nicht auch während der etwa vereinbarten Ueberliegezeit auf die Abladung zu warten, es sei denn, daſs er von dem Befrachter oder einem Bevollmächtigten desselben noch innerhalb der Ladezeit eine entgegengesetzte Anweisung erhält.

Ist für die Ladezeit und die Löschzeit zusammen eine ungetheilte Frist bestimmt, so wird für den oben erwähnten Fall die Hälfte dieser Frist als Ladezeit angesehen.

Art. 579.

Der Verfrachter muſs auf Verlangen des Befrachters die Reise auch ohne die volle bedungene Ladung antreten. Es gebührt ihm aber alsdann nicht allein die volle Fracht und das etwaige Liegegeld, sondern er ist auch berechtigt, insoweit ihm durch die Unvollständigkeit der Ladung die Sicherheit für die volle Fracht entgeht, die Bestellung einer anderweitigen Sicherheit zu fordern. Auſserdem sind ihm die Mehrkosten, welche in Folge der Unvollständigkeit der Ladung ihm etwa erwachsen, durch den Befrachter zu erstatten.

Art. 580.

Hat der Befrachter bis zum Ablauf der Zeit, während welcher der Verfrachter auf die Abladung zu warten verpflichtet ist (Wartezeit), die Abladung nicht vollständig bewirkt, so ist der Verfrachter befugt, sofern der Befrachter nicht von dem Vertrage zurücktritt, die Reise anzutreten und die im vorstehenden Artikel bezeichneten Forderungen geltend zu machen.

Art. 581.

Der Befrachter kann vor Antritt der Reise, sei diese eine einfache oder zusammengesetzte, von dem Vertrage unter der Verpflichtung zurücktreten, die Hälfte der bedungenen Fracht als Fautfracht zu zahlen.

Bei Anwendung dieser Bestimmung wird die Reise schon dann als angetreten erachtet:

1) wenn der Befrachter den Schiffer bereits abgefertigt hat;
2) wenn er die Ladung bereits ganz oder zum Theil geliefert hat und die Wartezeit verstrichen ist.

Art. 582.

Macht der Befrachter von dem im vorstehenden Artikel bezeichneten Rechte Gebrauch, nachdem Ladung geliefert ist, so mufs er auch die Kosten der Einladung und Wiederausladung tragen und für die Zeit der mit möglichster Beschleunigung zu bewirkenden Wiederausladung, soweit sie nicht in die Ladezeit fällt, Liegegeld (Artikel 573.) zahlen.

Der Verfrachter ist verpflichtet, den Aufenthalt, welchen die Wiederausladung verursacht, selbst dann sich gefallen zu lassen, wenn dadurch die Wartezeit überschritten wird, wogegen ihm für die Zeit nach Ablauf der Wartezeit Liegegeld und der Ersatz des durch Ueberschreitung der Wartezeit entstandenen Schadens gebührt, soweit der letztere den Betrag dieses Liegegeldes erweislich übersteigt.

Art. 583.

Nachdem die Reise im Sinne des Artikels 581. angetreten ist, kann der Befrachter nur gegen Berichtigung der vollen Fracht, sowie aller sonstigen Forderungen des Verfrachters (Artikel 615.) und gegen Berichtigung oder Sicherstellung der im Artikel 616. bezeichneten Forderungen von dem Vertrage zurücktreten und die Wiederausladung der Güter fordern.

Im Fall der Wiederausladung hat der Befrachter nicht nur die hierdurch entstandenen Mehrkosten, sondern auch den Schaden zu ersetzen, welcher aus dem durch die Wiederausladung verursachten Aufenthalt dem Verfrachter entsteht.

Zum Zweck der Wiederausladung der Güter die Reise zu ändern oder einen Hafen anzulaufen, ist der Verfrachter nicht verpflichtet.

Art. 584.

Der Befrachter ist statt der vollen Fracht nur zwei Drittel derselben als Fautfracht zu zahlen verpflichtet, wenn das Schiff zugleich auf Rückladung verfrachtet ist oder in Ausführung des Vertrags zur Einnahme der Ladung eine

Fahrt aus einem anderen Hafen zu machen hat, und wenn in diesen beiden Fällen der Rücktritt früher erklärt wird, als die Rückreise oder die Reise aus dem Abladungshafen im Sinne des Artikels 581. angetreten ist.

Art. 585.

Bei anderen zusammengesetzten Reisen erhält der Verfrachter, wenn der Befrachter den Rücktritt erklärt, bevor in Bezug auf den letzten Reiseabschnitt die Reise im Sinne des Artikels 581. angetreten ist, als Fautfracht zwar die volle Fracht, es kommt von dieser jedoch eine angemessene Quote in Abzug, sofern die Umstände die Annahme begründen, daſs der Verfrachter in Folge der Aufhebung des Vertrages Kosten erspart und Gelegenheit zu anderweitigem Frachtverdienst gehabt habe.

Können sich die Parteien über die Zulässigkeit des Abzuges oder die Höhe desselben nicht einigen, so entscheidet darüber der Richter nach billigem Ermessen.

Der Abzug darf in keinem Falle die Hälfte der Fracht übersteigen.

Art. 586.

Hat der Befrachter bis zum Ablauf der Wartezeit keine Ladung geliefert, so ist der Verfrachter an seine Verpflichtungen aus dem Vertrage nicht länger gebunden, und befugt, gegen den Befrachter dieselben Ansprüche geltend zu machen, welche ihm zugestanden haben würden, wenn der Befrachter von dem Vertrage zurückgetreten wäre (Artikel 581. 584. 585.).

Art. 587.

Auf die Fautfracht wird die Fracht, welche der Verfrachter für andere Ladungsgüter erhält, nicht angerechnet.

Durch diese Bestimmung wird jedoch die Vorschrift im ersten Absatz des Artikels 585. nicht berührt.

Der Anspruch des Verfrachters auf Fautfracht ist nicht davon abhängig, daſs er die im Vertrage bezeichnete Reise ausführt.

Durch die Fautfracht werden die Ansprüche des Verfrachters auf Liegegeld und die übrigen ihm etwa zustehenden Forderungen (Artikel 615.) nicht ausgeschlossen.

Art. 588.

Ist ein verhältniſsmäſsiger Theil oder ein bestimmt

bezeichneter Raum des Schiffs verfrachtet, so gelten die Artikel 568. bis 587. mit folgenden Abweichungen:

1) Der Verfrachter erhält in den Fällen, in welchen er nach diesen Artikeln mit einem Theil der Fracht sich begnügen müſste, als Fautfracht die volle Fracht, es sei denn, daſs sämmtliche Befrachter zurücktreten oder keine Ladung liefern.

   Von der vollen Fracht kommt jedoch die Fracht für diejenigen Güter in Abzug, welche der Verfrachter an Stelle der nicht gelieferten angenommen hat.

2) In den Fällen der Artikel 582. und 583. kann der Befrachter die Wiederausladung nicht verlangen, wenn dieselbe eine Verzögerung der Reise zur Folge haben oder eine Umladung nöthig machen würde, es sei denn, daſs alle übrigen Befrachter ihre Genehmigung ertheilten. Auſserdem ist der Befrachter verpflichtet, sowohl die Kosten als auch den Schaden zu ersetzen, welche durch die Wiederausladung entstehen.

   Machen sämmtliche Befrachter von dem Rechte des Rücktritts Gebrauch, so hat es bei den Vorschriften der Artikel 582. und 583. sein Bewenden.

Art. 589.

Hat der Frachtvertrag Stückgüter zum Gegenstand, so muſs der Befrachter auf die Aufforderung des Schiffers ohne Verzug die Abladung bewirken.

Ist der Befrachter säumig, so ist der Verfrachter nicht verpflichtet, auf die Lieferung der Güter zu warten; der Befrachter muſs, wenn ohne dieselben die Reise angetreten wird, gleichwohl die volle Fracht entrichten. Es kommt von der letzteren jedoch die Fracht für diejenigen Güter in Abzug, welche der Verfrachter an Stelle der nicht gelieferten angenommen hat.

Der Verfrachter, welcher den Anspruch auf die Fracht gegen den säumigen Befrachter geltend machen will, ist bei Verlust des Anspruchs verpflichtet, dies dem Befrachter vor der Abreise kund zu geben. Auf diese Erklärung finden die Vorschriften des Artikels 572. Anwendung.

Art. 590.

Nach der Abladung kann der Befrachter auch gegen

Berichtigung der vollen Fracht, sowie aller sonstigen Forderungen des Verfrachters (Artikel 615.) und gegen Berichtigung oder Sicherstellung der im Artikel 616. bezeichneten Forderungen nur nach Maafsgabe des ersten Absatzes der Vorschrift unter Ziffer 2. des Artikels 588. von dem Vertrage zurücktreten und die Wiederausladung der Güter fordern.

Aufserdem findet auch für diese Fälle die Vorschrift im letzten Absatz des Artikels 583. Anwendung.

Art. 591.

Ist ein Schiff auf Stückgüter angelegt und die Zeit der Abreise nicht festgesetzt, so hat auf Antrag des Befrachters der Richter nach den Umständen des Falles den Zeitpunkt zu bestimmen, über welchen hinaus der Antritt der Reise nicht verschoben werden kann.

Art. 592.

Bei jeder Art von Frachtvertrag hat der Befrachter innerhalb der Zeit, binnen welcher die Güter zu liefern sind, dem Schiffer zugleich alle zur Verschiffung derselben erforderlichen Papiere zuzustellen.

Art. 593.

Der Schiffer hat zur Löschung der Ladung das Schiff an den Platz hinzulegen, welcher ihm von demjenigen, an den die Ladung abzuliefern ist (Empfänger), oder, wenn die Ladung an mehrere Empfänger abzuliefern ist, von sämmtlichen Empfängern angewiesen wird.

Wenn die Anweisung nicht rechtzeitig erfolgt, oder wenn von sämmtlichen Empfängern nicht derselbe Platz angewiesen wird, oder wenn die Wassertiefe, die Sicherheit des Schiffs oder die örtlichen Verordnungen oder Einrichtungen die Befolgung der Anweisung nicht gestatten, so mufs der Schiffer an dem ortsüblichen Löschungsplatz anlegen.

Art. 594.

Sofern nicht durch Vertrag oder durch die örtlichen Verordnungen des Löschungshafens und in deren Ermangelung durch einen daselbst bestehenden Ortsgebrauch ein Anderes bestimmt ist, werden die Kosten der Ausladung aus dem Schiffe von dem Verfrachter, alle übrigen Kosten der Löschung von dem Ladungsempfänger getragen.

Art. 595.

Bei der Verfrachtung des Schiffs im Ganzen hat der Schiffer, sobald er zum Löschen fertig und bereit ist, dies dem Empfänger anzuzeigen.

Die Anzeige mufs durch öffentliche Bekanntmachung in ortsüblicher Weise geschehen, wenn der Empfänger dem Schiffer unbekannt ist.

Mit dem auf die Anzeige folgenden Tage beginnt die Löschzeit.

Ueber die Löschzeit hinaus hat der Verfrachter nur dann auf die Abnahme der Ladung noch länger zu warten, wenn es vereinbart ist (Ueberliegezeit).

Für die Löschzeit kann, sofern nicht das Gegentheil bedungen ist, keine besondere Vergütung verlangt werden. Dagegen mufs dem Verfrachter für die Ueberliegezeit eine Vergütung (Liegegeld) gewährt werden.

Das Liegegeld wird von dem Richter nach Anleitung des Artikels 573. festgesetzt, wenn es nicht durch Vertrag bestimmt ist.

Art. 596.

Ist die Dauer der Löschzeit durch Vertrag nicht festgesetzt, so wird sie durch die örtlichen Verordnungen des Löschungshafens und in deren Ermangelung durch den daselbst bestehenden Ortsgebrauch bestimmt. Besteht auch ein solcher Ortsgebrauch nicht, so gilt als Löschzeit eine den Umständen des Falles angemessene Frist.

Ist eine Ueberliegezeit, nicht aber deren Dauer, durch Vertrag bestimmt, so beträgt die Ueberliegezeit vierzehn Tage.

Enthält der Vertrag nur die Festsetzung eines Liegegeldes, so ist anzunehmen, dafs eine Ueberliegezeit ohne Bestimmung der Dauer vereinbart sei.

Art. 597.

Ist die Dauer der Löschzeit oder der Tag, mit welchem dieselbe enden soll, durch Vertrag bestimmt, so beginnt die Ueberliegezeit ohne Weiteres mit dem Ablauf der Löschzeit.

In Ermangelung einer solchen vertragsmäfsigen Bestimmung beginnt die Ueberliegezeit erst, nachdem der Verfrachter dem Empfänger erklärt hat, dafs die Löschzeit abgelaufen sei. Der Verfrachter kann schon innerhalb der Löschzeit dem Empfänger erklären, an welchem Tage er die Löschzeit für abgelaufen halte. In diesem Falle ist zum Ablauf der Löschzeit und zum Beginn der Ueberliegezeit eine neue Erklärung des Verfrachters nicht erforderlich.

Auf die in diesem Artikel erwähnten Erklärungen des Verfrachters finden die Vorschriften des Artikels 572. Anwendung.

Art. 598.

Bei Berechnung der Lösch- und Ueberliegezeit werden die Tage in ununterbrochen fortlaufender Reihenfolge gezählt; insbesondere kommen in Ansatz die Sonn- und Feiertage, sowie diejenigen Tage, an welchen der Empfänger durch Zufall die Ladung abzunehmen verhindert ist.

Nicht in Ansatz kommen jedoch die Tage, an welchen durch Wind und Wetter oder durch irgend einen anderen Zufall entweder

1) der Transport nicht nur der im Schiffe befindlichen, sondern jeder Art von Ladung von dem Schiff an das Land,

oder

2) die Ausladung aus dem Schiffe

verhindert ist.

Art. 599.

Für die Tage, während welcher der Verfrachter wegen der Verhinderung des Transports jeder Art von Ladung von dem Schiff an das Land hat länger warten müssen, gebührt ihm Liegegeld, selbst wenn die Verhinderung während der Löschzeit eingetreten ist. Dagegen ist für die Tage, während welcher er wegen Verhinderung der Ausladung aus dem Schiffe hat länger warten müssen, Liegegeld nicht zu entrichten, selbst wenn die Verhinderung während der Ueberliegezeit eingetreten ist.

Art. 600.

Sind für die Dauer der Löschzeit nach Artikel 596. die örtlichen Verordnungen oder der Ortsgebrauch maafsgebend, so kommen bei Berechnung der Löschzeit die beiden vorstehenden Artikel nur insoweit zur Anwendung, als die örtlichen Verordnungen oder der Ortsgebrauch nichts Abweichendes bestimmen.

Art. 601.

Hat der Verfrachter sich ausbedungen, dafs die Löschung bis zu einem bestimmten Tage beendigt sein müsse, so wird er durch die Verhinderung des Transports jeder Art von Ladung von dem Schiff an das Land (Artikel 598. Ziff. 1.) zum längeren Warten nicht verpflichtet.

Art. 602.

Wenn der Empfänger zur Abnahme der Güter sich bereit erklärt, dieselbe aber über die von ihm einzuhaltenten Fristen verzögert, so ist der Schiffer befugt, die Güter, unter Benachrichtigung des Empfängers, gerichtlich oder in anderer sicherer Weise niederzulegen.

Der Schiffer ist verpflichtet, in dieser Weise zu verfahren und zugleich den Befrachter davon in Kenntnifs zu setzen, wenn der Empfänger die Annahme der Güter verweigert oder über dieselbe auf die im Artikel 595. vorgeschriebene Anzeige sich nicht erklärt, oder wenn der Empfänger nicht zu ermitteln ist.

Art. 603.

Insoweit durch die Säumnifs des Empfängers oder durch das Niederlegungsverfahren die Löschzeit ohne Verschulden des Schiffers überschritten wird, hat der Verfrachter Anspruch auf Liegegeld (Artikel 595.), unbeschadet des Rechts, für diese Zeit, soweit sie keine vertragsmäfsige Ueberliegezeit ist, einen erweislich höheren Schaden geltend zu machen.

Art. 604.

Die Artikel 595. bis 603. kommen auch dann zur Anwendung, wenn ein verhälsnifsmäfsiger Theil oder ein bestimmt bezeichneter Raum des Schiffs verfrachtet ist.

Art. 605.

Der Empfänger von Stückgütern hat dieselben auf die Aufforderung des Schiffers ohne Verzug abzunehmen. Ist der Empfänger dem Schiffer nicht bekannt, so mufs die Aufforderung durch öffentliche Bekanntmachung in ortsüblicher Weise geschehen.

In Ansehung des Rechts und der Verpflichtung des Schiffers, die Güter niederzulegen, gelten die Vorschriften des Artikels 602. Die im Artikel 602. vorgeschriebene Benachrichtigung des Befrachters kann durch öffentliche, in ortsüblicher Weise zu bewirkende Bekanntmachung erfolgen.

Für die Tage, um welche durch die Säumnifs des Empfängers oder durch das Niederlegungsverfahren die Frist, binnen welcher das Schiff würde entlöscht worden sein, überschritten ist, hat der Verfrachter Anspruch auf Liegegeld (Artikel 595.), unbeschadet des Rechts, einen erweislich höheren Schaden geltend zu machen.

Art. 606.

Wenn bei der Verfrachtung des Schiffes im Ganzen oder eines verhältnifsmäfsigen Theils oder eines bestimmt bezeichneten Raums des Schiffs der Befrachter Unterfrachtverträge über Stückgüter geschlossen hat, so bleiben für die Rechte und Pflichten des ursprünglichen Verfrachters die Artikel 595. bis 603. maafsgebend.

Art. 607.

Der Verfrachter haftet für den Schaden, welcher durch Verlust oder Beschädigung der Güter seit der Empfangnahme bis zur Ablieferung entstanden ist, sofern er nicht beweist, dafs der Verlust oder die Beschädigung durch höhere Gewalt (vis maior) oder durch die natürliche Beschaffenheit der Güter, namentlich durch inneren Verderb, Schwinden, gewöhnliche Leckage und dergleichen, oder durch äufserlich nicht erkennbare Mängel der Verpackung entstanden ist.

Verlust und Beschädigung, welche aus einem mangelhaften Zustande des Schiffs entstehen, der aller Sorgfalt ungeachtet nicht zu entdecken war (Artikel 560. Absatz 2.), werden dem Verluste oder der Beschädigung durch höhere Gewalt gleichgeachtet.

Art. 608.

Für Kostbarkeiten, Gelder und Werthpapiere haftet der Verfrachter nur in dem Falle, wenn diese Beschaffenheit oder der Werth der Güter bei der Abladung dem Schiffer angegeben ist.

Art. 609.

Bevor der Empfänger die Güter übernommen hat,

kann sowohl der Empfänger als der Schiffer, um den Zustand oder die Menge der Güter festzustellen, die Besichtigung derselben durch die zuständige Behörde oder durch die zu dem Zweck amtlich bestellten Sachverständigen bewirken lassen.

Bei diesem Verfahren ist die am Orte anwesende Gegenpartei zuzuziehen, sofern die Umstände es gestatten.

Art. 610.

Ist die Besichtigung vor der Uebernahme nicht geschehen, so mufs der Empfänger binnen acht und vierzig Stunden nach dem Tage der Uebernahme die nachträgliche Besichtigung der Güter nach Maafsgabe des Artikels 609. erwirken, widrigenfalls alle Ansprüche wegen Beschädigung oder theilweisen Verlustes erlöschen. Es macht keinen Unterschied, ob Verlust und Beschädigung äufserlich erkennbar waren oder nicht.

Diese Bestimmung findet keine Anwendung auf solche Verluste und Beschädigungen, welche durch eine bösliche Handlungsweise einer Person der Schiffsbesatzung entstanden sind.

Art. 611.

Die Kosten der Besichtigung hat derjenige zu tragen, welcher dieselbe beantragt hat.

Ist jedoch die Besichtigung von dem Empfänger beantragt, und wird ein Verlust oder eine Beschädigung ermittelt, wofür der Verfrachter Ersatz leisten mufs, so fallen die Kosten dem letzteren zur Last.

Art. 612.

Wenn auf Grund des Artikels 607. für den Verlust von Gütern Ersatz geleistet werden mufs, so ist nur der Werth der verlorenen Güter zu vergüten. Dieser Werth wird durch den Marktpreis bestimmt, welchen Güter derselben Art und Beschaffenheit am Bestimmungsorte der verlorenen Güter bei Beginn der Löschung des Schiffs oder, wenn eine Entlöschung des Schiffs an diesem Orte nicht erfolgt, bei seiner Ankunft daselbst haben.

In Ermangelung eines Marktpreises, oder falls über denselben oder über dessen Anwendung, insbesondere mit

Rücksicht auf die Qualität der Güter Zweifel bestehen, wird der Preis durch Sachverständige ermittelt.

Von dem Preise kommt in Abzug, was an Fracht, Zöllen und Unkosten in Folge des Verlustes der Güter erspart wird.

Wird der Bestimmungsort der Güter nicht erreicht, so tritt an Stelle des Bestimmungsorts der Ort, wo die Reise endet, oder, wenn die Reise durch Verlust des Schiffs endet, der Ort, wohin die Ladung in Sicherheit gebracht ist.

Art. 613.

Die Bestimmungen des Artikels 612. finden auch auf diejenigen Güter Anwendung, für welche der Rheder nach Artikel 510. Ersatz leisten mufs.

Uebersteigt im Falle der Verfügung über die Güter durch Verkauf der Reinerlös derselben den im Artikel 612. bezeichneten Preis, so tritt an Stelle des letzteren der Reinerlös.

Art. 614.

Mufs für Beschädigung der Güter auf Grund des Artikels 607. Ersatz geleistet werden, so ist nur die durch die Beschädigung verursachte Werthsverminderung der Güter zu vergüten. Diese Werthsverminderung wird bestimmt durch den Unterschied zwischen dem durch Sachverständige zu ermittelnden Verkaufswerth, welchen die Güter im beschädigten Zustande haben, und dem im Artikel 612. bezeichneten Preise nach Abzug der Zölle und Unkosten, soweit sie in Folge der Beschädigung erspart sind.

Art. 615.

Durch Annahme der Güter wird der Empfänger verpflichtet, nach Maafsgabe des Frachtvertrages oder des Konnossements, auf deren Grund die Empfangnahme geschieht, die Fracht nebst allen Nebengebühren, sowie das etwaige Liegegeld zu bezahlen, die ausgelegten Zölle und übrigen Auslagen zu erstatten und die ihm sonst obliegenden Verpflichtungen zu erfüllen.

Der Verfrachter hat die Güter gegen Zahlung der Fracht und gegen Erfüllung der übrigen Verpflichtungen des Empfängers auszuliefern.

Art. 610.

Der Verfrachter ist nicht verpflichtet, die Güter früher auszuliefern, als bis die auf denselben haftenden Beiträge zur grofsen Haverei, Bergungs- und Hülfskosten und Bodmereigelder bezahlt oder sichergestellt sind.

Ist die Verbodmung für Rechnung des Rheders geschehen, so gilt die vorstehende Bestimmung unbeschadet der Verpflichtung des Verfrachters, für die Befreiung der Güter von der Bodmereischuld noch vor der Auslieferung zu sorgen.

Art. 617.

Der Verfrachter ist nicht verpflichtet, die Güter, mögen sie verdorben oder beschädigt sein oder nicht, für die Fracht an Zahlungsstatt anzunehmen.

Sind jedoch Behältnisse, welche mit flüssigen Waaren angefüllt waren, während der Reise ganz oder zum gröfseren Theil ausgelaufen, so können dieselben dem Verfrachter für die Fracht und seine übrigen Forderungen (Artikel 615.) an Zahlungsstatt überlassen werden.

Durch die Vereinbarung, dafs der Verfrachter nicht für Leckage hafte, oder durch die Klausel: „frei von Leckage", wird dieses Recht nicht ausgeschlossen. Dieses Recht erlischt, sobald die Behältnisse in den Gewahrsam des Abnehmers gelangt sind.

Ist die Fracht in Bausch und Bogen bedungen, und sind nur einige Behältnisse ganz oder zum gröfseren Theil ausgelaufen, so können dieselben für einen verhältnifsmäfsigen Theil der Fracht und der übrigen Forderungen des Verfrachters an Zahlungsstatt überlassen werden.

Art. 618.

Für Güter, welche durch irgend einen Unfall verloren gegangen sind, ist keine Fracht zu bezahlen und die etwa vorausbezahlte zu erstatten, sofern nicht das Gegentheil bedungen ist.

Diese Bestimmung kommt auch dann zur Anwendung, wenn das Schiff im Ganzen oder ein verhältnifsmäfsiger oder ein bestimmt bezeichneter Raum des Schiffs verfrachtet ist. Sofern in einem solchen Falle das Frachtgeld in Bausch und Bogen bedungen ist, berechtigt der Verlust eines Theils der Güter zu einem verhältnifsmäfsigen Abzuge von der Fracht.

Art. 619.

Ungeachtet der Nichtablieferung ist die Fracht zu zahlen für Güter, deren Verlust in Folge ihrer natürlichen Beschaffenheit (Artikel 607.) eingetreten ist, sowie für Thiere, welche unterwegs gestorben sind.

Inwiefern die Fracht für Güter zu ersetzen ist, welche in Fällen der grofsen Haverei aufgeopfert worden sind, wird durch die Vorschriften über die grofse Haverei bestimmt.

Art. 620.

Für Güter, welche ohne Abrede über die Höhe der Fracht zur Beförderung übernommen sind, ist die am Abladungsorte zur Abladungszeit übliche Fracht zu zahlen.

Für Güter, welche über das mit dem Befrachter vereinbarte Maafs hinaus zur Beförderung übernommen sind, ist die Fracht nach Verhältnifs der bedungenen Fracht zu zahlen.

Art. 621.

Wenn die Fracht nach Maafs, Gewicht oder Menge der Güter bedungen ist, so ist im Zweifel anzunehmen, dafs Maafs, Gewicht oder Menge der abgelieferten und nicht der eingelieferten Güter für die Höhe der Fracht entscheiden soll.

Art. 622.

Aufser der Fracht können Kaplaken, Prämien und dergleichen nicht gefordert werden, sofern sie nicht ausbedungen sind.

Die gewöhnlichen und ungewöhnlichen Unkosten der Schiffahrt, als: Lootsengeld, Hafengeld, Leuchtfeuergeld, Schlepplohn, Quarantainegelder, Auseisungskosten und dergleichen, fallen in Ermangelung einer entgegenstehenden Abrede dem Verfrachter allein zur Last, selbst wenn derselbe zu den Maafsregeln, welche die Auslagen verursacht haben, auf Grund des Frachtvertrages nicht verpflichtet war.

Die Fälle der grofsen Haverei, sowie die Fälle der Aufwendung von Kosten zur Erhaltung, Bergung und Rettung der Ladung werden durch diesen Artikel nicht berührt.

Art. 623.

Wenn die Fracht nach Zeit bedungen ist, so beginnt sie in Ermangelung einer anderen Abrede mit dem Tage zu laufen, der auf denjenigen folgt, an welchem der Schiffer angezeigt hat, daſs er zur Einnahme der Ladung, oder bei einer Reise in Ballast, daſs er zum Antritt der Reise fertig und bereit sei, sofern aber bei einer Reise in Ballast diese Anzeige am Tage vor dem Antritt der Reise noch nicht erfolgt ist, mit dem Tage, an welchem die Reise angetreten wird.

Ist Liegegeld oder Ueberliegezeit bedungen, so beginnt in allen Fällen die Zeitfracht erst mit dem Tage zu laufen, an welchem der Antritt der Reise erfolgt.

Die Zeitfracht endet mit dem Tage, an welchem die Löschung vollendet ist.

Wird die Reise ohne Verschulden des Verfrachters verzögert oder unterbrochen, so muſs für die Zwischenzeit die Zeitfracht fortentrichtet werden, jedoch unbeschadet der Bestimmungen der Artikel 639. und 640.

Art. 624.

Der Verfrachter hat wegen der im Artikel 615. erwähnten Forderungen ein Pfandrecht an den Gütern.

Das Pfandrecht besteht, so lange die Güter zurückbehalten oder deponirt sind; es dauert auch nach der Ablieferung noch fort, sofern es binnen dreiſsig Tagen nach Beendigung derselben gerichtlich geltend gemacht wird; es erlischt jedoch, sobald vor der gerichtlichen Geltendmachung die Güter in den Gewahrsam eines Dritten gelangen, welcher sie nicht für den Empfänger besitzt.

Art. 625.

Im Falle des Streits über die Forderungen des Verfrachters ist dieser die Güter auszuliefern verpflichtet, sobald die streitige Summe bei Gericht oder bei einer anderen zur Annahme von Depositen ermächtigten Behörde oder Anstalt deponirt ist.

Nach Ablieferung der Güter ist der Verfrachter zur Erhebung der deponirten Summe gegen angemessene Sicherheitsleistung berechtigt.

Art. 626.

So lange das Pfandrecht des Verfrachters besteht, kann

das Gericht auf dessen Ansuchen verordnen, daſs die Güter ganz oder zu einem entsprechenden Theil Behufs Befriedigung des Verfrachters öffentlich verkauft werden.

Dieses Recht gebührt dem Verfrachter auch gegenüber den übrigen Gläubigern und der Konkursmasse des Eigenthümers.

Das Gericht hat die Betheiligten, wenn sie am Orte anwesend sind, über das Gesuch, bevor der Verkauf verfügt wird, zu hören.

Art. 627.

Hat der Verfrachter die Güter ausgeliefert, so kann er wegen der gegen den Empfänger ihm zustehenden Forderungen (Artikel 615.) an dem Befrachter sich nicht erholen. Nur insoweit der Befrachter mit dem Schaden des Verfrachters sich etwa bereichern würde, findet ein Rückgriff statt.

Art. 628.

Hat der Verfrachter die Güter nicht ausgeliefert, und von dem im ersten Absatz des Artikels 626. bezeichneten Rechte Gebrauch gemacht, jedoch durch den Verkauf der Güter seine vollständige Befriedigung nicht erhalten, so kann er an dem Befrachter sich erholen, soweit er wegen seiner Forderungen aus dem zwischen ihm und dem Befrachter abgeschlossenen Frachtvertrage nicht befriedigt ist.

Art. 629.

Werden die Güter von dem Empfänger nicht abgenommen, so ist der Befrachter verpflichtet, den Verfrachter wegen der Fracht und der übrigen Forderungen dem Frachtvertrage gemäſs zu befriedigen.

Bei der Abnahme der Güter durch den Befrachter kommen die Artikel 593. bis 626. in der Weise zur Anwendung, daſs an Stelle des in diesen Artikeln bezeichneten Empfängers der Befrachter tritt. Insbesondere stehet in einem solchen Falle dem Verfrachter wegen seiner Forderungen das Zurückbehaltungs- und Pfandrecht an den Gütern nach Maaſsgabe der Artikel 624. 625. 626., sowie das im Artikel 616. bezeichnete Recht zu.

Art. 630.

Der Frachtvertrag tritt auſser Kraft, ohne daſs ein Theil zur Entschädigung des anderen verpflichtet ist, wenn vor Antritt der Reise durch einen Zufall

1) das Schiff verloren geht, insbesondere
wenn es verunglückt,
wenn es als reparaturunfähig oder reparaturunwürdig kondemnirt (Artikel 444.) und in dem letzteren Falle ohne Verzug öffentlich verkauft wird,
wenn es geraubt wird,
wenn es aufgebracht oder angehalten und für gute Prise erklärt wird;

oder

2) die im Frachtvertrage nicht blos nach Art oder Gattung, sondern speziell bezeichneten Güter verloren gehen;

oder

3) die, wenn auch nicht im Frachtvertrage speziell bezeichneten Güter verloren gehen, nachdem dieselben bereits an Bord gebracht oder Behufs Einladung in das Schiff an der Landungsstelle von dem Schiffer übernommen worden sind.

Hat aber in dem unter Ziffer 3. bezeichneten Falle der Verlust der Güter noch innerhalb der Wartezeit (Artikel 580.) sich zugetragen, so tritt der Vertrag nicht aufser Kraft, sofern der Befrachter ohne Verzug sich bereit erklärt, statt der verloren gegangenen andere Güter (Artikel 563.) zu liefern, und mit der Lieferung noch innerhalb der Wartezeit beginnt. Er hat die Abladung der anderen Güter binnen kürzester Frist zu vollenden, die etwaigen Mehrkosten dieser Abladung zu tragen und, insoweit durch dieselbe die Wartezeit überschritten wird, den dem Verfrachter daraus entstehenden Schaden zu ersetzen.

Art. 631.

Jeder Theil ist befugt, von dem Vertrage zurückzutreten, ohne zur Entschädigung verpflichtet zu sein:

1) wenn vor Antritt der Reise
das Schiff mit Embargo belegt oder zum landesherrlichen Dienst oder zum Dienst einer fremden Macht in Beschlag genommen,
der Handel mit dem Bestimmungsort untersagt,
der Abladungs- oder Bestimmungshafen blokirt,
die Ausfuhr der nach dem Frachtvertrage zu verschiffenden Güter aus dem Abladungshafen

oder die Einfuhr derselben in den Bestimmungshafen verboten.

durch eine andere Verfügung von hoher Hand das Schiff am Auslaufen oder die Reise oder die Versendung der nach dem Frachtvertrage zu liefernden Güter verhindert wird.

In allen vorstehenden Fällen berechtigt jedoch die Verfügung von hoher Hand nur dann zum Rücktritt, wenn das eingetretene Hinderniſs nicht voraussichtlich von nur unerheblicher Dauer ist;

2) wenn vor Antritt der Reise ein Krieg ausbricht, in Folge dessen das Schiff oder die nach dem Frachtvertrage zu verschiffenden Güter oder beide nicht mehr als frei betrachtet werden können und der Gefahr der Aufbringung ausgesetzt würden.

Die Ausübung der im Artikel 563. dem Befrachter beigelegten Befugniſs ist in den Fällen der vorstehenden Bestimmungen nicht ausgeschlossen.

Art. 632.

Wenn nach Antritt der Reise das Schiff durch einen Zufall verloren geht (Artikel 630. Ziff. 1.), so endet der Frachtvertrag. Jedoch hat der Befrachter, soweit Güter geborgen oder gerettet sind, die Fracht im Verhältniſs der zurückgelegten zur ganzen Reise zu zahlen (Distanzfracht).

Die Distanzfracht ist nur soweit zu zahlen, als der gerettete Werth der Güter reicht.

Art. 633.

Bei Berechnung der Distanzfracht kommt in Anschlag nicht allein das Verhältniſs der bereits zurückgelegten zu der noch zurückzulegenden Entfernung, sondern auch das Verhältniſs des Aufwandes an Kosten und Zeit, der Gefahren und Mühen, welche durchschnittlich mit dem vollendeten Theile der Reise verbunden sind, zu denen des nicht vollendeten Theiles.

Können sich die Parteien über den Betrag der Distanzfracht nicht einigen, so entscheidet darüber der Richter nach billigem Ermessen.

Art. 634.

Die Auflösung des Frachtvertrages ändert nichts in den Verpflichtungen des Schiffers, bei Abwesenheit der

Betheiligten auch nach dem Verluste des Schiffs für das Beste der Ladung zu sorgen (Artikel 504. bis 506.). Der Schiffer ist demzufolge berechtigt und verpflichtet, und zwar im Falle der Dringlichkeit auch ohne vorherige Anfrage, je nachdem es den Umständen entspricht, entweder die Ladung für Rechnung der Betheiligten mittelst eines anderen Schiffs nach dem Bestimmungshafen befördern zu lassen, oder die Auflagerung oder den Verkauf derselben zu bewirken und im Falle der Weiterbeförderung oder Auflagerung, Behufs Beschaffung der hierzu, sowie zur Erhaltung der Ladung nöthigen Mittel, einen Theil davon zu verkaufen, oder im Falle der Weiterbeförderung die Ladung ganz oder zum Theil zu verbodmen.

Der Schiffer ist jedoch nicht verpflichtet, die Ladung auszuantworten oder zur Weiterbeförderung einem anderen Schiffer zu übergeben, bevor die Distanzfracht nebst den sonstigen Forderungen des Verfrachters (Artikel 615.) und die auf der Ladung haftenden Beiträge zur groſsen Haverei, Bergungs- und Hülfskosten und Bodmereigelder bezahlt oder sichergestellt sind.

Auch für die Erfüllung der nach dem ersten Absatz dieses Artikels dem Schiffer obliegenden Pflichten haftet der Rheder mit dem Schiffe, soweit etwas davon gerettet ist, und mit der Fracht.

Art. 635.

Gehen nach Antritt der Reise die Güter durch einen Zufall verloren, so endet der Frachtvertrag, ohne daſs ein Theil zur Entschädigung des anderen verpflichtet ist; insbesondere ist die Fracht weder ganz noch theilweise zu zahlen, insofern nicht im Gesetze das Gegentheil bestimmt ist (Artikel 619.).

Art. 636.

Ereignet sich nach dem Antritt der Reise einer der im Artikel 631. erwähnten Zufälle, so ist jeder Theil befugt, von dem Vertrage zurückzutreten, ohne zur Entschädigung verpflichtet zu sein.

Ist jedoch einer der im Artikel 631. unter Ziffer 1. bezeichneten Zufälle eingetreten, so muſs, bevor der Rücktritt stattfindet, auf die Beseitigung des Hindernisses drei oder fünf Monate gewartet werden, je nachdem das Schiff in einem Europäischen oder in einem nichteuropäischen Hafen sich befindet.

Die Frist wird, wenn der Schiffer das Hindernifs während des Aufenthalts in einem Hafen erfährt, von dem Tage der erhaltenen Kunde, anderenfalls von dem Tage an berechnet, an welchem der Schiffer, nachdem er davon in Kenntnifs gesetzt worden ist, mit dem Schiffe zuerst einen Hafen erreicht.

Die Ausladung des Schiffs erfolgt, in Ermangelung einer anderweitigen Vereinbarung, in dem Hafen, in welchem es zur Zeit der Erklärung des Rücktritts sich befindet.

Für den zurückgelegten Theil der Reise ist der Befrachter Distanzfracht (Artikel 632. 633.) zu zahlen verpflichtet.

Ist das Schiff in Folge des Hindernisses in den Abgangshafen oder in einen anderen Hafen zurückgekehrt, so wird bei Berechnung der Distanzfracht der dem Bestimmungshafen nächste Punkt, welchen das Schiff erreicht hat, Behufs Feststellung der zurückgelegten Entfernung zum Anhalt genommen.

Der Schiffer ist auch in den Fällen dieses Artikels verpflichtet, vor und nach der Auflösung des Frachtvertrags für das Beste der Ladung nach Maafsgabe der Artikel 504. bis 506. und 634. zu sorgen.

Art. 637.

Mufs das Schiff, nachdem es die Ladung eingenommen hat, vor Antritt der Reise in dem Abladungshafen oder nach Antritt derselben in einem Zwischen- oder Nothhafen in Folge eines der im Artikel 631. erwähnten Ereignisse liegen bleiben, so werden die Kosten des Aufenthalts, auch wenn die Erfordernisse der grofsen Haverei nicht vorliegen, über Schiff, Fracht und Ladung nach den Grundsätzen der grofsen Haverei vertheilt, gleichviel ob demnächst der Vertrag aufgehoben oder vollständig erfüllt wird. Zu den Kosten des Aufenthalts werden alle in dem zweiten Absatz des Artikels 708. Ziffer 4. aufgeführten Kosten gezählt, diejenigen des Ein- und Auslaufens jedoch nur dann, wenn wegen des Hindernisses ein Nothhafen angelaufen ist.

Art. 638.

Wird nur ein Theil der Ladung vor Antritt der Reise durch einen Zufall betroffen, welcher, hätte er die ganze Ladung betroffen, nach den Artikeln 630. und 631. den Vertrag aufgelöst oder die Parteien zum Rücktritt berechtigt haben würde, so ist der Befrachter nur befugt, entweder statt der vertragsmäſsigen andere Güter abzuladen, sofern durch deren Beförderung die Lage des Verfrachters nicht erschwert wird (Artikel 563), oder von dem Vertrage unter der Verpflichtung zurückzutreten, die Hälfte der bedungenen Fracht und die sonstigen Forderungen des Verfrachters zu berichtigen (Artikel 581. und 582.). Bei Ausübung dieser Rechte ist der Befrachter jedoch nicht an die sonst einzuhaltende Zeit gebunden. Er hat sich aber ohne Verzug zu erklären, von welchem der beiden Rechte er Gebrauch machen wolle und, wenn er die Abladung anderer Güter wählt, dieselbe binnen kürzester Frist zu bewirken, auch die etwaigen Mehrkosten dieser Abladung zu tragen und, insoweit durch sie die Wartezeit überschritten wird, den dem Verfrachter daraus entstehenden Schaden zu ersetzen.

Macht er von keinem der beiden Rechte Gebrauch, so muſs er auch für den durch den Zufall betroffenen Theil der Ladung die volle Fracht entrichten. Den durch Krieg, Ein- und Ausfuhrverbot oder eine andere Verfügung von hoher Hand unfrei gewordenen Theil der Ladung ist er jedenfalls aus dem Schiffe herauszunehmen verbunden.

Tritt der Zufall nach Antritt der Reise ein, so muſs der Befrachter für den dadurch betroffenen Theil der Ladung die volle Fracht auch dann entrichten, wenn der Schiffer diesen Theil in einem anderen als dem Bestimmungshafen zu löschen sich genöthigt gefunden und hierauf mit oder ohne Aufenthalt die Reise fortgesetzt hat.

Durch diesen Artikel werden die Bestimmungen der Artikel 618. und 619. nicht berührt.

Art. 639.

Abgesehen von den Fällen der Artikel 631. bis 638. hat ein Aufenthalt, welchen die Reise vor oder nach ihrem Antritt durch Naturereignisse oder andere Zufälle erleidet, auf die Rechte und Pflichten der Parteien keinen Einfluſs, es sei denn, daſs der erkennbare Zweck des Vertrages durch einen solchen Aufenthalt vereitelt würde. Der Befrachter ist jedoch befugt, während jedes durch einen Zufall entstandenen, voraussichtlich längeren Aufenthalts die bereits in das Schiff geladenen Güter auf seine Gefahr und

Kosten gegen Sicherheitsleistung für die rechtzeitige Wiedereinladung auszuladen. Unterläſst er die Wiedereinladung, so hat er die volle Fracht zu zahlen. In jedem Falle muſs er den Schaden ersetzen, welcher aus der von ihm veranlaſsten Wiederausladung entsteht.

Gründet sich der Aufenthalt in einer Verfügung von hoher Hand, so ist für die Dauer derselben keine Fracht zu bezahlen, wenn diese zeitweise bedungen war (Artikel 623.).

Art. 640.

Muſs das Schiff während der Reise ausgebessert werden, so hat der Befrachter die Wahl, ob er die ganze Ladung an dem Orte, wo das Schiff sich befindet, gegen Berichtigung der vollen Fracht und der übrigen Forderungen des Verfrachters (Artikel 615.) und gegen Berichtigung oder Sicherstellung der im Artikel 616. bezeichneten Forderungen zurücknehmen, oder die Wiederherstellung abwarten will. Im letzteren Falle ist für die Dauer der Ausbesserung keine Fracht zu bezahlen, wenn diese zeitweise bedungen war.

Art. 641.

Wird der Frachtvertrag in Gemäſsheit der Artikel 630. bis 636. aufgelöst, so werden die Kosten der Ausladung aus dem Schiffe von dem Verfrachter, die übrigen Löschungskosten von dem Befrachter getragen. Hat der Zufall jedoch nur die Ladung betroffen, so fallen die sämmtlichen Kosten der Löschung dem Befrachter zur Last. Dasselbe gilt, wenn im Falle des Artikels 638. ein Theil der Ladung gelöscht wird. Muſste in einem solchen Falle Behufs der Löschung ein Hafen angelaufen werden, so hat der Befrachter auch die Hafenkosten zu tragen.

Art. 642.

Die Artikel 630. bis 641. kommen auch zur Anwendung, wenn das Schiff zur Einnahme der Ladung eine Zureise in Ballast nach dem Abladungshafen zu machen hat. Die Reise gilt aber in einem solchen Falle erst dann als angetreten, wenn sie aus dem Abladungshafen angetreten ist. Wird der Vertrag, nachdem das Schiff den Abladungshafen erreicht hat, aber vor Antritt der Reise aus dem letzteren aufgelöst, so erhält der Verfrachter für die Zureise eine nach den Grundsätzen der Distanzfracht (Artikel 633.) zu bemessende Entschädigung.

In anderen Fällen einer zusammengesetzten Reise sind die obigen Artikel insoweit anwendbar, als Natur und Inhalt des Vertrages nicht entgegenstehen.

Art. 643.

Wenn der Vertrag nicht auf das Schiff im Ganzen, sondern nur auf einen verhältnifsmäfsigen Theil oder einen bestimmt bezeichneten Raum des Schiffs oder auf Stückgüter sich bezieht, so gelten die Artikel 630. bis 642. mit folgenden Abweichungen:

1) In den Fällen der Artikel 631. und 636. ist jeder Theil sogleich nach Eintritt des Hindernisses und ohne Rücksicht auf die Dauer desselben von dem Vertrage zurückzutreten befugt.
2) Im Falle des Artikels 638. kann von dem Befrachter das Recht, von dem Vertrage zurückzutreten, nicht ausgeübt werden.
3) Im Falle des Artikels 639. steht dem Befrachter das Recht der einstweiligen Löschung nur dann zu, wenn die übrigen Befrachter ihre Genehmigung ertheilen.
4) Im Falle des Artikels 640. kann der Befrachter die Güter gegen Entrichtung der vollen Fracht und der übrigen Forderungen nur dann zurücknehmen, wenn während der Ausbesserung die Löschung dieser Güter ohnehin erfolgt ist.

Die Vorschriften der Artikel 588. und 590. werden hierdurch nicht berührt.

Art. 644.

Nach Beendigung jeder einzelnen Abladung hat der Schiffer dem Ablader ohne Verzug gegen Rückgabe des etwa bei der Annahme der Güter ertheilten vorläufigen Empfangscheins ein Konnossement in so vielen Exemplaren auszustellen, als der Ablader verlangt.

Alle Exemplare des Konnossements müssen von gleichem Inhalt sein, dasselbe Datum haben nnd ausdrücken, wie viele Exemplare ausgestellt sind.

Dem Schiffer ist auf sein Verlangen von dem Ablader eine mit der Unterschrift des letzteren versehene Abschrift des Konnossements zu ertheilen.

Art. 645.

Das Konnossement enthält:

1) den Namen des Schiffers;
2) den Namen und die Nationalität des Schiffs;
3) den Namen des Abladers;
4) den Namen des Empfängers;
5) den Abladungshafen;
6) den Löschungshafen oder den Ort, an welchem Order über denselben einzuholen ist;
7) die Bezeichnung der abgeladenen Güter, deren Menge und Merkzeichen;
8) die Bestimmung in Ansehung der Fracht;
9) den Ort und den Tag der Ausstellung;
10) die Zahl der ausgestellen Exemplare.

Art. 646.

Auf Verlangen des Abladers ist das Konnossement, sofern nicht das Gegentheil vereinbart ist, an die Order des Empfängers oder lediglich an Order zu stellen. Im letzteren Falle ist unter der Order die Order des Abladers zu verstehen.

Das Konnossement kann auch auf den Namen des Schiffers als Empfängers lauten.

Art. 647.

Der Schiffer ist verpflichtet, im Löschungshafen dem legitimirten Inhaber auch nur eines Exemplars des Konnossements die Güter auszuliefern.

Zur Empfangnahme der Güter legitimirt ist derjenige, an welchen die Güter nach dem Konnossement abgeliefert werden sollen, oder auf welchen das Konnossement, wenn es an Order lautet, durch Indossament übertragen ist.

Art. 648.

Melden sich mehrere legitimirte Konnossementsinhaber, so ist der Schiffer verpflichtet, sie sämmtlich zurückzuweisen, die Güter gerichtlich oder in einer anderen sicheren Weise niederzulegen und die Konnossementsinhaber, welche sich gemeldet haben, unter Angabe der Gründe seines Verfahrens hiervon zu benachrichtigen.

Wenn die Niederlegung nicht gerichtlich geschieht, so ist er befugt, über sein Verfahren und dessen Gründe eine öffentliche Urkunde errichten zu lassen und wegen der daraus entstehenden Kosten in gleicher Art wie wegen der Fracht sich an die Güter zu halten (Artikel 626.).

Art. 649.

Die Uebergabe des an Order lautenden Konnossements an denjenigen, welcher durch dasselbe zur Empfangnahme legitimirt wird, hat, sobald die Güter wirklich abgeladen sind, für den Erwerb der von der Uebergabe der Güter abhängigen Rechte dieselben rechtlichen Wirkungen wie die Uebergabe der Güter.

Art. 650.

Sind mehrere Exemplare eines an Order lautenden Konnossements ausgestellt, so können von dem Inhaber des einen Exemplars die in dem vorstehenden Artikel bezeichneten rechtlichen Wirkungen der Uebergabe des Konnossements zum Nachtheil desjenigen nicht geltend gemacht werden, welcher auf Grund eines anderen Exemplars in Gemäſsheit des Artikels 647. die Auslieferung der Güter von dem Schiffer erlangt hat, bevor der Anspruch auf Auslieferung von dem Inhaber des ersteren Exemplars erhoben worden ist.

Art. 651.

Hat der Schiffer die Güter noch nicht ausgeliefert, so geht unter mehreren sich meldenden Konnossementsinhabern, wenn und soweit die von denselben auf Grund der Konnossementsübergabe an den Gütern geltend gemachten Rechte kollidiren, derjenige vor, dessen Exemplar von dem gemeinschaftlichen Vormann, welcher mehrere Konossementsexemplare an verschiedene Personen übertragen hat, zuerst der einen dieser Personen dergestalt übergeben ist, daſs dieselbe zur Empfangnahme der Güter legitimirt wurde.

Bei dem nach einem anderen Orte übersandten Exemplare wird die Zeit der Uebergabe durch den Zeitpunkt der Absendung bestimmt.

Art. 652.

Der Schiffer ist zur Ablieferung der Güter nur gegen Rückgabe eines Exemplars des Konnossements, auf welchem die Ablieferung der Güter zu bescheinigen ist, verpflichtet.

Art. 653.

Das Konnossement ist entscheidend für die Rechtsverhältnisse zwischen dem Verfrachter und dem Empfänger der Güter; insbesondere muſs die Ablieferung der Güter an den Empfänger nach Inhalt des Konnossements erfolgen.

Die in das Konnossement nicht aufgenommenen Bestimmungen des Frachtvertrages haben gegenüber dem Empfänger keine rechtliche Wirkung, sofern nicht auf dieselben ausdrücklich Bezug genommen ist. Wird in Ansehung der Fracht auf den Frachtvertrag verwiesen (z. B. durch die Worte: „Fracht laut Chartepartie"), so sind hierin die Bestimmungen über Löschzeit, Ueberliegezeit und Liegezeit nicht als einbegriffen anzusehen.

Für die Rechtsverhältnisse zwischen Verfrachter und Befrachter bleiben die Bestimmungen des Frachtvertrages maafsgebend.

Art. 654.

Der Verfrachter ist für die Richtigkeit der im Konnossement enthaltenen Bezeichnung der abgeladenen Güter dem Empfänger verantwortlich. Seine Haftung beschränkt sich jedoch auf den Ersatz des Minderwerths, welcher aus der Nichtübereinstimmung der Güter mit der im Konnossement enthaltenen Bezeichnung sich ergiebt.

Art. 655.

Die im vorstehenden Artikel erwähnte Haftung des Verfrachters tritt auch dann ein, wenn die Güter dem Schiffer in Verpackung oder in geschlossenen Gefäfsen übergeben sind.

Ist dieses zugleich aus dem Konnossement ersichtlich, so ist der Verfrachter für die Richtigkeit der Bezeichnung der Güter dem Empfänger nicht verantwortlich, sofern er beweist, dafs ungeachtet der Sorgfalt eines ordentlichen Schiffers die Unrichtigkeit der in dem Konnossement enthaltenen Bezeichnung nicht wahrgenommen werden konnte.

Die Haftung des Verfrachters wird dadurch nicht ausgeschlossen, dafs die Identität der abgelieferten und der übernommenen Güter nicht bestritten oder dafs dieselbe von dem Verfrachter nachgewiesen ist.

Art. 656.

Werden dem Schiffer Güter in Verpackung oder in geschlossenen Gefäfsen übergeben, so kann er das Konnossement mit dem Zusatze: „Inhalt unbekannt" versehen. Enthält das Konnossement diesen oder einen gleichbedeutenden Zusatz, so ist der Verfrachter im Falle der Nichtübereinstimmung des abgelieferten Inhalts mit dem im Konnossement angegebenen nur insoweit verantwortlich, als ihm bewiesen wird, daſs er einen anderen als den abgelieferten Inhalt empfangen habe.

Art. 657.

Sind die im Konnossement nach Zahl, Maaſs oder Gewicht bezeichneten Güter dem Schiffer nicht zugezählt, zugemessen oder zugewogen, so kann er das Konnossement mit dem Zusatze: „Zahl, Maaſs, Gewicht unbekannt" versehen. Enthält das Konnossement diesen oder einen gleichbedeutenden Zusatz, so hat der Verfrachter die Richtigkeit der Angaben des Konnossements über Zahl, Maaſs oder Gewicht der übernommenen Güter nicht zu vertreten.

Art. 658.

Ist die Fracht nach Zahl, Maaſs oder Gewicht der Güter bedungen und im Konnossement Zahl, Maaſs oder Gewicht angegeben, so ist diese Angabe für die Berechnung der Fracht entscheidend, wenn nicht das Konnossement eine abweichende Bestimmung enthält. Als eine solche ist der Zusatz: „Zahl, Maaſs, Gewicht unbekannt" oder ein gleichbedeutender Zusatz nicht anzusehen.

Art. 659.

Ist das Konnossement mit dem Zusatze: „frei von Bruch" oder: „frei von Leckage" oder: „frei von Beschädigung", oder mit einem gleichbedeutenden Zusatze versehen, so haftet der Verfrachter bis zum Beweise des Verschuldens des Schiffers oder einer Person, für welche der Verfrachter verantwortlich ist, nicht für Bruch oder Leckage oder Beschädigung.

Art. 660.

Sind dem Schiffer Güter übergeben, deren Beschädigung, schlechte Beschaffenheit oder schlechte Verpackung sichtbar ist, so hat er diese Mängel im Konossement zu bemerken, widrigenfalls er dem Empfänger dafür verantwortlich ist, auch wenn das Konnossement mit einem der im vorhergehenden Artikel erwähnten Zusätze versehen ist.

Art. 661.

Nachdem der Schiffer ein an Order lautendes Konnossement ausgestellt hat, darf er den Anweisungen des Abladers wegen Zurückgabe oder Auslieferung der Güter nur dann Folge leisten, wenn ihm die sämmtlichen Exemplare des Konnossements zurückgegeben werden.

Dasselbe gilt in Ansehung der Anforderungen eines Konnossementsinhabers auf Auslieferung der Güter, so lange der Schiffer den Bestimmungshafen nicht erreicht hat.

Handelt er diesen Bestimmungen entgegen, so bleibt er dem rechtmäfsigen Inhaber des Konnossements verpflichtet.

Lautet das Konnossement nicht an Order, so ist der Schiffer zur Zurückgabe oder Auslieferung der Güter, auch ohne Beibringung eines Exemplars des Konnossements, verpflichtet, sofern der Ablader und der im Konnossement bezeichnete Empfänger in die Zurückgabe oder Auslieferung der Güter willigen. Werden jedoch nicht sämmtliche Exemplare des Konnossements zurückgestellt, so kann der Schiffer wegen der deshalb zu besorgenden Nachtheile zuvor Sicherheitsleistung fordern.

Art. 662.

Die Bestimmungen des Artikels 661. kommen auch dann zur Anwendung, wenn der Frachtvertrag vor Erreichung des Bestimmungshafens in Folge eines Zufalls nach den Artikeln 630. bis 643. aufgelöst wird.

Art. 663.

In Ansehung der Verpflichtungen des Schiffers aus den von ihm geschlossenen Frachtverträgen und ausgestellten Konnossementen hat es bei den Vorschriften der Artikel 478. 479. und 502. sein Bewenden.

Art. 664.

Im Falle der Unterverfrachtung haftet für die Erfüllung des Unterfrachtvertrages, insoweit dessen Ausführung zu den Dienstobliegenheiten des Schiffers gehört und von diesem übernommen ist, insbesondere durch Annahme der Güter und Ausstellung des Konnossements, nicht der Unterverfrachter, sondern der Rheder mit Schiff und Fracht (Artikel 452.).

Ob und inwieweit im Uebrigen der Rheder oder der Unterverfrachter von dem Unterbefrachter in Anspruch genommen werden könne, und ob im letzteren Falle der Unterverfrachter für die Erfüllung unbeschränkt zu haften oder nur die auf Schiff und Fracht beschränkte Haftung des Rheders zu vertreten habe, wird durch vorstehende Bestimmung nicht berührt.

Sechster Titel.
Von dem Frachtgeschäft zur Beförderung von Reisenden 1).

Art. 665.

Ist der Reisende in dem Ueberfahrtsvertrage genannt, so ist derselbe nicht befugt, das Recht auf die Ueberfahrt an einen Anderen abzutreten.

Art. 666.

Der Reisende ist verpflichtet, alle die Schiffsordnung betreffenden Anweisungen des Schiffers zu befolgen.

Art. 667.

Der Reisende, welcher vor oder nach dem Antritt der Reise sich nicht rechtzeitig an Bord begiebt, mufs das volle Ueberfahrtsgeld bezahlen, wenn der Schiffer die Reise antritt oder fortsetzt, ohne auf ihn zu warten.

Art. 668.

Wenn der Reisende vor dem Antritt der Reise den Rücktritt von dem Ueberfahrtsvertrage erklärt oder stirbt, oder durch Krankheit oder einen anderen in seiner Person sich ereignenden Zufall zurückzubleiben genöthigt wird, so ist nur die Hälfte des Ueberfahrtsgeldes zu zahlen.

Wenn nach Antritt der Reise der Rücktritt erklärt wird oder einer der erwähnten Zufälle sich ereignet, so ist das volle Ueberfahrtsgeld zu zahlen.

Art. 669.

Der Ueberfahrtsvertrag tritt aufser Kraft, wenn durch einen Zufall das Schiff verloren geht (Artikel 630. Ziffer 1.).

Art. 670.

Der Reisende ist befugt, von dem Vertrage zurückzutreten, wenn ein Krieg ausbricht, in Folge dessen das Schiff nicht mehr als frei betrachtet werden kann und der Gefahr der Aufbringung ausgesetzt wäre, oder wenn die Reise durch eine das Schiff betreffende Verfügung von hoher Hand aufgehalten wird.

Das Recht des Rücktritts steht auch dem Verfrachter zu, wenn er in einem der vorstehenden Fälle die Reise aufgiebt, oder wenn das Schiff hauptsächlich zur Beförderung

---

1) Vgl. Gesetz, betr. die Verpflichtung deutscher Kauffahrteischiffe zur Mitnahme hülfsbedürftiger Seeleute, vom 27. Dez. 1872 (R.-Ges.-Bl. 1872, S. 432 f.).

von Gütern bestimmt ist, und die Unternehmung unterbleiben mufs, weil die Güter ohne sein Verschulden nicht befördert werden können.

Art. 671.

In allen Fällen, in welchen zufolge der Artikel 669. und 670. der Ueberfahrtsvertrag aufgelöst wird, ist kein Theil zur Entschädigung des anderen verpflichtet.

Ist jedoch die Auflösung erst nach Antritt der Reise erfolgt, so hat der Reisende das Ueberfahrtsgeld nach Verhältnifs der zurückgelegten zur ganzen Reise zu zahlen.

Bei der Berechnung des zu zahlenden Betrages sind die Vorschriften des Artikels 633. maafsgebend.

Art. 672.

Mufs das Schiff während der Reise ausgebessert werden, so hat der Reisende, auch wenn er die Ausbesserung nicht abwartet, das volle Ueberfahrtsgeld zu zahlen. Wartet er die Ausbesserung ab, so hat ihm der Verfrachter bis zum Wiederantritt der Reise ohne besondere Vergütung Wohnung zu gewähren, auch die nach dem Ueberfahrtsvertrage in Ansehung der Beköstigung ihm obliegenden Pflichten weiter zu erfüllen.

Erbietet sich jedoch der Verfrachter, den Reisenden mit einer anderen gleich guten Schiffsgelegenheit ohne Beeinträchtigung der übrigen vertragsmäfsigen Rechte desselben nach dem Bestimmungshafen zu befördern, und weigert sich der Reisende, von dem Anerbieten Gebrauch zu machen, so hat er auf Gewährung von Wohnung und Kost bis zum Wiederantritt der Reise nicht weiter Anspruch.

Art. 673.

Für den Transport der Reise-Effekten, welche der Reisende nach dem Ueberfahrtsvertrage an Bord zu bringen befugt ist, hat derselbe, wenn nicht ein Anderes bedungen ist, neben dem Ueberfahrtsgelde keine besondere Vergütung zu zahlen.

Art. 674.

Auf die an Bord gebrachten Reise-Effekten finden die Vorschriften der Artikel 562. 594. 618. Anwendung.

Sind dieselben von dem Schiffer oder einem dazu bestellten Dritten übernommen, so gelten für den Fall ihres Verlustes oder ihrer Beschädigung die Vorschriften der Artikel 607. 608. 609. 610. 611.

Auf sämmtliche von dem Reisenden an Bord gebrachte Sachen finden außerdem die Artikel 564. 565. 566. und 620. Anwendung.

Art. 675.

Der Verfrachter hat wegen des Ueberfahrtsgeldes an den von dem Reisenden an Bord gebrachten Sachen ein Pfandrecht.

Das Pfandrecht besteht jedoch nur so lange die Sachen zurückbehalten oder deponirt sind.

Art. 676.

Stirbt ein Reisender, so ist der Schiffer verpflichtet, in Ansehung der an Bord sich befindenden Effekten desselben das Interesse der Erben nach den Umständen des Falles in geeigneter Weise wahrzunehmen.

Art. 677.

Wird ein Schiff zur Beförderung von Reisenden einem Dritten verfrachtet, sei es im Ganzen oder zu einem Theil oder dergestalt, daſs eine bestimmte Zahl von Reisenden befördert werden soll, so gelten für das Rechtsverhältniſs zwischen dem Verfrachter und dem Dritten die Vorschriften des fünften Titels, soweit die Natur der Sache die Anwendung derselben zuläſst.

Art. 678.

Wenn in den folgenden Titeln dieses Buchs die Fracht erwähnt wird, so sind unter dieser, sofern nicht das Gegentheil bestimmt ist, auch die Ueberfahrtsgelder zu verstehen.

Art. 679.

Die auf das Auswanderungswesen sich beziehenden Landesgesetze, auch insoweit sie privatrechtliche Bestimmungen enthalten, werden durch die Vorschriften dieses Titels nicht berührt.

Siebenter Titel.

Von der Bodmerei.

Art. 680.

Bodmerei im Sinne dieses Gesetzbuchs ist ein Darlehnsgeschäft, welches von dem Schiffer als solchem kraft der in diesem Gesetzbuche ihm ertheilten Befugnisse unter Zusicherung einer Prämie und unter Verpfändung von Schiff,

Fracht und Ladung, oder von einem oder mehreren dieser Gegenstände in der Art eingegangen wird, dafs der Gläubiger wegen seiner Ansprüche nur an die verpfändeten (verbodmeten) Gegenstände nach Ankunft des Schiffs an dem Orte sich halten könne, wo die Reise enden soll, für welche das Geschäft eingegangen ist (Bodmereireise).

Art. 681.

Bodmerei kann von dem Schiffer nur in folgenden Fällen eingegangen werden:

1) während das Schiff aufserhalb des Heimathshafens sich befindet, zum Zweck der Ausführung der Reise nach Maafsgabe der Artikel 497. 507. bis 509. und 511.;
2) während der Reise im alleinigen Interesse der Ladungsbetheiligten zum Zweck der Erhaltung und Weiterbeförderung der Ladung nach Maafsgabe der Artikel 504. 511. und 634.

In dem Falle der Ziffer 2. kann der Schiffer die Ladung allein verbodmen, in allen übrigen Fällen kann er zwar das Schiff oder die Fracht allein, die Ladung aber nur zusammen mit dem Schiff und der Fracht verbodmen.

In der Verbodmung des Schiffs ohne Erwähnung der Fracht ist die Verbodmung der letzteren nicht enthalten. Werden aber Schiff und Ladung verbodmet, so gilt die Fracht als mitverbodmet.

Die Verbodmung der Fracht ist zulässig, so lange diese der Seegefahr noch nicht entzogen ist.

Auch die Fracht desjenigen Theils der Reise, welcher noch nicht angetreten ist, kann verbodmet werden.

Art. 682.

Die Höhe der Bodmereiprämie ist ohne Beschränkung dem Uebereinkommen der Parteien überlassen.

Die Prämie umfafst in Ermangelung einer entgegenstehenden Vereinbarung auch die Zinsen.

Art. 683.

Ueber die Verbodmung mufs von dem Schiffer ein Bodmereibrief ausgestellt werden. Ist dieses nicht geschehen, so hat der Gläubiger diejenigen Rechte, welche ihm zustehen würden, wenn der Schiffer zur Befriedigung des Bedürfnisses ein einfaches Kreditgeschäft eingegangen wäre.

Art. 684.

Der Bodmereigeber kann verlangen, dafs der Bodmereibrief enthalte:

1) den Namen des Bodmereigläubigers;
2) den Kapitalbetrag der Bodmereischuld;
3) den Betrag der Bodmereiprämie oder den Gesammtbetrag der dem Gläubiger zu zahlenden Summe;
4) die Bezeichnung der verbodmeten Gegenstände;
5) die Bezeichnung des Schiffs und des Schiffers;
6) die Bodmereireise;
7) die Zeit, zu welcher die Bodmereischuld gezahlt werden soll;
8) den Ort, wo die Zahlung erfolgen soll;
9) die Bezeichnung der Urkunde im Kontext als Bodmereibrief, oder die Erklärung, dafs die Schuld als Bodmereischuld eingegangen sei, oder eine andere das Wesen der Bodmerei genügend bezeichnende Erklärung;
10) die Umstände, welche die Eingehung der Bodmerei nothwendig gemacht haben;
11) den Tag und den Ort der Ausstellung;
12) die Unterschrift des Schiffers.

Die Unterschrift des Schiffers mufs auf Verlangen in beglaubigter Form ertheilt werden.

Art. 685.

Auf Verlangen des Bodmereigebers ist der Bodmereibrief, sofern nicht das Gegentheil vereinbart ist, an die Order des Gläubigers oder lediglich an Order zu stellen, Im letzteren Falle ist unter der Order die Order des Bodmereigebers zu verstehen.

Art. 686.

Ist vor Ausstellung des Bodmereibriefs die Nothwendigkeit der Eingehung des Geschäfts von dem Landeskonsul oder demjenigen Konsul, welcher dessen Geschäfte zu versehen berufen ist, und in dessen Ermangelung von dem Gerichte oder der sonst zuständigen Behörde des Orts der Ausstellung, sofern es aber auch an einer solchen fehlt, von den Schiffsoffizieren urkundlich bezeugt, so wird angenommen, dafs der Schiffer zur Eingehung des Geschäfts in dem vorliegenden Umfange befugt gewesen sei.

Es findet jedoch der Gegenbeweis statt.

Art. 687.

Der Bodmereigeber kann die Ausstellung des Bodmereibriefs in mehreren Exemplaren verlangen.

Werden mehrere Exemplare ausgestellt, so ist in jedem Exemplar anzugeben, wie viele ertheilt sind.

Der Bodmereibrief kann durch Indossament übertragen werden, wenn er an Order lautet.

Der Einwand, dafs der Schiffer zur Eingehung des Geschäfts überhaupt oder in dem vorliegenden Umfange nicht befugt gewesen sei, ist auch gegen den Indossatar zulässig.

Art. 688.

Die Bodmereischuld ist, sofern nicht in dem Bodmereibriefe selbst eine andere Bestimmung getroffen ist, in dem Bestimmungshafen der Bodmereireise und am achten Tage nach der Ankunft des Schiffs in diesem Hafen zu zahlen.

Von dem Zahlungstage an laufen kaufmännische Zinsen von der ganzen Bodmereischuld einschliefslich der Prämie.

Die vorstehende Bestimmung kommt nicht zur Anwendung, wenn die Prämie nach Zeit bedungen ist; die Zeitprämie läuft aber bis zur Zahlung des Bodmereikapitals.

Art. 689.

Zur Zahlungszeit kann die Zahlung der Bodmereischuld dem legitimirten Inhaber auch nur eines Exemplars des Bodmereibriefs nicht verweigert werden.

Die Zahlung kann nur gegen Rückgabe dieses Exemplars verlangt werden, auf welchem über die Zahlung zu quittiren ist.

Art. 690.

Melden sich mehrere gehörig legitimirte Bodmereibriefs-Inhaber, so sind sie sämmtlich zurückzuweisen, die Gelder, wenn die verbodmeten Gegenstände befreit werden sollen, gerichtlich oder in anderer sicherer Weise niederzulegen und die Bodmereibriefs-Inhaber, welche sich gemeldet haben, unter Angabe der Gründe des Verfahrens hiervon zu benachrichtigen.

Wenn die Niederlegung nicht gerichtlich geschieht, so ist der Deponent befugt, über sein Verfahren und dessen Gründe eine öffentliche Urkunde errichten zu lassen und die daraus entstehenden Kosten von der Bodmereischuld abzuziehen.

Art. 691.

Dem Bodmereigläubiger fällt weder die grofse noch die besondere Haverei zur Last.

Insoweit jedoch die verbodmeten Gegenstände durch grofse oder besondere Haverei zur Befriedigung des Bodmereigläubigers unzureichend werden, hat derselbe den hieraus entstehenden Nachtheil zu tragen.

Art. 692.

Die sämmtlichen verbodmeten Gegenstände haften dem Bodmereigläubiger solidarisch.

Auch schon vor Eintritt der Zahlungszeit kann der Gläubiger nach Ankunft des Schiffs im Bestimmungshafen der Bodmereireise die Beschlagnahme der sämmtlichen verbodmeten Gegenstände nachsuchen.

Art. 693.

Der Schiffer hat für die Bewahrung und Erhaltung der verbodmeten Gegenstände zu sorgen; er darf ohne dringende Gründe keine Handlung vornehmen, wodurch die Gefahr für den Bodmereigeber eine gröfsere oder eine andere wird, als derselbe bei dem Abschlusse des Vertrages voraussetzen mufste.

Handelt er diesen Bestimmungen zuwider, so ist er dem Bodmereigläubiger für den daraus entstehenden Schaden verantwortlich (Artikel 479.).

Art. 694.

Hat der Schiffer die Bodmereireise willkürlich verändert, oder ist er von dem derselben entsprechenden Wege willkürlich abgewichen, oder hat er nach ihrer Beendigung die verbodmeten Gegenstände von neuem einer Seegefahr ausgesetzt, ohne dafs das Interesse des Gläubigers es geboten hat, so haftet der Schiffer dem Gläubiger für die Bodmereischuld insoweit persönlich, als derselbe aus den verbodmeten Gegenständen seine Befriedigung nicht erhält, es sei denn, dafs er beweist, dafs die unterbliebene Befriedigung durch die Veränderung der Reise oder die Abweichung oder die neue Seegefahr nicht verursacht ist.

Art. 695.

Der Schiffer darf die verbodmete Ladung vor Befriedigung oder Sicherstellung des Gläubigers weder ganz noch theilweise ausliefern, widrigenfalls er dem Gläubiger für die Bodmereischuld insoweit persönlich verpflichtet wird, als derselbe aus den ausgelieferten Gütern zur Zeit der Auslieferung hätte befriedigt werden können.

Es wird bis zum Beweise des Gegentheils angenommen, dafs der Gläubiger seine vollständige Befriedigung hätte erlangen können.

Art. 696.

Hat der Rheder in den Fällen der Artikel 693. 694. 695. die Handlungsweise des Schiffers angeordnet, so kommen die Vorschriften des zweiten und dritten Absatzes des Artikels 479. zur Anwendung.

Art. 697.

Wird zur Zahlungszeit die Bodmereischuld nicht bezahlt, so kann der Gläubiger den öffentlichen Verkauf des verbodmeten Schiffs und der verbodmeten Ladung, sowie die Ueberweisung der verbodmeten Fracht bei dem zuständigen Gericht beantragen.

Die Klage ist zu richten in Ansehung des Schiffs und der Fracht gegen den Schiffer oder Rheder, in Ansehung der Ladung vor der Auslieferung gegen den Schiffer, nach der Auslieferung gegen den Empfänger, sofern dieselbe sich noch bei ihm oder einem Anderen befindet, welcher sie für ihn besitzt.

Zum Nachtheil eines dritten Erwerbers, welcher den Besitz der verbodmeten Ladung in gutem Glauben erlangt hat, kann der Gläubiger von seinen Rechten keinen Gebrauch machen.

Art. 698.

Der Empfänger, welchem bei Annahme der verbodmeten Güter bekannt ist, dafs auf ihnen eine Bodmereischuld haftet, wird dem Gläubiger für die Schuld bis zum Werthe, welchen die Güter zur Zeit ihrer Auslieferung hatten, insoweit persönlich verpflichtet, als der Gläubiger, falls die Auslieferung nicht erfolgt wäre, aus den Gütern hätte befriedigt werden können.

Art. 699.

Wird vor dem Antritt der Bodmereireise die Unternehmung aufgegeben, so ist der Gläubiger befugt, die sofortige Bezahlung der Bodmereischuld an dem Orte zu verlangen, an welchem die Bodmerei eingegangen ist; er mufs sich jedoch eine verhältnifsmäfsige Herabsetzung der Prämie gefallen lassen; bei der Herabsetzung ist vorzugsweise das Verhältnifs der bestandenen zu der übernommenen Gefahr maafsgebend.

Wird die Bodmereireise in einem anderen als dem Bestimmungshafen derselben beendet, so ist die Bodmereischuld ohne einen Abzug von der Prämie in diesem anderen Hafen nach Ablauf der vertragsmäfsigen und in deren Ermangelung der achttägigen (Artikel 688.) Zahlungsfrist zu zahlen. Die Zahlungsfrist wird vom Tage der definitiven Einstellung der Reise berechnet.

Soweit in diesem Artikel nicht ein Anderes bestimmt ist, kommen die Artikel 689. bis 698. auch in den vorstehenden Fällen zur Anwendung.

Art. 700.

Die Anwendung der Vorschriften dieses Titels wird dadurch nicht ausgeschlossen, dafs der Schiffer zugleich Miteigenthümer oder Alleineigenthümer des Schiffs oder der Ladung oder beider ist, oder dafs er auf Grund besonderer Anweisung der Betheiligten die Bodmerei eingegangen ist.

Art. 701.

Die Bestimmungen über die uneigentliche Bodmerei, d. h. diejenige, welche nicht von dem Schiffer als solchem in den im Artikel 681. bezeichneten Fällen eingegangen ist, bleiben den Landesgesetzen vorbehalten.

Achter Titel.

Von der Haverei.

Erster Abschnitt.

Grofse (gemeinschaftliche) Haverei und besondere Haverei.

Art. 702.

Alle Schäden, welche dem Schiff oder der Ladung oder beiden zum Zweck der Errettung beider aus einer gemeinsamen Gefahr von dem Schiffer oder auf dessen Geheifs vorsätzlich zugefügt werden, sowie auch die durch solche Maafsregeln ferner verursachten Schäden, ingleichen die Kosten, welche zu demselben Zweck aufgewendet werden, sind grofse Haverei.

Die grofse Haverei wird von Schiff, Fracht und Ladung gemeinschaftlich getragen.

Art. 703.

Alle nicht zur grofsen Haverei gehörigen, durch einen Unfall verursachten Schäden und Kosten, soweit letztere nicht unter den Artikel 622. fallen, sind besondere Haverei.

Die besondere Haverei wird von den Eigenthümern des Schiffs und der Ladung, von jedem für sich allein, getragen.

Art. 704.

Die Anwendung der Bestimmungen über grofse Haverei wird dadurch nicht ausgeschlossen, dafs die Gefahr in Folge des Verschuldens eines Dritten oder auch eines Betheiligten herbeigeführt ist.

Der Betheiligte, welchem ein solches Verschulden zur Last fällt, kann jedoch nicht allein wegen der ihm etwa entstandenen Schäden keine Vergütung fordern, sondern er ist auch den Beitragspflichtigen für den Verlust verantwortlich, welchen sie dadurch erleiden, dafs der Schaden als grofse Haverei zur Vertheilung kommt.

Ist die Gefahr durch eine Person der Schiffsbesatzung verschuldet, so trägt die Folgen dieses Verschuldens auch der Rheder nach Maafsgabe der Artikel 451. 452.

Art. 705.

Die Havereivertheilung tritt nur ein, wenn sowohl das Schiff als auch die Ladung, und zwar jeder dieser Gegenstände entweder ganz oder theilweise wirklich gerettet worden ist.

Art. 706.

Die Verpflichtung, von einem geretteten Gegenstande beizutragen, wird dadurch, dafs derselbe später von besonderer Haverei betroffen wird, nur dann vollständig aufgehoben, wenn der Gegenstand ganz verloren geht.

Art. 707.

Der Anspruch auf Vergütung einer zur grofsen Haverei gehörenden Beschädigung wird durch eine besondere Haverei, welche den beschädigten Gegenstand später trifft, sei es, dafs er von Neuem beschädigt wird oder ganz verloren geht, nur insoweit aufgehoben, als bewiesen wird, dafs der spätere Unfall nicht allein mit dem früheren in keinem Zusammenhange steht, sondern daſs er auch den früheren Schaden nach sich gezogen haben würde, wenn dieser nicht bereits entstanden gewesen wäre.

Sind jedoch vor Eintritt des späteren Unfalles zur Wiederherstellung des beschädigten Gegenstandes bereits Aufwendungen gemacht, so bleibt rücksichtlich dieser der Anspruch auf Vergütung bestehen.

Art. 708.

Groſse Haverei liegt namentlich in folgenden Fällen vor, vorausgesetzt, daſs in denselben zugleich die Erfordernisse der Artikel 702. 704. und 705. insoweit vorhanden sind, als in diesem Artikel nichts Besonderes bestimmt ist:

1) Wenn Waaren, Schiffstheile oder Schiffsgeräthschaften über Bord geworfen, Masten gekappt, Taue oder Segel weggeschnitten, Anker, Ankertaue oder Ankerketten geschlippt oder gekappt worden sind.

   Sowohl diese Schäden selbst als die durch solche Maaſsregeln an Schiff oder Ladung ferner verursachten Schäden gehören zur grossen Haverei.

2) Wenn zur Erleichterung des Schiffs die Ladung ganz oder theilweise in Leichterfahrzeuge übergeladen worden ist.

   Es gehört zur groſsen Haverei sowohl der Leichterlohn als der Schaden, welcher bei dem Ueberladen in das Leichterfahrzeug oder bei dem Rückladen in das Schiff der Ladung oder dem Schiff zugefügt worden ist, sowie der Schaden, welcher die Ladung auf dem Leichterfahrzeug betroffen hat.

   Muſs die Erleichterung im regelmäſsigen Verlauf der Reise erfolgen, so liegt groſse Haverei nicht vor.

3) Wenn das Schiff absichtlich auf den Strand gesetzt worden ist, jedoch nur wenn die Abwendung des Unterganges oder der Nehmung damit bezweckt war.

   Sowohl die durch die Strandung einschlieſslich der Abbringung entstandenen Schäden, als auch die Kosten der Abbringung gehören zur groſsen Haverei.

   Wird das Behufs Abwendung des Unterganges auf den Strand gesetzte Schiff nicht abgebracht oder nach der Abbringung reparaturunfähig (Artikel 444.) befunden, so findet eine Havereivertheilung nicht statt.

Ist das Schiff gestrandet, ohne daſs die Strandung zur Rettung von Schiff und Ladung vorsätzlich herbeigeführt war, so gehören zwar nicht die durch die Strandung veranlaſsten Schäden, wohl aber die auf die Abbringung verwendeten Kosten und die zu diesem Zweck dem Schiff oder der Ladung absichtlich zugefügten Schäden zur groſsen Haverei.

4) Wenn das Schiff zur Vermeidung einer dem Schiff und der Ladung im Falle der Fortsetzung der Reise drohenden gemeinsamen Gefahr in einen Nothhafen eingelaufen ist, wohin insbesondere gehört, wenn das Einlaufen zur nothwendigen Ausbesserung eines Schadens erfolgt, welchen das Schiff während der Reise erlitten hat.

Es gehören in diesem Falle zur groſsen Haverei: die Kosten des Einlaufens und des Auslaufens, die das Schiff selbst treffenden Aufenthaltskosten, die der Schiffsbesatzung während des Aufenthalts gebührende Heuer und Kost, sowie die Auslagen für die Unterbringung der Schiffsbesatzung am Lande, wenn und so lange dieselbe an Bord nicht hat verbleiben können, ferner, falls die Ladung wegen des Grundes, welcher das Einlaufen in den Nothhafen herbeigeführt hat, gelöscht werden muſs, die Kosten des Von- und Anbordbringens und die Kosten der Aufbewahrung der Ladung am Lande bis zu dem Zeitpunkte, in welchem dieselbe wieder an Bord hat gebracht werden können.

Die sämmtlichen Aufenthaltskosten kommen nur für die Zeit der Fortdauer des Grundes in Rechnung, welcher das Einlaufen in den Nothhafen herbeigeführt hat. Liegt der Grund in einer nothwendigen Ausbesserung des Schiffs, so kommen auſserdem die Aufenthaltskosten nur bis zu dem Zeitpunkte in Rechnung, in welchem die Ausbesserung hätte vollendet sein können.

Die Kosten der Ausbesserung des Schiffs gehören nur insoweit zur groſsen Haverei, als der auszubessernde Schaden selbst groſse Haverei ist.

5) Wenn das Schiff gegen Feinde oder Seeräuber vertheidigt worden ist.

Die bei der Vertheidigung dem Schiff oder der Ladung zugefügten Beschädigungen, die dabei verbrauchte Munition und, im Fall eine Person der Schiffsbesatzung bei der Vertheidigung verwundet oder getödtet worden ist, die Heilungs- und Begräbnifskosten, sowie die zu zahlenden Belohnungen (Artikel 523. 524. 549. 551.) bilden die grofse Haverei.

6) Wenn im Fall der Anhaltung des Schiffs durch Feinde oder Seeräuber Schiff und Ladung losgekauft worden sind.

Was zum Loskauf gegeben ist, bildet nebst den durch den Unterhalt und die Auslösung der Geifseln entstandenen Kosten die grofse Haverei.

7) Wenn die Beschaffung der zur Deckung der grofsen Haverei während der Reise erforderlichen Gelder Verluste und Kosten verursacht hat, oder wenn durch die Auseinandersetzung unter den Betheiligten Kosten entstanden sind.

Diese Verluste und Kosten gehören gleichfalls zur grofsen Haverei.

Dahin werden insbesondere gezählt der Verlust an den während der Reise verkauften Gütern, die Bodmereiprämie, wenn die erforderlichen Gelder durch Bodmerei aufgenommen worden sind, und wenn dies nicht der Fall ist, die Prämie für Versicherung der aufgewendeten Gelder, die Kosten für die Ermittelung der Schäden und für die Aufmachung der Rechnung über die grofse Haverei (Dispache).

Art. 709.

Nicht als grofse Haverei, sondern als besondere Haverei werden angesehen

1) die Verluste und Kosten, welche, wenn auch während der Reise, aus der in Folge einer besonderen Haverei nöthig gewordenen Beschaffung von Geldern entstehen;
2) die Reklamekosten, auch wenn Schiff und Ladung zusammen und beide mit Erfolg reklamirt werden;
3) die durch Prangen verursachte Beschädigung des Schiffs, seines Zubehörs und der Ladung, selbst

wenn, um der Strandung oder Nehmung zu entgehen, geprangt worden ist.

Art. 710.

In den Fällen der grofsen Haverei bleiben bei der Schadensberechnung die Beschädigungen und Verluste aufser Ansatz, welche die nachstehenden Gegenstände betreffen:

1) die nicht unter Deck geladenen Güter; diese Vorschrift findet jedoch bei der Küstenschifffahrt insofern keine Anwendung, als in Ansehung derselben Deckladungen durch die Landesgesetze für zulässig erklärt sind (Artikel 567.);
2) diejenigen Güter, worüber weder ein Konnossement ausgestellt ist, noch das Manifest oder Ladebuch Auskunft giebt;
3) die Kostbarkeiten, Gelder und Werthpapiere, welche dem Schiffer nicht gehörig bezeichnet sind (Art. 608.).

Art. 711.

Der an dem Schiff und dem Zubehör desselben entstandene, zur grofsen Haverei gehörige Schaden ist, wenn die Reparatur während der Reise erfolgt, am Ort der Ausbesserung und vor derselben, sonst an dem Ort, wo die Reise endet, durch Sachverständige zu ermitteln und zu schätzen. Die Taxe mufs die Veranschlagung der erforderlichen Reparaturkosten enthalten. Sie ist, wenn während der Reise ausgebessert wird, für die Schadensberechnung insoweit maafsgebend, als nicht die Ausführungskosten unter den Anschlagssummen bleiben. War die Aufnahme einer Taxe nicht ausführbar, so entscheidet der Betrag der auf die erforderlichen Reparaturen wirklich verwendeten Kosten.

Insoweit die Ausbesserung während der Reise nicht geschieht, ist die Abschätzung für die Schadensberechnung ausschliefslich maafsgebend.

Art. 712.

Der nach Maafsgabe des vorstehenden Artikels ermittelte volle Betrag der Reparaturkosten bestimmt die zu leistende Vergütung, wenn das Schiff zur Zeit der Beschädigung noch nicht ein volles Jahr zu Wasser war.

Dasselbe gilt von der Vergütung für einzelne Theile des Schiffs, namentlich für die Metallhaut, sowie für einzelne Theile des Zubehörs, wenn solche Theile noch nicht ein volles Jahr in Gebrauch waren.

In den übrigen Fällen wird von dem vollen Betrage wegen des Unterschiedes zwischen alt und neu ein Drittel, bei den Ankerketten ein Sechstel, bei den Ankern jedoch nichts abgezogen.

Von dem vollen Betrage kommen ferner in Abzug der volle Erlös oder Werth der etwa noch vorhandenen alten Stücke, welche durch neue ersetzt sind oder zu ersetzen sind.

Findet ein solcher Abzug und zugleich der Abzug wegen des Unterschiedes zwischen alt und neu statt, so ist zuerst dieser letztere und sodann erst von dem verbleibenden Betrage der andere Abzug zu machen.

Art. 713.

Die Vergütung für aufgeopferte Güter wird durch den Marktpreis bestimmt, welchen Güter derselben Art und Beschaffenheit am Bestimmungsort bei Beginn der Löschung des Schiffs haben.

In Ermangelung eines Marktpreises, oder insofern über denselben oder über dessen Anwendung, insbesondere mit Rücksicht auf die Qualität der Güter, Zweifel bestehen, wird der Preis durch Sachverständige ermittelt.

Von dem Preise kommt in Abzug, was an Fracht, Zöllen und Unkosten in Folge des Verlustes der Güter erspart wird.

Zu den aufgeopferten Gütern gehören auch diejenigen, welche zur Deckung der grofsen Haverei verkauft worden sind (Artikel 708. Ziffer 7.).

Art. 714.

Die Vergütung für Güter, welche eine zur grofsen Haverei gehörige Beschädigung erlitten haben, wird bestimmt durch den Unterschied zwischen dem durch Sachverständige zu ermittelnden Verkaufswerth, welchen die Güter im beschädigten Zustande am Bestimmungsorte bei Beginn der Löschung des Schiffs haben, und dem im vorstehenden Artikel bezeichneten Preise nach Abzug der Zölle und Unkosten, soweit sie in Folge der Beschädigung erspart sind.

Art. 715.

Die vor, bei oder nach dem Havereifall entstandenen, zur grofsen Haverei nicht gehörenden Werthsverringerungen und Verluste sind bei Berechnung der Vergütung (Artikel 713. 714.) in Abzug zu bringen.

Art. 716.

Endet die Reise für Schiff und Ladung nicht im Bestimmungshafen, sondern an einem anderen Orte, so tritt dieser letztere, endet sie durch Verlust des Schiffs, so tritt der Ort, wohin die Ladung in Sicherheit gebracht ist, für die Ermittelung der Vergütung an die Stelle des Bestimmungsortes.

Art. 717.

Die Vergütung für entgangene Fracht wird bestimmt durch den Frachtbetrag, welcher für die aufgeopferten Güter zu entrichten gewesen sein würde, wenn dieselben mit dem Schiff an dem Orte ihrer Bestimmung, oder wenn dieser von dem Schiff nicht erreicht wird, an dem Orte angelangt wären, wo die Reise endet.

Art. 718.

Der gesammte Schaden, welcher die groſse Haverei bildet, wird über das Schiff, die Ladung und die Fracht nach Verhältniſs des Werths und des Betrages derselben vertheilt.

Art. 719.

Das Schiff nebst Zubehör trägt bei:

1) mit dem Werthe, welchen es in dem Zustande am Ende der Reise bei Beginn der Löschung hat;
2) mit dem als groſse Haverei in Rechnung kommenden Schaden an Schiff und Zubehör.

Von dem unter Ziffer 1. bezeichneten Werth ist der noch vorhandene Werth derjenigen Reparaturen und Anschaffungen abzuziehen, welche erst nach dem Havereifall erfolgt sind.

Art. 720.

Die Ladung trägt bei:

1) mit den am Ende der Reise bei Beginn der Löschung noch vorhandenen Gütern, oder wenn die Reise durch den Verlust des Schiffs endet (Artikel 716.), mit den in Sicherheit gebrachten Gütern, soweit in beiden Fällen diese Güter sich zur Zeit des Havereifalls am Bord des Schiffs oder eines Leichterfahrzeuges (Artikel 708. Ziffer 2.) befunden haben;
2) mit den aufgeopferten Gütern (Artikel 713.).

Art. 721.

Bei Ermittelung des Beitrags kommt in Ansatz:

1) für die Güter, welche unversehrt sind, der Marktpreis oder der durch Sachverständige zu ermittelnde Preis (Artikel 713.), welchen dieselben am Ende der Reise bei Beginn und am Orte der Löschung des Schiffs, oder, wenn die Reise durch Verlust des Schiffs endet (Artikel 716.), zur Zeit und am Orte der Bergung haben, nach Abzug der Fracht, Zölle und sonstigen Unkosten;
2) für die Güter, welche während der Reise verdorben sind oder eine zur grofsen Haverei nicht gehörige Beschädigung erlitten haben, der durch Sachverständige zu ermittelnde Verkaufswerth (Artikel 714.), welchen die Güter im beschädigten Zustande zu der unter Ziffer 1. erwähnten Zeit und an dem dort bezeichneten Orte haben, nach Abzug der Fracht, Zölle und sonstigen Unkosten;
3) für die Güter, welche aufgeopfert worden sind, der Betrag, welcher nach Artikel 713. für dieselben als grofse Haverei in Rechnung kommt;
4) für die Güter, welche eine zur grofsen Haverei gehörige Beschädigung erlitten haben, der nach der Bestimmung unter Ziffer 2. zu ermittelnde Werth, welchen die Güter im beschädigten Zustande haben, und der Werthsunterschied, welcher nach Art. 714. für die Beschädigung als grofse Haverei in Rechnung kommt.

Art. 722.

Sind Güter geworfen, so haben dieselben zu der gleichzeitigen oder einer späteren grofsen Haverei im Falle ihrer Bergung nur dann beizutragen, wenn der Eigenthümer eine Vergütung verlangt.

Art. 723.

Die Frachtgelder tragen bei mit zwei Drittel:

1) des Bruttobetrages, welcher verdient ist;
2) des Betrages, welcher nach Artikel 717. als grofse Haverei in Rechnung kommt.

Den Landesgesetzen bleibt vorbehalten, die auf zwei Drittel bestimmte Quote bis auf die Hälfte zu ermäfsigen.

Ueberfahrtsgelder tragen bei mit dem Betrage, welcher im Falle des Verlustes des Schiffs eingebüfst wäre (Artikel 671.), nach Abzug der Unkosten, welche alsdann erspart sein würden.

Art. 724.

Haftet auf einem beitragspflichtigen Gegenstand eine, in einem späteren Nothfalle sich gründende Forderung, so trägt der Gegenstand nur mit seinem Werthe nach Abzug dieser Forderung bei.

Art. 725.

Zur grofsen Haverei tragen nicht bei:

1) die Kriegs- und Mundvorräthe des Schiffs;
2) die Heuer und Effekten der Schiffsbesatzung;
3) die Reise-Effekten der Reisenden.

Sind Vorräthe oder Effekten dieser Art aufgeopfert oder haben sie eine zur grofsen Haverei gehörige Beschädigung erlitten, so wird für dieselben nach Maafsgabe der Artikel 713. bis 717. Vergütung gewährt; für Effekten, welche in Kostbarkeiten, Geldern und Werthpapieren bestehen, wird jedoch nur dann Vergütung gewährt, wenn dieselben dem Schiffer gehörig bezeichnet sind (Artikel 608.). Vorräthe und Effekten, für welche eine Vergütung gewährt wird, tragen mit dem Werth oder dem Werthsunterschied bei, welcher als grofse Haverei in Rechnung kommt.

Die im Artikel 710. erwähnten Gegenstände sind beitragspflichtig, soweit sie gerettet sind.

Die Bodmereigelder sind nicht beitragspflichtig.

Art. 726.

Wenn nach dem Havereifall und bis zum Beginn der Löschung am Ende der Reise ein beitragspflichtiger Gegenstand ganz verloren geht (Artikel 706.), oder zum Theil verloren geht oder im Werthe verringert wird, wohin insbesondere der Fall des Artikels 724. gehört, so tritt eine verhältnifsmäfsige Erhöhung der von den übrigen Gegenständen zu entrichtenden Beiträge ein.

Ist erst nach Beginn der Löschung der Verlust oder die Werthsverringerung erfolgt, so geht der Beitrag, welcher auf den Gegenstand fällt, soweit dieser zur Berichtigung desselben unzureichend geworden ist, den Vergütungsberechtigten verloren.

Art. 727.

Die Vergütungsberechtigten haben wegen der von dem Schiff und der Fracht zu entrichtenden Beiträge die Rechte von Schiffsgläubigern (Titel 10.). Auch in Ansehung der beitragspflichtigen Güter steht ihnen an den einzelnen Gütern wegen des von diesen zu entrichtenden Beitrages ein Pfandrecht zu. Das Pfandrecht kann jedoch nach der Auslieferung der Güter nicht zum Nachtheil des dritten Erwerbers, welcher den Besitz in gutem Glauben erlangt hat, geltend gemacht werden.

Art. 728.

Eine persönliche Verpflichtung zur Entrichtung des Beitrages wird durch den Havereifall an sich nicht begründet.

Der Empfänger beitragspflichtiger Güter wird jedoch, wenn ihm bei der Annahme der Güter bekannt ist, dafs davon ein Beitrag zu entrichten sei, für den letzteren bis zum Werthe, welchen die Güter zur Zeit ihrer Auslieferung hatten, insoweit persönlich verpflichtet, als der Beitrag, falls die Auslieferung nicht erfolgt wäre, aus den Gütern hätte geleistet werden können.

Art. 729.

Die Feststellung und Vertheilung der Schäden erfolgt an dem Bestimmungsort und, wenn dieser nicht erreicht wird, in dem Hafen, wo die Reise endet.

Art. 730.

Der Schiffer ist verpflichtet, die Aufmachung der Dispache ohne Verzug zu veranlassen. Handelt er dieser Verpflichtung zuwider, so macht er sich jedem Betheiligten verantwortlich.

Wird die Aufmachung der Dispache nicht rechtzeitig veranlafst, so kann jeder Betheiligte die Aufmachung in Antrag bringen und betreiben.

Art. 731.

Im Gebiete dieses Gesetzbuchs wird die Dispache durch die ein- für allemal bestellten oder in deren Ermangelung durch die vom Gericht besonders ernannten Personen (Dispacheure) aufgemacht [1]).

---

1) Nach dem Gesetze, betr. die Organisation der Bundeskonsulate, vom 8. Nov. 1867 (B.-Ges.-Bl. 1867, S. 137 ff.) §. 36 sind die Bundeskonsuln befugt, in Fällen der grofsen Haverei auf Antrag des Schiffsführers die Dispache aufzumachen.

Jeder Betheiligte ist verpflichtet, die zur Aufmachung der Dispache erforderlichen Urkunden, soweit er sie zu seiner Verfügung hat, namentlich Chartepartieen, Konnossemente und Fakturen, dem Dispacheur mitzutheilen.

Den Landesgesetzen bleibt vorbehalten, über das Verfahren bei Aufmachung der Dispache und die Ausführung derselben nähere Bestimmungen zu erlassen.

Art. 732.

Für die von dem Schiff zu leistenden Beiträge ist den Ladungsbetheiligten Sicherheit zu bestellen, bevor das Schiff den Hafen verlassen darf, in welchem nach Artikel 729. die Feststellung und Vertheilung der Schäden erfolgen mufs.

Art. 733.

Der Schiffer darf Güter, auf welchen Havereibeiträge haften, vor Berichtigung oder Sicherstellung der letzteren (Artikel 616.) nicht ausliefern, widrigenfalls er, unbeschadet der Haftung der Güter, für die Beiträge persönlich verantwortlich wird.

Hat der Rheder die Handlungsweise des Schiffers angeordnet, so kommen die Vorschriften des zweiten und dritten Absatzes des Artikels 479. zur Anwendung.

Das an den beitragspflichtigen Gütern den Vergütungsberechtigten zustehende Pfandrecht wird für diese durch den Verfrachter ausgeübt.

Art. 734.

Hat der Schiffer zur Fortsetzung der Reise, jedoch zum Zweck einer nicht zur grofsen Haverei gehörenden Aufwendung, die Ladung verbodmet oder über einen Theil derselben durch Verkauf oder durch Verwendung verfügt, so ist der Verlust, welchen ein Ladungsbetheiligter dadurch erleidet, dafs er wegen seiner Ersatzansprüche aus Schiff und Fracht gar nicht oder nicht vollständig befriedigt werden kann (Artikel 509. 510. 613.), von sämmtlichen Ladungsbetheiligten nach den Grundsätzen der grofsen Haverei zu tragen.

Bei der Ermittelung des Verlustes ist in dem Verhältnifs zu den Ladungsbetheiligten in allen Fällen, namentlich auch im Falle des zweiten Absatzes des Artikels 613., die im Artikel 713. bezeichnete Vergütung maafsgebend. Mit dem Werthe, durch welchen diese Vergütung bestimmt wird, tragen die verkauften Güter auch zu einer etwa eintretenden grofsen Haverei bei (Artikel 720.).

Art. 735.

Ueber die aufserdem nach den Grundsätzen der grofsen Haverei zu vertheilenden Schäden und Kosten bestimmt der Artikel 637.

Die in den Fällen des Artikels 637. und des Artikels 734. zu entrichtenden Beiträge und eintretenden Vergütungen stehen in allen rechtlichen Beziehungen den Beiträgen und Vergütungen in Fällen der grofsen Haverei gleich.

Zweiter Abschnitt.

Schaden durch Zusammenstofs von Schiffen [1]).

Art. 736.

Wenn zwei Schiffe zusammenstofsen und entweder auf einer oder auf beiden Seiten durch den Stofs Schiff oder Ladung allein oder Schiff und Ladung beschädigt werden oder ganz verloren gehen, so ist, falls eine Person der Besatzung des einen Schiffs durch ihr Verschulden den Zusammenstofs herbeigeführt hat, der Rheder dieses Schiffs nach Maafsgabe der Artikel 451. und 452. verpflichtet, den durch den Zusammenstofs dem anderen Schiff und dessen Ladung zugefügten Schaden zu ersetzen.

Die Eigenthümer der Ladung beider Schiffe sind zum Ersatze des Schadens beizutragen nicht verpflichtet.

Die persönliche Verpflichtung der zur Schiffsbesatzung gehörigen Personen, für die Folgen ihres Verschuldens aufzukommen, wird durch diesen Artikel nicht berührt.

Art. 737.

Fällt keiner Person der Besatzung des einen oder des anderen Schiffs ein Verschulden zur Last, oder ist der Zusammenstofs durch beiderseitiges Verschulden herbeigeführt, so findet ein Anspruch auf Ersatz des dem einen oder anderen oder beiden Schiffen zugefügten Schadens nicht statt.

Art. 738.

Die beiden vorstehenden Artikel kommen zur Anwendung ohne Unterschied, ob beide Schiffe, oder das eine oder

---

1) Vgl. VO. zur Verhütung des Zusammenstofsens der Schiffe auf See, vom 23. Dezember 1871 (R.-Ges.-Bl. 1871, S. 475 ff.).

das andere sich in der Fahrt oder im Treiben befinden, oder vor Anker oder am Lande befestigt liegen.

Art. 739.

Ist ein durch Zusammenstofs beschädigtes Schiff gesunken, bevor es einen Hafen erreichen konnte, so wird vermuthet, dafs der Untergang des Schiffs eine Folge des Zusammenstofses war.

Art. 740.

Wenn sich das Schiff unter der Führung eines Zwangslootsen befunden hat und die zur Schiffsbesatzung gehörigen Personen die ihnen obliegenden Pflichten erfüllt haben, so ist der Rheder des Schiffs von der Verantwortung für den Schaden frei, welcher durch den von dem Lootsen verschuldeten Zusammenstofs entstanden ist.

Art. 741.

Die Vorschriften dieses Abschnitts kommen auch dann zur Anwendung, wenn mehr als zwei Schiffe zusammenstofsen.

Ist in einem solchen Falle der Zusammenstofs durch eine Person der Besatzung des einen Schiffs verschuldet, so haftet der Rheder des letzteren auch für den Schaden, welcher daraus entsteht, dafs durch den Zusammenstofs dieses Schiffs mit einem anderen der Zuammenstofs dieses anderen Schiffs mit einem dritten verursacht ist.

Neunter Titel.

Von der Bergung und Hülfsleistung in Seenoth.

Art. 742.

Wird in einer Seenoth ein Schiff oder dessen Ladung ganz oder theilweise, nachdem sie der Verfügung der Schiffsbesatzung entzogen oder von derselben verlassen waren, von dritten Personen an sich genommen und in Sicherheit gebracht, so haben diese Personen Anspruch auf Bergelohn.

Wird aufser dem vorstehenden Fall ein Schiff oder dessen Ladung durch Hülfe dritter Personen aus einer Seenoth gerettet, so haben dieselben nur Anspruch auf Hülfslohn.

Der Schiffsbesatzung des verunglückten oder gefährdeten Schiffs steht ein Anspruch auf Berge- oder Hülfslohn nicht zu.

Art. 743.

Wenn noch während der Gefahr ein Vertrag über die Höhe des Berge- oder Hülfslohns geschlossen ist, so kann derselbe wegen erheblichen Uebermaafses der zugesicherten Vergütung angefochten und die Herabsetzung der letzteren auf das den Umständen entsprechende Maafs verlangt werden.

Art. 744.

In Ermangelung einer Vereinbarung wird die Höhe des Berge- oder Hülfslohns von dem Richter unter Berücksichtigung aller Umstände des Falles nach billigem Ermessen in Geld festgesetzt.

Art. 745.

Der Berge- oder Hülfslohn umfafst zugleich die Vergütung für die Aufwendungen, welche zum Zweck des Bergens und Rettens geschehen sind.

Nicht darin enthalten sind die Kosten und Gebühren der Behörden, die von den geborgenen oder geretteten Gegenständen zu entrichtenden Zölle und sonstigen Abgaben und die Kosten zum Zweck der Aufbewahrung, Erhaltung, Abschätzung und Veräufserung derselben.

Art. 746.

Bei der Bestimmung des Betrages des Berge- oder Hülfslohns kommen insbesondere in Anschlag: der bewiesene Eifer, die verwendete Zeit, die geleisteten Dienste, die geschehenen Aufwendungen, die Zahl der thätig gewesenen Personen, die Gefahr, welcher dieselben ihre Person und ihre Fahrzeuge unterzogen haben, sowie die Gefahr, welche den geborgenen oder geretteten Gegenständen gedroht hat, und der nach Abzug der Kosten (Artikel 745. Absatz 2.) verbliebene Werth derselben.

Art. 747.

Der Berge- oder Hülfslohn darf ohne den übereinstimmenden Antrag der Parteien nicht auf eine Quote des Werthes der geborgenen oder geretteten Gegenstände festgesetzt werden.

Art. 748.

Der Betrag des Bergelohns soll den dritten Theil des Werthes der geborgenen Gegenstände (Artikel 746.) nicht übersteigen.

Nur ausnahmsweise, wenn die Bergung mit ungewöhnlichen Anstrengungen und Gefahren verbunden war und jener Werth zugleich ein geringer ist, kann der Betrag bis zur Hälfte des Werthes erhöht werden.

Art. 749.

Der Hülfslohn ist stets unter dem Betrage festzusetzen, welchen der Bergelohn unter sonst gleichen Umständen erreicht haben würde. Auf den Werth der geretteten Gegenstände ist bei Bestimmung des Hülfslohns nur eine untergeordnete Rücksicht zu nehmen.

Art. 750.

Haben mehrere Personen an der Bergung oder Hülfsleistung sich betheiligt, so wird der Berge- oder Hülfslohn unter dieselben nach Maafsgabe der persönlichen und sachlichen Leistungen der Einzelnen und im Zweifel nach der Kopfzahl vertheilt.

Zur gleichmäfsigen Theilnahme sind auch diejenigen berechtigt, welche in derselben Gefahr der Rettung von Menschen sich unterzogen haben.

Art. 751.

Wird ein Schiff oder dessen Ladung ganz oder theilweise von einem anderen Schiff geborgen oder gerettet, so wird der Berge- oder Hülfslohn zwischen dem Rheder, dem Schiffer und der übrigen Besatzung des anderen Schiffs, sofern nicht durch Vertrag unter ihnen ein Anderes bestimmt ist, in der Art vertheilt, dafs der Rheder die Hälfte, der Schiffer ein Viertel und die übrige Besatzung zusammen gleichfalls ein Viertel erhalten. Die Vertheilung unter die letztere erfolgt nach Verhältnifs der Heuer, welche dem Einzelnen gebührt oder seinem Range nach gebühren würde.

Art. 752.

Auf Berge- und Hülfslohn hat keinen Anspruch:

1) wer seine Dienste aufgedrungen, insbesondere ohne Erlaubnifs des anwesenden Schiffers das Schiff betreten hat;
2) wer von den geborgenen Gegenständen dem Schiffer, dem Eigenthümer oder der zuständigen Behörde nicht sofort Anzeige gemacht hat.

Art. 753.

Wegen der Bergungs- und Hülfskosten, wozu auch der Berge- und Hülfslohn gezählt wird, steht dem Gläubiger ein Pfandrecht an den geborgenen oder geretteten Gegenständen, an den geborgenen Gegenständen bis zur Sicherheitsleistung zugleich das Zurückbehaltungsrecht zu.

In Ansehung der Geltendmachung des Pfandrechts

finden die Vorschriften des zweiten und dritten Absatzes des Artikels 697. Anwendung.

Art. 754.

Der Schiffer darf die Güter vor Befriedigung oder Sicherstellung des Gläubigers weder ganz noch theilweise ausliefern, widrigenfalls er dem Gläubiger insoweit persönlich verpflichtet wird, als derselbe aus den ausgelieferten Gütern zur Zeit der Auslieferung hätte befriedigt werden können.

Hat der Rheder die Handlungsweise des Schiffers angeordnet, so kommen die Vorschriften des zweiten und dritten Absatzes des Artikels 479. zur Anwendung.

Art. 755.

Eine persönliche Verpflichtung zur Entrichtung der Bergungs- und Hülfskosten wird durch die Bergung oder Rettung an sich nicht begründet.

Der Empfänger von Gütern wird jedoch, wenn ihm bei Annahme derselben bekannt ist, dafs davon Bergungs- oder Hülfskosten zu berichtigen seien, für diese Kosten insoweit persönlich verpflichtet, als dieselben, falls die Auslieferung nicht erfolgt wäre, aus den Gütern hätten berichtigt werden können.

Sind noch andere Gegenstände gemeinschaftlich mit den ausgelieferten Gütern geborgen oder gerettet, so geht die persönliche Haftung des Empfängers über den Betrag nicht hinaus, welcher bei Vertheilung der Kosten über sämmtliche Gegenstände auf die ausgelieferten Güter fällt.

Art. 756.

Den Landesgesetzen bleibt vorbehalten, die Vorschriften dieses Titels zu ergänzen.

Dieselben können bestimmen, dafs über die Verpflichtung zur Zahlung eines Berge- oder Hülfslohns oder über den Betrag desselben von einer anderen als einer richterlichen Behörde unter Vorbehalt des Rechtsweges (Artikel 744.) zu entscheiden sei.

Die Bestimmungen der Landesgesetze über die Wiedernehmung eines von dem Feinde genommenen Schiffs werden durch die Vorschriften dieses Titels nicht berührt.

Zehnter Titel.
Von den Schiffsgläubigern [1]).

Art. 757.

Die nachbenannten Forderungen gewähren die Rechte eines Schiffsgläubigers:

---

1) Vgl. Preufsisches Einführungsgesetz zum Allgemeinen Deutschen Handelsgesetzbuch vom 24. Juni 1861 (Preufs. Ges.-Samml. 1861, S. 449 ff.) Art. 59:

„In den Landestheilen, in welchen das Allgemeine Landrecht gilt, treten in Betreff der Verpfändung von Seeschiffen, mit Ausschlufs derjenigen, welche in das Schiffsregister nicht einzutragen sind, an die Stelle der §§. 302.—307. und 313. des Allgemeinen Landrechts Theil I. Titel 20. folgende Vorschriften:

§. 1.

Die Verpfändung mufs in das Schiffsregister eingetragen werden.

Die Eintragung erfolgt von dem Gericht, welches das Schiffsregister führt.

Sie mufs enthalten:

1) den Namen des Gläubigers;
2) die Forderung, für welche die Verpfändung geschehen ist;
3) die Bezugnahme auf die Verpfändungsurkunde, unter Bezeichnung des Orts und des Datums der Ausstellung;
4) die Zeit der Eintragung.

Die geschehene Eintragung ist von dem Gericht auf der Verpfändungsurkunde und auf dem Certifikat des Pfandbestellers zu vermerken.

§. 2.

Durch die Eintragung in das Schiffsregister wird die Verpfändung selbst vollzogen.

So lange die Verpfändung in das Schiffsregister eingetragen ist, kommen dem Gläubiger die Rechte eines wirklichen Pfandinhabers zu.

Die Eintragung der Verpfändung wird nach der Aufhebung des Pfandrechts im Schiffsregister gelöscht.

§. 3.

Unter den in das Schiffs-Register eingetragenen Pfandrechten bestimmt sich das Vorrecht nach der Zeitfolge der Eintragung."

Diese Bestimmungen wurden in Neuvorpommern und Rügen eingeführt durch die Gesetze v. 21. März 1868 §. 33. (G.-Samml. S. 299.) und 26. Mai 1873 §. 48 ff. (G.-S. S. 239), in Schleswig-Holstein durch Gesetz vom 27. Mai 1873 §. 48 ff. (G.-S. S. 249). Für Hannover vgl. das Hannov. Gesetz vom 14. Dez. 1864 mit ähnlichen Bestimmungen.

1) die Kosten des Zwangsverkaufs des Schiffs; zu diesen gehören auch die Kosten der Vertheilung des Kaufgeldes, sowie die etwaigen Kosten der Bewachung, Verwahrung und Erhaltung des Schiffs und seines Zubehörs seit der Einleitung des Zwangsverkaufs oder seit der derselben vorausgegangenen Beschlagnahme;
2) die in der Ziffer 1. nicht begriffenen Kosten der Bewachung und Verwahrung des Schiffs und seines Zubehörs seit der Einbringung des Schiffs in den letzten Hafen, falls das Schiff im Wege der Zwangsvollstreckung verkauft ist;
3) die öffentlichen Schiffs-, Schiffahrts- und Hafenabgaben, insbesondere die Tonnen-, Leuchtfeuer-, Quarantaine- und Hafengelder;
4) die aus den Dienst- und Heuerverträgen herrührenden Forderungen der Schiffsbesatzung;
5) die Lootsengelder, sowie die Bergungs-, Hülfs-, Loskaufs- und Reklamekosten;
6) die Beiträge des Schiffs zur grofsen Haverei;
7) die Forderungen der Bodmereigläubiger, welchen das Schiff verbodmet ist, sowie die Forderungen aus sonstigen Kreditgeschäften, welche der Schiffer als solcher während des Aufenthalts des Schiffs aufserhalb des Heimathshafens in Nothfällen abgeschlossen hat (Artikel 497. 510.), auch wenn er Miteigenthümer oder Alleineigenthümer des Schiffs ist; den Forderungen aus solchen Kreditgeschäften stehen die Forderungen wegen Lieferungen oder Leistungen gleich, welche ohne Gewährung eines Kredits dem Schiffer als solchem während des Aufenthalts des Schiffs aufserhalb des Heimathshafens in Nothfällen zur Erhaltung des Schiffs oder zur Ausführung der Reise gemacht sind, soweit diese Lieferungen oder Leistungen zur Befriedigung des Bedürfnisses erforderlich waren;
8) die Forderungen wegen Nichtablieferung oder Beschädigung der Ladungsgüter und der im zweiten Absatze des Artikels 674. erwähnten Reise-Effekten;
9) die nicht unter eine der vorigen Ziffern fallenden Forderungen aus Rechtsgeschäften, welche der Schiffer

als solcher kraft seiner gesetzlichen Befugnisse und nicht mit Bezug auf eine besondere Vollmacht geschlossen hat (Artikel 452. Ziffer 1.), sowie die nicht unter eine der vorigen Ziffern fallenden Forderungen wegen Nichterfüllung oder wegen unvollständiger oder mangelhafter Erfüllung eines von dem Rheder abgeschlossenen Vertrages, insofern die Ausführung des letzteren zu den Dienstobliegenheiten des Schiffers gehört hat (Artikel 452. Ziffer 2.);

10) die Forderungen aus dem Verschulden einer Person der Schiffsbesatzung (Artikel 451. und 452. Ziffer 3.), auch wenn dieselbe zugleich Miteigenthümer oder Alleineigenthümer des Schiffs ist.

Art. 758.

Den Schiffsgläubigern, welchen das Schiff nicht schon durch Verbodmung verpfändet ist, steht ein gesetzliches Pfandrecht an dem Schiff und dem Zubehör desselben zu.

Das Pfandrecht ist gegen dritte Besitzer des Schiffs verfolgbar.

Art. 759.

Das gesetzliche Pfandrecht eines jeden dieser Schiffsgläubiger erstreckt sich aufserdem auf die Bruttofracht derjenigen Reise, aus welcher seine Forderung entstanden ist.

Art. 760.

Als eine Reise im Sinne dieses Titels wird diejenige angesehen, zu welcher das Schiff von neuem ausgerüstet, oder welche entweder auf Grund eines neuen Frachtvertrages oder nach vollständiger Löschung der Ladung angetreten wird.

Art. 761.

Den im Artikel 757. unter Ziffer 4. aufgeführten Schiffsgläubigern steht wegen der aus einer späteren Reise entstandenen Forderungen zugleich ein gesetzliches Pfandrecht an der Fracht der früheren Reisen zu, sofern die verschiedenen Reisen unter denselben Dienst- und Heuervertrag fallen (Artikel 521. 536. 538. 554.).

Art. 762.

Auf das dem Bodmereigläubiger in Gemäfsheit des Artikels 680. zustehende Pfandrecht finden dieselben Vorschriften Anwendung, welche für das gesetzliche Pfandrecht der übrigen Schiffsgläubiger gelten.

Der Umfang des Pfandrechts des Bodmereigläubigers bestimmt sich jedoch nach dem Inhalt des Bodmereivertrages (Artikel 681.).

Art. 763.

Das einem Schiffsgläubiger zustehende Pfandrecht gilt in gleichem Maaſse für Kapital, Zinsen, Bodmereiprämie und Kosten.

Art. 764.

Der Schiffsgläubiger, welcher sein Pfandrecht verfolgt, kann sowohl den Rheder als auch den Schiffer belangen, den letzteren auch dann, wenn das Schiff in dem Heimathshafen liegt (Artikel 495.).

Das gegen den Schiffer ergangene Erkenntniſs ist in Ansehung des Pfandrechts gegen den Rheder wirksam.

Art. 765.

Auf die Rechte eines Schiffsgläubigers hat es keinen Einfluſs, daſs der Rheder für die Forderung bei deren Entstehung oder später zugleich persönlich verpflichtet wird.

Diese Vorschrift findet insbesondere auf die Forderungen der Schiffsbesatzung aus den Dienst- und Heuerverträgen Anwendung (Artikel 453.).

Art. 766.

Gehört das Schiff einer Rhederei, so haftet das Schiff und die Fracht den Schiffsgläubigern in gleicher Weise, als wenn das Schiff nur Einem Rheder gehörte.

Art. 767.

Das Pfandrecht der Schiffsgläubiger am Schiff erlischt:

1) durch den im Inlande im Wege der Zwangsvollstreckung erfolgten Verkauf des Schiffs; an Stelle des letzteren tritt für die Schiffsgläubiger das Kaufgeld.

   Es müssen die Schiffsgläubiger zur Wahrnehmung ihrer Rechte öffentlich aufgefordert werden; im Uebrigen bleiben die Vorschriften über das den Verkauf betreffende Verfahren den Landesgesetzen vorbehalten;

2) durch den von dem Schiffer im Falle der zwingenden Nothwendigkeit auf Grund seiner gesetzlichen Befugnisse bewirkten Verkauf des Schiffs (Artikel 499.); an Stelle des letzteren tritt für die Schiffs-

gläubiger das Kaufgeld, so lange es bei dem Käufer aussteht oder noch in den Händen des Schiffers ist.

Art. 768.

Den Landesgesetzen bleibt vorbehalten, zu bestimmen, dafs auch in anderen Veräufserungsfällen die Pfandrechte erlöschen, wenn die Schiffsgläubiger zur Anmeldung der Pfandrechte ohne Erfolg öffentlich aufgefordert sind, oder wenn die Schiffsgläubiger ihre Pfandrechte innerhalb einer bestimmten Frist, seitdem das Schiff in dem Heimathshafen oder in einem inländischen Hafen sich befunden hat, bei der zuständigen Behörde nicht angemeldet haben.

Art. 769.

Der Artikel 767. findet keine Anwendung, wenn nicht das ganze Schiff, sondern nur eine oder mehrere Schiffsparten veräufsert werden.

Art. 770.

In Ansehung des Schiffs haben die Kosten des Zwangsverkaufs (Artikels 757. Ziff. 1.) und die Bewachungs- und Verwahrungskosten seit der Einbringung in den letzten Hafen (Artikel 757. Ziff. 2.) vor allen anderen Forderungen der Schiffsgläubiger den Vorzug.

Die Kosten des Zwangsverkaufs gehen den Bewachungs- und Verwahrungskosten seit der Einbringung in den letzten Hafen vor.

Art. 771.

Von den übrigen Forderungen gehen die die letzte Reise (Artikel 760.) betreffenden Forderungen, zu welchen auch die nach der Beendigung der letzten Reise entstandenen Forderungen gerechnet werden, den Forderungen vor, welche die früheren Reisen betreffen.

Von den Forderungen, welche nicht die letzte Reise betreffen, gehen die eine spätere Reise betreffenden denjenigen vor, welche eine frühere Reise betreffen.

Den im Artikel 757. unter Ziffer 4. aufgeführten Schiffsgläubigern gebührt jedoch wegen der eine frühere Reise betreffenden Forderungen dasselbe Vorzugsrecht, welches ihnen wegen der eine spätere Reise betreffenden Forderungen zusteht, sofern die verschiedenen Reisen unter denselben Dienst- oder Heuervertrag fallen.

Wenn die Bodmereireise mehrere Reisen im Sinne des Artikels 760. umfafst, so steht der Bodmereigläubiger denjenigen Schiffsgläubigern nach, deren Forderungen die nach Vollendung der ersten dieser Reisen angetretenen späteren Reisen betreffen.

Art. 772.

Die Forderungen, welche dieselbe Reise betreffen, sowie diejenigen, welche als dieselbe Reise betreffend anzusehen sind (Artikel 771.), werden in nachstehender Ordnung berichtigt:

1) die öffentlichen Schiffs-, Schiffahrts- und Hafenabgaben (Artikel 757. Ziff. 3.);
2) die aus den Dienst- und Heuerverträgen herrührenden Forderungen der Schiffsbesatzung (Artikel 757. Ziff. 4.);
3) die Lootsengelder, sowie die Bergungs-, Hülfs-, Loskaufs- und Reklamekosten (Artikel 757. Ziff. 5.), die Beiträge des Schiffs zur groſsen Haverei (Artikel 757. Ziff. 6.), die Forderungen aus den von dem Schiffer in Nothfällen abgeschlossenen Bodmerei- und sonstigen Kreditgeschäften, sowie die diesen Forderungen gleichzuachtenden Forderungen (Artikel 757. Ziff. 7.);
4) die Forderungen wegen Nichtablieferung oder Beschädigung von Gütern und Reise-Effecten (Artikel 757. Ziff. 8.);
5) die im Artikel 757. unter Ziffer 9. und 10. aufgeführten Forderungen.

Art. 773.

Von den unter Ziffer 1. 2. 4. und 5. des Artikels 772. aufgeführten Forderungen sind die unter derselben Ziffer dieses Artikels aufgeführten gleichberechtigt.

Von den unter Ziffer 3. des Artikels 772. aufgeführten Forderungen geht dagegen die später entstandene der früher entstandenen vor; die gleichzeitig entstandenen sind gleichberechtigt.

Hat der Schiffer aus Anlaſs desselben Nothfalls verschiedene Geschäfte abgeschlossen (Artikel 757. Ziff. 7.), so gelten die daraus herrührenden Forderungen als gleichzeitig entstanden.

Forderungen aus Kreditgeschäften, namentlich aus Bodmereiverträgen, welche der Schiffer zur Berichtigung früherer, unter die Ziffer 3. des Artikels 772. fallender

Forderungen eingegangen ist, sowie Forderungen aus Verträgen, welche derselbe Behufs Verlängerung der Zahlungszeit, Anerkennung oder Erneuerung solcher früherer Forderungen abgeschlossen hat, haben auch dann, wenn das Kreditgeschäft oder der Vertrag zur Fortsetzung der Reise nothwendig war, nur dasjenige Vorzugsrecht, welches der früheren Forderung zustand.

Art. 774.

Das Pfandrecht der Schiffsgläubiger an der Fracht (Artikel 759.) ist nur so lange wirksam, als die Fracht noch aussteht oder die Frachtgelder in den Händen des Schiffers sind.

Auch auf dieses Pfandrecht finden die in den vorstehenden Artikeln über die Rangordnung enthaltenen Bestimmungen Anwendung.

Im Falle der Cession der Fracht kann das Pfandrecht der Schiffsgläubiger, so lange die Fracht noch aussteht oder die Frachtgelder in den Händen des Schiffers sind, auch dem Cessionar gegenüber geltend gemacht werden.

Insoweit der Rheder die Fracht eingezogen hat, haftet er den Schiffsgläubigern, welchen das Pfandrecht dadurch ganz oder zum Theil entgeht, persönlich und zwar einem jeden in Höhe desjenigen Betrages, welcher für denselben bei Vertheilung des eingezogenen Betrages nach der gesetzlichen Rangordnung sich ergiebt.

Dieselbe persönliche Haftung des Rheders tritt ein in Ansehung der am Abladungsort zur Abladungszeit üblichen Fracht für die Güter, welche für seine Rechnung abgeladen sind.

Art. 775.

Hat der Rheder die Fracht zur Befriedigung eines oder mehrerer Gläubiger, welchen ein Pfandrecht an derselben zustand, verwendet, so ist er den Gläubigern, welchen der Vorzug gebührt hätte, nur insoweit verantwortlich, als erwiesen wird, daſs er dieselben wissentlich verkürzt hat.

Art. 776.

Insoweit der Rheder in den im Artikel 767. unter Ziffer 1. und 2. erwähnten Fällen das Kaufgeld eingezogen hat, haftet er in Höhe des eingezogenen Betrages sämmtlichen Schiffsgläubigern in gleicher Weise persönlich, wie den Gläubigern einer Reise im Falle der Einziehung der Fracht (Artikel 774. 775.).

Art. 777.

Wenn der Rheder, nachdem er von der Forderung eines Schiffsgläubigers, für welche er nur mit Schiff und Fracht haftet, Kenntnifs erhalten hat, das Schiff zu einer neuen Reise (Artikel 760.) in See sendet, ohne dafs das Interesse des Schiffsgläubigers es geboten hat, so wird er für die Forderung in Höhe desjenigen Betrages zugleich persönlich verpflichtet, welcher für den Gläubiger sich ergeben haben würde, falls der Werth, welchen das Schiff bei Antritt der Reise hatte, unter die Schiffsgläubiger nach der gesetzlichen Rangordnung vertheilt worden wäre.

Es wird bis zum Beweise des Gegentheils angenommen, dafs der Gläubiger bei dieser Vertheilung seine vollständige Befriedigung erlangt haben würde.

Die persönliche Verpflichtung des Rheders, welche aus der Einziehung der dem Gläubiger haftenden Fracht entsteht (Artikel 774.), wird durch diesen Artikel nicht berührt.

Art. 778.

Die Vergütung für Aufopferung oder Beschädigung in Fällen der grofsen Haverei tritt für die Schiffsgläubiger an Stelle desjenigen, wofür die Vergütung bestimmt ist.

Dasselbe gilt von der Entschädigung, welche im Falle des Verlustes oder der Beschädigung des Schiffs, oder wegen entzogener Fracht im Falle des Verlustes oder der Beschädigung von Gütern dem Rheder von demjenigen gezahlt werden mufs, welcher den Schaden durch eine rechtswidrige Handlung verursacht hat.

Ist die Vergütung oder Entschädigung von dem Rheder eingezogen, so haftet er in Höhe des eingezogenen Betrages den Schiffsgläubigern in gleicher Art persönlich, wie den Gläubigern einer Reise im Falle der Einziehung der Fracht (Artikel 774. 775.).

Art. 779.

Im Falle der Konkurrenz der Schiffsgläubiger, welche ihr Pfandrecht verfolgen, mit anderen Pfandgläubigern oder sonstigen Gläubigern, haben die Schiffsgläubiger den Vorzug.

Art. 780.

Die Bestimmungen der Artikel 767. und 769. über

das Erlöschen der Pfandrechte der Schiffsgläubiger finden auch Anwendung auf die sonstigen Pfandrechte, welche nach den Landesgesetzen an dem Schiff oder einer Schiffspart durch Willenserklärung oder Gesetz erworben und gegen den dritten Besitzer verfolgbar sind.

Die Vorschrift des Artikels 767. Ziffer 1. tritt auch rücksichtlich der auf einer Schiffspart haftenden Pfandrechte im Falle des Zwangsverkaufs dieser Schiffspart ein.

Im Uebrigen werden die Rechte der im ersten Absatze erwähnten Pfandgläubiger nicht nach den Bestimmungen dieses Titels, sondern nach den Landesgesetzen beurtheilt.

Art. 781.

Von den auf den Gütern wegen der Fracht, der Bodmereigelder, der Beiträge zur grofsen Haverei und der Bergungs- und Hülfskosten (Artikel 624. 626. 680. 727. 753.) haftenden Pfandrechten steht das wegen der Fracht allen übrigen nach; unter diesen übrigen hat das später entstandene vor dem früher entstandenen den Vorzug; die gleichzeitig entstandenen sind gleichberechtigt. Die Forderungen aus den von dem Schiffer aus Anlafs desselben Nothfalls abgeschlossenen Geschäften gelten als gleichzeitig entstanden.

In den Fällen der grofsen Haverei und des Verlustes oder der Beschädigung durch rechtswidrige Handlungen kommen die Vorschriften des Artikels 778., und in dem Falle des von dem Schiffer zur Abwendung oder Verringerung eines Verlustes nach Maafsgabe des dritten Absatzes des Artikels 504. bewirkten Verkaufs die Vorschriften des Artikels 767. Ziffer 2., und wenn derjenige, für dessen Rechnung der Verkauf geschehen ist, das Kaufgeld einzieht, der Artikel 776. zur Anwendung.

Elfter Titel.

Von der Versicherung gegen die Gefahren der Seeschiffahrt.

Erster Abschnitt.

Allgemeine Grundsätze.

Art. 782.

Jedes in Geld schätzbare Interesse, welches Jemand daran hat, dafs Schiff oder Ladung die Gefahren der Seeschiffahrt bestehe, kann Gegenstand der Seeversicherung sein.

Art. 783.

Es können insbesondere versichert werden:

das Schiff;
die Fracht;
die Ueberfahrtsgelder;
die Güter;
die Bodmereigelder;
die Havereigelder;
andere Forderungen, zu deren Deckung Schiff, Fracht, Ueberfahrtsgelder oder Güter dienen;
der von der Ankunft der Güter am Bestimmungsort erwartete Gewinn (imaginaire Gewinn);
die zu verdienende Provision;
die von dem Versicherer übernommene Gefahr (Rückversicherung).

In der einen dieser Versicherungen ist die andere nicht enthalten.

Art. 784.

Die Heuerforderung des Schiffers und der Schiffsmannschaft kann nicht versichert werden.

Art. 785.

Der Versicherungsnehmer kann entweder sein eigenes Interesse (Versicherung für eigene Rechnung), oder das Interesse eines Dritten (Versicherung für fremde Rechnung), und in dem letzteren Falle mit oder ohne Bezeichnung der Person des Versicherten unter Versicherung bringen.

Es kann im Vertrage auch unbestimmt gelassen werden, ob die Versicherung für eigene oder für fremde Rechnung genommen wird (für Rechnung „wen es angeht"). Ergiebt sich bei einer Versicherung für Rechnung „wen es angeht", dafs dieselbe für fremde Rechnung genommen ist, so kommen die Vorschriften über die Versicherung für fremde Rechnung zur Anwendung.

Die Versicherung gilt als für eigene Rechnung des Versicherungsnehmers geschlossen, wenn der Vertrag nicht ergiebt, dafs sie für fremde Rechnung oder für Rechnung „wen es angeht" genommen ist.

Art. 786.

Die Versicherung für fremde Rechnung ist für den Versicherer nur dann verbindlich, wenn entweder der Versicherungsnehmer zur Eingehung derselben von dem Versicherten beauftragt war, oder wenn der Mangel eines solchen Auftrages von dem Versicherungsnehmer bei dem Abschlusse des Vertrages dem Versicherer angezeigt wird.

Ist die Anzeige unterlassen, so kann der Mangel des Auftrages dadurch nicht ersetzt werden, daſs der Versicherte die Versicherung nachträglich genehmigt.

Ist die Anzeige erfolgt, so ist die Verbindlichkeit der Versicherung für den Versicherer von der nachträglichen Genehmigung des Versicherten nicht abhängig.

Der Versicherer, für welchen nach den Bestimmungen dieses Artikels der Versicherungsvertrag unverbindlich ist, hat, selbst wenn er die Unverbindlichkeit des Vertrages geltend macht, gleichwohl auf die volle Prämie Anspruch.

Art. 787.

Ist die Versicherung von einem Bevollmächtigten, von einem Geschäftsführer ohne Auftrag, oder von einem sonstigen Vertreter des Versicherten in dessen Namen geschlossen, so ist im Sinne dieses Gesetzbuchs weder der Vertreter Versicherungsnehmer, noch die Versicherung selbst eine Versicherung für fremde Rechnung.

Im Zweifel wird angenommen, daſs selbst die auf das Interesse eines benannten Dritten sich beziehende Versicherung eine Versicherung für fremde Rechnung ist.

Art. 788.

Der Versicherer ist verpflichtet, eine von ihm unterzeichnete schriftliche Urkunde (Polize) über den Versicherungsvertrag dem Versicherungsnehmer auf dessen Verlangen auszuhändigen.

Art. 789.

Auf die Gültigkeit des Versicherungsvertrages hat es keinen Einfluſs, daſs zur Zeit des Abschlusses desselben die Möglichkeit des Eintritts eines zu ersetzenden Schadens schon ausgeschlossen, oder daſs der zu ersetzende Schaden bereits eingetreten ist.

Waren jedoch beide Theile von dem Sachverhältnisse unterrichtet, so ist der Vertrag als Versicherungsvertrag ungültig.

Wuſste nur der Versicherer, daſs die Möglichkeit des Eintritts eines zu ersetzenden Schadens schon ausgeschlossen sei, oder wuſste nur der Versicherungsnehmer, daſs der zu ersetzende Schaden schon eingetreten sei, so ist der Vertrag für den anderen, von dem Sachverhältnisse nicht unterrichteten Theil unverbindlich. Im zweiten Falle hat der Versicherer, selbst wenn er die Unverbindlichkeit des Vertrages geltend macht, gleichwohl auf die volle Prämie Anspruch.

Im Falle der Vertrag für den Versicherungsnehmer durch einen Vertreter abgeschlossen wird, kommt die Vorschrift des zweiten Absatzes des Artikels 810., im Falle der Versicherung für fremde Rechnung die Vorschrift des Artikels 811. und im Falle der Versicherung mehrerer Gegenstände oder einer Gesammtheit von Gegenständen die Vorschrift des Artikels 814. zur Anwendung.

Art. 790.

Der volle Werth des versicherten Gegenstandes ist der Versicherungswerth.

Die Versicherungssumme kann den Versicherungswerth nicht übersteigen.

Soweit die Versicherungssumme den Versicherungswerth übersteigt (Ueberversicherung), hat die Versicherung keine rechtliche Geltung.

Art. 791.

Uebersteigt im Fall einer gleichzeitigen Abschliefsung verschiedener Versicherungsverträge der Gesammtbetrag der Versicherungssummen den Versicherungswerth, so haften alle Versicherer zusammen nur in Höhe des Versicherungswerthes, und zwar jeder einzelne für so viele Prozente des Versicherungswerthes, als seine Versicherungssumme Prozente des Gesammtbetrages der Versicherungssummen bildet. Hierbei wird im Zweifel vermuthet, dafs die Verträge gleichzeitig abgeschlossen sind.

Mehrere Versicherungsverträge, worüber eine gemeinschaftliche Polize ertheilt ist, ingleichen mehrere Versicherungsverträge, welche an demselben Tage abgeschlossen sind, gelten als gleichzeitig abgeschlossen.

Art. 792.

Wird ein Gegenstand, welcher bereits zum vollen Werthe versichert ist, nochmals versichert, so hat die spätere Versicherung insoweit keine rechtliche Geltung, als der Gegenstand auf dieselbe Zeit und gegen dieselbe Gefahr bereits versichert ist (Doppelversicherung).

Ist durch die frühere Versicherung nicht der volle

Werth versichert, so gilt die spätere Versicheruug, insoweit sie auf dieselbe Zeit und gegen dieselbe Gefahr genommen ist, nur für den noch nicht versicherten Theil des Werthes.

Art. 793.

Die spätere Versicherung hat jedoch ungeachtet der Eingehung der früheren Versicherung rechtliche Geltung:

1) wenn bei dem Abschlusse des früheren Vertrages mit dem Versicherer vereinbart wird, dafs demselben die Rechte aus der früheren Versicherung abzutreten seien;
2) wenn die spätere Versicherung unter der Bedingung geschlossen wird, dafs der Versicherer nur insoweit hafte, als der Versicherte sich an den früheren Versicherer wegen Zahlungsunfähigkeit desselben nicht zu erholen vermöge oder die frühere Versicherung nicht zu Recht bestehe;
3) wenn der frühere Versicherer mittelst Verzichtanzeige seiner Verpflichtung insoweit entlassen wird, als zur Vermeidung einer Doppelversicherung nöthig ist, und der spätere Versicherer bei Eingehung der späteren Versicherung hiervon benachrichtigt wird. Dem früheren Versicherer gebührt in diesem Falle, obschon er von seiner Verpflichtung befreit wird, gleichwohl die volle Prämie.

Art. 794.

Im Falle der Doppelversicherung hat nicht die zuerst genommene, sondern die später genommene Versicherung rechtliche Geltung, wenn die frühere Versicherung für fremde Rechnung ohne Auftrag genommen ist, die spätere dagegen von dem Versicherten selbst genommen wird, sofern in einem solchen Falle der Versicherte entweder bei Eingehung der späteren Versicherung von der früheren noch nicht unterrichtet war, oder bei Eingehung der späteren Versicherung dem Versicherer anzeigt, dafs er die frühere Versicherung zurückweise.

Die Rechte des früheren Versicherers in Ansehung der Prämie bestimmen sich in diesen Fällen nach den Vorschriften der Artikel 900. und 901.

Art. 795.

Sind mehrere Versicherungen gleichzeitig oder nach

einander geschlossen worden, so hat ein späterer Verzicht auf die gegen den einen Versicherer begründeten Rechte keinen Einfluſs auf die Rechte und Verpflichtungen der übrigen Versicherer.

Art. 796.

Wenn die Versicherungssumme den Versicherungswerth nicht erreicht, so haftet der Versicherer im Falle eines theilweisen Schadens für den Betrag desselben nur nach Verhältniſs der Versicherungssumme zum Versicherungswerth.

Art. 797.

Wird durch Vereinbarung der Parteien der Versicherungswerth auf eine bestimmte Summe (Taxe) festgestellt (taxirte Polize), so ist die Taxe unter den Parteien für den Versicherungswerth maaſsgebend.

Der Versicherer ist jedoch befugt, eine Herabsetzung der Taxe zu fordern, wenn er beweist, daſs dieselbe wesentlich übersetzt sei; ist imaginairer Gewinn taxirt, so hat er im Falle der Anfechtung der Taxe zu beweisen, daſs dieselbe den zur Zeit des Abschlusses des Vertrages nach kaufmännischer Berechnung möglicher Weise zu erwartenden Gewinn überstiegen habe.

Eine Polize mit der Bestimmung: „vorläufig taxirt“ wird, so lange die Taxe nicht in eine feste verwandelt ist, einer nicht taxirten Polize (offenen Polize) gleichgeachtet.

Bei der Versicherung von Fracht ist die Taxe in Bezug auf einen von dem Versicherer zu ersetzenden Schaden nur dann maaſsgebend, wenn dieses besonders bedungen ist.

Art. 798.

Wenn in einem Vertrage mehrere Gegenstände oder eine Gesammtheit von Gegenständen unter einer Versicherungssumme begriffen, aber für einzelne derselben besondere Taxen vereinbart sind, so gelten die Gegenstände, welche besonders taxirt sind, auch als abgesondert versichert.

Art. 799.

Als Versicherungswerth des Schiffs gilt, wenn die Parteien nicht eine andere Grundlage für die Schätzung vereinbart haben, der Werth, welchen das Schiff in dem Zeitpunkt hat, in welchem die Gefahr für den Versicherer zu laufen beginnt.

Diese Bestimmung kommt auch dann zur Anwendung, wenn der Versicherungswerth des Schiffs taxirt ist.

Art. 800.

Die Ausrüstungskosten, die Heuer und die Versicherungskosten können zugleich mit dem Schiff oder besonders versichert werden, insoweit sie nicht bereits durch die Versicherung der Bruttofracht versichert sind. Dieselben gelten nur dann als mit dem Schiff versichert, wenn es vereinbart ist.

Art. 801.

Die Fracht kann bis zu ihrem Bruttobetrage versichert werden, insoweit sie nicht bereits durch die Versicherung der Ausrüstungskosten, der Heuer und der Versicherungskosten versichert ist.

Als Versicherungswerth der Fracht gilt der Betrag der in den Frachtverträgen bedungenen Fracht, und wenn eine bestimmte Fracht nicht bedungen ist, oder insoweit Güter für Rechnung des Rheders verschifft sind, der Betrag der üblichen Fracht (Artikel 620.).

Art. 802.

Ist bei der Versicherung der Fracht nicht bestimmt, ob dieselbe ganz oder ob nur ein Theil derselben versichert sei, so gilt die ganze Fracht als versichert.

Ist nicht bestimmt, ob die Brutto- oder Nettofracht versichert sei, so gilt die Bruttofracht als versichert.

Wenn die Fracht der Hinreise und die Fracht der Zurückreise unter einer Versicherungssumme versichert sind und nicht bestimmt ist, welcher Theil der Versicherungssumme auf die Fracht der Hinreise und welcher Theil auf die Fracht der Zurückreise falle, so wird die Hälfte derselben auf die Fracht der Hinreise, die Hälfte auf die Fracht der Zurückreise gerechnet.

Art. 803.

Als Versicherungswerth der Güter gilt, wenn die Parteien nicht eine andere Grundlage für die Schätzung vereinbart haben, derjenige Werth, welchen die Güter am Ort und zur Zeit der Abladung haben, unter Hinzurechnung aller Kosten bis an Bord einschliefslich der Versicherungskosten.

Die Fracht, sowie die Kosten während der Reise und

am Bestimmungsort werden nur hinzugerechnet, sofern es vereinbart ist.

Die Bestimmungen dieses Artikels kommen auch dann zur Anwendung, wenn der Versicherungswerth der Güter taxirt ist.

Art. 804.

Sind die Ausrüstungskosten oder die Heuer, sei es selbstständig, sei es durch Versicherung der Bruttofracht, versichert, oder sind bei der Versicherung von Gütern die Fracht oder die Kosten während der Reise und am Bestimmungsort versichert, so leistet der Versicherer für denjenigen Theil derselben keinen Ersatz, welcher in Folge eines Unfalls erspart wird.

Art. 805.

Bei der Versicherung von Gütern ist der imaginaire Gewinn oder die Provision, selbst wenn der Versicherungswerth der Güter taxirt ist, als mitversichert nur anzusehen, sofern es im Vertrage bestimmt ist.

Ist im Falle der Mitversicherung des imaginairen Gewinnes der Versicherungwerth taxirt, aber nicht bestimmt, welcher Theil der Taxe auf den imaginairen Gewinn sich beziehe, so wird angenommen, daſs zehn Prozent der Taxe auf den imaginairen Gewinn fallen. Wenn im Falle der Mitversicherung des imaginairen Gewinnes der Versicherungswerth nicht taxirt ist, so werden als imaginairer Gewinn zehn Prozent des Versicherungswerthes der Güter (Artikel 803.) als versichert betrachtet.

Die Bestimmungen des zweiten Absatzes kommen auch im Falle der Mitversicherung der Provision mit der Maaſsgabe zur Anwendung, daſs an Stelle der zehn Prozent zwei Prozent treten.

Art. 806.

Ist der imaginaire Gewinn oder die Provision selbstständig versichert, der Versicherungswerth jedoch nicht taxirt, so wird im Zweifel angenommen, daſs die Versicherungssumme zugleich als Taxe des Versicherungswerthes gelten soll.

Art. 807.

Die Bodmereigelder können einschlieſslich der Bodmereiprämie für den Bodmereigläubiger versichert werden.

Ist bei der Versicherung von Bodmereigeldern nicht

angegeben, welche Gegenstände verbodmet sind, so wird angenommen, dafs Bodmereigelder auf Schiff, Fracht und Ladung versichert seien. Wenn in Wirklichkeit nicht alle diese Gegenstände verbodmet sind, so kann nur der Versicherer auf die vorstehende Bestimmung sich berufen.

Art. 808.

Hat der Versicherer seine Verpflichtungen erfüllt, so tritt er, insoweit er einen Schaden vergütet hat, dessen Erstattung der Versicherte von einem Dritten zu fordern befugt ist, jedoch unbeschadet der Bestimmungen im zweiten Absatze des Artikels 778. und im zweiten Absatze des Artikels 781., in die Rechte des Versicherten gegen den Dritten.

Der Versicherte ist verpflichtet, dem Versicherer, wenn cr es verlangt, auf dessen Kosten eine beglaubigte Anerkennungurkunde über den Eintritt in die Rechte gegen den Dritten zu ertheilen.

Der Versicherte ist verantwortlich für jede Handlung durch welche er jene Rechte beeinträchtigt.

Art. 809.

Ist eine Forderung versichert, zu deren Deckung eine den Gefahren der See ausgesetzte Sache dient, so ist der Versicherte im Falle eines Schadens verpflichtet, dem Versicherer, nachdem dieser seine Verpflichungen erfüllt hat, seine Rechte gegen den Schuldner insoweit abzutreten, als der Versicherer Ersatz geleistet hat.

Der Versicherte ist nicht verpflichtet, die ihm gegen den Schuldner zustehenden Rechte geltend zu machen, bevor er den Versicherer in Anspurch nimmt.

Zweiter Abschnitt.

Anzeigen bei dem Abschlusse des Vertrages.

Art. 810.

Der Versicherungsnehmer ist sowohl im Falle der Versicherung für eigene Rechnung als im Falle der Versicherung für fremde Rechnung verpflichtet, bei dem Abschlusse des Vertrages dem Versicherer alle ihm bekannten Umstände anzuzeigen, welche wegen ihrer Erheblichkeit für die Beurtheilung der von dem Versicherer zu tragenden Gefahr geeignet sind, auf den Entschlufs des letzteren, sich auf den Vertrag überhaupt oder unter denselben Bestimmungen einzulassen, Einfluſs zu üben.

Wenn der Vertrag für den Versicherungsnehmer durch einen Vertreter desselben abgeschlossen wird, so sind auch die dem Vertreter bekannten Umstände anzuzeigen.

Art. 811.

Im Falle der Versicherung für fremde Rechnung müssen dem Versicherer bei dem Abschlusse des Vertrages auch diejenigen Umstände angezeigt werden, welche dem Versicherten selbst oder einem Zwischenbeauftragten bekannt sind.

Die Kenntniſs des Versicherten oder eines Zwischenbeauftragten kommt jedoch nicht in Betracht, wenn der Umstand denselben so spät bekannt wird, daſs sie den Versicherungsnehmer ohne Anwendung auſsergewöhnlicher Maaſsregeln vor Abschluſs des Vertrages nicht mehr davon benachrichtigen können.

Die Kenntniſs des Versicherten kommt auch dann nicht in Betracht, wenn die Versicherung ohne Auftrag und ohne Wissen desselben genommen ist.

Art. 812.

Wenn die in den beiden vorstehenden Artikeln bezeichnete Verpflichtung nicht erfüllt wird, so ist der Vertrag für den Versicherer unverbindlich.

Diese Vorschrift findet jedoch keine Anwendung, wenn der nicht angezeigte Umstand dem Versicherer bekannt war, oder als ihm bekannt vorausgesetzt werden durfte.

Art. 813.

Wird von dem Versicherungsnehmer bei dem Abschlusse des Vertrages in Bezug auf einen erheblichen Umstand (Artikel 810.) eine unrichtige Anzeige gemacht, so ist der Vertrag für den Versicherer unverbindlich, es sei denn, daſs diesem die Unrichtigkeit der Anzeige bekannt war.

Diese Bestimmung kommt zur Anwendung ohne Unterschied, ob die Anzeige wissentlich oder aus Irrthum, ob sie mit oder ohne Verschulden unrichtig gemacht ist.

Art. 814.

Wird bei einer Versicherung mehrerer Gegenstände oder einer Gesammtheit von Gegenständen den Vorschriften der Artikel 810. bis 813. in Ansehung eines Umstandes zuwidergehandelt, welcher nur einen Theil der versicherten Gegenstände betrifft, so bleibt der Vertrag für den Versicherer in Ansehung des übrigen Theils verbindlich. Der Vertrag ist jedoch auch in Ansehung dieses Theils für den Versicherer unverbindlich, wenn erhellet, daſs der letztere denselben allein unter denselben Bestimmungen nicht versichert haben würde.

Art. 815.

Dem Versicherer gebührt in den Fällen der Artikel 810. bis 814., selbst wenn er die gänzliche oder theilweise Unverbindlichkeit des Vertrages geltend macht, gleichwohl die volle Prämie.

Dritter Abschnitt.

Verpflichtungen des Versicherten aus dem Versicherungsvertrage.

Art. 816.

Die Prämie ist, sofern nicht ein Anderes vereinbart ist, sofort nach dem Abschlusse des Vertrages und, wenn eine Polize verlangt wird, gegen Auslieferung der Polize zu zahlen.

Zur Zahlung der Prämie ist der Versicherungsnehmer verpflichtet.

Wenn bei der Versicherung für fremde Rechnung der Versicherungsnehmer zahlungsunfähig geworden ist und die Prämie von dem Versicherten noch nicht erhalten hat, so kann der Versicherer auch den Versicherten auf Zahlung der Prämie in Anspruch nehmen.

Art. 817.

Wird statt der versicherten Reise, bevor die Gefahr für den Versicherer zu laufen begonnen hat, eine andere Reise angetreten, so ist der Versicherer bei der Versicherung von Schiff und Fracht von jeder Haftung frei, bei anderen Versicherungen trägt der Versicherer die Gefahr für die andere Reise nur dann, wenn die Veränderung der Reise weder von dem Versicherten, noch im Auftrage oder mit Genehmigung desselben bewirkt ist.

Wird die versicherte Reise verändert, nachdem die Gefahr für den Versicherer zu laufen begonnen hat, so haftet der Versicherer nicht für die nach der Veränderung der Reise eintretenden Unfälle. Er haftet jedoch für diese Unfälle, wenn die Veränderung weder von dem Versicherten, noch im Auftrage oder mit Genehmigung desselben bewirkt, oder wenn sie durch einen Nothfall verursacht ist, es sei denn, daſs der letztere in einer Gefahr sich gründet, welche der Versicherer nicht zu tragen hat.

Die Reise ist verändert, sobald der Entschluſs, dieselbe nach einem anderen Bestimmungshafen zu richten, zur Ausführung gebracht wird, sollten auch die Wege nach beiden Bestimmungshäfen sich noch nicht geschieden haben. Diese Vorschrift gilt sowohl für die Fälle des ersten, als für die Fälle des zweiten Absatzes dieses Artikels.

Art. 818.

Wenn von dem Versicherten oder im Auftrage oder mit Genehmigung desselben der Antritt oder die Vollendung der Reise ungebührlich verzögert, von dem der versicherten Reise entsprechenden Wege abgewichen oder ein Hafen angelaufen wird, dessen Angehung als in der versicherten Reise begriffen nicht erachtet werden kann, oder wenn der Versicherte in anderer Weise eine Vergröſserung oder Veränderung der Gefahr veranlaſst, namentlich eine in dieser Beziehung ertheilte besondere Zusage nicht sich füllt, so haftet der Versicherer nicht für die später ereignenden Unfälle.

Diese Wirkung tritt jedoch nicht ein:

1) wenn erhellet, daſs die Vergröſserung oder Veränderung der Gefahr keinen Einfluſs auf den späteren Unfall hat üben können;
2) wenn die Vergröſserung oder Veränderung der Gefahr, nachdem die Gefahr für den Versicherer bereits zu laufen begonnen hat, durch einen Nothfall verursacht ist, es sei denn, daſs der letztere in einer Gefahr sich gründet, welche der Versicherer nicht zu tragen hat;
3) wenn der Schiffer zu der Abweichung von dem Wege durch das Gebot der Menschlichkeit genöthigt ist.

Art. 819.

Wird bei dem Abschlusse des Vertrages der Schiffer bezeichnet, so ist in dieser Bezeichnung allein noch nicht die Zusage enthalten, daſs der benannte Schiffer auch die Führung des Schiffs behalten werde.

Art. 820.

Bei der Versicherung von Gütern haftet der Versicherer für keinen Unfall, wenn und insoweit die Beförderung derselben nicht mit dem zum Transport bestimmten Schiff geschieht. Er haftet jedoch nach Maafsgabe des Vertrages, wenn die Güter, nachdem die Gefahr für ihn bereits zu laufen begonnen hat, ohne Auftrag und ohne Genehmigung des Versicherten in anderer Art als mit dem zum Transport bestimmten Schiff weiter befördert werden, oder wenn dies in Folge eines Unfalls geschieht, es sei denn, dafs der letztere in einer Gefahr sich gründet, welche der Versicherer nicht zu tragen hat.

Art. 821.

Bei der Versicherung von Gütern ohne Bezeichnung des Schiffs oder der Schiffe (in unbestimmten oder unbenannten Schiffen) mufs der Versicherte, sobald er Nachricht erhält, in welches Schiff versicherte Güter abgeladen sind, diese Nachricht dem Versicherer mittheilen.

Im Falle der Nichterfüllung dieser Verpflichtung haftet der Versicherer für keinen Unfall, welcher den abgeladenen Gütern zustöfst.

Art. 822.

Jeder Unfall mufs, sobald der Versicherungsnehmer oder der Versicherte, wenn dieser von der Versicherung Kenntnifs hat, Nachricht von dem Unfall erhält, dem Versicherer angezeigt werden, widrigenfalls der Versicherer befugt ist, von der Entschädigungssumme den Betrag abzuziehen, um welchen dieselbe bei rechtzeitiger Anzeige sich gemindert hätte.

Art. 823.

Der Versicherte ist verpflichtet, wenn ein Unfall sich zuträgt, sowohl für die Rettung der versicherten Sachen, als für die Abwendung gröfserer Nachtheile thunlichst zu sorgen.

Er hat jedoch, wenn thunlich, über die erforderlichen Maafsregeln vorher mit dem Versicherer Rücksprache zu nehmen.

Vierter Abschnitt.

Umfang der Gefahr.

Art. 824.

Der Versicherer trägt alle Gefahren, welchen Schiff oder Ladung während der Dauer der Versicherung ausgesetzt sind, soweit nicht durch die nachfolgenden Bestimmungen oder durch Vertrag ein Anderes bestimmt ist.

Er trägt insbesondere:

1) die Gefahr der Elementarereignisse und der sonstigen Seeunfälle, selbst wenn diese durch das Verschulden eines Dritten veranlaſst sind, als: Eindringen des Seewassers, Strandung, Schiffbruch, Sinken, Feuer, Explosion, Blitz, Erdbeben, Beschädigung durch Eis u. s. w.;
2) die Gefahr des Krieges nnd der Verfügungen von hoher Hand;
3) die Gefahr des auf Antrag eines Dritten verhängten, von dem Versicherten nicht verschuldeten Arrestes;
4) die Gefahr des Diebstahls. sowie die Gefahr des Seeraubes, der Plünderung und sonstiger Gewaltthätigkeiten:
5) die Gefahr der Verbodmung der versicherten Güter zur Fortsetzung der Reise oder der Verfügung über dieselben durch Verkauf oder durch Verwendung zu gleichem Zweck (Artikel 507. bis 510. 734);
6) die Gefahr der Unredlichkeit oder des Verschuldens einer Person der Schiffsbesatzung, sofern daraus für den versicherten Gegenstand ein Schaden entsteht;
7) die Gefahr des Zusammenstoſses von Schiffen und zwar ohne Unterschied, ob der Versicherte in Folge des Zusammenstoſses unmittelbar oder ob er mittelbar dadurch einen Schaden erleidet, daſs er den einem Dritten zugefügten Schaden zu ersetzen hat.

Art. 825.

Dem Versicherer fallen die nachstehend bezeichneten Schäden nicht zur Last:

1) bei der Versicherung von Schiff oder Fracht:

der Schaden, welcher daraus entsteht, daſs das Schiff in einem nicht seetüchtigen Zustande oder nicht gehörig ausgerüstet oder bemannt oder ohne die erforderlichen Papiere (Artikel 480.) in See gesandt ist;

der Schaden, welcher auſser dem Falle des Zusammenstoſses von Schiffen daraus entsteht, daſs der Rheder für den durch eine Person der Schiffsbesatzung einem Dritten zugefügten Schaden haften mufs (Artikel 451. und 452.);

2) bei einer auf das Schiff sich beziehenden Versicherung:

der Schaden an Schiff und Zubehör, welcher nur eine Folge der Abnutzung des Schiffs im gewöhnlichen Gebrauch ist;

der Schaden an Schiff und Zubehör, welcher nur durch Alter, Fäulnifs oder Wurmfrafs verursacht wird;

3) bei einer auf Güter oder Fracht sich beziehenden Versicherung der Schaden, welcher durch die natürliche Beschaffenheit der Güter, namentlich durch inneren Verderb, Schwinden, gewöhnliche Leckage u. dgl., oder durch mangelhafte Verpackung der Güter entsteht oder an diesen durch Ratten oder Mäuse verursacht wird; wenn jedoch die Reise durch einen Unfall, für welchen der Versicherer haftet, ungewöhnlich verzögert wird, so hat der Versicherer den unter dieser Ziffer bezeichneten Schaden in dem Maafse zu ersetzen, in welchem die Verzögerung dessen Ursache ist;

4) der Schaden, welcher in einem Verschulden des Versicherten sich gründet, und bei der Versicherung von Gütern oder imaginairem Gewinn auch der Schaden, welcher durch ein dem Ablader, Empfänger oder Kargadeur in dieser ihrer Eigenschaft zur Last fallendes Verschulden entsteht.

Art. 826.

Die Verpflichtung des Versicherers zum Ersatze eines Schadens tritt auch dann ein, wenn dem Versicherten ein Anspruch auf dessen Vergütung gegen den Schiffer oder eine andere Person zusteht. Der Versicherte kann sich wegen Ersatzes des Schadens zunächst an den Versicherer halten. Er hat jedoch dem Versicherer die zur wirksamen Verfolgung eines solchen Anspruchs etwa erforderliche Hülfe zu gewähren, auch für die Sicherstellung des Anspruchs durch Einbehaltung der Fracht, Auswirkung der Beschlagnahme des Schiffs oder in sonst geeigneter Weise auf Kosten des Versicherers die nach den Umständen angemessene Sorge zu tragen (Artikel 823.).

Art. 827.

Bei der Versicherung des Schiffs für eine Reise beginnt die Gefahr für den Versicherer mit dem Zeitpunkt, in welchem mit der Einnahme der Ladung oder des Ballastes angefangen wird, oder, wenn weder Ladung noch Ballast einzunehmen ist, mit dem Zeitpunkt der Abfahrt des Schiffs. Sie endet mit dem Zeitpunkt, in welchem die Löschung der Ladung oder des Ballastes im Bestimmungshafen beendigt ist.

Wird die Löschung von dem Versicherten ungebührlich verzögert, so endet die Gefahr mit dem Zeitpunkt, in welchem die Löschung beendigt sein würde, falls ein solcher Verzug nicht stattgefunden hätte.

Wird vor Beendigung der Löschung für eine neue Reise Ladung oder Ballast eingenommen, so endet die Gefahr mit dem Zeitpunkt, in welchem mit der Einnahme der Ladung oder des Ballastes begonnen wird.

Art. 828.

Sind Güter, imaginairer Gewinn oder die von verschifften Gütern zu verdienende Provision versichert, so beginnt die Gefahr mit dem Zeitpunkt, in welchem die Güter zum Zweck der Einladung in das Schiff oder in die Leichterfahrzeuge vom Lande scheiden; sie endet mit dem Zeitpunkt, in welchem die Güter im Bestimmungshafen wieder an das Land gelangen.

Wird die Löschung von dem Versicherten oder bei der Versicherung von Gütern oder imaginairem Gewinn von dem Versicherten oder von einer der in Artikel 825. unter Ziffer 4. bezeichneten Personen ungebührlich verzögert, so endet die Gefahr mit dem Zeitpunkt, in welchem die Löschung beendigt sein würde, falls ein solcher Verzug nicht stattgefunden hätte.

Bei der Einladung und Ausladung trägt der Versicherer die Gefahr der ortsgebräuchlichen Benutzung von Leichterfahrzeugen.

Art. 829.

Bei der Versicherung der Fracht beginnt und endet die Gefahr in Ansehung der Unfälle, welchen das Schiff und dadurch die Fracht ausgesetzt ist, mit demselben Zeitpunkt, in dem die Gefahr bei der Versicherung des Schiffs für dieselbe Reise beginnen und enden würde, in

Ansehung der Unfälle, welchen die Güter ausgesetzt sind und dadurch die Fracht ausgesetzt ist, mit demselben Zeitpunkt, in welchem die Gefahr bei der Versicherung der Güter für dieselbe Reise beginnen und enden würde.

Bei der Versicherung von Ueberfahrtsgeldern beginnt und endet die Gefahr mit demselben Zeitpunkt, in welchem die Gefahr bei der Versicherung des Schiffs beginnen und enden würde.

Der Versicherer von Fracht- und Ueberfahrtsgeldern haftet für einen Unfall, von welchem das Schiff betroffen wird, nur insoweit, als Fracht- oder Ueberfahrtsverträge bereits abgeschlossen sind, und wenn der Rheder Güter für seine Rechnung verschifft, nur insoweit, als dieselben zum Zweck der Einladung in das Schiff oder in die Leichterfahrzeuge bereits vom Lande geschieden sind.

Art. 830.

Bei der Versicherung von Bodmerei- und Havereigeldern beginnt die Gefahr mit dem Zeitpunkt, in welchem die Gelder vorgeschossen sind, oder, wenn der Versicherte selbst die Havereigelder verausgabt hat, mit dem Zeitpunkt, in welchem dieselben verwendet sind; sie endet mit dem Zeitpunkt, in welchem sie bei einer Versicherung der Gegenstände, welche verbodmet oder worauf die Havereigelder verwendet sind, enden würde.

Art. 831.

Die begonnene Gefahr läuft für den Versicherer während der bedungenen Zeit oder der versicherten Reise ununterbrochen fort. Der Versicherer trägt insbesondere die Gefahr auch während des Aufenthalts in einem Noth- oder Zwischenhafen und im Falle der Versicherung für die Hin- und Rückreise während des Aufenthalts des Schiffs in dem Bestimmungshafen der Hinreise.

Müssen die Güter einstweilen gelöscht werden oder wird das Schiff zur Reparatur an das Land gebracht, so trägt der Versicherer die Gefahr auch während die Güter oder das Schiff sich am Lande befinden.

Art. 832.

Wenn nach dem Beginn der Gefahr die versicherte Reise freiwillig oder gezwungen aufgegeben wird, so tritt in Ansehung der Beendigung der Gefahr der Hafen, in welchem die Reise beendigt wird, an die Stelle des Bestimmungshafens.

Werden die Güter, nachdem die Reise des Schiffs aufgegeben ist, in anderer Art als mit dem zum Transport bestimmten Schiff nach dem Bestimmungshafen weiter befördert, so läuft in Betreff derselben die begonnene Gefahr fort, auch wenn die Weiterbeförderung ganz oder zum Theil zu Lande geschieht. Der Versicherer trägt in solchen Fällen zugleich die Kosten der früheren Löschung, die Kosten der einstweiligen Lagerung und die Mehrkosten der Weiterbeförderung, auch wenn diese zu Lande erfolgt.

Art. 833.

Die Artikel 831. und 832. gelten nur unbeschadet der in den Artikeln 818. und 820. enthaltenen Vorschriften.

Art. 834.

Ist die Dauer der Versicherung nach Tagen, Wochen, Monaten oder Jahren bestimmt, so wird die Zeit nach dem Kalender und der Tag von Mitternacht zu Mitternacht berechnet. Der Versicherer trägt die Gefahr während des Anfangstages und Schlufstages.

Bei der Berechnung der Zeit ist der Ort, wo das Schiff sich befindet, maafsgebend.

Art. 835.

Wenn im Falle der Versicherung des Schiffs auf Zeit dasselbe bei dem Ablauf der im Vertrage festgesetzten Versicherungszeit unterweges ist, so gilt die Versicherung in Ermangelung einer entgegenstehenden Vereinbarung als verlängert bis zur Ankunft des Schiffs im nächsten Bestimmungshafen und, falls in diesem gelöscht wird, bis zur Beendigung der Löschung (Artikel 827.). Der Versicherte ist jedoch befugt, die Verlängerung durch eine dem Versicherer, so lange das Schiff noch nicht unterweges ist, kundzugebende Erklärung auszuschliefsen.

Im Falle der Verlängerung hat der Versicherte für die Dauer derselben und, wenn die Verschollenheit des Schiffs eintritt, bis zum Ablauf der Verschollenheitsfrist die vereinbarte Zeitprämie fort zu entrichten.

Ist die Verlängerung ausgeschlossen, so kann der Versicherer, wenn die Verschollenheitsfrist über die Versicherungszeit hinausläuft, auf Grund der Verschollenheit nicht in Anspruch genommen werden.

Art. 836.

Bei einer Versicherung nach einem oder dem anderen unter mehreren Häfen ist dem Versicherten gestattet, einen dieser Häfen zu wählen; bei einer Versicherung nach einem und einem anderen oder nach einem und mehreren anderen Häfen ist der Versicherte zum Besuch eines jeden der bezeichneten Häfen befugt.

Art. 837.

Wenn die Versicherung nach mehreren Häfen geschlossen oder dem Versicherten das Recht vorbehalten ist, mehrere Häfen anzulaufen, so ist dem Versicherten nur gestattet, die Häfen nach der vereinbarten oder in Ermangelung einer Vereinbarung nach der den Schiffahrtsverhältnissen entsprechenden Reihenfolge zu besuchen; er ist jedoch zum Besuch aller einzelnen Häfen nicht verpflichtet.

Die in der Polize enthaltene Reihenfolge wird, insoweit nicht ein Anderes erhellet, als die vereinbarte angesehen.

Art. 838.

Dem Versicherer fallen zur Last:

1) die Beiträge zur grofsen Haverei mit Einschlufs derjenigen, welche der Versicherte selbst wegen eines von ihm erlittenen Schadens zu tragen hat; die in Gemäfsheit der Artikel 637. und 734. nach den Grundsätzen der grofsen Haverei zu beurtheilenden Beiträge werden den Beiträgen zur grofsen Haverei gleich geachtet;
2) die Aufopferungen, welche zur grofsen Haverei gehören würden, wenn das Schiff Güter und zwar andere als Güter des Rheders an Bord gehabt hätte;
3) die sonstigen zur Rettung sowie zur Abwendung gröfserer Nachtheile nothwendig oder zweckmäfsig aufgewendeten Kosten (Artikel 823.), selbst wenn die ergriffenen Maafsregeln erfolglos geblieben sind;
4) die zur Ermittelung und Feststellung des dem Versicherer zur Last fallenden Schadens erforderlichen Kosten, insbesondere die Kosten der Besichtigung, der Abschätzung, des Verkaufs und der Anfertigung der Dispache.

Art. 839.

In Ansehung der Beiträge zur grofsen Haverei und

der nach den Grundsätzen der grofsen Haverei zu beurtheilenden Beiträge bestimmen sich die Verpflichtungen des Versicherers nach der am gehörigen Ort im Inlande oder im Auslande, im Einklange mit dem am Ort der Aufmachung geltenden Rechte aufgemachten Dispache. Insbesondere ist der Versicherte, welcher einen zur grofsen Haverei gehörenden Schaden erlitten hat, nicht berechtigt, von dem Versicherer mehr als den Betrag zu fordern, zu welchem der Schaden in der Dispache berechnet ist; andererseits haftet der Versicherer für diesen ganzen Betrag, ohne dafs namentlich der Versicherungswerth maafsgebend ist.

Auch kann der Versicherte, wenn der Schaden nach dem am Ort der Aufmachung geltenden Recht als grofse Haverei nicht anzusehen ist, den Ersatz des Schadens von dem Versicherer nicht aus dem Grunde fordern, weil der Schaden nach einem anderen Rechte, insbesondere nach dem Rechte des Versicherungsorts, grofse Haverei sei.

Art. 840.

Der Versicherer haftet jedoch nicht für die im vorstehenden Artikel erwähnten Beiträge, insoweit dieselben in einem Unfall sich gründen, für welchen der Versicherer nach dem Versicherungsvertrage nicht haftet.

Art. 841.

Ist die Dispache von einer durch Gesetz oder Gebrauch dazu berufenen Person aufgemacht, so kann der Versicherer dieselbe wegen Nichtübereinstimmung mit dem am Ort der Aufmachung geltenden Recht und der dadurch bewirkten Benachtheiligung des Versicherten nicht anfechten, es sei denn, dafs der Versicherte durch mangelhafte Wahrnehmung seiner Rechte die Benachtheiligung verschuldet hat.

Dem Versicherten liegt jedoch ob, die Ansprüche gegen die zu seinem Nachtheil Begünstigten dem Versicherer abzutreten.

Dagegen ist der Versicherer befugt, in allen Fällen die Dispache dem Versicherten gegenüber insoweit anzufechten, als ein von dem Versicherten selbst erlittener Schaden, für welchen ihm nach dem am Ort der Aufmachung der Dispache geltenden Rechte eine Vergütung nicht gebührt hätte, gleichwohl als grofse Haverei behandelt worden ist.

Art. 842.

Wegen eines von dem Versicherten erlittenen, zur grofsen Haverei gehörenden oder nach den Grundsätzen der letzteren zu beurtheilenden Schadens haftet der Versicherer, wenn die Einleitung des die Feststellung und Vertheilung des Schadens bezweckenden ordnungsmäfsigen Verfahrens stattgefunden hat, in Ansehung der Beiträge, welche dem Versicherten zu entrichten sind, nur insoweit, als der Versicherte die ihm gebührende Vergütung auch im Rechtswege, sofern er diesen füglich betreten konnte, nicht erhalten hat.

Art. 843.

Ist die Einleitung des Verfahrens ohne Verschulden des Versicherten unterblieben, so kann derselbe den Versicherer wegen des ganzen Schadens nach Maafsgabe des Versicherungsvertrages unmittelbar in Anspruch nehmen.

Art. 844.

Der Versicherer haftet für den Schaden nur bis auf Höhe der Versicherungssumme.

Er hat jedoch die in Artikel 838. unter Ziffer 3. und 4. erwähnten Kosten vollständig zu erstatten, wenngleich die hiernach im Ganzen zu zahlende Vergütung die Versicherungssumme übersteigt.

Sind in Folge eines Unfalls solche Kosten bereits aufgewendet, z. B. Loskaufs- oder Reklamekosten verausgabt, oder sind zur Wiederherstellung oder Ausbesserung der durch den Unfall beschädigten Sache bereits Verwendungen geschehen, z. B. zu einem solchen Zwecke Havereigelder verausgabt, oder sind von dem Versicherten Beiträge zur grofsen Haverei bereits entrichtet, oder ist eine persönliche Verpflichtung des Versicherten zur Entrichtung solcher Beiträge bereits entstanden, und ereignet sich später ein neuer Unfall, so haftet der Versicherer für den durch den späteren Unfall entstehenden Schaden bis auf Höhe der ganzen Versicherungssumme ohne Rücksicht auf die ihm zur Last fallenden früheren Aufwendungen und Beiträge.

Art. 845.

Der Versicherer ist nach Eintritt eines Unfalls berechtigt, durch Zahlung der vollen Versicherungssumme von allen weiteren Verbindlichkeiten aus dem Versicherungsvertrage sich zu befreien, insbesondere von der Verpflichtung, die Kosten zu erstatten, welche zur Rettung, Erhaltung und Wiederherstellung der versicherten Sachen erforderlich sind.

War zur Zeit des Eintritts des Unfalls ein Theil der versicherten Sachen der vom Versicherer zu tragenden Gefahr bereits entzogen, so hat der Versicherer, welcher von dem Rechte dieses Artikels Gebrauch macht, den auf jenen Theil fallenden Theil der Versicherungssumme nicht zu entrichten.

Der Versicherer erlangt durch Zahlung der Versicherungssumme keinen Anspruch auf die versicherten Sachen.

Ungeachtet der Zahlung der Versicherungssumme bleibt der Versicherer zum Ersatze derjenigen Kosten verpflichtet, welche auf die Rettung, Erhaltung oder Wiederherstellung der versicherten Sachen verwendet sind, bevor seine Erklärung, von dem Rechte Gebrauch zu machen, dem Versicherten zugegangen ist.

Art. 846.

Der Versicherer mufs seinen Entschlufs, dafs er von dem im Artikel 845. bezeichneten Rechte Gebrauch machen wolle, bei Verlust dieses Rechts dem Versicherten spätestens am dritten Tage nach Ablauf desjenigen Tages erklären, an welchem ihm der Versicherte nicht allein den Unfall unter Bezeichnung der Beschaffenheit und unmittelbaren Folgen desselben angezeigt, sondern auch alle sonstigen auf den Unfall sich beziehenden Umstände mitgetheilt hat, soweit die letzteren dem Versicherten bekannt sind.

Art. 847.

Im Falle nicht zum vollen Werthe versichert ist, haftet der Versicherer für die im Artikel 838. unter Ziffer 1. bis 4. erwähnten Beiträge, Aufopferungen und Kosten nur nach Verhältnifs der Versicherungssumme zum Versicherungswerth.

Art. 848.

Die Verpflichtung des Versicherers, einen Schaden zu ersetzen, wird dadurch nicht wieder aufgehoben oder geändert, dafs später in Folge einer Gefahr, welche der Versicherer nicht zu tragen hat, ein neuer Schaden und selbst ein Totalverlust eintritt.

Art. 849.

Besondere Havereien, wenn sie ohne die Kosten der

Ermittelung und Feststellung des Schadens (Artikel 838. Ziffer 4.) drei Prozent des Versicherungswerths nicht übersteigen, hat der Versicherer nicht zu ersetzen, wenn sie aber mehr als drei Prozent betragen, ohne Abzug der drei Prozent zu vergüten.

Ist das Schiff auf Zeit oder auf mehrere Reisen versichert, so sind die drei Prozent für jede einzelne Reise zu berechnen. Der Begriff der Reise bestimmt sich nach der Vorschrift des Artikels 760.

Art. 850.

Die im Artikel 838. unter Ziffer 1. bis 3. erwähnten Beiträge, Aufopferungen und Kosten mufs der Versicherer ersetzen, auch wenn sie drei Prozent des Versicherungswerths nicht erreichen. Dieselben kommen jedoch bei der Ermittelung der im Artikel 849. bezeichneten drei Prozent nicht in Berechnung.

Art. 851.

Ist vereinbart, dafs der Versicherer von bestimmten Prozenten frei sein soll, so kommen die in den Artikeln 849. und 850. enthaltenen Vorschriften mit der Maafsgabe zur Anwendung, dafs an Stelle der dort erwähnten drei Prozent die im Vertrage angegebene Anzahl von Prozenten tritt.

Art. 852.

Ist vereinbart, dafs der Versicherer die Kriegsgefahr nicht übernehme, auch die Versicherung rücksichtlich der übrigen Gefahren nur bis zum Eintritt einer Kriegsbelästigung dauern solle — welche Vereinbarung namentlich angenommen wird, wenn der Vertrag mit der Klausel: „frei vom Kriegsmolest“ abgeschlossen ist — so endet die Gefahr für den Versicherer mit dem Zeitpunkt, in welchem die Kriegsgefahr auf die Reise Einflufs zu üben beginnt, insbesondere also, wenn der Antritt oder die Fortsetzung der Reise durch Kriegsschiffe, Kaper oder Blokade behindert oder zur Vermeidung der Kriegsgefahr aufgeschoben wird, wenn das Schiff aus einem solchen Grunde von seinem Wege abweicht, oder wenn der Schiffer durch Kriegsbelästigung die freie Führung des Schiffs verliert.

Art. 853.

Ist vereinbart, dafs der Versicherer zwar nicht die Kriegsgefahr übernehme, alle übrigen Gefahren aber auch nach Eintritt einer Kriegsbelästigung tragen solle — welche Vereinbarung namentlich angenommen wird, wenn der Vertrag mit der Klausel: „nur für Seegefahr“ abgeschlossen ist — so endet die Gefahr für den Versicherer erst mit der Kondemnation der versicherten Sache, oder sobald sie geendet hätte, wenn die Kriegsgefahr nicht ausgenommen worden wäre; der Versicherer haftet aber nicht für die zunächst durch Kriegsgefahr verursachten Schäden, also insbesondere nicht:

für Konfiskation durch kriegführende Mächte;

für Nehmung, Beschädigung, Vernichtung und Plünderung durch Kriegsschiffe und Kaper;

für die Kosten, welche entstehen aus der Anhaltung und Reklamirung, aus der Blokade des Aufenthaltshafens oder der Zurückweisung von einem blokirten Hafen, oder aus dem freiwilligen Aufenthalt wegen Kriegsgefahr;

für die nachstehenden Folgen eines solchen Aufenthalts: Verderb und Verminderung der Güter, Kosten und Gefahr ihrer Entlöschung und Lagerung, Kosten ihrer Weiterbeförderung.

Im Zweifel wird angenommen, daſs ein eingetretener Schaden durch Kriegsgefahr nicht verursacht sei.

Art. 854.

Wenn der Vertrag mit der Klausel: „für behaltene Ankunft“ abgeschlossen ist, so endet die Gefahr für den Versicherer schon mit dem Zeitpunkt, in welchem das Schiff im Bestimmungshafen am gebräuchlichen oder gehörigen Platze den Anker hat fallen lassen oder befestigt ist.

Auch haftet der Versicherer nur:

1) bei der auf das Schiff sich beziehenden Versicherung, wenn entweder ein Totalverlust eintritt, oder wenn das Schiff abandonnirt (Artikel 865.) oder in Folge eines Unfalles vor Erreichung des Bestimmungshafens wegen Reparaturunfähigkeit oder wegen Reparaturunwürdigkeit verkauft wird (Artikel 877.);

2) bei der auf Güter sich beziehenden Versicherung, wenn die Güter oder ein Theil derselben in Folge eines Unfalles den Bestimmungshafen nicht erreichen, insbesondere wenn sie vor Erreichung desselben in Folge eines Unfalles verkauft werden. Erreichen

die Güter den Bestimmungshafen, so haftet der Versicherer weder für eine Beschädigung noch für einen Verlust, welcher Folge einer Beschädigung ist.

Ueberdies hat der Versicherer in keinem Falle die in dem Artikel 838. unter Ziffer 1. bis 4. erwähnten Beiträge, Aufopferungen und Kosten zu tragen.

Art. 855.

Wenn der Vertrag mit der Klausel: „frei von Beschädigung aufser im Strandungsfall" abgeschlossen ist, so haftet der Versicherer nicht für einen Schaden, welcher aus einer Beschädigung entstanden ist, ohne Unterschied, ob derselbe in einer Werthsverringerung oder in einem gänzlichen oder theilweisen Verluste und insbesondere darin besteht, dafs die versicherten Güter gänzlich verdorben und in ihrer ursprünglichen Beschaffenheit zerstört den Bestimmungshafen erreichen oder während der Reise wegen Beschädigung und drohenden Verderbs verkauft worden sind, es sei denn, dafs das Schiff oder das Leichterfahrzeug, worin die versicherten Güter sich befinden, gestrandet ist. Der Strandung werden folgende Seeunfälle gleich geachtet: Kentern, Sinken, Zerbrechen des Rumpfes, Scheitern und jeder Seeunfall, wodurch das Schiff oder Leichterfahrzeug reparaturunfähig geworden ist.

Hat eine Strandung oder ein dieser gleich zu achtender anderer Seeunfall sich ereignet, so haftet der Versicherer für jede drei Prozent übersteigende (Artikel 849.) Beschädigung, welche in Folge eines solchen Seeunfalls entstanden ist, nicht aber für eine sonstige Beschädigung. Es wird bis zum Nachweise des Gegentheils vermuthet, dafs eine Beschädigung, welche möglicherweise Folge des eingetretenen Seeunfalls sein kann, in Folge desselben entstanden ist.

Für jeden Schaden, welcher nicht aus einer Beschädigung entstanden ist, haftet der Versicherer, ohne Unterschied, ob eine Strandung oder ein anderer der erwähnten Unfälle sich zugetragen hat oder nicht, in derselben Weise, als wenn der Vertrag ohne die Klausel abgeschlossen wäre. Jedenfalls haftet er für die im Artikel 838. unter Ziffer 1. 2. und 4. erwähnten Beiträge, Aufopferungen und Kosten, für die darin unter Ziffer 3. erwähnten Kosten aber nur dann, wenn sie zur Abwendung eines ihm zur Last fallenden Verlustes verausgabt sind.

Eine Beschädigung, welche erweislich ohne Selbstentzündung durch Feuer oder durch Löschung eines solchen Feuers, oder durch Beschiefsen entstanden ist, wird als eine solche Beschädigung, von welcher der Versicherer durch die Klausel befreit wird, nicht angesehen.

Art. 856.

Wenn der Vertrag mit der Klausel: „frei von Bruch aufser im Strandungsfall" abgeschlossen ist, so finden die Bestimmungen des vorstehenden Artikels mit der Maafsgabe Anwendung, dafs der Versicherer für Bruch insoweit haftet, als er nach dem vorstehenden Artikel für Beschädigung aufkommt.

Art. 857.

Eine Strandung im Sinne der Artikel 855. und 856. ist vorhanden, wenn das Schiff unter nicht gewöhnlichen Verhältnissen der Schiffahrt auf den Grund festgeräth und entweder:

nicht wieder flott wird, oder

zwar wieder flott wird, jedoch entweder

1) nur unter Anwendung ungewöhnlicher Maafsregeln, als: Kappen der Masten, Werfen oder Löschung eines Theiles der Ladung und dergleichen, oder durch den Eintritt einer ungewöhnlich hohen Fluth, nicht aber ausschliefslich durch Anwendung gewöhnlicher Maafsregeln, als: Winden auf den Anker, Backstellen der Segel und dergleichen, oder
2) erst nachdem das Schiff durch das Festgerathen einen erheblichen Schaden am Schiffskörper erlitten hat.

Fünfter Abschnitt.

Umfang des Schadens.

Art. 858.

Ein Totalverlust des Schiffs oder der Güter liegt vor, wenn das Schiff oder die Güter zu Grunde gegangen oder dem Versicherten ohne Aussicht auf Wiedererlangung entzogen sind, namentlich wenn sie unrettbar gesunken oder in ihrer ursprünglichen Beschaffenheit zerstört oder für gute Prise erklärt sind. Ein Totalverlust des Schiffs wird dadurch nicht ausgeschlossen, daſs einzelne Theile des Wracks oder des Inventars gerettet sind.

Art. 859.

Ein Totalverlust in Ansehung der Fracht liegt vor, wenn die ganze Fracht verloren gegangen ist.

Art. 860.

Ein Totalverlust in Ansehung des imaginairen Gewinnes oder in Ansehung der Provision, welche von der Ankunft der Güter am Bestimmungsorte erwartet werden, liegt vor, wenn die Güter den Bestimmungsort nicht erreicht haben.

Art. 861.

Ein Totalverlust in Ansehung der Bodmerei- oder Havereigelder liegt vor, wenn die Gegenstände, welche verbodmet oder für welche die Havereigelder vorgeschossen oder verausgabt sind, entweder von einem Totalverluste oder dergestalt von anderen Unfällen betroffen sind, daſs in Folge der dadurch herbeigeführten Beschädigungen, Verbodmungen oder sonstigen Belastungen zur Deckung jener Gelder nichts übrig geblieben ist.

Art. 862.

Im Falle des Totalverlustes hat der Versicherer die Versicherungssumme zum vollen Betrage zu zahlen, jedoch unbeschadet der nach Vorschrift des Artikels 804. etwa zu machenden Abzüge.

Art. 863.

Ist im Falle des Totalverlustes vor der Zahlung der Versicherungssumme etwas gerettet, so kommt der Erlös des Geretteten von der Versicherungssumme in Abzug. War nicht zum vollen Werthe versichert, so wird nur ein verhältniſsmäſsiger Theil des Geretteten von der Versicherungssumme abgezogen.

Mit der Zahlung der Versicherungssumme gehen die Rechte des Versicherten an der versicherten Sache auf den Versicherer über.

Erfolgt erst nach der Zahlung der Versicherungssumme eine vollständige oder theilweise Rettung, so hat auf das nachträglich Gerettete nur der Versicherer Anspruch. War nicht zum vollen Werthe versichert, so gebührt dem Versicherer nur ein verhältniſsmäſsiger Theil des Geretteten.

Art. 864.

Sind bei einem Totalverluste in Ansehung des imaginairen Gewinnes (Artikel 860.) die Güter während der Reise so günstig verkauft, daſs der Reinerlös mehr beträgt, als der Versicherungswerth der Güter, oder ist für dieselben, wenn sie in Fällen der groſsen Haverei aufgeopfert sind, oder wenn dafür nach Maaſsgabe der Artikel 612. und 613. Ersatz geleistet werden muſs, mehr als jener Werth vergütet, so kommt von der Versicherungssumme des imaginairen Gewinnes der Ueberschuſs in Abzug.

Art. 865.

Der Versicherte ist befugt, die Zahlung der Versicherungssumme zum vollen Betrage gegen Abtretung der in Betreff des versicherten Gegenstandes ihm zustehenden Rechte in folgenden Fällen zu verlangen (Abandon):

1) wenn das Schiff verschollen ist;
2) wenn der Gegenstand der Versicherung dadurch bedroht ist, daſs das Schiff oder die Güter unter Embargo gelegt, von einer kriegführenden Macht aufgebracht, auf andere Weise durch Verfügung von hoher Hand angehalten oder durch Seeräuber genommen und während einer Frist von sechs, neun oder zwölf Monaten nicht freigegeben sind, je nachdem die Aufbringung, Anhaltung oder Nehmung geschehen ist:
   a) in einem Europäischen Hafen oder in einem Europäischen Meere oder in einem, wenn auch nicht zu Europa gehörenden Theile des Mittelländischen, Schwarzen oder Azowschen Meeres, oder
   b) in einem anderen Gewässer, jedoch diesseits des Vorgebirges der guten Hoffnung und des Kap Horn, oder
   c) in einem Gewässer jenseits des einen jener Vorgebirge.

Die Fristen werden von dem Tage an berechnet, an welchem dem Versicherer der Unfall durch den Versicherten angezeigt ist (Artikel 822.).

Art. 866.

Ein Schiff, welches eine Reise angetreten hat, ist als verschollen anzusehen, wenn es innerhalb der Verschollenheitsfrist den Bestimmungshafen nicht erreicht hat, auch innerhalb dieser Frist den Betheiligten keine Nachrichten über dasselbe zugegangen sind.

Die Verschollenheitsfrist beträgt:

1) wenn sowohl der Abgangshafen als der Bestimmungshafen ein Europäischer Hafen ist, bei Segelschiffen sechs, bei Dampfschiffen vier Monate;

2) wenn entweder nur der Abgangshafen oder nur der Bestimmungshafen ein nichteuropäischer Hafen ist, falls derselbe diesseits des Vorgebirges der guten Hoffnung und des Kap Horn belegen ist, bei Segel- und Dampfschiffen neun Monate, falls derselbe jenseits des einen jener Vorgebirge belegen ist, bei Segel- und Dampfschiffen zwölf Monate;

3) wenn sowohl der Abgangs- als der Bestimmungshafen ein nichteuropäischer Hafen ist, bei Segel- und Dampfschiffen sechs, neun oder zwölf Monate je nachdem die Durchschnittsdauer der Reise nicht über zwei oder nicht über drei oder mehr als drei Monate beträgt.

Im Zweifel ist die längere Frist abzuwarten.

Art. 867.

Die Verschollenheitsfrist wird von dem Tage an berechnet, an welchem das Schiff die Reise angetreten hat. Sind jedoch seit dessen Abgange Nachrichten von demselben angelangt, so wird von dem Tage an, bis zu welchem die letzte Nachricht reicht, diejenige Frist berechnet, welche maafsgebend sein würde, wenn das Schiff von dem Punkt, an welchem es nach sicherer Nachricht zuletzt sich befunden hat, abgegangen wäre.

Art. 868.

Die Abandonerklärung mufs dem Versicherer innerhalb der Abandonfrist zugegangen sein.

Die Abandonfrist beträgt sechs Monate, wenn im Falle der Verschollenheit (Artikel 865. Ziffer 1.) der Bestimmungshafen ein Europäischer Hafen ist und wenn im Falle der Aufbringung, Anhaltung oder Nehmung (Artikel 865. Ziffer 2) der Unfall in einem Europäischen Hafen oder in einem Europäischen Meere oder in einem, wenn auch nicht zu Europa gehörenden Theile des Mittelländichen, Schwarzen oder Azowschen Meeres sich zugetragen hat. In den übrigen Fällen beträgt die Abandonfrist neun Monate. Die Abandonfrist beginnt mit dem Ablaufe der in den Artikeln 865. und 866. bezeichneten Fristen.

Bei der Rückversicherung beginnt die Abandonfrist mit dem Ablaufe des Tages, an welchem dem Rückversicherten von dem Versicherten der Abandon erklärt worden ist.

Art. 869.

Nach Ablauf der Abandonfrist ist der Abandon unstatthaft, unbeschadet des Rechts des Versicherten, nach Maafsgabe der sonstigen Grundsätze Vergütung eines Schadens in Anspruch zu nehmen.

Ist im Falle der Verschollenheit des Schiffs die Abandonfrist versäumt, so kann der Versicherte zwar den Ersatz eines Totalschadens fordern; er mufs jedoch, wenn die versicherte Sache wieder zum Vorschein kommt, und sich dabei ergiebt, dafs ein Totalverlust nicht vorliegt, auf Verlangen des Versicherers gegen Verzicht des letzteren auf die in Folge Zahlung der Versicherungssumme nach Artikel 863. ihm zustehenden Rechte die Versicherungssumme erstatten und mit dem Ersatze eines etwa erlittenen Partialschadens sich begnügen.

Art. 870.

Die Abandonerklärung mufs, um gültig zu sein, ohne Vorbehalt oder Bedingung erfolgen und auf den ganzen versicherten Gegenstand sich erstrecken, soweit dieser zur Zeit des Unfalls den Gefahren der See ausgesetzt war.

Wenn jedoch nicht zum vollen Werthe versichert war, so ist der Versicherte nur den verhältnifsmäfsigen Theil des versicherten Gegenstandes zu abandonniren verpflichtet.

Die Abandonerklärung ist unwiderruflich.

Art. 871.

Die Abandonerklärung ist ohne rechtliche Wirkung, wenn die Thatsachen, auf welche sie gestützt wird, sich nicht bestätigen oder zur Zeit der Mittheilung der Erklärung nicht mehr bestehen. Dagegen bleibt sie für beide Theile verbindlich, wenn auch später Umstände sich ereignen, deren früherer Eintritt das Recht zum Abandon ausgeschlossen haben würde.

Art. 872.

Durch die Abandonerklärung gehen auf den Versicherer alle Rechte über, welche dem Versicherten in Ansehung des abandonnirten Gegenstandes zustanden.

Der Versicherte hat dem Versicherer Gewähr zu leisten wegen der auf dem abandonnirten Gegenstande zur Zeit der Abandonerklärung haftenden dinglichen Rechte, es sei denn, dafs diese in Gefahren sich gründen, wofür der Versicherer nach dem Versicherungsvertrage aufzukommen hatte.

Wird das Schiff abandonnirt, so gebührt dem Versicherer desselben die Nettofracht der Reise, auf welcher der Unfall sich zugetragen hat, soweit die Fracht erst nach der Abandonerklärung verdient ist. Dieser Theil der Fracht wird nach den für die Ermittelung der Distanzfracht geltenden Grundsätzen berechnet.

Den hiernach für den Versicherten entstehenden Verlust hat, wenn die Fracht selbstständig versichert ist, der Versicherer der letzteren zu tragen.

Art. 873.

Die Zahlung der Versicherungssumme kann erst verlangt werden, nachdem die zur Rechtfertigung des Abandons dienenden Urkunden dem Versicherer mitgetheilt sind und eine angemessene Frist zur Prüfung derselben abgelaufen ist. Wird wegen Verschollenheit des Schiffs abandonnirt, so gehören zu den mitzutheilenden Urkunden glaubhafte Bescheinigungen über die Zeit, in welcher das Schiff den Abgangshafen verlassen hat, und über die Nichtankunft desselben im Bestimmungshafen während der Verschollenheitsfrist.

Der Versicherte ist verpflichtet, bei der Abandonerklärung, soweit er dazu im Stande ist, dem Versicherer anzuzeigen, ob und welche andere, den abandonnirten Gegenstand betreffende Versicherungen genommen sind, und ob und welche Bodmereischulden oder sonstige Belastungen darauf haften. Ist die Anzeige unterblieben, so kann der Versicherer die Zahlung der Versicherungssumme so lange verweigern, bis die Anzeige nachträglich geschehen ist; wenn eine Zahlungsfrist bedungen ist, so beginnt dieselbe erst mit dem Zeitpunkt, in welchem die Anzeige nachgeholt ist.

Art. 874.

Der Versicherte ist verpflichtet, auch nach der Abandonerklärung für die Rettung der versicherten Sachen und für die Abwendung gröſserer Nachtheile nach Vorschrift des Artikels 823. und zwar so lange zu sorgen, bis der Versicherer selbst dazu im Stande ist.

Erfährt der Versicherte, daſs ein für verloren erachteter Gegenstand wieder zum Vorschein gekommen ist, so muſs er dies dem Versicherer sofort anzeigen und ihm auf Verlangen die zur Erlangung oder Verwerthung des Gegenstandes erforderliche Hülfe leisten.

Die Kosten hat der Versicherer zu ersetzen; auch hat derselbe den Versicherten auf Verlangen mit einem angemessenen Vorschusse zu versehen.

Art. 875.

Der Versicherte muſs dem Versicherer, wenn dieser die Rechtmäſsigkeit des Abandons anerkennt, auf Verlangen und auf Kosten desselben über den nach Artikel 872. durch die Abandonerklärung eingetretenen Uebergang der Rechte eine beglaubigte Anerkennungsurkunde (Abandonrevers) ertheilen und die auf die abandonnirten Gegenstände sich beziehenden Urkunden ausliefern.

Art. 876.

Bei einem partiellen Schaden am Schiff besteht der Schaden in dem nach Vorschrift der Artikel 711. und 712. zu ermittelnden Betrage der Reparaturkosten, soweit diese die Beschädigungen betreffen, welche dem Versicherer zur Last fallen.

Art. 877.

Ist die Reparaturunfähigkeit oder Reparaturunwürdigkeit des Schiffs (Artikels 444.) auf dem im Artikel 499. vorgeschriebenen Wege festgestellt, so ist der Versicherte dem Versicherer gegenüber befugt, das Schiff oder das Wrack zum öffentlichen Verkaufe zu bringen, und besteht im Falle des Verkaufs der Schaden in dem Unterschiede zwischen dem Reinerlöse und dem Versicherungswerthe.

Die übernommene Gefahr endet für den Versicherer erst mit dem Verkaufe des Schiffs oder des Wracks; auch haftet der Versicherer für den Eingang des Kaufpreises.

Bei der zur Ermittelung der Reparaturunwürdigkeit des Schiffs erforderlichen Feststellung des Werthes desselben im unbeschädigten Zustande bleibt dessen Versicherungswerth, gleichviel ob dieser taxirt ist oder nicht, auſser Betracht.

Art. 878.

Der Beginn der Reparatur schliefst die Ausübung des in dem vorhergehenden Artikel dem Versicherten eingeräumten Rechts nicht aus, wenn erst später erhebliche Schäden entdeckt werden, welche dem Versicherten ohne sein Verschulden unbekannt geblieben waren.

Macht der Versicherte von dem Rechte nachträglich Gebrauch, so mufs der Versicherer die bereits aufgewendeten Reparaturkosten insoweit besonders vergüten, als durch die Reparatur bei dem Verkaufe des Schiffs ein höherer Erlös erzielt worden ist.

Art. 879.

Bei Gütern, welche beschädigt in dem Bestimmungshafen ankommen, ist durch Vergleichung des Bruttowerthes, den sie daselbst im beschädigten Zustande wirklich haben, mit dem Bruttowerthe, welchen sie dort im unbeschädigten Zustande haben würden, zu ermitteln, wie viele Prozente des Werthes der Güter verloren sind. Eben so viele Prozente des Versicherungswerthes sind als der Betrag des Schadens anzusehen.

Die Ermittelung des Werthes, welchen die Güter im beschädigten Zustande haben, erfolgt durch öffentlichen Verkauf oder, wenn der Versicherer einwilligt, durch Abschätzung. Die Ermittelung des Werthes, welchen die Güter im unbeschädigten Zustande haben würden, geschieht nach Maafsgabe der Bestimmungen des ersten und zweiten Absatzes des Artikels 612.

Der Versicherer hat aufserdem die Besichtigungs-, Abschätzungs- und Verkaufskosten zu tragen.

Art. 880.

Ist ein Theil der Güter auf der Reise verloren gegangen, so besteht der Schaden in eben so vielen Prozenten des Versicherungswerthes, als Prozente des Werthes der Güter verloren gegangen sind.

Art. 881.

Wenn Güter auf der Reise in Folge eines Unfalls verkauft worden sind, so besteht der Schaden in dem Unterschiede zwischen dem nach Abzug der Fracht, Zölle und Verkaufskosten sich ergebenden Reinerlöse der Güter und deren Versicherungswerthe.

Die übernommene Gefahr endet für den Versicherer

erst mit dem Verkauf der Güter; auch haftet der Versicherer für den Eingang des Kaufpreises.

Die Bestimmungen der Artikel 838. bis 842. werden durch die Vorschriften dieses Artikels nicht berührt.

Art. 882.

Bei partiellem Verluste der Fracht besteht der Schaden in demjenigen Theile der bedungenen oder in deren Ermangelung der üblichen Fracht, welcher verloren gegangen ist.

Ist die Fracht taxirt und die Taxe nach Vorschrift des vierten Absatzes des Artikels 797. in Bezug auf einen von dem Versicherer zu ersetzenden Schaden maafsgebend, so besteht der Schaden in eben so vielen Prozenten der Taxe, als Prozente der bedungenen oder üblichen Fracht verloren sind.

Art. 883.

Bei imaginairem Gewinne oder Provision, welche von der Ankunft der Güter erwartet werden, besteht der Schaden, wenn die Güter im beschädigen Zustande ankommen, in eben so vielen Prozenten des als Gewinn oder Provision versicherten Betrages, als der nach Artikel 879. zu ermittelnde Schaden an den Gütern Prozente des Versicherungswerthes der letzteren beträgt.

Hat ein Theil der Güter den Bestimmungshafen nicht erreicht, so besteht der Schaden in eben so vielen Prozenten des als Gewinn oder Provision versicherten Betrages, als der Werth des in dem Bestimmungshafen nicht angelangten Theiles der Güter Prozente des Werthes aller Güter beträgt.

Wenn bei der Versicherung des imaginairen Gewinnes in Ansehung des nicht angelangten Theiles der Güter die Voraussetzungen des Artikels 864. vorhanden sind, so kommt von dem Schaden der im Artikel 864. bezeichnete Ueberschufs in Abzug.

Art. 884.

Bei Bodmerei- oder Havereigeldern besteht im Falle eines partiellen Verlustes der Schaden in dem Ausfalle, welcher darin sich gründet, dafs der Gegenstand, welcher verbodmet oder für welchen die Havereigelder vorgeschossen oder verausgabt sind, zur Deckung der Bodmerei- oder Havereigelder in Folge späterer Unfälle nicht mehr genügt.

Art. 885.

Der Versicherer hat den nach den Artikeln 876. bis 884. zu berechnenden Schaden vollständig zu vergüten, wenn zum vollen Werthe versichert war, jedoch unbeschadet der Vorschrift des Artikels 804; war nicht zum vollen Werthe versichert, so hat er nach Maafsgabe des Artikels 796. nur einen verhältnifsmäfsigen Theil dieses Schadens zu vergüten.

Sechster Abschnitt.

Bezahlung des Schadens.

Art. 886.

Der Versicherte hat, um den Ersatz eines Schadens fordern zu können, eine Schadensberechnung dem Versicherer mitzutheilen.

Er mufs zugleich durch genügende Beläge dem Versicherer darthun:

1) sein Interesse;
2) dafs der versicherte Gegenstand den Gefahren der See ausgesetzt worden ist;
3) den Unfall, worauf der Anspruch gestützt wird;
4) den Schaden und dessen Umfang.

Art. 887.

Bei der Versicheruug für fremde Rechnung hat aufserdem der Versicherte sich darüber auszuweisen, dafs er dem Versicherungsnehmer zum Abschlusse des Vertrages Auftrag ertheilt hat. Ist die Versicherung ohne Auftrag geschlossen (Artikel 786.), so mufs der Versicherte die Umstände darthun, aus welchen hervorgeht, dafs die Versicherung in seinem Interesse genommen ist.

Art. 888.

Als genügende Beläge sind anzusehen im Allgemeinen solche Beläge, welche im Handelsverkehr namentlich wegen der Schwierigkeit der Beschaffung anderer Beweise nicht beanstandet zu werden pflegen, insbesondere

1) zum Nachweise des Interesse:

bei der Versicherung des Schiffs die üblichen Eigenthumsurkunden;

bei der Versicherung von Gütern die Fakturen und Konnossemente, insofern nach Inhalt derselben der Versicherte zur Verfügung über die Güter befugt erscheint;

bei der Versicherung der Fracht die Chartepartien und Konnossemente;

2) zum Nachweise der Verladung der Güter die Konnossemente;

3) zum Nachweise des Unfalls die Verklarung und das Schiffsjournal (Artikel 488. und 499.), in Kondemnationsfällen das Erkenntnifs des Prisengerichts, in Verschollenheitsfällen glaubhafte Bescheinigungen über die Zeit, in welcher das Schiff den Abgangshafen verlassen hat und über die Nichtankunft desselben im Bestimmungshafen während der Verschollenheitsfrist;

4) zum Nachweise des Schadens und dessen Umfanges die den Gesetzen oder Gebräuchen des Orts der Schadensermittelung entsprechenden Besichtigungs-, Abschätzungs- und Versteigerungsurkunden, sowie die Kostenanschläge der Sachverständigen, ferner die quittirten Rechnungen über die ausgeführten Reparaturen und andere Quittungen über geleistete Zahlungen; in Ansehung eines partiellen Schadens am Schiff (Artikel 876. 877.) genügen jedoch die Besichtigungs- und Abschätzungsurkunden, sowie die Kostenanschläge nur dann, wenn die etwaigen Schäden, welche in Abnutzung, Alter, Fäulnifs oder Wurmfrafs sich gründen, gehörig ausgeschieden sind, und wenn zugleich, soweit es ausführbar war, solche Sachverständige zugezogen worden sind, welche entweder ein- für allemal obrigkeitlich bestellt oder von dem Ortsgericht oder dem Landeskonsul und in deren Ermangelung oder, sofern deren Mitwirkung sich nicht erlangen liefse, von einer anderen Behörde besonders ernannt waren.

Art. 889.

Auch im Falle eines Rechtsstreits ist den im Artikel 888. bezeichneten Urkunden in der Regel und, insofern nicht besondere Umstände Bedenken erregen, Beweiskraft beizulegen.

Art. 890.

Eine Vereinbarung, wodurch der Versicherte von dem

Nachweise der im Artikel 886. erwähnten Umstände oder eines Theiles derselben befreit wird, ist gültig, jedoch unbeschadet des Rechts des Versicherers, das Gegentheil zu beweisen.

Die bei der Versicherung von Gütern getroffene Vereinbarung, dafs das Konnossement nicht zu produziren sei, befreit nur von dem Nachweise der Verladung.

Art. 891.

Bei der Versicherung für fremde Rechnung ist der Versicherungsnehmer ohne Beibringung einer Vollmacht des Versicherten legitimirt, über die Rechte, welche in dem Versicherungsvertrage für den Versicherten ausbedungen sind, zu verfügen, sowie die Versicherungsgelder zu erheben und einzuklagen. Diese Bestimmung gilt jedoch im Falle der Ertheilung einer Polize nur dann, wenn der Versicherungsnehmer die Polize beibringt.

Ist die Versicherung ohne Auftrag genommen, so bedarf der Versicherungsnehmer zur Erhebung oder Einklagung der Versicherungsgelder der Zustimmung des Versicherten.

Art. 892.

Im Falle der Ertheilung einer Polize hat der Versicherer die Versicherungsgelder dem Versicherten zu zahlen, wenn dieser die Polize beibringt.

Art. 893.

Der Versicherungsnehmer ist nicht verpflichtet, die Polize dem Versicherten oder den Gläubigern oder der Konkursmasse desselben auszuliefern, bevor er wegen der gegen den Versicherten in Bezug auf den versicherten Gegenstand ihm zustehenden Ansprüche befriedigt ist. Im Falle eines Schadens kann der Versicherungsnehmer wegen dieser Ansprüche aus der Forderung, welche gegen den Versicherer begründet ist, und nach Einziehung der Versicherungsgelder aus den letzteren vorzugsweise vor dem Versicherten und vor dessen Gläubigern sich befriedigen.

Art. 894.

Der Versicherer macht sich dem Versicherungsnehmer verantwortlich, wenn er, während dieser noch im Besitze der Polize sich befindet, durch Zahlungen, welche er dem Versicherten oder den Gläubigern oder der Konkursmasse desselben leistet, oder durch Verträge, welche er mit denselben schliefst, das in dem Artikel 893. bezeichnete Recht des Versicherungsnehmers beeinträchtigt.

Inwiefern der Versicherer einem Dritten, welchem Rechte aus der Polize eingeräumt sind, sich dadurch verantwortlich macht, dafs er über diese Rechte Verträge schliefst oder Versicherungsgelder zahlt, ohne die Polize sich zurückgeben zu lassen oder dieselbe mit der erforderlichen Bemerkung zu versehen, bestimmt sich nach den Vorschriften des bürgerlichen Rechts.

Art. 895.

Wird der Versicherer auf Zahlung der Versicherungsgelder in Anspruch genommen, so kann er bei der Versicherung für fremde Rechnung Forderungen, welche ihm gegen den Versicherungsnehmer zustehen, nicht zur Kompensation bringen.

Art. 896.

Der Versicherte ist befugt, nicht allein die aus einem bereits eingetretenen Unfall ihm zustehenden, sondern auch die künftigen Entschädigungsansprüche einem Dritten abzutreten. Ist eine Polize ertheilt, welche an Order lautet, so kann dieselbe durch Indossament übertragen werden; in Ansehung eines solchen Indossaments kommen die Vorschriften der Artikel 301. 303. 305. zur Anwendung. Bei der Versicherung für fremde Rechnung ist zur Gültigkeit der ersten Uebertragung das Indossament des Versicherungsnehmers genügend.

Art. 897.

Wenn nach Ablauf zweier Monate seit der Anzeige des Unfalls die Schadensberechnung (Artikel 886.) ohne Verschulden des Versicherten noch nicht vorgelegt, wohl aber durch ungefähre Ermittelung die Summe festgestellt ist, welche dem Versicherer mindestens zur Last fällt, so hat der letztere diese Summe in Anrechnung auf seine Schuld vorläufig zu zahlen, jedoch nicht vor Ablauf der etwa für die Zahlung der Versicherungsgelder bedungenen Frist. Soll die Zahlungsfrist mit dem Zeitpunkt beginnen, in welchem dem Versicherer die Schadensberechnung mitgetheilt ist, so wird dieselbe im Falle dieses Artikels von der Zeit an berechnet, in welcher dem Versicherer die vorläufige Ermittelung mitgetheilt ist.

Art. 898.

Der Versicherer hat

1) in Havereifällen zu den für die Rettung, Erhaltung oder Wiederherstellung der versicherten Sache nöthigen Ausgaben in Anrechnung auf seine später festzustellende Schuld zwei Drittel des ihm zur Last fallenden Betrages,
2) bei Aufbringung des Schiffs oder der Güter den vollen Betrag der ihm zur Last fallenden Kosten des Reklameprozesses, sowie sie erforderlich werden,

vorzuschiefsen.

Siebenter Abschnitt.

Aufhebung der Versicherung und Rückzahlung der Prämie.

Art. 899.

Wird die Unternehmung, auf welche die Versicherung sich bezieht, ganz oder zum Theil von dem Versicherten aufgegeben, oder wird ohne sein Zuthun die versicherte Sache ganz oder ein Theil derselben der von dem Versicherer übernommenen Gefahr nicht ausgesetzt, so kann die Prämie ganz oder zu dem verhältnifsmäfsigen Theil bis auf eine dem Versicherer gebührende Vergütung zurückgefordert oder einbehalten werden (Ristorno).

Die Vergütung (Ristornogebühr) besteht, sofern nicht ein anderer Betrag vereinbart oder am Ort der Versicherung üblich ist, in einem halben Prozent der ganzen oder des entsprechenden Theiles der Versicherungssumme, wenn aber die Prämie nicht ein Prozent der Versicherungssumme erreicht, in der Hälfte der ganzen oder des verhältnifsmäfsigen Theiles der Prämie.

Art. 900.

Ist die Versicherung wegen Mangels der versicherten Interesse (Artikel 782.) oder wegen Ueberversicherung (Artikel 790.) oder wegen Doppelversicherung (Artikel 792.) unwirksam, und hat sich der Versicherungsnehmer bei dem Abschlusse des Vertrages und im Falle der Versicherung für fremde Rechnung auch der Versicherte bei der Ertheilung des Auftrages in gutem Glauben befunden, so kann die Prämie gleichfalls bis auf die im Artikel 899. bezeichnete Ristornogebühr zurückgefordert oder einbehalten werden.

Art. 901.

Die Anwendung der Artikel 899. und 900. ist dadurch nicht ausgeschlossen, dafs der Versicherungsvertrag für den Versicherer wegen Verletzung der Anzeigepflicht oder aus anderen Gründen unverbindlich ist, selbst wenn der Versicherer ungeachtet dieser Unverbindlichkeit auf die volle Prämie Anspruch hätte.

Art. 902.

Ein Ristorno findet nicht statt, wenn die Gefahr für den Versicherer bereits zu laufen begonnen hat.

Art. 903.

Wenn der Versicherer zahlungsunfähig geworden ist, so ist der Versicherte befugt, nach seiner Wahl entweder von dem Vertrage zurückzutreten und die ganze Prämie zurückzufordern oder einzubehalten, oder auf Kosten des Versicherers nach Maafsgabe des Artikels 793. eine neue Versicherung zu nehmen. Dieses Recht steht ihm jedoch nicht zu, wenn ihm wegen Erfüllung der Verpflichtungen des Versicherers genügende Sicherheit bestellt wird, bevor er von dem Vertrage zurückgetreten ist oder die neue Versicherung genommen hat.

Art. 904.

Wird der versicherte Gegenstand veräufsert, so können dem Erwerber die dem Versicherten nach dem Versicherungsvertrage auch in Bezug auf künftige Unfälle zustehenden Rechte mit der Wirkung übertragen werden, dafs der Erwerber den Versicherer ebenso in Anspruch zu nehmen befugt ist, als wenn die Veräufserung nicht stattgefunden hätte und der Versicherte selbst den Anspruch erhöbe.

Der Versicherer bleibt von der Haftung für die Gefahren befreit, welche nicht eingetreten sein würden, wenn die Veräufserung unterblieben wäre.

Er kann sich nicht nur der Einreden und Gegenforderungen bedienen, welche ihm unmittelbar gegen den Erwerber zustehen, sondern auch derjenigen, welche er dem Versicherten hätte entgegenstelllen können, der aus dem Versicherungsvertrage nicht hergeleiteten jedoch nur insofern, als sie bereits vor der Anzeige der Uebertragung entstanden sind.

Durch die vorstehende Bestimmung werden die rechtlichem Wirkungen der mittelst Indossamentes erfolgten Uebertragung einer Polize, welche an Order lautet, nicht berührt.

Art. 905.

Die Vorschriften des Artikels 904. gelten auch im Falle der Versicherung einer Schiffspart.

Ist das Schiff selbst versichert, so kommen dieselben nur dann zur Anwendung, wenn das Schiff während einer Reise veräufsert wird. Anfang und Ende der Reise bestimmen sich nach Artikel 827. Ist das Schiff auf Zeit oder für mehrere Reisen (Artikel 760.) versichert, so dauert die Versicherung im Falle der Veräufserung während einer Reise nur bis zur Entlöschung des Schiffs im nächsten Bestimmungshafen (Artikel 827.).

Zwölfter Titel.

Von der Verjährung.

Art. 906.

Die im Artikel 757. aufgeführten Forderungen verjähren in einem Jahre. Es beträgt jedoch die Verjährungsfrist zwei Jahre:

1) für die aus den Dienst- und Heuerverträgen herrührenden Forderungen der Schiffsbesatzung, wenn die Entlassung jenseits des Vorgebirges der guten Hoffnung oder des Kap Horn erfolgt ist;
2) für die aus dem Zusammenstofse von Schiffen hergeleiteten Entschädigungsforderungen.

Art. 907.

Die nach dem vorstehenden Artikel eintretende Verjährung bezieht sich zugleich auf die persönlichen Ansprüche, welche dem Gläubiger etwa gegen den Rheder oder eine Person der Schiffsbesatznng zustehen.

Art. 908.

Die Verjährung beginnt:

1) in Ansehung der Forderungen der Schiffsbesatzung (Artikel 757. Ziffer 4.) mit dem Ablaufe des Tages, an welchem das Dienst- oder Heuerverhältnifs endet, und falls die Anstellung der Klage früher möglich und zulässig ist, mit dem Ablaufe des Tages, an welchem diese Voraussetzung zutrifft; jedoch kommt das Recht, Vorschufs- und Abschlagszahlungen zu

verlangen, für den Beginn der Verjährung nicht in Betracht;

2) in Ansehung der Forderungen wegen Beschädigung oder verspäteter Ablieferung von Gütern und Reise-Effekten (Artikel 757. Ziffer 8. und 10.) und wegen der Beiträge zur groſsen Haverei (Artikel 757. Ziffer 6.) mit dem Ablaufe des Tages, an welchem die Ablieferuug erfolgt ist, in Ansehung der Forderungen wegen Nichtablieferung von Gütern mit dem Ablaufe des Tages, an welchem das Schiff den Hafen erreicht, wo die Ablieferung erfolgen sollte, und wenn dieser Hafen nicht erreicht wird, mit dem Ablaufe des Tages, an welchem der Betheiligte sowohl hiervon als auch von dem Schaden zuerst Kenntniſs gehabt hat;

3) in Ansehung der nicht unter die Ziffer 2. fallenden Forderungen aus dem Verschulden einer Person der Schiffsbesatzung (Artikel 757. Ziffer 10) mit dem Ablaufe des Tages, an welchem der Betheiligte von dem Schaden Kenntniſs erlangt hat, in Ansehung der Entschädigungsforderungen wegen des Zusammenstoſses von Schiffen jedoch mit dem Ablaufe des Tages, an welchem der Zusammenstoſs stattgefunden hat;

4) in Ansehung aller anderen Forderungen mit dem Ablaufe des Tages, an welchem die Forderung fällig geworden ist.

Art. 909.

Ferner verjähren in einem Jahre die auf den Gütern wegen der Fracht nebst allen Nebengebühren, wegen des Liegegeldes, die ausgelegten Zölle und sonstigen Auslagen, wegen der Bodmereigelder, der Beiträge zur groſsen Haverei und der Bergungs- und Hülfskosten haftenden Forderungen, sowie alle persönlichen Ansprüche gegen die Ladungsbetheiligten und die Forderungen wegen der Ueberfahrtsgelder.

Die Verjährung beginnt in Ansehung der Beiträge zur groſsen Haverei mit dem Ablaufe des Tages, an welchem die beitragspflichtigen Güter abgeliefert sind, in Ansehung der übrigen Forderungen mit dem Ablaufe des Tages, an welchem die Fälligkeit eingetreten ist.

Art. 910.

Es verjähren in fünf Jahren die Forderungen des Versicherers und des Versicherten aus dem Versicherungsvertrage.

Die Verjährung beginnt mit dem Ablaufe des letzten Tages des Jahres, in welchem die versicherte Reise beendigt ist, und bei der Versicherung auf Zeit mit dem Ablaufe des Tages, an welchem die Versicherungszeit endet. Sie beginnt, wenn das Schiff verschollen ist, mit dem Ablaufe des Tages, an welchem die Verschollenheitsfrist endet.

Art. 911.

Eine Forderung, welche nach den Artikeln 906. bis 910. verjährt ist, kann auch im Wege der Kompensation oder sonst als Gegenforderung nicht geltend gemacht werden, wenn sie zur Zeit der Entstehung der anderen Forderung bereits verjährt war.

Allgemeine
Deutsche Wechselordnung [1]
nebst den Nürnberger Novellen,
betreffend die Ergänzung und Erläuterung der Allgemeinen Deutschen Wechselordnung.

Erster Abschnitt.
Von der Wechselfähigkeit.

Art. 1.

Wechselfähig ist Jeder, welcher sich durch Verträge verpflichten kann.

Art. 2 [2].

Art. 3.

Finden sich auf einem Wechsel Unterschriften von Personen, welche eine Wechelverbindlichkeit überhaupt nicht, oder nicht mit vollem Erfolge eingehen können, so hat dies auf die Verbindlichkeit der übrigen Wechselverpflichteten keinen Einfluſs.

Zweiter Abschnitt.
Von gezogenen Wechseln.

I. Erfordernisse eines gezogenen Wechsels.

Art. 4.

Die wesentlichen Erfordernisse eines gezogenen Wechsels sind:

---

1) B.-Ges.-Bl. 1869, S. 382—403. Vgl. Gesetz, betreffend die Wechselstempelsteuer im norddeutschen Bunde, vom 10. Juni 1869 (B. Ges.-Bl. 1869, S. 193 ff.), eingeführt in Baden, Hessen, Hohenzollern und Würtemberg durch die »Verfassung des deutschen Bundes« vom 31. Dezember 1870 Artikel 80 (B. Ges.-Bl. 1870, S. 648 f.), in Baiern durch Gesetz vom 22. April 1871 (R.-Ges.-Bl 1871, S. 88), in Elsaſs-Lothringen durch Gesetz vom 14. Juli 1871 (Ges.-Bl. f. Els.-Lothr. 1871, S. 175).

2) Artikel 2 und die dazu gehörigen Novellen 1 und 2 sind beseitigt durch die Aufhebung der exekutiven Schuldhaft 1. im Reiche durch Bundesgesetz vom 29. Mai 1868 (Reichsgesetz f. d. süddeutschen Staaten durch die »Verfassung des Deutschen Bundes« vom 31. Dezember 1870, Artikel 80. Nr. 8, und Gesetz vom 22. April 1871), 2. in Elsaſs-Lothringen durch das französische Gesetz vom 22. Juli 1867, 3. in Oesterreich durch Gesetz vom 4. Mai 1868.

1) die in den Wechsel selbst aufzunehmende Bezeichnung als Wechsel, oder, wenn der Wechsel in einer fremden Sprache ausgestellt ist, ein jener Bezeichnung entsprechender Ausdruck in der fremden Sprache;
2) die Angabe der zu zahlenden Geldsumme;
3) der Name der Person oder die Firma, an welche oder an deren Order gezahlt werden soll (des Remittenten);
4) die Angabe der Zeit, zu welcher gezahlt werden soll; die Zahlungszeit kann *für die gesammte Geldsumme nur eine und dieselbe sein und* [1]) nur festgesetzt werden
   auf einen bestimmten Tag,
   auf Sicht (Vorzeigung, à vista etc.) oder auf eine bestimmte Zeit nach Sicht,
   auf eine bestimmte Zeit nach dem Tage der Ausstellung (nach dato),
   auf eine Messe oder einen Markt (Mefs- oder Marktwechsel);
5) die Unterschrift des Ausstellers (Trassanten) mit seinem Namen oder seiner Firma;
6) die Angabe des Ortes, Monatstages und Jahres der Ausstellung;
7) der Name der Person oder die Firma, welche die Zahlung leisten soll (des Bezogenen oder Trassaten);
8) die Angabe des Ortes, wo die Zahlung geschehen soll; der bei dem Namen oder der Firma des Bezogenen angegebene Ort gilt für den Wechsel, insofern nicht ein eigener Zahlungsort angegeben ist, als Zahlungsort und zugleich als Wohnort des Bezogenen.

Art. 5.

Ist die zu zahlende Geldsumme (Art. 4. Nr. 2.) in Buchstaben und in Ziffern ausgedrückt, so gilt bei Abweichungen die in Buchstaben ausgedrückte Summe.

Ist die Summe mehrmals mit Buchstaben oder mehrmals mit Ziffern geschrieben, so gilt bei Abweichungen die geringere Summe.

---

1) Novelle 3. In Oesterreich Novelle 1.

Art. 6.

Der Aussteller kann sich selbst als Remittenten (Art. 4. Nr. 3.) bezeichnen (Wechsel an eigene Order).

Desgleichen kann der Aussteller sich selbst als Bezogenen (Art. 4. Nr. 7.) bezeichnen, sofern die Zahlung an einem anderen Orte als dem des Ausstellers geschehen soll (trassirt-eigene Wechsel).

Art. 7.

Aus einer Schrift, welcher eines der wesentlichsten Erfordernisse eines Wechsels (Art. 4.) fehlt, entsteht keine wechselmäfsige Verbindlichkeit. Auch haben die auf eine solche Schrift gesetzten Erklärungen (Indossament, Akzept, Aval) keine Wechselkraft. *Das in einem Wechsel enthaltene Zinsversprechen gilt als nicht geschrieben* [1].

II. Verpflichtungen des Ausstellers.

Art. 8.

Der Aussteller eines Wechsels haftet für dessen Annahme und Zahlung wechselmäfsig.

III. Indossament.

Art. 9.

Der Remittent kann den Wechsel an einen anderen durch Indossament (Giro) übertragen.

Hat jedoch der Aussteller die Uebertragung im Wechsel durch die Worte „nicht an Order" oder durch eieen gleichbedeutenden Ausdruck untersagt, so hat das Indossament keine wechselrechtliche Wirkung.

Art. 10.

Durch das Indossament gehen alle Rechte aus dem Wechsel auf den Indossatar über, insbesondere auch die Befugnifs, den Wechsel weiter zu indossiren. Auch an den Aussteller, Bezogenen, Akzeptanten oder einen früheren Indossanten kann der Wechsel gültig indossirt und von denselben weiter indossirt werden.

Art. 11.

Das Indossament mufs auf den Wechsel, eine Kopie

---

1) Novelle 4. Die österreichische Novelle 2 bestimmt das Gegentheil, indem sie in Zeile 2 des Artikels zwischen »fehlt« und »entsteht« einschiebt: *oder in welcher ein Zinsversprechen enthalten ist.*

desselben oder ein mit dem Wechsel oder der Kopie verbundenes Blatt (Alonge) geschrieben werden.

Art. 12.

Ein Indossament ist gültig, wenn der Indossant auch nur seinen Namen oder seine Firma auf die Rückseite des Wechels oder der Kopie, oder auf die Alonge schreibt (Blanko-Indossament).

Art. 13.

Jeder Inhaber eines Wechsels ist befugt, die auf demselben befindlichen Blanko-Indossamente auszufüllen; er kann den Wechsel aber auch ohne diese Ausfüllung weiter indossiren.

Art. 14.

Der Indossant haftet jedem späteren Inhaber des Wechsels für dessen Annahme und Zahlung wechselmäſsig. Hat er aber dem Indossamente die Bemerkung „ohne Gewährleistung“, ohne „Obligo“ oder einen gleichbedeutenden Vorbehalt hinzugefügt, so ist er von der Verbindlichkeit aus seinem Indossamente befreit.

Art. 15.

Ist in dem Indossamente die Weiterbegebung durch die Worte „nicht an Order“ oder durch einen gleichbedeutenden Ausdruck verboten, so haben diejenigen, an welche der Wechsel aus der Hand des Indossatars gelangt, gegen den Indossanten keinen Regreſs.

Art. 16.

Wenn ein Wechsel indossirt wird, nachdem die für die Protesterhebung Mangels Zahlung bestimmte Frist abgelaufen ist, so erlangt der Indossatar die Rechte aus dem etwa vorhandenen Akzepte gegen den Bezogenen und Regreſsrechte gegen Diejenigen, welche den Wechsel nach Ablauf dieser Frist indossirt haben.

Ist aber der Wechsel vor dem Indossamente bereits Mangels Zahlung protestirt worden, so hat der Indossatar nur die Rechte seines Indossanten gegen den Akzeptanten, den Aussteller und Diejenigen, welche den Wechsel bis zur Protesterhebung indossirt haben. Auch ist in einem solchen Falle der Indossant nicht wechselmäſsig verpflichtet.

Art. 17.

Ist dem Indossamente die Bemerkung „zur Einkassirung“, „in Prokura“ oder eine andere, die Bevollmächtigung ausdrückende Formel beigefügt worden, so überträgt das Indossament das Eigenthum an dem Wechsel nicht, ermächtigt aber den Indossatar zur Einziehung der Wechselforderung, Protesterhebung und Benachrichtigung des Vormannes seines Indossanten von der unterbliebenen Zahlung (Artikel 45.), sowie zur Einklagung der nicht bezahlten und zur Erhebung der deponirten Wechselschuld. Ein solcher Indossatar ist auch berechtigt, diese Befugnifs durch ein weiteres Prokura-Indossament einem Anderen zu übertragen. Dagegen ist derselbe zur weiteren Begebung durch eigentliches Indossament selbst dann nicht befugt, wenn dem Prokura-Indossamente der Zusatz „oder Order“ hinzugefügt ist.

IV. Präsentation zur Annahme.

Art. 18.

Der Inhaber eines Wechsels ist berechtigt, den Wechsel dem Bezogenen sofort zur Annahme zu präsentiren und in Ermangelung der Annahme Protest erheben zu lassen. *Eine entgegenstehende Uebereinkunft hat keine wechselrechtliche Wirkung* [1]. Nur bei Mefs- oder Marktwechseln findet eine Ausnahme dahin statt, dafs solche Wechsel erst in der an dem Mefs- oder Marktorte gesetzlich bestimmten Präsentationszeit zur Annahme präsentirt und in Ermangelung derselben protestirt werden können. Der blofse Besitz des Wechsels ermächtigt zur Präsentation des Wechsels und zur Erhebung des Protestes Mangels Annahme.

Art. 19.

Eine Verpflichtung des Inhabers, den Wechsel zur Annahme zu präsentiren, findet nur bei Wechseln statt, welche auf eine bestimmte Zeit nach Sicht lauten. Solche Wechsel müssen, bei Verlust des wechselmäfsigen Anspruchs gegen die Indossanten und den Aussteller, nach Maafsgabe der besonderen im Wechsel enthaltenen Bestimmung und in Ermangelung derselben binnen zwei Jahren nach der Ausstellung zur Annahme präsentirt werden. Hat ein Indossant auf einen Wechsel dieser Art seinem Indossamente eine besondere Präsentationsfrist hinzugefügt, so erlischt

1) Novelle 5. In Oesterreich Novelle 3.

seine wechselmäfsige Verpflichtung, wenn der Wechsel nicht innerhalb dieser Frist zur Annahme präsentirt worden ist.

Art. 20.

Wenn die Annahme eines auf bestimmte Zeit nach Sicht gestellten Wechsels nicht zu erhalten ist, oder der Bezogene die Datirung seines Akzeptes verweigert, so mufs der Inhaber bei Verlust des wechselmäfsigen Anspruchs gegen die Indossanten und den Aussteller die rechtzeitige Präsentation des Wechsels durch einen innerhalb der Präsentationsfrist (Art. 19.) erhobenen Protest feststellen lassen.

Der Protesttag gilt in diesem Falle für den Tag der Präsentation.

Ist die Protesterhebung unterblieben, so wird gegen den Akzeptanten, welcher die Datirung seines Akzeptes unterlassen hat, die Verfallzeit des Wechsels vom letzten Tage der Präsentationsfrist an gerechnet.

V. Annahme (Akzeptation).

Art. 21.

Die Annahme des Wechsels mufs auf dem Wechsel schriftlich geschehen.

Jede auf den Wechsel geschriebene und von dem Bezogenen unterschriebene Erklärung gilt für eine unbeschränkte Annahme, sofern nicht in derselben ausdrücklich ausgesprochen ist, dafs der Bezogene entweder überhaupt nicht oder nur unter gewissen Einschränkungen annehmen wolle.

Gleichergestalt gilt es für eine unbeschränkte Annahme, wenn der Bezogene ohne weiteren Beisatz seinen Namen oder seine Firma auf die Vorderseite des Wechsels schreibt.

Die einmal erfolgte Annahme kann nicht wieder zurückgenommen werden.

Art. 22.

Der Bezogene kann die Annahme auf einen Theil der im Wechsel verschriebenen Summe beschränken.

Werden dem Akzepte andere Einschränkungen beigefügt, so wird der Wechsel einem solchen gleichgeachtet, dessen Annahme gänzlich verweigert worden ist, der Akzeptant haftet aber nach dem Inhalte seines Akzeptes wechselmäfsig.

Art. 23.

Der Bezogene wird durch die Annahme wechselmäfsig verpflichtet, die von ihm akzeptirte Summe zur Verfallzeit zu zahlen.

Auch dem Aussteller haftet der Bezogene aus dem Akzepte wechselmäfsig.

Dagegen steht dem Bezogenen kein Wechselrecht gegen den Aussteller zu.

Art. 24.

Ist in dem Wechsel ein vom Wohnorte des Bezogenen verschiedener Zahlungsort (Artikel 4. Nr. 8.) angegeben (Domizilwechsel), so ist, insofern der Wechsel nicht schon ergiebt, durch wen die Zahlung am Zahlungsorte erfolgen soll, dies vom Bezogenen bei der Annahme auf dem Wechsel zu bemerken. Ist dies nicht geschehen, so wird angenommen, dafs der Bezogene selbst die Zahlung am Zahlungsorte leisten wolle.

Der Aussteller eines Domizilwechsels kann in demselben die Präsentation zur Annahme vorschreiben. Die Nichtbeobachtung dieser Vorschrift hat den Verlust des Regresses gegen den Aussteller und die Indossanten zur Folge.

VI. Regrefs auf Sicherstellung.

1. Wegen nicht erhaltener Annahme.

Art. 25.

Wenn die Annahme eines Wechsels überhaupt nicht, oder unter Einschränkungen, oder nur auf eine geringere Summe erfolgt ist, so sind die Indossanten und der Aussteller wechselmäfsig verpflichtet, gegen Aushändigung des, Mangels Annahme aufgenommenen Protestes genügende Sicherheit dahin zu leisten, dafs die Bezahlung der im Wechsel verschriebenen Summe oder des nicht angenommenen Betrages, so wie die Erstattung der durch die Nichtannahme veranlafsten Kosten am Verfalltage erfolgen werde.

Jedoch sind diese Personen auch befugt, auf ihre Kosten die schuldige Summe bei Gericht oder bei einer anderen, zur Annahme von Depositen ermächtigten Behörde oder Anstalt niederzulegen.

Art. 26.

Der Remittent, so wie jeder Indossatar wird durch den Besitz des Mangels Annahme aufgenommenen Protestes ermächtigt, von dem Aussteller und den übrigen Vormännern Sicherheit zu fordern und im Wege des Wechselprozesses darauf zu klagen.

Der Regreſsnehmer ist hierbei an die Folgeordnung der Indossamente und die einmal getroffene Wahl nicht gebunden.

Der Beibringung des Wechsels und des Nachweises, daſs der Regreſsnehmer seinen Nachmännern selbst Sicherheit bestellt habe, bedarf es nicht.

Art. 27.

Die bestellte Sicherheit haftet nicht blos dem Regreſsnehmer, sondern auch allen übrigen Nachmännern des Bestellers, insofern sie gegen ihn den Regreſs auf Sicherstellung nehmen. Dieselben sind weitere Sicherheit zu verlangen nur in dem Falle berechtigt, wenn sie gegen die Art oder Gröſse der bestellten Sicherheit Einwendungen zu begründen vermögen.

Art. 28.

Die bestellte Sicherheit muſs zurückgegeben werden:

1) sobald die vollständige Annahme des Wechsels nachträglich erfolgt ist;
2) wenn gegen den Regreſspflichtigen, welcher sie bestellt hat, binnen Jahresfrist, vom Verfalltage des Wechsels an gerechnet, auf Zahlung aus dem Wechsel nicht geklagt worden ist;
3) wenn die Zahlung des Wechsels erfolgt oder die Wechselkraft desselben erloschen ist.

2. Wegen Unsicherheit des Akzeptanten.

Art. 29.

Ist ein Wechsel ganz oder theilweise angenommen worden, so kann in Betreff der akzeptirten Summe Sicherheit nur gefordert werden:

1) wenn über das Vermögen des Akzeptanten der Konkurs (Debitverfahren, Falliment) eröffnet worden ist oder der Akzeptant auch nur seine Zahlungen eingestellt hat;
2) wenn nach Ausstellung des Wechsels eine Exekution in das Vermögen des Akzeptanten fruchtlos ausgefallen oder wider denselben wegen Erfüllung einer

Zahlungsverbindlichkeit die Vollstreckung des Personalarrestes verfügt worden ist.

Wenn in diesen Fällen die Sicherheit von dem Akzeptanten nicht geleistet und dieserhalb Protest gegen denselben erhoben wird, auch von den auf dem Wechsel etwa benannten Nothadressen die Annahme nach Ausweis des Protestes nicht zu erhalten ist, so kann der Inhaber des Wechsels und jeder Indossatar gegen Auslieferung des Protestes von seinen Vormännern Sicherstellung fordern (Artikel 25.—28.). Der bloſse Besitz des Wechsels vertritt die Stelle einer Vollmacht, in den Nr. 1. und 2. genannten Fällen von dem Akzeptanten Sicherheitsbestellung zu fordern und, wenn solche nicht zu erhalten ist, Protest erheben zu lassen. *Der Wechselinhaber ist berechtigt, in den Nr. 1. und 2. genannten Fällen auch von dem Akzeptanten im Wege des Wechselprozesses Sicherheitsbestellung zu fordern*[1]).

VII. Erfüllung der Wechselverbindlichkeit.

1. Zahlungstag.

Art. 30.

Ist in dem Wechsel ein bestimmter Tag als Zahlungstag bezeichnet, so tritt die Verfallzeit an diesem Tage ein. Ist die Zahlungszeit auf die Mitte eines Monats gesetzt worden, so ist der Wechsel am 15. dieses Monats fällig.

Ist die Zahlungszeit auf Anfang oder ist sie auf Ende eines Monats gesetzt worden, so ist darunter der erste oder letzte Tag des Monats zu verstehen[2]).

Art. 31.

Ein auf Sicht gestellter Wechsel ist bei der Vorzeigung fällig. Ein solcher Wechsel muſs bei Verlust des wechselmäſsigen Anspruchs gegen die Indossanten und den Aussteller nach Maaſsgabe der besonderen im Wechsel enthaltenen Bestimmung, und in Ermangelung derselben binnen zwei Jahren nach der Ausstellung zur Zahlung präsentirt werden. Hat ein Indossant auf einem Wechsel dieser Art seinem Indossamente eine besondere Präsentationsfrist hinzugefügt, so erlischt seine wechselmäſsige Verpflichtung,

---

1) Novelle 6. In Oesterreich nicht eingeführt.
2) Novelle 7. In Oesterreich Novelle 4.

wenn der Wechsel nicht innerhalb dieser Frist präsentirt worden ist.

Art. 32.

Bei Wechseln, welche mit dem Ablauf einer bestimmten Frist nach Sicht oder nach Dato zahlbar sind, tritt die Verfallzeit ein:

1) wenn die Frist nach Tagen bestimmt ist, an dem letzten Tage der Frist; bei Berechnung der Frist wird der Tag, an welchem der nach Dato zahlbare Wechsel ausgestellt oder der nach Sicht zahlbare zur Annahme präsentirt ist, nicht mitgerechnet;
2) wenn die Frist nach Wochen, Monaten, oder einem, mehrere Monate umfassenden Zeitraume (Jahr, halbes Jahr, Vierteljahr) bestimmt ist, an demjenigen Tage der Zahlungswoche oder des Zahlungsmonats, der durch seine Benennung oder Zahl dem Tage der Ausstellung oder Präsentation entspricht; fehlt dieser Tag in dem Zahlungsmonate, so tritt die Verfallzeit am letzten Tage des Zahlungsmonats ein.

Der Ausdruck „halber Monat" wird einem Zeitraume von 15 Tagen gleichgeachtet. Ist der Wechsel auf einen oder mehrere ganze Monate und einen halben Monat gestellt, so sind die 15 Tage zuletzt zu zählen.

Art. 33.

Respekttage finden nicht Statt.

Art. 34.

Ist in einem Lande, in welchem nach altem Style gerechnet wird, ein im Inlande zahlbarer Wechsel nach Dato ausgestellt, und dabei nicht bemerkt, daſs der Wechsel nach neuem Style datirt sei, oder ist derselbe nach beiden Stylen datirt, so wird der Verfalltag nach demjenigen Kalendertage des neuen Styls berechnet, welcher dem nach altem Style sich ergebenden Tage der Ausstellung entspricht.

Art. 35.

Meſs- oder Marktwechsel werden zu der durch die Gesetze des Meſs- oder Marktortes bestimmten Zahlungszeit, und in Ermangelung einer solchen Festsetzung an dem Tage vor dem gesetzlichen Schlusse der Messe oder des Marktes fällig. Dauert die Messe oder der Markt nur einen Tag, so tritt die Verfallzeit des Wechsels an diesem Tage ein.

2. Zahlung.

Art. 36.

Der Inhaber eines indossirten Wechsels wird durch eine zusammenhängende, bis auf ihn hinuntergehende Reihe von Indossamenten als Eigenthümer des Wechsels legitimirt. Das erste Indossament mufs demnach mit dem Namen des Remittenten, jedes folgende Indossament mit dem Namen desjenigen unterzeichnet sein, welchen das unmittelbar vorhergehende Indossament als Indossatar benennt. Wenn auf ein Blanko-Indossament ein weiteres Indossament folgt, so wird angenommen, dafs der Aussteller des letzteren den Wechsel durch das Blanko-Indossament erworben hat. Ausgestrichene Indossamente werden bei Prüfung der Legitimation als nicht geschrieben angesehen. Die Echtheit der Indossamente zu prüfen, ist der Zahlende nicht verpflichtet.

Art. 37.

Lautet ein Wechsel auf eine Münzsorte, welche am Zahlungsorte keinen Umlauf hat, oder auf eine Rechnungswährung, so kann die Wechselsumme nach ihrem Werthe zur Verfallzeit in der Landesmünze gezahlt werden, sofern nicht der Aussteller durch den Gebrauch des Wortes „effektiv“ oder eines ähnlichen Zusatzes die Zahlung in der im Wechsel benannten Münzsorte ausdrücklich bestimmt hat.

Art. 38.

Der Inhaber des Wechsels darf eine ihm angebotene Theilzahlung selbst dann nicht zurückweisen, wenn die Annahme auf den ganzen Betrag der verschriebenen Summe erfolgt ist.

Art. 39.

Der Wechselschuldner ist nur gegen Aushändigung des quittirten Wechsels zu zahlen verpflichtet. Hat der Wechselschuldner eine Theilzahlung geleistet, so kann derselbe nur verlangen, dafs die Zahlung auf den Wechsel abgeschrieben und ihm Quittung auf einer Abschrift des Wechsels ertheilt werde.

Art. 40.

Wird die Zahlung des Wechsels zur Verfallzeit nicht gefordert, so ist der Akzeptant nach Ablauf der für die Protesterhebung Mangels Zahlung bestimmten Frist befugt, die Wechselsumme auf Gefahr und Kosten des Inhabers bei Gericht oder bei einer anderen zur Annahme von Depositen ermächtigten Behörde oder Anstalt niederzulegen. Der Vorladung des Inhabers bedarf es nicht.

VIII. Regreſs Mangels Zahlung.

Art. 41.

Zur Ausübung des bei nicht erlangter Zahlung statthaften Regresses gegen den Aussteller und die Indossanten ist erforderlich:

1) daſs der Wechsel zur Zahlung präsentirt worden ist, und
2) daſs sowohl diese Präsentation, als die Nichterlangung der Zahlung durch einen rechtzeitig darüber aufgenommenen Protest dargethan wird.

Die Erhebung des Protestes ist am Zahlungstage zulässig; sie muſs aber spätestens am zweiten Werktage nach dem Zahlungstage geschehen.

Art. 42.

Die Aufforderung, keinen Protest erheben zu lassen („ohne Protest“, „ohne Kosten“ etc.), gilt als Erlaſs des Protestes, nicht aber als Erlaſs der Pflicht zur rechtzeitigen Präsentation. Der Wechselverpflichtete, von welchem jene Aufforderung ausgeht, muſs die Beweislast übernehmen, wenn er die rechtzeitig geschehene Präsentation in Abrede stellt. Gegen die Pflicht zum Ersatze der Protestkosten schützt jene Aufforderung nicht.

Art. 43.

Domizilirte Wechsel sind dem Domiziliaten, oder wenn ein solcher nicht benannt ist, dem Bezogenen selbst an demjenigen Orte, wohin der Wechsel domizilirt ist, zur Zahlung zu präsentiren, und wenn die Zahlung unterbleibt, dort zu protestiren. Wird die rechtzeitige Protesterhebung beim Domiziliaten verabsäumt, so geht dadurch der wechselmäſsige Anspruch nicht nur gegen den Aussteller und die Indossanten, sondern auch gegen den Akzeptanten verloren.

Art. 44.

Zur Erhaltung des Wechselrechts gegen den Akzeptanten bedarf es, mit Ausnahme des im Art. 43. erwähnten Falles, weder der Präsentation am Zahlungstage, noch der Erhebung eines Protestes.

Art. 45.

Der Inhaber eines Mangels Zahlung protestirten Wechsels ist verpflichtet, seinen unmittelbaren Vormann innerhalb zweier Tage nach dem Tage der Protesterhebung von der Nichtzahlung des Wechsels schriftlich zu benachrichtigen, zu welchem Ende es genügt, wenn das Benachrichtigungsschreiben innerhalb dieser Frist zur Post gegeben ist. Jeder benachrichtigte Vormann mufs binnen derselben, vom Tage des empfangenen Berichts zu berechnenden Frist seinen nächsten Vormann in gleicher Weise benachrichtigen. Der Inhaber oder Indossatar, welcher die Benachrichtigung unterläfst oder dieselbe nicht an den unmittelbaren Vormann ergehen läfst, wird hierdurch den sämmtlichen oder den übersprungenen Vormännern zum Ersatze des aus der unterlassenen Benachrichtigung entstandenen Schadens verpflichtet. Auch verliert derselbe gegen diese Personen den Anspruch auf Zinsen und Kosten, so dafs er nur die Wechselsumme zu fordern berechtigt ist.

Art. 46.

Kommt es auf den Nachweis der dem Vormanne rechtzeitig gegebenen schriftlichen Benachrichtigung an, so genügt zu diesem Zwecke der durch ein Postattest geführte Beweis, dafs ein Brief von dem Betheiligten an den Adressaten an dem angegebenen Tage abgesandt ist, sofern nicht dargethan wird, dafs der angekommene Brief einen andern Inhalt gehabt hat. Auch der Tag des Empfanges der erhaltenen schriftlichen Benachrichtigung kann durch ein Postattest nachgewiesen werden.

Art. 47.

Hat ein Indossant den Wechsel ohne Hinzufügung einer Ortsbezeichnung weiter begeben, so ist der Vormann desselben von der unterbliebenen Zahlung zu benachrichtigen.

Art. 48.

Jeder Wechselschuldner hat das Recht, gegen Erstattung der Wechselsumme nebst Zinsen und Kosten die Auslieferung des quittirten Wechsels und des wegen Nichtzahlung erhobenen Protestes von dem Inhaber zu fordern.

Art. 49.

Der Inhaber eines Mangels Zahlung protestirten Wechsels kann die Wechselklage gegen alle Wechselverpflichtete oder auch nur gegen Einige oder Einen derselben anstellen, ohne dadurch seinen Anspruch gegen die nicht in Anspruch genommenen Verpflichteten zu verlieren. Derselbe ist an die Reihenfolge der Indossamente nicht gebunden.

Art. 50.

Die Regreſsansprüche des Inhabers, welcher den Wechsel Mangels Zahlung hat protestiren lassen, beschränken sich auf:

1) die nicht bezahlte Wechselsumme nebst sechs Prozent jährlicher Zinsen vom Verfalltage ab,
2) die Protestkosten und anderen Auslagen,
3) eine Provision von ein Drittel Prozent.

Die vorstehenden Beträge müssen, wenn der Regreſspflichtige an einem anderen Orte als dem Zahlungsorte wohnt, zu demjenigen Kurse gezahlt werden, welchen ein vom Zahlungsorte auf den Wohnort des Regreſspflichtigen gezogener Wechsel auf Sicht hat. Besteht am Zahlungsorte kein Kurs auf jenen Wohnort, so wird der Kurs nach demjenigen Platze genommen, welcher dem Wohnorte des Regreſspflichtigen am nächsten liegt. Der Kurs ist auf Verlangen des Regreſspflichtigen durch einen unter öffentlicher Autorität ausgestellten Kurszettel oder durch das Attest eines vereideten Mäklers oder, in Ermangelung derselben, durch ein Attest zweier Kaufleute zu bescheinigen.

Art. 51.

Der Indossant, welcher den Wechsel eingelöst oder als Rimesse erhalten hat, ist von einem früheren Indossanten oder von dem Aussteller zu fordern berechtigt:

1) die von ihm gezahlte oder durch Rimesse berichtigte Summe nebst sechs Prozent jährlicher Zinsen vom Tage der Zahlung,
2) die ihm erstandenen Kosten,
3) eine Provision von ein Drittel Prozent.

Die vorstehenden Beträge müssen, wenn der Regreſspflichtige an einem anderen Orte als der Regreſsnehmer wohnt, zu demjenigen Kurse gezahlt werden, welchen ein vom Wohnorte des Regreſsnehmers auf den Wohnort des Regreſspflichtigen gezogener Wechsel auf Sicht hat. Besteht im Wohnorte des Regreſsnehmers kein Kurs auf den Wohnort des Regreſspflichtigen, so wird der Kurs nach demjenigen Platze genommen, welcher dem Wohnorte des Regreſspflichtigen am nächsten liegt. Wegen der Bescheinigung des Kurses kommt die Bestimmung des Artikel 50. zur Anwendung.

Art. 52.

Durch die Bestimmungen der Artikel 50. und 51. Nr. 1. und 3. wird bei einem Regresse auf einen ausländischen Ort die Berechnung höherer, dort zulässiger Sätze nicht ausgeschlossen.

Art. 53.

Der Regreſsnehmer kann über den Betrag seiner Forderung einen Rückwechsel auf den Regreſspflichtigen ziehen. Der Forderung treten in diesem Falle noch die Mäklergebühren für Negozirung des Rückwechsels, sowie die etwaigen Stempelgebühren hinzu. Der Rückwechsel muſs auf Sicht zahlbar und unmittelbar (a drittura) gestellt werden.

Art. 54.

Der Regreſspflichtige ist nur gegen Auslieferung des Wechsels, des Protestes und einer quittirten Retourrechnung Zahlung zu leisten verbunden.

Art. 55.

Jeder Indossant, der einen seiner Nachmänner befriedigt hat, kann sein eigenes und seiner Nachmänner Indossament ausstreichen.

IX. Intervention.

1. Ehrenannahme.

Art. 56.

Befindet sich auf einem Mangels Annahme protestirten Wechsel eine auf den Zahlungsort lautende Nothadresse, so muſs, ehe Sicherstellung verlangt werden kann, die Annahme von der Nothadresse gefordert werden. Unter mehreren Nothadressen gebührt derjenigen der Vorzug, durch deren Zahlung die meisten Verpflichteten befreit werden.

Art. 57.

Die Ehrenannahme von Seiten einer nicht auf dem Wechsel als Nothadresse benannten Person braucht der Inhaber nicht zuzulassen.

Art. 58.

Der Ehrenakzeptant muſs sich den Protest Mangels

Annahme gegen Erstattung der Kosten aushändigen und in einem Anhange zu demselben die Ehrenannahme bemerken lassen. Er mufs den Honoraten unter Uebersendung des Protestes von der geschehenen Intervention benachrichtigen und diese Benachrichtigung mit dem Proteste innerhalb zweier Tage nach dem Tage der Protesterhebung zur Post geben. Unterläfst er dies, so haftet er für den durch die Unterlassung entstehenden Schaden.

Art. 59.

Wenn der Ehrenakzeptant unterlassen hat, in seinem Akzepte zu bemerken, zu wessen Ehren die Annahme geschieht, so wird der Aussteller als Honorat angesehen.

Art. 60.

Der Ehrenakzeptant wird den sämmtlichen Nachmännern des Honoraten durch die Annahme wechselmäfsig verpflichtet. Diese Verpflichtung erlischt, wenn dem Ehrenakzeptanten der Wechsel nicht spätestens am zweiten Werktage nach dem Zahlungstage zur Zahlung vorgelegt wird.

Art. 61.

Wenn der Wechsel von einer Nothadresse oder einem andern Intervenienten zu Ehren angenommen wird, so haben der Inhaber und die Nachmänner des Honoraten keinen Regrefs auf Sicherstellung. Derselbe kann aber von dem Honoraten und dessen Vormännern geltend gemacht werden.

2. Ehrenzahlung.

Art. 62.

Befinden sich auf dem von dem Bezogenen nicht eingelösten Wechsel oder der Kopie Nothadressen oder ein Ehrenakzept, welche auf den Zahlungort lauten, so mufs der Inhaber den Wechsel spätestens am zweiten Werktage nach dem Zahlungstage den sämmtlichen Nothadressen und dem Ehrenakzeptanten zur Zahlung vorlegen und den Erfolg im Proteste Mangels Zahlung oder in einem Anhange zu demselben bemerken lassen. Unterläfst er dies, so verliert er den Regrefs gegen den Adrefsanten oder Honoraten und deren Nachmänner. Weist der Inhaber die von einem anderen Intervenienten angebotene Ehrenzahlung zurück, so verliert er den Regrefs gegen die Nachmänner des Honoraten.

Art. 63.

Dem Ehrenzahler mufs der Wechsel und der Protest Mangels Zahlung gegen Erstattung der Kosten ausgehändigt werden. Er tritt durch die Ehrenzahlung in die Rechte des Inhabers (Art. 50. und 52.) gegen den Honoraten, dessen Vormänner und den Akzeptanten.

Art. 64.

Unter Mehreren, welche sich zur Ehrenzahlung erbieten, gebührt Demjenigen der Vorzug, durch dessen Zahlung die meisten Wechselverpflichteten befreit werden. Ein Intervenient, welcher zahlt, obgleich aus dem Wechsel oder Proteste ersichtlich ist, dafs ein Anderer, dem er hiernach nachstehen müfste, den Wechsel einzulösen bereit war, hat keinen Regrefs gegen diejenigen Indossanten, welche durch Leistung der von dem Andern angebotenen Zahlung befreit worden wären.

Art. 65.

Der Ehrenakzeptant, welcher nicht zur Zahlungsleistung gelangt, weil der Bezogene oder ein anderer Intervenient bezahlt hat, ist berechtigt, von dem Zahlenden eine Provision von $^1/_3$ Prozent zu verlangen.

X. Vervielfältigung eines Wechsels.

1. Wechselduplikate.

Art. 66.

Der Aussteller eines gezogenen Wechsels ist verpflichtet, dem Remittenten auf Verlangen mehrere gleichlautende Exemplare des Wechsels zu überliefern. Dieselben müssen im Kontexte als Prima, Sekunda, Tertia u. s. w. bezeichnet sein, widrigenfalls jedes Exemplar als ein für sich bestehender Wechsel (Sola-Wechsel) erachtet wird. Auch ein Indossatar kann ein Duplikat des Wechsels verlangen. Er mufs sich dieserhalb an seinen unmittelbaren Vormann wenden, welcher wieder an seinen Vormann zurückgehen mufs, bis die Anforderung an den Aussteller gelangt. Jeder Indossator kann von seinem Vormanne verlangen, dafs die früheren Indossamente auf dem Duplikate wiederholt werden.

Art. 67.

Ist von mehreren ausgefertigten Exemplaren das eine

bezahlt, so verlieren dadurch die anderen ihre Kraft. Jedoch bleiben aus den übrigen Exemplaren verhaftet:

1) der Indossant, welcher mehrere Exemplare desselben Wechsels an verschiedene Personen indossirt hat, und alle späteren Indossanten, deren Unterschriften sich auf den, bei der Zahlung nicht zurückgegebenen Exemplaren befinden, aus ihren Indossamenten;
2) der Akzeptant, welcher mehrere Exemplare desselben Wechsels akzeptirt hat, aus den Akzepten auf den bei der Zahlung nicht zurückgegebenen Exemplaren.

Art. 68.

Wer eines von mehreren Exemplaren eines Wechsels zur Annahme versandt hat, mufs auf den übrigen Exemplaren bemerken, bei wem das von ihm zur Annahme versandte Exemplar anzutreffen ist. Das Unterlassen dieser Bemerkung entzieht jedoch dem Wechsel nicht die Wechselkraft. Der Verwahrer des zum Akzepte versandten Exemplars ist verpflichtet, dasselbe demjenigen auszuliefern, der sich als Indossatar (Art. 36.) oder auf andere Weise zur Empfangnahme legitimirt.

Art. 69.

Der Inhaber eines Duplikats, auf welchem angegeben ist, bei wem das zum Akzepte versandte Exemplar sich befindet, kann Mangels Annahme desselben den Regrefs auf Sicherstellung und Mangels Zahlung den Regrefs auf Zahlung nicht eher nehmen, als bis er durch Protest hat feststellen lassen:

1) dafs das zum Akzepte versandte Exemplar ihm vom Verwahrer nicht verabfolgt worden ist, und
2) dafs auch auf das Duplikat die Annahme oder die Zahlung nicht zu erlangen gewesen.

2. Wechselkopien.

Art. 70.

Wechselkopien müssen eine Abschrift des Wechsels und der darauf befindlichen Indossamente und Vermerke enthalten und mit der Erklärung: „bis hierher Abschrift (Kopie)“ oder mit einer ähnlichen Bezeichnung versehen sein. In der Kopie ist zu bemerken, bei wem das zur Annahme versandte Original des Wechsels anzutreffen ist. Das Unterlassen dieses Vermerkes entzieht jedoch der indossirten Kopie nicht ihre wechselmäfsige Kraft.

Art. 71.

Jedes auf einer Kopie befindliche Original-Indossament verpflichtet den Indossanten eben so, als wenn es auf einem Originalwechsel stünde.

Art. 72.

Der Verwahrer des Originalwechsels ist verpflichtet, denselben dem Besitzer einer mit einem oder mehreren Original-Indossamenten versehenen Kopie auszuliefern, sofern sich derselbe als Indossatar oder auf andere Weise zur Empfangnahme legitimirt. Wird der Originalwechsel vom Verwahrer nicht ausgeliefert, so ist der Inhaber der Wechselkopie nur nach Aufnahme des im Artikel 69. Nr. 1. erwähnten Protestes Regreſs auf Sicherstellung und nach Eintritt des in der Kopie angegebenen Verfalltages Regreſs auf Zahlung gegen diejenigen Indossanten zu nehmen berechtigt, deren Original-Indossamente auf der Kopie befindlich sind.

XI. Abhanden gekommene Wechsel.

Art. 73.

Der Eigenthümer eines abhanden gekommenen Wechsels kann die Amortisation des Wechsels bei dem Gerichte des Zahlungsortes beantragen. Nach Einleitung des Amortisationsverfahrens kann derselbe vom Akzeptanten Zahlung fordern, wenn er bis zur Amortisation des Wechsels Sicherheit bestellt. Ohne eine solche Sicherheitsstellung ist er nur die Deposition der aus dem Akzepte schuldigen Summe bei Gericht oder bei einer andern zur Annahme von Depositen ermächtigten Behörde oder Anstalt zu fordern berechtigt.

Art. 74.

Der nach den Bestimmungen des Art. 36. legitimirte Besitzer eines Wechsels kann nur dann zur Herausgabe desselben angehalten werden, wenn er den Wechsel in bösem Glauben erworben hat oder ihm bei der Erwerbung des Wechsels eine grobe Fahrlässigkeit zur Last fällt.

XII. Falsche Wechsel.

Art. 75.

Auch wenn die Unterschrift des Ausstellers eines Wechsels falsch oder verfälscht ist, behalten dennoch das ächte Akzept und die ächten Indossamente die wechselmäſsige Wirkung.

Art. 76.

Aus einem, mit einem falschen oder verfälschten Akzepte oder Indossamente versehenen Wechsel bleiben sämmtliche Indossanten und der Aussteller, deren Unterschriften ächt sind, wechselmäſsig verpflichtet.

XIII. Wechselverjährung.

Art. 77.

Der wechselmäſsige Anspruch gegen den Akzeptanten verjährt in drei Jahren vom Verfalltage des Wechsels an gerechnet.

Art. 78.

Die Regreſsansprüche des Inhabers (Artikel 50.) gegen den Aussteller und die übrigen Vormänner verjähren:

1) in 3 Monaten, wenn der Wechsel in Europa, mit Ausnahme von Island und den Faröern, zahlbar war;
2) in 6 Monaten, wenn der Wechsel in den Küstenländern von Asien und Afrika längs des Mittelländischen und Schwarzen Meeres, oder in den dazu gehörigen Inseln dieser Meere zahlbar war;
3) in 18 Monaten, wenn der Wechsel in einem anderen auſsereuropäischen Lande oder in Island oder den Faröern zahlbar war.

Die Verjährung beginnt gegen den Inhaber mit dem Tage des erhobenen Protestes.

Art. 79.

Die Regreſsansprüche des Indossanten (Artikel 51.) gegen den Aussteller und die übrigen Vormänner verjähren:

1) in 3 Monaten, wenn der Regreſsnehmer in Europa, mit Ausnahme von Island und den Faröern wohnt;
2) in 6 Monaten, wenn der Regreſsnehmer in den Küstenländern von Asien und Afrika längs des Mittelländischen und Schwarzen Meeres, oder in den dazu gehörigen Inseln dieser Meere wohnt;
3) in 18 Monaten, wenn der Regreſsnehmer in einem anderen auſsereuropäischen Lande oder in Island oder den Faröern wohnt.

Gegen den Indossanten läuft die Frist, wenn er, ehe eine Wechselklage gegen ihn angestellt worden, gezahlt hat, vom Tage der Zahlung, in allen übrigen Fällen aber vom

Tage der ihm geschehenen Behändigung der Klage oder Ladung.

Art. 80.

Die Verjährung (Artikel 77.—79.) wird nur durch Behändigung der Klage unterbrochen, und nur in Beziehung auf denjenigen, gegen welchen die Klage gerichtet ist. Jedoch vertritt in dieser Hinsicht die von dem Verklagten geschehene Streitverkündigung die Stelle der Klage.

XIV. Klagerecht des Wechselgläubigers.

Art. 81.

Die wechselmäſsige Verpflichtung trifft den Aussteller, Akzeptanten und Indossanten des Wechsels, so wie einen Jeden, welcher den Wechsel, die Wechselkopie, das Akzept oder das Indoſsament mitunterzeichnet hat, selbst dann, wenn er sich dabei nur als Bürge (per aval) benannt hat. Die Verpflichtung dieser Personen erstreckt sich auf Alles, was der Wechselinhaber wegen Nichterfüllung der Wechselverbindlichkeit zu fordern hat. Der Wechselinhaber kann sich wegen seiner ganzen Forderung an den Einzelnen halten; es steht in seiner Wahl, welchen Wechselverpflichteten er zuerst in Anspruch nehmen will.

Art. 82.

Der Wechselschuldner kann sich nur solcher Einreden bedienen, welche aus dem Wechselrechte selbst hervorgehen oder ihm unmittelbar gegen den jedesmaligen Kläger zustehen.

Art. 83.

Ist die wechselmäſsge Verbindlichkeit des Ausstellers oder des Akzeptanten durch Verjährung oder dadurch, daſs die zur Erhaltung des Wechselrechts gesetzlich vorgeschriebenen Handlungen verabsäumt sind, erloschen, so bleiben dieselben dem Inhaber des Wechsels nur so weit, als sie sich mit dessen Schaden bereichern würden, verpflichtet. Gegen die Indossanten, deren wechselmäſsige Verbindlichkeit erloschen ist, findet ein solcher Anspruch nicht statt.

XV. Ausländische Gesetzgebung.

Art. 84.

Die Fähigkeit eines Ausländers, wechselmäſsige Verpflichtungen zu übernehmen, wird nach den Gesetzen des Staates beurtheilt, welchem derselbe angehört. Jedoch wird ein nach den Gesetzen seines Vaterlandes nicht wechselfähiger Ausländer durch Uebernahme von Wechselverbindlichkeiten im Inlande verpflichtet, insofern er nach den Gesetzen des Inlandes wechselfähig ist.

Art. 85.

Die wesentlichen Erfordernisse eines im Auslande ausgestellten Wechsels, sowie jeder anderen im Auslande ausgestellten Wechselerklärung, werden nach den Gesetzen des Ortes beurtheilt, an welchem die Erklärung erfolgt ist. Entsprechen jedoch die im Auslande geschehenen Wechselerklärungen den Anforderungen des inländischen Gesetzes, so kann daraus, daſs sie nach ausländischen Gesetzen mangelhaft sind, kein Einwand gegen die Rechtsverbindlichkeit der später im Inlande auf den Wechsel gesetzten Erklärungen entnommen werden. Ebenso haben Wechselerklärungen, wodurch sich ein Inländer einem anderen Inländer im Auslande verpflichtet, Wechselkraft, wenn sie auch nur den Anforderungen der inländischen Gesetzgebung entsprechen.

Art. 86.

Ueber die Form der mit einem Wechsel an einem ausländischen Platze zur Ausübung oder Erhaltung des Wechselrechts vorzunehmenden Handlungen entscheidet das dort geltende Recht.

XVI. Protest.

Art. 87.

Jeder Protest muſs durch einen Notar oder einen Gerichtsbeamten aufgenommen werden. Der Zuziehung von Zeugen oder eines Protokollführers bedarf es dabei nicht.

Art. 88.

Der Protest muſs enthalten:

1) eine wörtliche Abschrift des Wechsels oder der Kopie und aller darauf befindlichen Indossamente und Bemerkungen;
2) den Namen oder die Firma der Personen, für welche und gegen welche der Protest erhoben wird;
3) das an die Person, gegen welche protestirt wird, gestellte Begehren, ihre Antwort oder die Bemerkung, daſs sie keine gegeben habe oder nicht anzutreffen gewesen sei;

4) die Angabe des Ortes, sowie des Kalendertages, Monats und Jahres, an welchem die Aufforderung (Nr. 3.) geschehen oder ohne Erfolg versucht worden ist;
5) im Falle einer Ehrenannahme oder einer Ehrenzahlung die Erwähnung, von wem, für wen und wie sie angeboten und geleistet wird;
6) die Unterschrift des Notars oder des Gerichtsbeamten, welcher den Protest aufgenommen hat, mit Beifügung des Amtssiegels.

Art. 89.

Mufs eine wechselrechtliche Leistung von mehreren Personen verlangt werden, so ist über die mehrfache Aufforderung nur eine Protesturkunde erforderlich.

Art. 90.

Die Notare und Gerichtsbeamten sind schuldig, die von ihnen aufgenommenen Proteste nach deren ganzem Inhalte Tag für Tag und nach Ordnung des Datums in ein besonderes Register einzutragen, das von Blatt zu Blatt mit fortlaufenden Zahlen versehen ist.

XVII. Ort und Zeit für die Präsentation und andere im Wechsel-Verkehre vorkommende Handlungen.

Art. 91.

Die Präsentation zur Annahme oder Zahlung, die Protesterhebung, die Abforderung eines Wechselduplikats, sowie alle sonstigen, bei einer bestimmten Person vorzunehmenden Akte müssen in deren Geschäftslokal, und in Ermangelung eines solchen, in deren Wohnung vorgenommen werden. An einem anderen Orte, z. B. an der Börse, kann dies nur mit beiderseitigem Einverständnisse geschehen. Dafs das Geschäftslokal oder die Wohnung nicht zu ermitteln sei, ist erst dann als festgestellt anzunehmen, wenn auch eine dieserhalb bei der Polizeibehörde des Orts geschehene Nachfrage des Notars oder des Gerichtsbeamten fruchtlos geblieben ist, welches im Proteste bemerkt werden mufs.

Art. 92.

Verfällt der Wechsel an einem Sonntage oder allgemeinen Feiertage, so ist der nächste Werktag der Zahlungstag. Auch die Herausgab eeines Wechsel-Duplikats, die Erklärung über die Annahme, sowie jede andere Handlung, können nur an einem Werktage gefordert werden. Fällt der Zeitpunkt, in welchem die Vornahme einer der vorstehenden Handlungen spätestens gefordert werden mufste, auf einen Sonntag oder allgemeinen Feiertag, so mufs diese Handlung am nächsten Werktage gefordert werden. Dieselbe Bestimmung findet auch auf die Protesterhebung Anwendung.

Art. 93.

Bestehen an einem Wechselplatze allgemeine Zahltage (Kassirtage), so braucht die Zahlung eines zwischen den Zahltagen fällig gewordenen Wechsels erst am nächsten Zahltage geleistet zu werden, sofern nicht der Wechsel auf Sicht lautet. Die im Artikel 41. für die Aufnahme des Protestes Mangels Zahlung bestimmte Frist darf jedoch nicht überschritten werden.

XVIII. Mangelhafte Unterschriften.

Art. 94.

Wechselerklärungen, welche statt des Namens mit Kreuzen oder anderen Zeichen vollzogen sind, haben nur dann, wenn diese Zeichen gerichtlich oder notariell beglaubigt worden, Wechselkraft.

Art. 95.

Wer eine Wechselerklärung als Bevollmächtigter eines Anderen unterzeichnet, ohne dazu Vollmacht zu haben, haftet persönlich in gleicher Weise, wie der angebliche Machtgeber gehaftet haben würde, wenn die Vollmacht ertheilt gewesen wäre. Dasselbe gilt von Vormündern und anderen Vertretern, welche mit Ueberschreitung ihrer Befugnisse Wechselerklärungen ausstellen.

Dritter Abschnitt.

Von eigenen Wechseln.

Art. 96.

Die wesentlichen Erfordernisse eines eigenen (trockenen) Wechsels sind:

1) die in den Wechsel selbst aufzunehmende Bezeichnung als Wechsel, oder, wenn der Wechsel in einer fremden Sprache ausgestellt ist, ein jener Bezeichnung entsprechender Ausdruck in der fremden Sprache;

2) die Angabe der zu zahlenden Geldsumme;
3) der Name der Person oder die Firma, an welche oder an deren Order der Aussteller Zahlung leisten will;
4) die Bestimmung der Zeit, zu welcher gezahlt werden soll (Artikel 4. Nr. 4.);
5) die Unterschrift des Ausstellers mit seinem Namen oder seiner Firma;
6) die Angabe des Ortes, Monatstages und Jahres der Ausstellung.

Art. 97.

Der Ort der Ausstellung gilt für den eigenen Wechsel, in sofern nicht ein besonderer Zahlungsort angegeben ist, als Zahlungsort und zugleich als Wohnort des Ausstellers.

Art. 98.

Nachstehende in diesem Gesetze für gezogene Wechsel gegebene Vorschriften gelten auch für den eigenen Wechsel:
1) die Artikel 5. und 7. über die Form des Wechsels;
2) die Artikel 9—17. über das Indossament;
3) die Artikel 19. und 20. über die Präsentation der Wechsel auf eine Zeit nach Sicht mit der Maafsgabe, dafs die Präsentation dem Aussteller geschehen mufs;
4) der Artikel 29. über den Sicherheitsregrefs mit der Maafsgabe, dafs derselbe im Falle der Unsicherheit des Ausstellers stattfindet;
5) die Artikel 30—40. über die Zahlung und die Befugnifs zur Deposition des fälligen Wechselbetrages mit der Maafsgabe, dafs letztere durch den Aussteller geschehen kann;
6) die Artikel 41. und 42., sowie die Artikel 45—55. über den Regrefs Mangels Zahlung gegen die Indossanten;
7) die Artikel 62—65. über die Ehrenzahlung;
8) die Artikel 70—72. über die Kopien;
9) die Artikel 73—76. über abhanden gekommene und falsche Wechsel mit der Maafsgabe, dafs im Falle des Artikels 73. die Zahlung durch den Aussteller erfolgen mufs;
10) die Artikel 78—96. über die allgemeinen Grundsätze der Wechselverjährung, die Verjährung der Regrefsansprüche gegen die Indossanten, das Klage-

recht des Wechselgläubigers, die ausländischen Wechselgesetze, den Protest, den Ort und die Zeit für die Präsentation und andere im Wechselverkehre vorkommende Handlungen, sowie über mangelhafte Unterschriften.

Art. 99.

Eigene domizilirte Wechsel sind dem Domiziliaten oder, wenn ein solcher nicht benannt ist, dem Aussteller selbst an demjenigen Orte, wohin der Wechsel domizilirt ist, zur Zahlung zu präsentiren und, wenn die Zahlung unterbleibt, dort zu protestiren. Wird die rechtzeitige Protesterhebung beim Domiziliaten verabsäumt, so geht dadurch der wechselmäſsige Anspruch gegen den Aussteller und die Indossanten verloren.

Bei nicht domizilirten eigenen Wechseln bedarf es zur Erhaltung des Wechselrechts gegen den Aussteller weder der Präsentation am Zahlungstage, noch der Erhebung eines Protestes[1]).

Art. 100.

Der wechselmäſsige Anspruch gegen den Aussteller eines eigenen Wechsels verjährt in drei Jahren, vom Verfalltage des Wechsels an gerechnet.

---

1) Novelle 8. In Oesterreich Novelle 5.

Gesetz über Markenschutz[1].

Vom 30. November 1874.

Wir Wilhelm, von Gottes Gnaden Deutscher Kaiser, König von Preufsen etc. verordnen im Namen des Deutschen Reichs, nach erfolgter Zustimmung des Bundesraths und des Reichstags, was folgt:

§. 1.

Gewerbetreibende, deren Firma im Handelsregister eingetragen ist, können Zeichen, welche zur Unterscheidung ihrer Waaren von den Waaren anderer Gewerbetreibenden auf den Waaren selbst oder auf deren Verpackung angebracht werden sollen, zur Eintragung in das Handelsregister des Ortes ihrer Hauptniederlassung bei dem zuständigen Gerichte anmelden.

§. 2.

Der Anmeldung mufs eine deutliche Darstellung des Waarenzeichens (§. 1) nebst einem Verzeichnifs der Waarengattungen, für welche das Zeichen bestimmt ist, mit der Unterschrift der Firma versehen, beigefügt sein.

§. 3.

Die Eintragung von Waarenzeichen, deren Benutzung für den Anmeldenden landesgesetzlich geschützt ist, ferner von solchen Zeichen, welche bis zum Beginn des Jahres 1875 im Verkehr allgemein als Kennzeichen der Waaren eines bestimmten Gewerbetreibenden gegolten haben, darf nicht versagt werden.

Im Uebrigen ist die Eintragung zu versagen, wenn die Zeichen ausschliefslich in Zahlen, Buchstaben oder Worten bestehen, oder wenn sie öffentliche Wappen oder Aergernifs erregende Darstellungen enthalten.

§. 4.

Die Eintragung erfolgt unter der Firma des Anmeldenden. Die Zeit der Anmeldung ist dabei zu vermerken.

1) R.-Ges.-Bl. 1874, S. 143 ff.

Gelangt ein bereits eingetragenes Waarenzeichen aus Anlafs der Verlegung der Hauptniederlassung wiederholt zur Eintragung, so ist dabei die Zeit der ersten Anmeldung zu vermerken.

§. 5.

Auf Antrag des Inhabers der Firma wird das eingetragene Waarenzeichen gelöscht.

Von Amtswegen erfolgt die Löschung:

1) wenn die Firma im Handelsregister gelöscht wird;
2) wenn eine Aenderung der Firma und nicht zugleich die Beibehaltung des Zeichens angemeldet wird;
3) wenn seit der Eintragung des Zeichens, ohne dafs dessen weitere Beibehaltung angemeldet worden, oder seit einer solchen Anmeldung, ohne dafs dieselbe wiederholt worden, zehn Jahre verflossen sind;
4) wenn das Zeichen nach §. 3 nicht hätte eingetragen werden dürfen.

§. 6.

Die erste Eintragung und die Löschung eines Zeichens wird im „Deutschen Reichs-Anzeiger" bekannt gemacht.

Die Kosten der Bekanntmachung der Eintragung hat der Inhaber der Firma zu tragen.

§. 7.

Für die erste Eintragung eines Zeichens, welches landesgesetzlich nicht geschützt ist, wird eine Gebühr von fünfzig Mark entrichtet.

Von der Entrichtung einer Gebühr für die Eintragung solcher Zeichen, welche bis zum Beginn des Jahres 1875 im Verkehr allgemein als Kennzeichen der Waaren eines bestimmten Gewerbetreibenden gegolten haben, können die Landesregierungen entbinden.

Andere Eintragungen und Löschungen geschehen unentgeltlich.

§. 8.

Das Recht, Waaren oder deren Verpackung mit einem für diese Waaren zum Handelsregister angemeldeten Zeichen zu versehen oder auf solche Art bezeichnete Waaren in Verkehr zu bringen, steht dem Inhaber derjenigen Firma, für welche zuerst die Anmeldung bewirkt ist, ausschliefslich zu.

§. 9.

Auf Waarenzeichen, welche landesgesetzlich geschützt sind, ferner auf solche Zeichen, welche bis zum Beginn des Jahres 1875 im Verkehr allgemein als Kennzeichen der Waaren eines bestimmten Gewerbetreibenden gegolten haben, kann durch die Anmeldung aufser den gesetzlich geschützten oder im Verkehr allgemein anerkannten Inhabern niemand ein Recht erwerben, sofern diese vor dem 1. Oktober 1875 die Anmeldung bewirken.

§. 10.

Durch die Anmeldung eines Waarenzeichens, welches Buchstaben oder Worte enthält, wird niemand gehindert, seinen Namen oder seine Firma, sei es auch in abgekürzter Gestalt, zur Kennzeichnung seiner Waaren zu gebrauchen.

Auf Waarenzeichen, welche bisher im freien Gebrauche aller oder gewisser Klassen von Gewerbetreibenden sich befunden haben, oder deren Eintragung nicht zulässig ist, kann durch Anmeldung niemand ein Recht erwerben.

§. 11.

Der Inhaber einer Firma, für welche ein Waarenzeichen eingetragen ist, hat dasselbe auf Verlangen desjenigen, welcher ihn von der Benutzung des Zeichens auszuschliefsen berechtigt ist, oder sofern das Waarenzeichen zu den im §. 10 Absatz 2 erwähnten gehört, auf Verlangen eines Betheiligten löschen zu lassen.

§. 12.

Das durch die Anmeldung eines Waarenzeichens erlangte Recht erlischt:

1) mit der Zurücknahme der Anmeldung, oder mit dem Antrage auf Löschung seitens des Inhabers der berechtigten Firma;
2) mit dem Eintritte eines der im §. 5 Nr. 1 bis 3 bezeichneten Fälle.

§. 13.

Jeder inländische Produzent oder Handeltreibende kann gegen denjenigen, welcher Waaren oder deren Verpackung mit einem für den ersteren nach Mafsgabe dieses Gesetzes zu schützenden Waarenzeichen oder mit dem Namen oder der Firma des Ersteren widerrechtlich bezeichnet, im Wege der Klage beantragen, dafs derselbe für nicht berechtigt erklärt werde, diese Bezeichnung zu gebrauchen.

Desgleichen kann der Produzent oder Handeltreibende gegen denjenigen, welcher dergleichen widerrechtlich bezeichnete Waaren in Verkehr bringt oder feilhält, im Wege der Klage beantragen, dafs derselbe für nicht berechtigt erklärt werde, so bezeichnete Waaren in Verkehr zu bringen oder feil zu halten.

§. 14.

Wer Waaren oder deren Verpackung wissentlich mit einem nach Mafsgabe dieses Gesetzes zu schützenden Waarenzeichen, oder mit dem Namen oder der Firma eines inländischen Produzenten oder Handeltreibenden widerrechtlich bezeichnet, oder wissentlich dergleichen widerrechtlich bezeichnete Waaren in Verkehr bringt oder feilhält, wird mit Geldstrafe von einhundertfünfzig bis dreitausend Mark oder mit Gefängnifs bis zu sechs Monaten bestraft und ist dem Verletzten zur Entschädigung verpflichtet.

Die Strafverfolgung tritt nur auf Antrag ein.

§ 15.

Statt jeder aus diesem Gesetze entspringenden Entschädigung kann auf Verlangen des Beschädigten neben der Strafe auf eine an ihn zu erlegende Bufse bis zum Betrage von fünftausend Mark erkannt werden. Für diese Bufse haften die zu derselben Verurtheilten als Gesammtschuldner.

Eine erkannte Bufse schliefst die Geltendmachung eines weiteren Entschädigungsanspruchs aus.

§. 16.

Darüber, ob ein Schaden entstanden ist, und wie hoch sich derselbe beläuft, entscheidet das Gericht unter Würdigung aller Umstände nach freier Ueberzeugung.

§. 17.

Erfolgt eine Verurtheilung auf Grund des §. 14, so ist auf Antrag des Verletzten bezüglich der im Besitze des Verurtheilten befindlichen Waaren auf Vernichtung der Zeichen auf der Verpackung oder den Waaren, oder, wenn die Beseitigung der Zeichen in anderer Weise nicht möglich ist, auf Vernichtung der Verpackung oder der Waaren selbst zu erkennen.

Erfolgt die Verurtheilung im Strafverfahren, so ist dem Verletzten die Befugnifs zuzusprechen, die Verurtheilung auf Kosten des Verurtheilten öffentlich bekannt zu machen. Die Art der Bekanntmachung, sowie die Frist zu derselben ist in dem Urtheil zu bestimmen.

§. 18.

Der dem Inhaber eines Waarenzeichens, eines Namens oder einer Firma nach Inhalt dieses Gesetzes gewährte Schutz wird dadurch nicht ausgeschlossen, dafs das Waarenzeichen, der Name oder die Firma, mit Abänderungen wiedergegeben sind, welche nur durch Anwendung besonderer Aufmerksamkeit wahrgenommen werden können.

§ 19.

Bürgerliche Rechtsstreitigkeiten, in welchen durch die Klage ein Anspruch auf Grund dieses Gesetzes erhoben wird, gelten im Sinne der Reichs- und Landesgesetze als Handelssachen.

§. 20.

Auf Waarenzeichen von Gewerbetreibenden, welche im Inlande eine Handelsniederlassung nicht besitzen, sowie auf die Namen oder die Firmen ausländischer Produzenten oder Handeltreibenden finden, wenn in dem Staate, wo ihre Niederlassung sich befindet, nach einer in dem Reichs-Gesetzblatt enthaltenen Bekanntmachung deutsche Waarenzeichen, Namen und Firmen einen Schutz geniefsen, die Bestimmungen dieses Gesetzes Anwendung, jedoch in Ansehung der Waarenzeichen (§. 1) mit folgenden Mafsgaben:

1) die Anmeldung eines Waarenzeichens hat bei dem Handelsgerichte in Leipzig mit der Erklärung zu erfolgen, dass sich der Anmeldende für Klagen auf Grund dieses Gesetzes der Gerichtsbarkeit des genannten Gerichts unterwirft;
2) mit der Anmeldung ist der Nachweis zu verbinden, dafs in dem fremden Staate die Voraussetzungen erfüllt sind, unter welchen der Anmeldende dort einen Schutz für das Zeichen beanspruchen kann;
3) die Anmeldung begründet ein Recht auf das Zeichen nur insofern und auf so lange, als in dem fremden Staate der Anmeldende in der Benutzung des Zeichens geschützt ist.

§. 21.

Dieses Gesetz tritt mit dem 1. Mai 1875 in Kraft.

Auf Waarenzeichen, welche bis zu diesem Tage landesgesetzlich geschützt waren, finden jedoch die landesgesetzlichen Bestimmungen noch bis dahin, dafs die Anmeldung nach Mafsgabe gegenwärtigen Gesetzes erfolgt ist, längstens bis zum 1. October 1875 Anwendung.

Urkundlich unter Unserer Höchsteigenhändigen Unterschrift und beigedrucktem Kaiserlichen Insiegel.

Gegeben Berlin, den 30. November 1874.

(L. S.) **Wilhelm.**

Fürst v. Bismarck.

Oesterreichiches Markenschutzgesetz.

Kaiserliches Patent vom 7. December 1858, Nr. 230 des Reichs-Gesetz-Blattes.

Wir Franz Joseph der Erste, von Gottes Gnaden Kaiser von Oesterreich, König von Ungarn und Böhmen etc. etc.

Um sowohl die Gewerbetreibenden, als das consumirende Publicum gegen die Nachtheile zu schützen, welche ihnen aus dem Mifsbrauche von gewerblichen Marken und anderen Bezeichnungen erwachsen, finden Wir nach Vernehmung Unserer Minister und nach Anhörung Unseres Reichsrathes, das nachstehende Gesetz zum Schutze der gewerblichen Marken und anderen Bezeichnungen zu erlassen, und verordnen, dafs dasselbe im ganzen Umfange Unseres Reiches mit 1. Jänner 1859 in Wirksamkeit trete.

I. Allgemeine Bestimmungen.

§. 1.

Unter Marken werden in diesem Gesetze die besonderen Zeichen verstanden, welche dazu dienen, die zum Handelsverkehr bestimmten Erzeugnisse und Waaren eines Gewerbetreibenden von jenen anderer Gewerbetreibenden zu unterscheiden (Sinnbilder, Chiffern, Vignetten u. dgl.).

§. 2.

Wenn ein Gewerbetreibender sich das Alleinrecht zum Gebrauche einer Marke sichern will, mufs er dieselbe nach den Bestimmungen des folgenden Abschnittes registriren lassen.

§. 3.

Auf Marken, welche in solchen Zeichen bestehen, die bei einzelnen Waarengattungen im Verkehr allgemein gebräuchlich sind, dann auf solche, die blofs in Buchstaben, Worten oder Zahlen, oder in Staats- und Länderwappen bestehen, kann kein Alleinrecht erworben werden.

§. 4.

Das Alleinrecht auf eine Marke schliefst den Gebrauch derselben von Seite anderer Gewerbetreibenden nur bezüglich jener Gattung von Waaren aus, zu welcher die Erzeugnisse oder die Verkehrsgegenstände des Gewerbes, für welches die geschützte Marke bestimmt ist, gehören.

§. 5.

Das Markenrecht klebt an dem Gewerbsunternehmen, für welches die Marke bestimmt ist, erlischt mit demselben und wechselt mit ihm den Besitzer.

In dem letzten Falle hat jedoch, aufser wenn das Gewerbe durch die Witwe oder einen minderjährigen Erben des Gewerbsinhabers oder für Rechnung einer Erbs- oder Concursmasse fortgeführt wird, der neue Besitzer binnen drei Monaten die Marke auf seinen Namen umschreiben zu lassen, widrigenfalls das Markenrecht erlischt.

§. 6.

Niemand darf eigenmächtig den Namen, die Firma, das Wappen oder die Benennung des Etablissements eines anderen inländischen Gewerbetreibenden oder Producenten zur Bezeichnung von Waaren oder Erzeugnissen sich aneignen.

§. 7.

Alles, was in diesem Gesetze von der Bezeichnung von Waaren gesagt ist, gilt auch für die auf der Verpackung, den Gefäfsen, Umhüllungen u. s. w. angebrachten Bezeichnungen.

§. 8.

An den bestehenden Vorschriften in Betreff der für gewisse Waaren angeordneten besonderen Bezeichnungen, insbesondere den Punzirungsvorschriften, wird durch gegenwärtiges Gesetz nichts geändert.

II. Registrirung der Marken.

§. 9.

Die Marke, für welche ein Gewerbetreibender sich das ausschliefsliche Gebrauchsrecht (§. 2) sichern will, mufs in zwei Exemplaren der Handels- und Gewerbekammer, in deren Bezirke die Gewerbsunternehmung liegt, bei welcher davon Gebrauch gemacht werden soll, übergeben werden; das eine Exemplar wird dem, von der Handels- und Gewerbekammer zu führenden Markenregister beigelegt, das andere wird der Partei, mit der im folgenden Paragraphe bestimmten Bestätigung versehen, zurückgestellt.

§. 10.

Auf jeden der beiden Exemplare hat das hiezu von der Handels- und Gewerbekammer bestimmte Organ:

a) die fortlaufende Nummer des Registers,
b) Tag und Stunde der Einreichung,
c) den Namen, auf den die Marke registrirt wurde,
d) die Bezeichnung der Gewerbsunternehmung, für welche sie bestimmt ist,

anzumerken und diese Anmerkung mit Beisetzung des Amtssiegels zu unterschreiben.

§. 11.

Die Registrirung unterliegt einer Taxe von fünf Gulden, welche in die Casse der Handelskammer fliefst.

§. 12.

Mit dem Tage und der Stunde der Einreichung der Marke bei der Handels- und Gewerbekammer beginnt für den Hinterleger das Alleinrecht zum Gebrauche der Marke, und es wird darnach die Priorität des Anspruches beurteilt, wenn die gleiche Marke von mehreren Gewerbetreibenden bei den nämlichen oder bei verschiedenen Handels- und Gewerbekammern hinterlegt worden sein sollte.

§. 13.

Zur Umschreibung eines Markenrechtes im Sinne des §. 5 hat der Bewerber den Beweis der Erwerbung der betreffenden Gewerbsunternehmung beizubringen.

Die Umschreibung unterliegt der gleichen Taxe, wie die erste Registrirung.

§. 14.

Die Markenregister haben bei den Handels- und Gewerbekammern zu jedermanns Einsicht aufzuliegen.

III. Eingriffe, Uebertretungen und Strafen.

§. 15.

Jeder Eingriff in das Markenrecht, sei es durch die widerrechtliche Aneigung oder Nachmachung einer Marke, sei es durch den Verschleifs der auf solche Art widerrechtlich bezeichneten Waaren, begründet für den Verletzten das Recht, auf die Einstellung des ferneren Gebrauches der widerrechtlichen Marke und auf die Beseitigung derselben von den damit bezeichneten Waaren, soweit sie für den

Verkauf bestimmt sind, zu dringen. Auch kann er verlangen, dafs die zur Nachmachung der Marke ausschliefslich oder vorzugsweise dienlichen Werkzeuge und Vorrichtungen für diesen Zweck unbrauchbar gemacht werden.

Ansprüche des Verletzten auf Ersatz des durch den Eingriff in sein Markenrecht erlittenen Schadens sind nach dem bürgerlichen Gesetze zu beurteilen.

§. 16.

Eine Nachmachung ist dann vorhanden, wenn die bezüglichen Marken ohne mehr als gewöhnliche Aufmerksamkeit nicht zu unterscheiden sind.

§. 17.

Die im §. 15. enthaltenen Bestimmungen finden auch gegen denjenigen Anwendung, der

a) den Namen, die Firma, das Wappen oder die besondere Benennung des Etablissements eines anderen inländischen Gewerbetreibenden oder Producenten zur Bezeichnung von Waaren, die für den Verkauf bestimmt sind, widerrechtlich sich aneignet.

b) Erzeugnisse oder Verkaufsgegenstände, die mit einer unerlaubten Bezeichnung dieser Art versehen sind, in den Verkehr bringt.

§. 18.

Ist der Eingriff (§§. 15 und 17) wissentlich begangen worden, so ist gegen den Schuldigen, nebst der dagegen etwa nach dem allgemeinen Strafgesetze eintretenden Bestrafung, eine Geldbufse von 25 bis 500 fl. zu verhängen.

§. 19.

Bei einem Rückfalle kann die Strafe verdoppelt werden.

Bei einem neuerlichen Rückfalle ist wider den Schuldigen nebst der Geldstrafe auch eine Arreststrafe von einer Woche bis zu drei Monaten zu verhängen.

§. 20.

Wenn die Geldstrafe den Vermögensumständen oder dem Nahrungsbetriebe des zu Verurteilenden oder seiner Angehörigen zum empfindlichen Abbruche gereichen oder ihn an der Erfüllung der aus der strafbaren Handlung entspringenden Entschädigung hindern würde, ist sie in Arrest von einem Tage für je fünf Gulden umzuwandeln.

§. 21.

Die Strafbehörde kann auch verfügen, dafs das Straferkenntnifs veröffentlicht werde.

§. 22.

Die Strafbeiträge fliefsen in den Armenfond des Ortes der begangenen Uebertretung.

IV. Behörden und Verfahren.

§. 23.

Die Verhandlung und Entscheidung über Eingriffe (§§. 15 und 17), sowie die Untersuchung und Bestrafung der, in den §§. 18 und 19 bezeichneten Uebertretungen steht den politischen Verwaltungsbehörden erster Instanz nach den, für das Verfahren und den Instanzenzug bei Gewerbsstörungen und Gewerbsübertretungen bestehenden Vorschriften zu.

Die politische Behörde entscheidet auch die vorkommenden Streitigkeiten über das Markenrecht, dessen Priorität und Uebertragung, und über die Frage hinsichtlich der Identität mehrerer Marken.

Ueber die im §. 15. erwähnten Entschädigungsansprüche aber steht die Entscheidung dem Civilrichter zu.

§. 24.

Eine Strafverhandlung wegen der in diesem Gesetze bezeichneten Gesetzesübertretungen darf, insoweit nicht eine nach dem allgemeinen Strafgesetze von Amtswegen durch die Strafgerichte zu verfolgende strafbare Handlung unterläuft, nur auf Anlangen des Verletzten eingeleitet werden.

Wenn jedoch derselbe sein Ansuchen um Bestrafung noch vor der Kundmachung der behördlichen Entscheidung an den Angeklagten widerruft, so hat es, unbeschadet seiner privatrechtlichen Ansprüche auf Entschädigung, von jeder Bestrafung und auch von jeder weiteren Untersuchung zum Behufe der Bestrafung abzukommen.

§. 25.

So oft es sich zur Constatirung eines Eingriffes um die Vergleichung zweier Marken handelt, hat die Behörde einen Befund durch unbefangene Sachverständige zu veranlassen.

Zur Aufnahme des Befundes sind auch die Parteien beizuziehen und mit ihren Aufklärungen und allfälligen Einwendungen zu hören.

Ein Befund kann nur wegen Bedenken gegen die Sachverständigen oder wegen Formgebrechen angefochten werden. Ist er mangelhaft oder undeutlich, kann auf dessen Vervollständigung gedrungen werden.

Eine Ueberschau ist nicht gestattet.

§. 26.

Der Verletzte ist berechtiget, noch vor der Entscheidung über seine Beschwerde die Beschlagnahme oder sonstige Verwahrung der, gegen die Bestimmungen dieses Gesetzes bezeichneten Waaren und der dazu verwendeten Werkzeuge zu verlangen.

Die politische Behörde hat dieselbe über Vorweisung des hinausgegebenen, nach §. 10 beglaubigten Markenexemplars sogleich zu verfügen.

Es bleibt jedoch ihrem Ermessen überlassen, eine vorläufige Sicherstellung für Schimpf und Schaden des Geklagten zu verlangen.

V. Vorübergehende Bestimmungen.

§. 27.

Auch die Gewerbetreibenden, welche schon dermalen eine Marke führen, können das ausschliefsliche Gebrauchsrecht derselben nur nach den Bedingungen dieses Gesetzes erwerben.

§. 28.

Zu diesem Ende wird ihnen die Frist bis Ende des Monats Juni 1859 mit der Wirkung zugestanden, dafs durch die Registrirung der Marke innerhalb dieser Frist einem jeden das Recht gesichert bleibt, die Priorität seiner, vor dem Erscheinen dieses Gesetzes gebrauchten Marke auch gegen jeden geltend zu machen, der ihm in der Registrirung der nämlichen Marke zuvorgekommen wäre, sie aber thatsächlich bis zur Einführung dieses Gesetzes nicht geführt hat.

§. 29.

Haben aber vor der Wirksamkeit dieses Gesetzes mehrere die nämliche Marke geführt, so erwirbt unter denjenigen von ihnen, welche diese Marke innerhalb der im §. 28 bestimmten Frist registriren lassen, jener das ausschliefsende Markenrecht, der erweiset, dafs er sie früher als die übrigen geführt hat. Einen Streit hierüber hat die politische Behörde nach Anhörung der streitenden Theile, auf Grundlage der von ihnen über den früheren Beginn des bisherigen Gebrauches der Marke gelieferten Beweise zu entscheiden.

Hiebei ist in jenen Landestheilen, wo schon vor dem Erscheinen dieses Gesetzes Markenregister (Zeichenrollen etc.) unter öffentlicher Beglaubigung geführt wurden, der Inhalt der letzteren, wofern dagegen kein Bedenken obwaltet, mafsgebend.

Kann aber keiner der Streitenden einen Beweis über den längeren Gebrauch einer solchen Marke vor den übrigen herstellen, so entscheidet das Los.

§. 30.

Für Marken, welche erst nach dem 30. Juni 1859 zur Registrirung überreicht werden, kann aus ihrer allfälligen Anwendung vor dem Erscheinen dieses Gesetzes, ein Prioritätsanspruch nicht abgeleitet werden.

Gesetz,

betreffend die privatrechtliche Stellung der Erwerbs- und Wirthschafts-Genossenschaften.

Vom 4. Juli 1868 [1]).

Wir Wilhelm von Gottes Gnaden König von Preußsen etc. verordnen im Namen des Norddeutschen Bundes, nach erfolgter Zustimmung des Bundesrathes und des Reichstages, für das ganze Gebiet des Bundes, was folgt:

Abschnitt I.

Von Errichtung der Genossenschaften.

§. 1. Gesellschaften von nicht geschlossener Mitgliederzahl, welche die Förderung des Kredits, des Erwerbes oder der Wirthschaft ihrer Mitglieder mittelst gemeinschaftlichen Geschäftsbetriebes bezwecken (Genossenschaften), namentlich:

1) Vorschufs- und Kreditvereine,
2) Rohstoff- und Magazinvereine,
3) Vereine zur Anfertigung von Gegenständen und zum Verkauf der gefertigten Gegenstände auf gemeinschaftliche Rechnung (Produktivgenossenschaften),
4) Vereine zum gemeinschaftlichen Einkauf von Lebensbedürfnissen im Grofsen und Ablafs in kleineren Partien an ihre Mitglieder (Konsumvereine),

---

1) B.-Ges.-Bl. 1868, S. 415 ff. Durch die »Verfassung des Deutschen Bundes« vom 31. Dezember 1870, Artikel 80. Nr. 10 (B.-Ges.-Bl. 1870, S. 647.) auch in Würtemberg, Baden und Hessen, ferner durch Reichsgesetz vom 23. Juni 1873 (R.-Ges.-Bl. 1873, S. 146) in Baiern und durch Gesetz vom 12. Juli 1872 (Ges.-Bl. f. Elsafs-Lothr. 1872, S. 511 ff.) in Elsafs-Lothringen eingeführt. Für die in Baiern zur Zeit bestehenden »registrirten Gesellschaften« mit beschränkter Haftpflicht ist das bairische Gesetz vom 29. April 1869 maafsgebend geblieben.

5) Vereine zur Herstellung von Wohnungen für ihre Mitglieder,

erwerben die im gegenwärtigen Gesetze bezeichneten Rechte einer „eingetragenen Genossenschaft“ unter den nachstehend angegebenen Bedingungen.

§. 2. Zur Gründung der Genossenschaft bedarf es:

1) der schriftlichen Abfassung des Gesellschaftsvertrages (Statuts);

2) der Annahme einer gemeinschaftlichen Firma.

Die Firma der Genossenschaft muſs vom Gegenstande der Unternehmung entlehnt sein und die zusätzliche Bezeichnung „eingetragene Genossenschaft“ enthalten.

Der Name von Mitgliedern (Genossenschaftern) oder anderen Personen darf in die Firma nicht aufgenommen werden. Jede neue Firma muſs sich von allen an demselben Orte oder in derselben Gemeinde bereits bestehenden Firmen eingetragener Genossenschaften deutlich unterscheiden.

Zum Beitritt der einzelnen Genossenschafter genügt die schriftliche Erklärung.

§. 3. Der Gesellschaftsvertrag muſs enthalten:

1) Die Firma und den Sitz der Genossenschaft;

2) den Gegenstand des Unternehmens;

3) die Zeitdauer der Genossenschaft, im Falle dieselbe auf eine bestimmte Zeit beschränkt sein soll;

4) die Bedingungen des Ein- und Austritts der Genossenschafter;

5) den Betrag [1]) der Geschäftsantheile der einzelnen Genossenschafter und die Art der Bildung dieser Antheile;

6) die Grundsätze, nach welchen die Bilanz aufzunehmen und der Gewinn zu berechnen ist, und die Art und Weise, wie die Prüfung der Bilanz erfolgt;

7) die Art der Wahl und Zusammensetzung des Vorstandes und die Formen für die Legitimation der Mitglieder des Vorstandes und der Stellvertreter derselben;

8) die Form, in welcher die Zusammenberufung der Genossenschafter geschieht;

---

1) Im officiellen Text des Gesetzes steht irrthümlich »Beitrag«.

9) die Bedingungen des Stimmrechts der Genossenschafter und die Form, in welcher dasselbe ausgeübt wird;
10) die Gegenstände, über welche nicht schon durch einfache Stimmenmehrheit der auf Zusammenberufung erschienenen Genossenschafter, sondern nur durch eine gröfsere Stimmenmehrheit oder nach anderen Erfordernissen Beschlufs gefafst werden kann;
11) die Form, in welcher die von der Genossenschaft ausgehenden Bekanntmachungen erfolgen, sowie die öffentlichen Blätter, in welche dieselben aufzunehmen sind;
12) die Bestimmung, dafs alle Genossenschafter für die Verbindlichkeiten der Genossenschaft solidarisch und mit ihrem ganzen Vermögen haften.

§. 4. Der Gesellschaftsvertrag mufs bei dem Handelsgerichte, in dessen Bezirk die Genossenschaft ihren Sitz hat, nebst dem Mitgliederverzeichnisse durch den Vorstand eingereicht, vom Gerichte in das Genossenschaftsregister, welches, wo ein Handelsregister existirt, einen Theil von diesem bildet, eingetragen und im Auszuge veröffentlicht werden.

Der Auszug mufs enthalten:

1) das Datum des Gesellschaftsvertrages;
2) die Firma und den Sitz der Genossenschaft;
3) den Gegenstand des Unternehmens;
4) die Zeitdauer der Genossenschaft, im Falle dieselbe auf eine bestimmte Zeit beschränkt sein soll;
5) die Namen und den Wohnort der zeitigen Vorstandsmitglieder;
6) die Form, in welcher die von der Genossenschaft ausgehenden Bekanntmachungen erfolgen, sowie die öffentlichen Blätter, in welche dieselben aufzunehmen sind.

Zugleich ist bekannt zu machen, dafs das Verzeichnifs der Genossenschafter jeder Zeit bei dem Handelsgerichte eingesehen werden könne.

Ist in dem Gesellschaftsvertrage eine Form bestimmt, in welcher der Vorstand seine Willenserklärungen kund giebt und für die Genossenschaft zeichnet, so ist auch diese Bestimmung zu veröffentlichen.

§. 5. Vor erfolgter Eintragung in das Genossenschaftsregister hat die Genossenschaft die Rechte einer eingetragenen Genossenschaft nicht.

§. 6. Jede Abänderung des Gesellschaftsvertrages mufs schriftlich erfolgen und dem Handelsgerichte unter Ueberreichung zweier Abschriften des Genossenschafts-Beschlusses angemeldet werden.

Mit dem Abänderungsbeschlusse wird in gleicher Weise wie mit dem ursprünglichen Vertrage verfahren. Eine Veröffentlichung desselben findet nur insoweit statt, als sich dadurch die in den früheren Bekanntmachungen enthaltenen Punkte ändern.

Der Beschlufs hat keine rechtliche Wirkung, bevor derselbe bei dem Handelsgerichte, in dessen Bezirk die Genossenschaft ihren Sitz hat, in das Genossenschafts-Register eingetragen worden ist.

§. 7. Bei jedem Handelsgerichte, in dessen Bezirk die Genossenschaft eine Zweigniederlassung hat, mufs diese Behufs der Eintragung in das Genossenschafts-Register angemeldet werden, und ist dabei Alles zu beobachten, was die §§. 4. bis 6. für das Hauptgeschäft vorschreiben.

§. 8. Das Genossenschaftsregister ist öffentlich, und gelten hierbei die im Allgemeinen Deutschen Handelsgesetzbuch in Bezug auf das Handelsregister gegebenen Bestimmungen.

Abschnitt II.

Von den Rechtsverhältnissen der Genossenschafter unter einander, sowie den Rechtsverhältnissen derselben und der Genossenschaft gegen Dritte.

§. 9. Das Rechtsverhältnifs der Genossenschafter unter einander richtet sich zunächst nach dem Gesellschaftsvertrage. Letzterer darf von den Bestimmungen der nachfolgenden Paragraphen nur in denjenigen Punkten abweichen, bei welchen dies ausdrücklich für zulässig erklärt ist.

In Ermangelung einer anderen Bestimmung des Gesellschaftsvertrages wird der Gewinn unter die Genossenschafter nach Höhe von deren Geschäftsantheilen vertheilt, ebenso der Verlust, soweit diese Antheile zusammen zu dessen Deckung ausreichen, wogegen ein nach Erschöpfung des Genossenschaftsvermögens noch zu deckender Rest gleichmäfsig nach Köpfen von sämmtlichen Genossenschaftern aufgebracht wird.

Genossenschafter, welche auf ihre Geschäftsantheile die ihnen statutenmäfsig obliegenden Einzahlungen geleistet haben, können von anderen Genossenschaftern nicht aus dem Grunde, weil letztere auf ihre Antheile mehr eingezahlt haben, im Wege des Rückgriffs in Anspruch genommen werden, sofern nicht der Gesellschaftsvertrag ein Anderes festsetzt.

§. 10. Die Rechte, welche den Genossenschaftern in Angelegenheiten der Genossenschaft, insbesondere in Beziehung auf die Führung der Geschäfte, die Einsicht und Prüfung der Bilanz und die Bestimmung der Gewinnvertheilung zustehen, werden von der Gesammtheit der Genossenschafter in der Generalversammlung ausgeübt.

Jeder Genossenschafter hat hierbei Eine Stimme, wenn nicht der Gesellschafsvertrag ein anderes festsetzt.

§. 11. Die eingetragene Genossenschaft kann unter ihrer Firma Rechte erwerben und Verbindlichkeiten eingehen, Eigenthum und andere dingliche Rechte an Grundstücken erwerben, vor Gericht klagen und verklagt werden.

Ihr ordentlicher Gerichtsstand ist bei dem Gerichte, in dessen Bezirk sie ihren Sitz hat.

Genossenschaften gelten als Kaufleute im Sinne des Allgemeinen Deutschen Handelsgesetzbuches, soweit dieses Gesetz keine abweichenden Vorschriften enthält.

§. 12. Insoweit die Genossenschaftsgläubiger aus dem Genossenschaftsvermögen nicht befriedigt werden können, haften ihnen alle Genossenschafter, ohne dafs diesen die Einrede der Theilung zusteht, für die Ausfälle solidarisch und mit ihrem ganzen Vermögen. Diese Solidarhaft kann von einem Genossenschaftsgläubiger nur geltend gemacht werden, wenn im Falle des Konkurses die Voraussetzungen des §. 51. vorliegen, oder wenn die Eröffnung des Konkurses nicht erfolgen kann.

Wer in eine bestehende Genossenschaft eintritt, haftet gleich den anderen Genossenschaftern für alle von der Genossenschaft auch vor seinem Eintritte eingegangenen Verbindlichkeiten.

Ein entgegenstehender Vertrag ist gegen Dritte ohne rechtliche Wirkung.

Die einer Genossenschaft beigetretenen Frauenspersonen können in Betreff der dadurch eingegangenen Verpflichtungen auf die in den einzelnen Staaten geltenden Rechtswohlthaten der Frauen sich nicht berufen.

§. 13. Die Privatgläubiger eines Genossenschafters sind nicht befugt, die zum Genossenschaftsvermögen gehörigen Sachen, Forderungen oder Rechte, oder einen Antheil an denselben zum Behufe ihrer Befriedigurg oder Sicherstellung in Anspruch zu nehmen. Gegenstand der Exekution, des Arrestes oder der Beschlagnahme kann für sie nur dasjenige sein, was der Genossenschafter selbst an Zinsen und an Gewinnantheilen zu fordern berechtigt ist und was ihm im Falle der Auflösung der Genossenschaft oder des Ausscheidens aus derselben bei der Auseinandersetzung zukommt.

§. 14. Die Bestimmung des vorigen Paragraphen gilt auch in Betreff der Privatgläubiger, zu deren Gunsten eine Hypothek oder ein Pfandrecht an dem Vermögen eines Genossenschafters kraft des Gesetzes oder aus einem anderen Rechtsgrunde besteht. Ihre Hypothek oder ihr Pfandrecht erstreckt sich nicht auf die zum Genossenschaftsvermögen gehörigen Sachen, Forderungen und Rechte, oder auf einen Antheil an denselben, sondern nur auf dasjenige, was in dem letzten Satze des vorigen Paragraphen bezeichnet ist.

Jedoch werden die Rechte, welche an dem von einem Genossenschafter in das Vermögen der Genossenschaft eingebrachten Gegenstande bereits zur Zeit des Einbringens bestanden, durch die vorstehenden Bestimmungen nicht berührt.

§. 15. Eine Kompensation zwischen Forderungen der Genossenschaft und Privatforderungen des Genossenschaftsschuldners gegen einen Genossenschafter findet während der Dauer der Genossenschaft weder ganz noch theilweise statt. Nach Auflösung der Genossenschaft ist sie zulässig, wenn und soweit die Genossenschaftsforderung dem Genossenschafter bei der Auseinandersetzung überwiesen ist.

§. 16. Hat ein Privatgläubiger eines Genossenschafters nach fruchtlos vollstreckter Exekution in dessen Privatvermögen die Exekution in das demselben bei der demnächstigen Auseinandersetzung zukommende Guthaben erwirkt, so ist er berechtigt, die Genossenschaft mag auf bestimmte oder unbestimmte Zeit eingegangen sein, Behufs seiner Befriedigung, nach vorher von ihm geschehener Aufkündigung, das Ausscheiden jenes Genossenschafters zu verlangen.

Die Aufkündigung mufs mindestens sechs Monate vor Ablauf des Geschäftsjahres der Genossenschaft geschehen.

Abschnitt III.

Von dem Vorstande, dem Aufsichtsrathe und der Generalversammlung.

§. 17. Jede Genossenschaft mufs einen aus der Zahl der Genossenschafter zu wählenden Vorstand haben. Sie wird durch denselben gerichtlich und aufsergerichtlich vertreten.

Der Vorstand kann aus einem oder mehreren Mitgliedern bestehen, diese können besoldet oder unbesoldet sein. Ihre Stellung ist zu jeder Zeit widerruflich, unbeschadet der Entschädigungsansprüche aus bestehenden Verträgen.

§. 18. Die jeweiligen Mitglieder des Vorstandes müssen alsbald nach ihrer Bestellung zur Eintragung in das Genossenschaftsregister angemeldet werden. Die Anmeldung ist durch den Vorstand unter Beifügung seiner Legitimation entweder in Person zu bewirken, oder in beglaubigter Form einzureichen. Zugleich haben die Mitglieder des Vorstandes ihre Unterschrift vor dem Handelsgerichte zu zeichnen oder die Zeichnung ebenfalls in beglaubigter Form einzureichen.

§. 19. Der Vorstand hat in der durch den Gesellschaftsvertrag bestimmten Form seine Willenserklärungen kund zu geben und für die Genossenschaft zu zeichnen. Ist nichts darüber bestimmt, so ist die Zeichnung durch sämmtliche Mitglieder des Vorstandes erforderlich. Die Zeichnung geschieht in der Weise, dafs die Zeichnenden zu der Firma der Genossenschaft oder zu der Benennung des Vorstandes ihre Unterschrift hinzufügen.

§. 20. Die Genossenschaft wird durch die vom Vorstande in ihrem Namen geschlossenen Rechtsgeschäfte berechtigt und verpflichtet. Es ist gleichgültig, ob das Geschäft ausdrücklich im Namen der Genossenschaft geschlossen worden ist, oder ob die Umstände ergeben, dafs es nach dem Willen der Kontrahenten für die Genossenschaft geschlossen werden sollte.

Die Befugnifs des Vorstandes zur Vertretung der Genossenschaft erstreckt sich auch auf diejenigen Geschäfte und Rechtshandlungen, für welche nach den Gesetzen eine Spezialvollmacht erforderlich ist. Zur Legitimation des Vorstandes bei allen, das Hypothekenbuch betreffenden Geschäften und Anträgen genügt ein Attest des Handelsgerichts, dafs die darin zu bezeichnenden Personen als Mitglieder des Vorstandes in das Genossenschaftsregister eingetragen sind.

§. 21. Der Vorstand ist der Genossenschaft gegenüber verpflichtet, die Beschränkungen einzuhalten, welche in dem Gesellschaftsvertrage oder durch Beschlüsse der Generalversammlung für den Umfang seiner Befugnifs, die Genossenschaft zu vertreten, festgesetzt sind. Gegen dritte Personen hat jedoch eine Beschränkung des Vorstandes, die Genossenschaft zu vertreten, keine rechtliche Wirkung. Dies gilt insbesondere für den Fall, dafs die Vertretung sich nur auf gewisse Arten von Geschäften erstrecken oder nur unter gewissen Umständen oder für eine gewisse Zeit oder an einzelnen Orten stattfinden soll, oder dafs die Zustimmung der Generalversammlung, eines Aufsichtsrathes oder eines anderen Organs der Genossenschafter für einzelne Geschäfte erfordert ist.

§. 22. Eide Namens der Genossenschaft werden durch den Vorstand geleistet.

§. 23. Jede ganze oder theilweise Aenderung im Personal des Vorstandes mufs von dem ganz oder theilweise erneuten Vorstande gemeinschaftlich in Person oder in beglaubigter Form dem Handelsgerichte zur Eintragung in das Genossenschafts-Register und öffentlichen Bekanntmachung angemeldet und dabei wegen Einreichung der Legitimation und Zeichnung Seitens der neu Eintretenden das in §. 18. Verordnete beobachtet werden.

Dasselbe gilt für den Fall, dafs interimistische Stellvertreter eines oder mehrerer Vorstandsmitglieder gewählt werden.

Dritten Personen kann die Aenderung nur insofern entgegengesetzt werden, als in Betreff dieser Aenderung die in Artikel 46. des Allgemeinen Deutschen Handelsgesetzbuches in Betreff des Erlöschens der Prokura bezeichneten Voraussetzungen vorhanden sind.

§. 24. Zur Behändigung von Vorladungen und anderen Zustellungen an die Genossenschaft genügt es, wenn dieselbe an ein Mitglied des Vorstandes, welches zu zeichnen oder mitzuzeichnen befugt ist, geschieht.

§. 25. Der Vorstand ist verbunden, dem Handelsgerichte am Schlusse jedes Quartals über den Eintritt und Austritt von Genossenschaftern schriftlich Anzeige zu machen und alljährlich im Monat Januar ein vollständiges, alphabetisch geordnetes Verzeichnifs der Genossenschafter einzureichen.

Das Handelsgericht berichtigt und vervollständigt danach die Liste der Genossenschafter.

§. 26. Der Vorstand ist verpflichtet, Sorge zu tragen, dafs die erforderlichen Bücher der Genossenschaft geführt werden. Er mufs spätestens in den ersten sechs Monaten jedes Geschäftsjahres eine Bilanz des verflossenen Geschäftsjahres, die Zahl der seit der vorjährigen Bekanntmachung aufgenommenen oder ausgeschiedenen, sowie die Zahl der zur Zeit der Genossenschaft angehörigen Genossenschafter veröffentlichen.

§. 27. Mitglieder des Vorstandes, welche in dieser ihrer Eigenschaft aufser den Grenzen ihres Auftrages oder den Vorschriften dieses Gesetzes oder des Gesellschaftsvertrages entgegen handeln, haften persönlich und solidarisch für den dadurch entstandenen Schaden.

Sie haben, wenn ihre Handlungen auf andere, als die in dem gegenwärtigen Gesetze (§. 1.) erwähnten geschäftlichen Zwecke gerichtet sind, oder wenn sie in der Generalversammlung die Erörterung von Anträgen gestatten oder nicht hindern, welche auf öffentliche Angelegenheiten gerichtet sind, deren Erörterung unter die Landesgesetze über das Versammlungs- und Vereinsrecht fällt, eine Geldbufse bis zu 200 Thalern verwirkt.

§. 28. Der Gesellschaftsvertrag kann dem Vorstande einen Aufsichtsrath (Verwaltungsrath, Ausschufs) an die Seite setzen, welcher von den Genossenschaftern aus ihrer Mitte, jedoch mit Ausschlufs der Vorstandsmitglieder, gewählt wird.

Ist ein Aufsichtsrath bestellt, so überwacht derselbe die Geschäftsführung der Genossenschaft in allen Zweigen der Verwaltung. Er kann sich von dem Gange der Angelegenheiten der Genossenschaft unterrichten, die Bücher und Schriften derselben jederzeit einsehen, den Bestand der Genossenschaftskasse untersuchen und Generalversammlungen berufen. Er kann, sobald es ihm nothwendig erscheint, Vorstandsmitglieder und Beamte vorläufig, und zwar bis zur Entscheidung der demnächst zu berufenden Generalversammlung, von ihren Befugnissen entbinden und wegen einstweiliger Fortführung der Geschäfte die nöthigen Anstalten treffen.

Er hat die Jahresrechnungen, die Bilanzen und die Vorschläge zur Gewinnvertheilung zu prüfen und darüber alljährlich der Generalversammlung Bericht zu erstatten.

Er hat eine Generalversammlung zu berufen, wenn dies im Interesse der Genossenschaft erforderlich ist.

§. 29. Der Aufsichtsrath ist ermächtigt, gegen die Vorstandsmitglieder die Prozesse zu führen, welche die Generalversammlung beschliefst, nnd die Genossenschaft bei Abschliefsung von Verträgen mit dem Vorstande zu vertreten. Wegen der Form der Legitimationsführung hat der Gesellschaftsvertrag das Erforderliche zu bestimmen.

Wenn die Genossenschaft gegen die Mitglieder des Aufsichtsrathes einen Prozefs zu führen hat, so wird sie durch Bevollmächtigte vertreten, welche in der Generalversammlung gewählt werden. Jeder Genossenschafter ist befugt, als Intervenient in einen solchen Prozefs auf seine Kosten einzutreten.

§. 30. Der Betrieb von Geschäften der Genossenschaft, sowie die Vertretung der Genossenschaft in Beziehung auf diese Geschäftsführung, kann auch sonstigen Bevollmächtigten oder Beamten der Genossenschaft zugewiesen werden. In diesem Falle bestimmt sich die Befugnifs derselben nach der ihnen ertheilten Vollmacht, sie erstreckt sich im Zweifel auf alle Rechtshandlungen, welche die Ausführung derartiger Geschäfte gewöhnlich mit sich bringt.

§. 31. Die Generalversammlung der Genossenschafter wird durch den Vorstand berufen, soweit nicht nach dem Gesellschaftsvertrage oder diesem Gesetze auch andere Personen dazu befugt sind.

Eine Generalversammlung der Genossenschafter ist aufser den im Gesellschaftsvertrage ausdrücklich bestimmten Fällen zu berufen, wenn dies im Interesse der Genossenschaft erforderlich erscheint.

Die Generalversammlung mufs sofort berufen werden, wenn mindestens der zehnte Theil der Genossenschafter in einer von ihnen zu unterzeichnenden Eingabe an den Vorstand unter Anführung des Zweckes und der Gründe darauf anträgt. Ist in dem Gesellschaftsvertrage das Recht der Berufung einer Generalversammlung einem gröfseren oder geringeren Theile der Genossenschafter beigelegt, so hat es hierbei sein Bewenden.

§. 32. Die Berufung der Generalversammlung hat in der durch den Gesellschaftsvertrag bestimmten Weise zu erfolgen.

Der Zweck der Generalversammlung mufs jederzeit bei der Berufung bekannt gemacht werden. Ueber Gegenstände, deren Verhandlung nicht in dieser Weise angekündigt ist, können Beschlüsse nicht gefafst werden; jedoch sind [1]) die Beschlüsse über Leitung der Versammlung, sowie über Anträge auf Berufung einer aufserordentlichen Generalversammlung ausgenommen.

Zur Stellung von Anträgen und zu Verhandlungen ohne Beschlufsfassung bedarf es der Ankündigung nicht.

§. 33. Der Vorstand ist zur Beobachtung und Ausführung aller Bestimmungen des Gesellschaftsvertrages und der in Gemäfsheit desselben von der Generalversammlung gültig gefafsten Beschlüsse verpflichtet und dafür der Genossenschaft verantwortlich.

Die Beschlüsse der Generalversammlung sind in ein Protokollbuch einzutragen, dessen Einsicht jedem Genossenschafter und der Staatsbehörde gestattet werden mufs.

Abschnitt IV.

Von der Auflösung der Genossenschaft und dem Ausscheiden einzelner Genossenschafter.

§. 34. Die Genossenschaft wird aufgelöst:

1) durch Ablauf der im Gesellschaftsvertrage bestimmten Zeit;
2) durch einen Beschlufs der Genossenschaft;
3) durch Eröffnung des Konkurses (Falliments).

§. 35. Wenn eine Genossenschaft sich gesetzwidriger

---

1) Im officiellen Texte des Gesetzes fehlt das Wort »sind«.

Handlungen oder Unterlassungen schuldig macht, durch welche das Gemeinwohl gefährdet wird, oder wenn sie andere, als die im gegenwärtigen Gesetze (§. 1.) bezeichneten geschäftlichen Zwecke verfolgt, so kann sie aufgelöst werden, ohne dafs deshalb ein Anspruch auf Entschädigung stattfindet.

Die Auflösung kann in diesem Falle nur durch gerichtliches Erkenntnifs auf Betreiben der höheren Verwaltungsbehörde erfolgen. Als das zuständige Gericht ist dasjenige anzusehen, bei welchem die Genossenschaft ihren ordentlichen Gerichtsstand hat.

Das Erkenntnifs ist von dem zuständigen Gerichte demjenigen Gerichte, welches das Genossenschaftsregister führt, zur Eintragung und Veröffentlichung nach §. 30. mitzutheilen.

§. 36. Die Auflösung der Genossenschaft mufs, wenn sie nicht eine Folge des eröffneten Konkurses ist, durch den Vorstand zur Eintragung in das Genossenschaftsregister angemeldet werden; sie mufs zu drei verschidenen Malen durch die für die Bekanntmachungen der Genossenschaft bestimmten Blätter bekannt gemacht werden.

Durch die Bekanntmachung müssen die Gläubiger zugleich aufgefordert werden, sich bei dem Vorstande der Genossenschaft zu melden.

§. 37. Die Konkurseröffnung ist vom Konkursgerichte von Amtswegen in das Genossenschaftsregister einzutragen. Die Bekanntmachung der Eintragung durch eine Anzeige in den im §. 4. Nr. 6. bestimmten Blättern unterbleibt. Wenn das Genossenschaftsregister nicht bei dem Konkursgerichte geführt wird, so ist die Konkurseröffnung von Seiten des Konkursgerichtes dem Handelsgerichte, bei welchem das Register geführt wird, zur Bewirkung der Eintragung unverzüglich anzuzeigen.

§. 38. Jeder Genossenschafter hat das Recht, aus der Genossenschaft auszutreten, auch wenn der Gesellschaftsvertrag auf bestimmte Zeit geschlossen ist.

Ist über die Kündigungsfrist und den Zeitpunkt des Austritts im Gesellschafsvertrage nichts festgesetzt, so findet der Austritt nur mit dem Schlufs des Geschäftsjahres nach vorheriger, mindestens vierwöchentlieher Aufkündigung statt. Ferner erlischt die Mitgliedschaft durch den Tod, sofern der Gesellschaftsvertrag keine entgegengesetzten Bestimmungen enthält.

In jedem Falle kann die Genossenschaft einen Genossenschafter aus den im Gesellschaftsvertrage festgesetzten Gründen, sowie wegen des Verlustes der bürgerlichen Ehrenrechte ausschliefsen.

§. 39. Die aus der Genossenschaft ausgetretenen oder ausgeschlossenen Genossenschafter, sowie die Erben verstorbener Genossenschafter bleiben den Gläubigern der Genossenschaft für alle bis zu ihrem Ausscheiden von der Genossenschaft eingegangenen Verbindlichkeiten bis zum Ablauf der Verjährung (§. 63.) verhaftet.

Wenn der Gesellschaftsvertrag nichts Anderes bestimmt, haben sie an den Reservefonds und an das sonst vorhandene Vermögen der Genossenschaft keinen Anspruch, sind vielmehr nur berechtigt zu verlangen, dafs ihnen ihr Geschäftsantheil, wie er sich aus den Büchern ergiebt, binnen drei Monaten nach ihrem Ausscheiden ausgezahlt werde.

Gegen diese Verpflichtung kann sich die Genossenschaft nur dadurch schützen, dafs sie ihre Auflösung beschliefst und zur Liquidation schreitet.

Abschnitt V.

Von der Liquidation der Genossenschaft.

§. 40. Nach Auflösung der Genossenschaft aufser dem Falle des Konkurses erfolgt die Liquidation durch den Vorstand, wenn nicht dieselbe durch den Gesellschaftsvertrag oder einen Beschlufs der Genossenschaft an andere Personen übertragen wird. Die Bestellung der Liquidatoren ist jederzeit widerruflich.

§. 41. Die Liquidatoren sind von dem Vorstande beim Handelsgerichte zur Eintragung in das Genossenschaftsregister anzumelden; sie haben ihre Unterschrift persönlich vor dieser Behörde zu zeichnen oder die Zeichnungen in beglaubigter Form einzureichen.

Das Austreten eines Liquidators oder das Erlöschen der Vollmacht eines solchen ist gleichfalls zur Eintragung in das Genossenschaftsregister anzumelden.

§. 42. Dritten Personen kann die Ernennung von Liquidatoren, sowie das Austreten eines Liquidators oder das Erlöschen der Vollmacht eines solchen nur insofern entgegengesetzt werden, als hinsichtlich dieser Thatsachen die Voraussetzungen vorhanden sind, unter welchen nach Artikel 25. und 46. des Allgemeinen Deutschen Handelsgesetzbuches hinsichtlich einer Aenderung der Inhaber einer Firma oder des Erlöschens einer Prokura die Wirkung gegen Dritte eintritt.

Sind mehrere Liquidatoren vorhanden, so können sie die zur Liquidation gehörenden Handlungen mit rechtlicher Wirkung nur in Gemeinschaft vornehmen, sofern nicht ausdrücklich bestimmt ist, dafs sie einzeln handeln können.

§. 43. Die Liquidatoren haben die laufenden Geschäfte zu beendigen, die Verpflichtungen der aufgelösten Genossenschaft zu erfüllen, die Forderungen derselben einzuziehen und das Vermögen der Genossenschaft zu versilbern; sie haben die Genossenschaft gerichtlich und aufsergerichtlich zu vertreten, sie können für dieselbe Vergleiche schliefsen und Kompromisse eingehen. Zur Beendigung schwebender Geschäfte können die Liquidatoren auch neue Geschäfte eingehen.

Die Veräufserung unbeweglicher Sachen kann durch die Liquidatoren, sofern nicht der Gesellschaftsvertrag oder ein Beschlufs der Genossenschaft anders bestimmt, nur durch öffentliche Versteigerung bewirkt werden.

§. 44. Eine Beschränkung des Umfanges der Geschäftsbefugnisse der Liquidatoren (§. 42.) hat gegen dritte Personen keine rechtliche Wirkung.

§. 45. Die Liquidatoren haben ihre Unterschriften in der Weise abzugeben, dafs sie der bisherigen, nunmehr als Liquidations-Firma zu bezeichnenden Firma ihren Namen beifügen.

§. 46. Die Liquidatoren haben der Genossenschaft gegenüber bei der Geschäftsführung den von der Generalversammlung gefafsten Beschlüssen Folge zu geben, widrigenfalls sie der Genossenschaft für den durch ihr Zuwiderhandeln erwachsenen Schaden persönlich und solidarisch haften.

§. 47. Die bei Auflösung der Genossenschaft vorhandenen und die während der Liquidation eingehenden Gelder werden, wie folgt, verwendet:

a) es werden zunächst die Gläubiger der Genossenschaft je nach der Fälligkeit ihrer Forderungen befriedigt und die zur Deckung noch nicht fälliger Forderungen nöthigen Summen zurückbehalten;

b) aus den alsdann verbleibenden Ueberschüssen werden

die Geschäftsantheile an die Genossenschafter zurückgezahlt. Reicht der Bestand zur vollständigen Deckung nicht aus, so erfolgt die Vertheilung desselben nach Verhältnifs der Höhe der einzelnen Guthaben, wenn der Gesellschaftsvertrag nicht anders bestimmt;

c) aus dem nach Deckung der Schulden der Genossenschaft, sowie der Geschäftsantheile der Genossenschafter (§. 39.), noch verbleibenden Bestande wird zunächst der Gewinn des letzten Rechnungsjahres an die Genossenschafter nach den Bestimmungen des Gesellschaftsvertrages gezahlt. Die Vertheilung weiterer Ueberschüsse unter die Genossenschafter erfolgt in Ermangelung anderer Vertragsbestimmungen nach Köpfen.

§. 48. Die Liquidatoren haben sofort beim Beginn der Liquidation eine Bilanz aufzustellen. Ergiebt diese oder eine später aufgestellte Bilanz, dafs das Vermögen der Genossenschaft (einschliefslich des Reservefonds und der Geschäftsantheile der Genossenschafter) zur Deckung der Schulden der Genossenschaft nicht hinreicht, so haben die Liquidatoren bei eigener Verantwortlichkeit sofort eine Generalversammlung zu berufen und hierauf, sofern nicht die*) Genossenschafter binnen acht Tagen nach der abgehaltenen Generalversammlung den zur Deckung des Ausfalles erforderlichen Betrag baar einzahlen, bei dem Handelsgerichte die Eröffnung des Konkurses (Falliments) über das Vermögen der Genossenschaft zu beantragen.

§. 49. Ungeachtet der Auflösung der Genossenschaft kommen bis zur Beendigung der Liquidation im Uebrigen in Bezug auf die Rechtsverhältnisse der bisherigen Genossenschafter untereinander, sowie zu dritten Personen, die Vorschriften des zweiten und dritten Abschnitts dieses Gesetzes zur Anwendung, soweit sich aus den Bestimmungen des gegenwärtigen Abschnitts und aus dem Wesen der Liquidation nicht ein Anderes ergiebt.

Der Gerichtsstand, welchen die Genossenschaft zur Zeit ihrer Auflösung hatte, bleibt bis zur Beendigung der Liquidation für die aufgelöste Genossenschaft bestehen. Zustellungen an die Genossenschaft geschehen mit rechtlicher Wirkung an einen der Liquidatoren.

*) „die“ fehlt im offiziellen Texte des Gesetzes.

§. 50. Nach Beendigung der Liquidation werden die Bücher und Schriften der aufgelösten Genossenschaft einem der gewesenen Genossenschafter oder einem Dritten in Verwahrung gegeben. Der Genossenschafter oder der Dritte wird in Ermangelung einer gültigen Uebereinkunft durch das Handelsgericht bestimmt.

Die Genossenschafter und deren Rechtsnachfolger behalten das Recht auf Einsicht und Benutzung der Bücher und Papiere.

§. 51. Ueber das Vermögen der Genossenschaft wird auch aufser dem Falle des §. 48. der Konkurs (Falliment) eröffnet, sobald sie ihre Zahlungen vor oder nach ihrer Auflösung eingestellt hat. Das Verfahren dabei bestimmen die Landesgesetze.

Die Verpflichtung zur Anzeige der Zahlungseinstellung liegt dem Vorstande der Genossenschaft und, wenn die Zahlungseinstellung nach Auflösung der Genossenschaft eintritt, den Liquidatoren derselben ob.

Die Genossenschaft wird durch den Vorstand beziehungsweise die Liquidatoren vertreten. Dieselben sind persönlich zu erscheinen und Auskunft zu ertheilen in allen Fällen verpflichtet, in welchen dies für den Gemeinschuldner selbst vorgeschrieben ist. Dieselben sind berechtigt, gegen jede angemeldete Forderung, unabhängig von dem Vertreter (Kurator, Verwalter) der Konkursmasse Widerspruch zu erheben. Dieser Widerspruch hält die Feststellung der Forderung im Konkurse und ihre Befriedigung aus der Konkursmasse nicht auf. Ein Zwangs-Akkord (Konkordat) findet nicht statt.

Der Konkurs (Falliment) über das Genossenschaftsvermögen zieht den Konkurs (Falliment) über das Privatvermögen der einzelnen Genossenschafter nicht nach sich.

Der Beschlufs über Eröffnung des Konkurses (resp. die Erklärung des Falliments) hat die Namen der solidarisch verhafteten Genossenschafter nicht zu enthalten. Sobald der Konkurs (Falliment) beendigt ist, sind die Gläubiger berechtigt, wegen des Ausfalles an ihren Forderungen, jedoch nur, wenn solche bei dem Konkursverfahren (Falliment) angemeldet und verifizirt sind, einschliefslich Zinsen und Kosten, die einzelnen, ihnen solidarisch haftenden Genossenschafter in Anspruch zu nehmen.

Die Genossenschafter können, wenn sie wegen solcher Ausfälle verklagt werden, nur gegen solche Forderungen Einwendungen machen, bei welchen der oben erwähnte Widerspruch (Absatz 3.) von dem Vorstande, beziehungsweise den Liquidatoren vor der Verifikation erhoben ist.

§. 52. Nachdem das Konkursverfahren (Falliment) so weit gediehen ist, daſs der Schluſsvertheilungsplan feststeht, liegt dem Vorstande ob, eine Berechnung (Vertheilungsplan) anzufertigen, aus welcher sich ergiebt, wie viel jeder Genossenschafter zur Befriedigung der Gläubiger wegen der im Konkurs erlittenen Ausfälle beizutragen habe.

Wird die Zahlung der Beiträge verweigert oder verzögert, so ist der Vertheilungsplan von dem Vorstande dem Konkursgericht mit dem Antrage einzureichen: den Vertheilungsplan für vollstreckbar zu erklären. Dem Antrage ist eine Abschrift oder ein Abdruck des Gesellschaftsvertrages und ein Verzeichniſs der Ausfälle der Gläubiger, sowie der nach dem Plane zu einem Beitrage verpflichteten Genossenschafter beizufügen.

§. 53. Bevor das Gericht über den Antrag Beschluſs faſst, sind die Genossenschafter mit ihren etwaigen Erinnerungen gegen den Plan in einem Termine zu hören. Mit Abhaltung des Termins wird, wenn das Konkursgericht ein Kollegialgericht ist, ein Mitglied des letzteren (Richterkommissar) beauftragt. Bei der Vorladung der Genossenschafter ist eine Mittheilung des Planes nicht erforderlich; es genügt, daſs derselbe drei Tage vor dem Termine zur Einsicht der Genossenschafter bei dem Gerichte offen liegt und daſs dies denselben bei der Vorladung angezeigt wird. Von dem Termine ist auch der Vorstand in Kenntniſs zu setzen. Die nochmalige Vorladung eines Betheiligten, welcher in dem Termine nicht erscheint, ist nicht erforderlich. Werden Erinnerungen erhoben, so ist das betreffende Sach- und Rechtsverhältniſs in dem Termine thunlichst insoweit aufzuklären, als zur vorläufigen Beurtheilung der Erheblichkeit der Erinnerungen erforderlich ist.

§. 54. Nach Abschluſs des im §. 53. bezeichneten Verfahrens unterzieht das Gericht auf Grundlage der beigebrachten Schriftstücke und der von dem Richter aufgenommenen Verhandlungen den Vertheilungsplan einer näheren Prüfung, berichtigt den Plan, soweit nöthig, und erläfst hierauf den Beschlufs, durch welchen derselbe für vollstreckbar erklärt wird. Das Gericht kann vor Abfassung des Beschlusses von dem Vorstand jede nähere Aufklärung und die Beibringung der in dem Besitze desselben befindlichen, zur Erledigung von Zweifeln dienenden Urkunden fordern.

Im Gebiete des Rheinischen Rechts wird der Beschlufs in der Rathskammer auf den Vortrag eines Berichterstatters gefafst.

Gegen den Beschlufs ist ein Rechtsmittel nicht zulässig.

§. 55. Eine Ausfertigung des Planes, sowie des Beschlusses, durch welchen derselbe für vollstreckbar erklärt ist, wird dem Vorstande mitgetheilt.

Die Urschrift oder eine zweite Ausfertigung ist bei dem Gerichte zur Einsicht der Genossenschafter offen zu legen; sämmtliche Genossenschafter sind hiervon in Kenntnifs zu setzen.

Der Vorstand ist befugt und im Falle der Weigerung oder Zögerung verpflichtet, die Beiträge, welche nach dem für vollstreckbar erklärten Vertheilungsplane von dem einzelnen Genossenschaftern zu zahlen sind, im Wege der Exekution beitreiben zu lassen.

§. 56. Jeder Genossenschafter ist befugt, den Vertheilungsplan im Wege der Klage anzufechten; die Klage ist gegen die übrigen betheiligten Genossenschafter zu richten; diese werden in dem Prozesse von dem Vorstande vertreten. Für die Klage ist das Gericht zuständig, bei welchem die Genossenschaft ihren allgemeinen Gerichtsstand hatte (§. 11.). Durch die Anstellung der Klage und die Einleitung des Prozesses wird die Exekution nicht gehemmt.

§. 57. Ist die Exekution gegen einzelne Genossenschafter fruchtlos, so hat der Vorstand den dadurch entstehenden Ausfall in einem anzufertigenden neuen Plane unter die übrigen Genossenschafter zu vertheilen. Das weitere Verfahren bestimmt sich nach den Vorschriften der §§. 52—56.

§. 58. Der Vorstand ist zur Erhebung der von den Genossenschaftern zu entrichtenden Beiträge berechtigt und zur bestimmungsmäfsigen Verwendung derselben verpflichtet.

§. 59. Wenn das Vermögen der Genossenschaft zur Befriedigung der Gläubiger sich als unzureichend erweist, ohne daſs die Eröffnung des Konkurses erfolgen kann (§. 12.), so kommen in Ansehung der Einziehung der zur Deckung der Ausfälle erforderlichen Beträge die Bestimmungen der §§. 52—58. in entsprechender Weise mit der Maaſsgabe zur Anwendung, daſs an Stelle des Konkursgerichts das Gericht tritt, bei welchem die Genossenschaft ihren allgemeinen Gerichtsstand hatte.

§. 60. Wenn der Vorstand die ihm nach den §§. 52—59. obliegenden Verpflichtungen zu erfüllen auſser Stande ist oder deren Erfüllung versäumt, so kann das Gericht auf den Antrag eines betheiligten Genossenschafters einen oder mehrere Genossenschafter oder auch andere Personen mit den Verrichtungen des Vorstandes beauftragen.

§. 61. Sind an die Stelle des Vorstandes Liquidatoren getreten, so gelten die Bestimmungen der §§. 52—60., insoweit sie den Vorstand betreffen, für die Liquidatoren.

§. 62. Durch das in den §§. 52—61. angeordnete Verfahren wird an dem Rechte der Genossenschaftsgläubiger, wegen der an ihren Forderungen erlittenen Ausfälle die Genossenschafter solidarisch in Anspruch zu nehmen, nichts geändert.

Abschnitt VI.

Von der Verjährung der Klagen gegen die Genossenschafter.

§. 63. Die Klagen gegen einen Genossenschafter aus Ansprüchen gegen die Genossenschaft verjähren in zwei Jahren nach Auflösung der Genossenschaft oder nach seinem Ausscheiden oder seiner Ausschlieſsung aus derselben, sofern nicht nach Beschaffenheit der Forderung eine kürzere Verjährungsfrist gesetzlich eintritt.

Die Verjährung beginnt mit dem Tage, an welchem die Auflösung der Genossenschaft in das Genossenschaftsregister eingetragen oder das Ausscheiden, beziehungsweise die Ausschlieſsung des Genossenschafters dem Handelsgerichte angezeigt ist. Wird die Forderung erst nach diesem Zeitpunkte fällig, so beginnt die Verjährung mit dem Zeitpunkte der Fälligkeit. Bei kündbaren Forderungen tritt die Kündigungsfrist der Verjährungsfrist hinzu.

Ist noch ungetheiltes Genossenschaftsvermögen vorhanden, so kann dem Gläubiger die zweijährige Verjährung nicht entgegengesetzt werden, sofern er seine Befriedigung nur aus dem Genossenschaftsvermögen sucht.

§. 64. Die Verjährung zu Gunsten eines ausgeschiedenen oder ausgeschlossenen Genossenschafters wird nicht durch Rechtshandlungen gegen einen anderen Genossenschafter, wohl aber durch Rechtshandlungen gegen die fortbestehende Genossenschaft unterbrochen.

Die Verjährung zu Gunsten eines bei der Auflösung der Genossenschaft zu derselben gehörigen Genossenschafters wird nicht durch Rechtshandlungen gegen einen anderen Genossenschafter, wohl aber durch Rechtshandlungen gegen die Liquidatoren, beziehungsweise gegen die Konkursmasse, unterbrochen.

§. 65. Die Verjährung läuft auch gegen Minderjährige und bevormundete Personen, sowie gegen juristische Personen, denen gesetzlich die Rechte der Minderjährigen zustehen, ohne Zulassung der Wiedereinsetzung in den vorigen Stand, jedoch mit Vorbehalt des Regresses gegen die Vormünder und Verwalter.

Schlufsbestimmungen.

§. 66. Das Handelsgericht hat den Vorstand der Genossenschaft, beziehungsweise die Liquidatoren, zur Befolgung der in den §§. 4. 6. 18. 23. 25. 26. Absatz 2. §. 31. Absatz 3. §. 33. Absatz 2. §§. 36. 41. 48. 52—59. 61. enthaltenen Vorschriften von Amtswegen durch Ordnungsstrafen anzuhalten.

Das hierbei zu befolgende Verfahren ist von den Regierungen der einzelnen Bundesstaaten in den nach §. 70. zu erlassenden Ausführungs-Verordnungen zu bestimmen.

§. 67. Unrichtigkeiten in den nach den Vorschriften des gegenwärtigen Gesetzes dem Vorstande obliegenden Anzeigen oder sonstigen amtlichen Angaben werden gegen die Vorstandsmitglieder mit Geldbufse bis zu 20 Rthlr. geahndet.

§. 68. Durch die im §. 67. enthaltene Bestimmung wird die Anwendung härterer Strafen nicht ausgeschlossen, wenn dieselben nach sonstigen Gesetzen durch die Handlung begründet werden.

§. 69. Die Eintragungen in das Genossenschaftsregister erfolgen kostenfrei.

§. 70. Wo dieses Gesetz von dem Handelsgerichte spricht, tritt in Ermangelung eines besonderen Handelsgerichts das ordentliche Gericht an dessen Stelle.

§. 71. In dem Vermögensstande einer schon bestehenden Genossenschaft wird durch deren Eintragung in das Genossenschaftsregister nichts geändert.

Auf nicht eingetragene Genossenschaften kommen die Bestimmungen dieses Gesetzes nicht zur Anwendung.

§. 72. Die näheren Bestimmungen Behufs Ausführung dieses Gesetzes werden von den Regierungen der einzelnen Bundesstaaten im Verordnungswege erlassen.

§. 73. Das gegenwärtige Gesetz tritt mit dem 1. Januar 1869 in Kraft.

Urkundlich unter Unserer Höchsteigenhändigen Unterschrift und beigedrucktem Bundes-Insiegel.

Gegeben Schlofs Babelsberg, den 4. Juli 1868.

(L. S.) **Wilhelm.**

Gr. v. Bismarck-Schönhausen.

Gesetz,

betreffend die Deklaration des § 1. des Gesetzes vom 4. Juli 1868. Vom 19. Mai 1871 [1]).

Wir Wilhelm, von Gottes Gnaden Deutscher Kaiser, König von Preufsen etc.
verordnen im Namen des Deutschen Reichs, nach erfolgter Zustimmung des Bundesrathes und des Reichstages, was folgt:

Einziger Paragraph.

Die im §. 1. des Gesetzes vom 4. Juli 1868. (Bundesgesetzbl. S. 415.) bezeichneten Gesellschaften verlieren den Charakter von Genossenschaften im Sinne des gedachten Gesetzes dadurch nicht, dafs ihnen die Ausdehnung ihres Geschäftsbetriebes auf Personen, welche nicht zu ihren Mitgliedern gehören, im Statute gestattet wird.

Urkundlich unter Unserer Höchsteigenhändigen Unterschrift und beigedrucktem Kaiserlichen Insiegel.

Gegeben Berlin, den 19. Mai 1871.

(L. S.) **Wilhelm.**

Fürst v. Bismarck.

---

1) Reichs-Gesetzblatt 1871. S. 101. In Baiern und Elsafs-Lothringen ist die Deklaration gleichzeitig mit dem Genossenschaftsgesetze selbst (s. S. 309 Anm. 1) eingeführt worden.

Oesterreichisches Gesetz

über Erwerbs- und Wirthschaftsgenossenschaften [1]).

Vom 9. April 1873.

(Nr. 70 R. G. B.)

Mit Zustimmung beider Häuser des Reichsrathes finde Ich anzuordnen, wie folgt:

I. Hauptstück.

Allgemeine Bestimmungen.

Erster Abschnitt.

Von der Errichtung der Genossenschaften und dem Rechtsverhältnisse ihrer Mitglieder.

§. 1. (1).

Die Bestimmungen dieses Gesetzes haben Anwendung zu finden auf Vereine von nicht geschlossener Mitgliederzahl, welche die Förderung des Erwerbes oder der Wirthschaft ihrer Mitglieder mittelst gemeinschaftlichen Geschäftsbetriebes oder mittelst Creditgewährung bezwecken (Erwerbs- und Wirthschaftsgenossenschaften), wie auf

Vorschufs- und Creditvereine,
Rohstoff- und Magazinvereine,
Produktivgenossenschaften,
Consumvereine und
Wohnungsgenossenschaften u. dgl.

§. 2.

Erwerbs- und Wirthschaftsgenossenschaften können entweder mit unbeschränkter oder mit beschränkter Haftung ihrer Mitglieder errichtet werden.

Im ersten Falle haftet jeder Genossenschafter für die Verbindlichkeiten der Genossenschaft solidarisch mit seinem ganzen Vermögen, im zweiten Falle nur bis zu einem bestimmten, im Voraus festgesetzten Betrage.

---

1) Die entsprechenden Paragraphen des Deutschen Genossenschaftsgesetzes sind in Klammern beigefügt.

§. 3. (2).

Zur Gründung der Genossenschaft ist erforderlich:

1) die Annahme einer Genossenschaftsfirma;
2) die schriftliche Abfassung des Genossenschaftsvertrages (Statuts);
3) die Eintragung dieses Vertrages in das Genossenschaftsregister.

Der Beitritt der einzelnen Genossenschafter geschieht durch schriftliche Erklärung.

§. 4. (2).

Die Genossenschaftsfirma mufs vom Gegenstande der Unternehmung entlehnt sein, die Bezeichnung „registrirte Genossenschaft", und je nach Beschaffenheit der Haftung (§. 2) den Beisatz: „mit unbeschränkter Haftung" oder „mit beschränkter Haftung" enthalten.

Der Name von Genossenschaftern oder anderen Personen darf in der Firma nicht aufgenommen werden. Jede neue Firma mufs sich von allen an demselben Orte oder in derselben Gemeinde bereits bestehenden Firmen registrirter Genossenschaften deutlich unterscheiden.

§. 5. (3).

Der Genossenschaftsvertrag mufs enthalten:

1) die Firma und den Sitz der Genossenschaft;
2) den Gegenstand des Unternehmens;
3) die Zeitdauer der Genossenschaft, im Falle dieselbe auf eine bestimmte Zeit beschränkt sein soll;
4) die Bedingungen des Eintrittes der Genossenschafter, sowie die allfälligen besonderen Bestimmungen über das Ausscheiden (Austritt, Tod oder Ausschliefsung) derselben;
5) den Betrag der Geschäftsantheile der einzelnen Genossenschafter und die Art der Bildung dieser Antheile;
6) die Grundsätze, nach welchen die Bilanz aufzunehmen und der Gewinn zu berechnen ist, die Art und Weise, wie die Prüfung der Bilanz erfolgt, sowie die Bestimmung über die Vertheilung des Gewinnes und Verlustes unter die einzelnen Genossenschafter;
7) die Art der Wahl und Zusammensetzung des Vorstandes und die Formen für die Legitimation der

Mitglieder des Vorstandes, sowie der Stellvertreter derselben und der Beamten der Genossenschaft;
8) die Form, in welcher die Zusammenberufung der Genossenschafter geschieht;
9) die Bedingungen des Stimmrechtes der Genossenschafter und die Form, in welcher dasselbe ausgeübt wird;
10) die Gegenstände, über welche nicht schon durch einfache Stimmenmehrheit der auf Zusammenberufung erschienenen Genossenschafter, sondern nur durch eine gröſsere Stimmenmehrheit oder nach anderen Erfordernissen Beschluſs gefaſst werden kann;
11) die Art und Weise, in welcher die von der Genossenschaft ausgehenden Bekanntmachungen erfolgen;
12) die Angabe, ob die Haftung der Genossenschafter für die Verbindlichkeiten der Genossenschaft eine unbeschränkte oder eine beschränkte ist, und wenn im letzteren Falle die Haftung über das im Gesetze bestimmte Maſs (§. 76) ausgedehnt wird, die Angabe des Umfanges dieser Haftung;
13) die Benennung der Mitglieder des ersten Vorstandes oder derjenigen Personen, welche die Registrirung der Genossenschaft zu erwirken haben.

§. 6. (4).

Der in das Genossenschaftsregister eingetragene (registrirte) Genossenschaftsvertrag muſs im Auszuge veröffentlicht werden.

Der Auszug muſs enthalten:
1) das Datum des Genossenschaftsvertrages;
2) die Firma und den Sitz der Genossenschaft;
3) den Gegenstand des Unternehmens;
4) die Zeitdauer der Genossenschaft, im Falle dieselbe auf eine bestimmte Zeit beschränkt sein soll;
5) die Namen und den Wohnort der Mitglieder des Vorstandes, falls ein solcher schon in dem Genossenschaftsvertrage bestellt ist;
6) die Art und Weise, in welcher die von der Genossenschaft ausgehenden Bekanntmachungen erfolgen;

7) die Angabe, ob die Haftung der Genossenschafter für die Verbindlichkeiten der Genossenschaft eine unbeschränkte oder eine beschränkte ist, und wenn im letzteren Falle die Haftung über das im Gesetze bestimmte Maſs (§. 76) ausgedehnt wird, die Angabe des Umfanges dieser Haftung.

Ist in dem Genossenschaftsvertrage eine Form bestimmt, in welcher der Vorstand seine Willenserklärungen kund gibt und für die Genossenschaft zeichnet, so ist auch diese Bestimmung zu veröffentlichen.

§. 7. (4. 8).

Bei jedem Handelsgerichte ist ein Genossenschaftsregister über diejenigen Genossenschaften zu führen, welche in dem Sprengel desselben ihren Sitz haben.

Hinsichtlich dieses Registers gelten die im Handelsgesetzbuche in Bezug auf das Handelsregister gegebenen Bestimmungen.

§. 8. (5).

Vor erfolgter Eintragung in das Genossenschaftsregister besteht die Genossenschaft als solche nicht. Wenn vor erfolgter Eintragung im Namen der Genossenschaft gehandelt wird, so haften die Handelnden persönlich und solidarisch.

§. 9. (6).

Jede Abänderung des Genossenschaftsvertrages muſs schriftlich erfolgen und dem Handelsgerichte unter Beilegung einer Abschrift des Genossenschaftsbeschlusses angemeldet werden.

Mit dem Abänderungsbeschlusse wird in gleicher Weise, wie mit dem ursprünglichen Vertrage verfahren. Eine Veröffentlichung desselben findet nur insoweit statt, als sich dadurch die in den früheren Bekanntmachungen enthaltenen Bestimmungen ändern.

Der Beschluſs hat keine rechtliche Wirkung, bevor derselbe bei dem Handelsgerichte, in dessen Bezirk die Genossenschaft ihren Sitz hat, in das Genossenschaftsregister eingetragen ist.

§. 10. (7).

Bei jedem Handelsgerichte, in dessen Bezirk die Genossenschaft eine Zweigniederlassung hat, muſs diese behufs der Eintragung in das Genossenschaftsregister angemeldet werden, und ist dabei alles zu beobachten, was die §§. 6 und 9 für das Hauptgeschäft vorschreiben.

§. 11. (9).

Das Rechtsverhältnifs der Genossenschafter unter einander richtet sich zunächst nach dem Genossenschaftsvertrage. Letzterer darf von den Bestimmungen dieses Gesetzes nur in denjenigen Punkten abweichen, bei welchen diefs ausdrücklich für zulässig erklärt ist.

§. 12. (11).

Die Genossenschaft kann unter ihrer Firma Rechte erwerben und Verbindlichkeiten eingehen, Eigenthum und andere dingliche Rechte auch an Grundstücken erwerben, vor Gericht klagen und geklagt werden.

Ihr ordentlicher Gerichtsstand ist bei dem Gerichte, in dessen Bezirk sie ihren Sitz hat.

§. 13. (11).

Für Genossenschaften, deren Unternehmen ganz oder theilweise Handelsgeschäfte zum Gegenstande hat, gelten, insoweit dieses Gesetz keine abweichenden Vorschriften enthält, die in Betreff der Kaufleute gegebenen Bestimmungen des Handelsgesetzbuches.

§. 14. (25).

Am Sitze der Genossenschaft und einer jeden Zweigniederlassung derselben ist ein Register zu führen, in welches der Vor- und Zuname und Stand eines jeden Genossenschafters, der Tag seines Eintrittes in die Genossenschaft und seines Ausscheidens aus derselben, die Anzahl der einem jeden gehörigen Geschäftsantheile, sowie die Kündigung eines oder mehrerer Geschäftsantheile einzutragen ist.

Die Einsicht dieses Registers, sowie des Genossenschaftsvertrages und seiner allfälligen Abänderungen mufs jedermann gestattet werden.

Zweiter Abschnitt.

Von dem Vorstande, dem Aufsichtsrathe und der Generalversammlung.

§. 15. (17).

Jede Genossenschaft mufs einen aus der Zahl der Genossenschafter zu wählenden Vorstand haben. Sie wird durch denselben gerichtlich und aufsergerichtlich vertreten.

Der Vorstand kann aus einem oder mehreren Mitgliedern bestehen, diese können besoldet oder unbesoldet sein. Ihre Bestellung ist zu jeder Zeit widerruflich, unbeschadet der Entschädigungsansprüche aus bestehenden Verträgen.

§. 16. (18. 23).

Die jeweiligen Mitglieder des Vorstandes müssen alsbald nach ihrer Bestellung zur Eintragung in das Genossenschaftsregister angemeldet werden. Der Anmeldung ist ihre Legitimation beizufügen. Die Mitglieder des Vorstandes haben ihre Unterschrift vor dem Handelsgerichte zu zeichnen oder die Zeichnung in beglaubigter Form einzureichen.

In gleicher Weise mufs bei jeder Aenderung der Mitglieder des Vorstandes, beziehungsweise bei Bestellung von Stellvertretern vorgegangen werden.

Ist die Aenderung nicht in das Genossenschaftsregister eingetragen und öffentlich bekannt gemacht, so kann sie die Genossenschaft einem Dritten nur dann entgegensetzen, wenn sie beweist, dafs die Aenderung letzterem beim Abschlusse des Geschäftes bekannt war.

Ist die Eintragung und Bekanntmachung geschehen, so mufs ein dritter die Aenderung gegen sich gelten lassen, soferne nicht durch die Umstände die Annahme begründet wird, dafs er die Aenderung beim Abschlusse des Geschäftes weder gekannt habe, noch habe kennen müssen.

§. 17. (19).

Der Vorstand hat in der durch den Genossenschaftsvertrag bestimmten Form seine Willenserklärung kundzugeben und für die Genossenschaft zu zeichnen. Ist nichts darüber bestimmt, so ist die Zeichnung durch sämmtliche Mitglieder des Vorstandes erforderlich. Die Zeichnung geschieht in der Weise, dafs die Zeichnenden zu der Firma der Genossenschaft oder zu der Benennung des Vorstandes ihre Unterschrift hinzufügen.

§. 18. (20).

Die Genossenschaft wird durch die vom Vorstande in ihrem Namen geschlossenen Rechtsgeschäfte berechtigt und verpflichtet. Es ist gleichgültig, ob das Geschäft ausdrücklich im Namen der Genossenschaft geschlossen worden ist, oder ob die Umstände ergeben, dafs es nach dem Willen

der Contrahenten für die Genossenschaft geschlossen werden sollte.

Die Befugniſs des Vorstandes zur Vertretung der Genossenschaft erstreckt sich auch auf alle Geschäfte, zu welchen nach dem allgemeinen bürgerlichen Rechte eine besondere, auf die Gattung des Geschäftes lautende Vollmacht erforderlich ist.

§. 19. (21).

Der Vorstand ist der Genossenschaft gegenüber verpflichtet, die Beschränkungen einzuhalten, welche in dem Genossenschaftsvertrage oder durch Beschlüsse der Generalversammlung für den Umfang seiner Befugniſs, die Genossenschaft zu vertreten, festgesetzt sind. Gegen dritte Personen hat jedoch eine Beschränkung des Vorstandes, die Genossenschaft zu vertreten, keine rechtliche Wirkung. Dieſs gilt insbesondere für den Fall, daſs die Vertretung sich nur auf gewisse Geschäfte oder Arten von Geschäften erstrecken, oder nur unter gewissen Umständen, oder für eine gewisse Zeit oder an einzelnen Orten stattfinden soll, oder daſs die Zustimmung der Genenalversammlung, eines Aufsichtsrathes oder eines anderen Organes der Genossenschaft für einzelne Geschäfte erfordert wird.

§. 20. (22).

Eide Namens der Genossenschaft werden durch den Vorstand geleistet.

§. 21. (24).

Zur Behändigung von Vorladungen und anderen Zustellungen an die Genossenschaft genügt es, wenn dieselbe an ein Mitglied des Vorstandes, welches zu zeichnen oder mitzuzeichnen befugt ist, oder an einen Beamten der Genossenschaft, welcher dieselbe vor Gericht zu vertreten berechtigt ist, geschieht.

§. 22. (26).

Der Vorstand ist verpflichtet, Sorge zu tragen, daſs die erforderlichen Bücher der Genossenschaft geführt werden.

Denselben kommt, insoferne sie nach Vorschrift des Handelsgesetzbuches geführt sind, zur Nachweisung der Forderungen der Genossenschaft aus den ihr gesetzlich gestatteten Geschäften das den Handelsbüchern durch Artikel 34. des Handelsgesetzbuches und nach den §§. 19, 20, 21 und 22 des Einführungsgesetzes zu diesem Handelsgesetze (R. G. B. v. J. 1863, Nr. 1.) eingeräumte Mafs der Beweiskraft zu.

Der Vorstand mufs spätestens in den ersten sechs Monaten jedes Geschäftsjahres einen Rechnungsabschlufs des verflossenen Geschäftsjahres nebst der Bilanz bekannt machen. In dieser Bekanntmachung ist insbesondere auch die Zahl der Mitglieder, welche zur Zeit des Bilanzabschlusses der Genossenschaft angehört haben, dann der im Laufe des Bilanzjahres eingetretenen und ausgeschiedenen Mitglieder, sowie die Zahl der beim Bilanzabschlusse bestandenen und der im Laufe des Bilanzjahres zugewachsenen gekündigten oder rückgezahlten Geschäftsantheile anzugeben.

§. 23. (27).

Mitglieder des Vorstandes, welche in dieser ihrer Eigenschaft aufser den Gränzen ihres Auftrages oder den Vorschriften dieses Gesetzes oder des Genossenschaftsvertrages entgegen handeln, haften persönlich und solidarisch für den dadurch entstandenen Schaden.

§. 24. (28).

Der Genossenschaftsvertrag kann dem Vorstande einen Aufsichtsrath, welcher von den Genossenschaftern aus ihrer Mitte, mit Ausschlufs der Vorstandsmitglieder, gewählt wird, und dessen Bestellung zu jeder Zeit widerruflich ist, an die Seite setzen.

Ist ein Aufsichtsrath bestellt, so überwacht derselbe die Geschäftsführung der Genossenschaft in allen Zweigen der Verwaltung, er kann sich von dem Gange der Angelegenheiten der Genossenschaft unterrichten, die Bücher und Schriften derselben jederzeit einsehen und den Bestand der Genossenschaftscasse untersuchen. Er kann, sobald es ihm nothwendig erscheint, Vorstandsmitglieder und Beamte vorläufig, und zwar bis zur Entscheidung der demnächst zu berufenden Generalversammlung, von ihren Befugnissen entbinden und wegen einstweiliger Fortführung der Geschäfte die nöthigen Anstalten treffen.

Er hat die Rechnungen über die einzelnen Geschäftsperioden, insbesondere die Jahresrechnungen, die Bilanzen und die Vorschläge zur Gewinnvertheilung zu prüfen und darüber alljährlich der Generalversammlung Bericht zu erstatten.

Er hat eine Generalversammlung zu berufen, wenn diefs im Interesse der Genossenschaft erforderlich ist.

Die Mitglieder des Aufsichtsrathes haften für den Schaden, welchen sie durch die Nichterfüllung iher Obliegenheiten verursachen.

§. 25. (29).

Der Aufsichtsrath ist ermächtigt, gegen die Vorstandsmitglieder die Processe zu führen, welche die Generalversammlung beschliefst.

Wenn die Genossenschaft gegen die Mitglieder des Aufsichtsrathes einen Procefs zu führen hat, so wird sie durch Bevollmächtigte vertreten, welche in der Generalversammlung gewählt werden.

Jeder Genossenschafter ist befugt, als Intervenient in die vorerwähnten Processe auf seine Kosten einzutreten.

§. 26. (30).

Der Betrieb von Geschäften der Genossenschaft, sowie die Vertretung der Genossenschaft in Beziehung auf diesen Geschäftsbetrieb kann auch Beamten der Genossenschaft oder anderen Personen als Bevollmächtigten der Genossenschaft zugewiesen werden. In diesem Falle bestimmt sich die Befugnifs derselben nach der ihnen ertheilten Vollmacht, sie erstreckt sich im Zweifel auf alle Rechtshandlungen, welche die Ausführung derartiger Geschäfte gewöhnlich mit sich bringt.

§. 27. (10).

Die Rechte, welche den Genossenschaftern in Angelegenheiten der Genossenschaft, insbesondere in Beziehung auf die Führung der Geschäfte, die Einsicht und Prüfung der Bilanz und die Bestimmung der Gewinnvertheilung zustehen, werden von der Gesammtheit der Genossenschafter in der Generalversammlung ausgeübt.

Jeder Genossenschafter hat hiebei Eine Stimme, wenn nicht der Genossenschaftsvertrag etwas anderes festsetzt.

§. 28. (31).

Die Generalversammlung der Genossenschafter wird durch den Vorstand berufen, soweit nicht nach dem Genossenschaftsvertrage oder nach diesem Gesetze auch andere Personen dazu befugt sind.

§. 29. (31).

Eine Generalversammlung der Genossenschafter ist

außer den im Genossenschaftsvertrage ausdrücklich bestimmten Fällen zu berufen, wenn dieß im Interesse der Genossenschaft erforderlich erscheint.

Die Generalversammlung muß sofort berufen werden, wenn mindestens der zehnte Theil der Mitglieder der Genossenschaft in einer von ihnen unterzeichneten Eingabe unter Anführung des Zweckes und der Gründe darauf anträgt. Ist in dem Genossenschaftsvertrage das Recht, die Berufung einer Generalversammlung zu verlangen, einer größeren oder geringeren Zahl von Genossenschaftern beigelegt, so hat es dabei sein Bewenden.

Die zur Einberufung der Generalversammlung Verpflichteten sind hiezu erforderlichen Falles auf Begehren der Antragsteller von dem Handelsgerichte durch Geldstrafen bis zu 300 fl. österr. Währung zu verhalten.

§. 30. (32).

Die Berufung der Generalversammlung hat in der durch den Genossenschaftsvertrag bestimmten Weise zu erfolgen.

Der Zweck der Generalversammlung muß jederzeit bei der Berufung bekannt gemacht werden. Ueber Gegenstände, deren Verhandlung nicht in dieser Weise angekündigt ist, können Beschlüsse nicht gefaßt werden; hievon ist jedoch der Beschluß über den in einer Generalversammlung gestellten Antrag auf Berufung einer außerordentlichen Generalversammlung ausgenommen.

Zur Stellung von Anträgen und zu Verhandlungen ohne Beschlußfassung bedarf es der Ankündigung nicht.

§. 31.

Zur Beschlußfähigkeit der Generalversammlung ist, insoferne der Genossenschaftsvertrag nichts anderes bestimmt, erforderlich, daß in derselben wenigstens der zehnte Theil der Mitglieder anwesend oder vertreten ist.

§. 32.

Im Falle der Beschlußunfähigkeit einer Generalversammlung ist, wenn der Genossenschaftsvertrag nichts anderes bestimmt, eine zweite Versammlung einzuberufen, welche ohne Rücksicht auf die Zahl der anwesenden oder vertretenen Mitglieder beschlußfähig ist.

Die zweite Generalversammlung ist auf die Verhandlung jener Gegenstände beschränkt, für welche die vereitelte Versammlung einberufen war.

§. 33.

Wenn der Genossenschaftsvertrag über die Art der Beschlufsfassung nichts anderes bestimmt, werden die Beschlüsse der Generalversammlung mit absoluter Stimmenmehrheit gefafst; der Vorsitzende nimmt an der Abstimmung Theil und bei Stimmengleichheit gilt jene Meinung als Beschlufs, welcher der Vorsitzende beigetreten ist.

Eine Abänderung des Genossenschaftsvertrages, sowie die Auflösung der Genossenschaft kann, vorbehaltlich einer abweichenden Bestimmung des Genossenschaftsvertrages, nur mit einer Mehrheit von wenigstens zwei Dritteln der abgegebenen Stimmen beschlossen werden.

§. 34. (33).

Der Vorstand ist zur Beobachtung und Ausführung aller Bestimmungen des Genossenschaftsvertrages und der in Gemäfsheit desselben von der Generalversammlung giltig gefafsten Beschlüsse verpflichtet und dafür der Genossenschaft verantwortlich.

Die Beschlüsse der Generalversammlung sind in ein Protokollbuch einzutragen, dessen Einsicht jedem Genossenschafter und der Verwaltungsbehörde freisteht.

§. 35.

Der Vorstand ist verpflichtet, jedem Genossenschafter auf Verlangen eine Abschrift (Abdruck) des Genossenschaftsvertrages mit den allfälligen Aenderungen und Ergänzungen desselben, dann eine Abschrift der genehmigten Rechnungsabschlüsse und Bilanzen gegen Ersatz der Kosten zu erfolgen und diese Schriftstücke auf Begehren mit seiner Unterschrift zu versehen.

Der Vorstand hat aufserdem eine Abschrift (einen Abdruck) des Genossenschaftsvertrages, sowie jede Aenderung desselben binnen acht Tagen nach erfolgter Registrirung, und eine Abschrift der genehmigten Rechnungsabschlüsse und Bilanzen binnen acht Tagen nach erfolgter Genehmigung der Landesstelle im Wege der politischen Bezirksbehörde vorzulegen. Die Mitglieder des Vorstandes sind hierzu von den politischen Behörden, nöthigenfalls mittelst Geldstrafen bis zu 100 fl., zu verhalten.

Dritter Abschnitt.

Von der Auflösung der Genossenschaft.

§. 36. (34).

Die Genossenschaft wird aufgelöst:

1) durch Ablauf der im Genossenschaftsvertrage bestimmten Zeit;

2) durch einen Beschlufs der Genossenschaft;

3) durch Eröffnung des Konkurses;

4) durch eine Verfügung der Verwaltungsbehörde (§. 37).

§. 37. (35).

Die Auflösung einer Genossenschaft kann von der Verwaltungsbehörde verfügt werden, wenn aus Anlafs der Thätigkeit oder der Verhandlungen der Genossenschaft ein rechtskräftiges Straferkenntnifs in Gemäfsheit des §. 88. dieses Gesetzes erfolgt ist.

Die Strafgerichte haben derartige Erkenntnisse sogleich, nachdem sie in Rechtskraft erwachsen sind, der politischen Landesstelle mitzutheilen.

§. 38.

Das Auflösungserkenntnifs steht der politischen Landesstelle zu, in deren Gebiet die Genossenschaft ihren Sitz hat, und wenn sich die Wirksamkeit der Genossenschaft durch Zweigniederlassungen auf mehrere Länder erstreckt, jener politischen Landesstelle, in deren Gebiet sich das Hauptgeschäft befindet. Gegen das Auflösungserkenntnifs kann binnen vier Wochen der Recurs an das Ministerium des Innern ergriffen werden.

Die Befugnifs der politischen Landesstelle, die Auflösung einer Genossenschaft auf Grund eines strafgerichtlichen Erkenntnisses (§. 37.) zu verfügen, erlischt mit Ablauf von drei Monaten, nachdem dieses Erkenntnifs in Rechtskraft erwachsen ist.

§. 39. (35, 3).

Die von der Verwaltungsbehörde rechtskräftig verfügte Auflösung ist von Amtswegen dem Handelsgerichte zur Eintragung in das Genossenschaftsregister und Bekanntmachung mitzutheilen.

§. 40. (36).

Die Auflösung der Genossenschaft mufs, wenn sie nicht eine Folge des eröffneten Concurses oder nicht von der Verwaltungsbehörde verfügt ist, durch den Vorstand zur Eintragung in das Genossenschaftsregister angemeldet und zu drei verschiedenen Malen durch die für die Bekanntmachung solcher Eintragungen bestimmten Blätter verlautbart werden.

Durch diese Bekanntmachung müssen die Gläubiger zugleich aufgefordert werden, sich bei der Genossenschaft zu melden.

Vierter Abschnitt.

Von der Liquidation der Genossenschaft.

§. 41. (40).

Nach Auflösung der Genossenschaft aufser dem Falle des Concurses erfolgt die Liquidation durch den Vorstand, wenn nicht dieselbe durch den Genossenschaftsvertrag oder einen Beschlufs der Genossenschaft an andere Personen übertragen wird. Die Bestellung der Liquidatoren ist jederzeit widerruflich.

§. 42. (41).

Die Liquidatoren sind von dem Vorstande beim Handelsgerichte zur Eintragung in das Genossenschaftsregister anzumelden; sie haben ihre Unterschrift persönlich vor dieser Behörde zu zeichnen oder die Zeichnungen in beglaubigter Form einzureichen.

Das Austreten eines Liquidators oder das Erlöschen der Vollmacht eines solchen ist gleichfalls zur Eintragung in das Genossenschaftsregister anzumelden.

§. 43. (42).

Dritten Personen kann die Ernennung von Liquidatoren, sowie das Austreten eines Liquidators oder das Erlöschen der Vollmacht eines solchen nur unter denselben Voraussetzungen entgegengesetzt werden, unter welchen einem Dritten nach §. 16. eine Aenderung der Vorstandsmitglieder entgegengesetzt werden kann.

Sind mehrere Liquidatoren vorhanden, so können sie die zur Liquidation gehörenden Handlungen mit rechtlicher Wirkung nur in Gemeinschaft vornehmen, sofern nicht ausdrücklich bestimmt ist, dafs sie einzeln handeln können.

§. 44. (43).

Die Liquidatoren haben die laufenden Geschäfte zu

beendigen, die Verpflichtungen der aufgelösten Genossenschaft zu erfüllen, die Forderungen derselben einzuziehen und das Vermögen der Genossenschaft in Geld umzusetzen; sie haben die Genossenschaft gerichtlich und aufsergerichtlich zu vertreten, sie können für dieselbe Vergleiche schliefsen und Compromisse eingehen. Neue Geschäfte können die Liquidatoren nur zur Beendigung schwebender Geschäfte eingehen.

Die Veräufserung von unbeweglichen Sachen kann durch die Liquidatoren, sofern nicht der Genossenschaftsvertrag oder ein Beschlufs der Genossenschaft anders bestimmt, nur durch öffentliche Versteigerung bewirkt werden.

§. 45. (44).

Eine Beschränkung des Umfanges der Geschäftsbefugnisse der Liquidatoren (§. 44.) hat gegen dritte Personen keine rechtliche Wirkung.

§. 46. (45).

Die Liquidatoren haben ihre Unterschrift in der Weise abzugeben, dafs sie der bisherigen, nunmehr als Liquidationsfirma zu bezeichnenden Firma ihre Namen beifügen.

§. 47. (46).

Die Liquidatoren haben der Genossenschaft gegenüber bei der Geschäftsfühung den von der Generalversammlung gefafsten Beschlüssen Folge zu geben, widrigenfalls sie der Genossenschaft für den durch ihr Entgegenhandeln erwachsenen Schaden persönlich und solidarisch haften.

§. 48. (47).

Die bei Auflösung der Genossenschaft vorhandenen und die während der Liquidation eingehenden Gelder werden, wie folgt, verwendet:

1) Es werden zunächst die Gläubiger der Genossenschaft je nach der Fälligkeit ihrer Forderungen befriedigt und die zur Deckung noch nicht fälliger Forderungen nöthigen Summen zurückbehalten;
2) aus den verbleibenden Ueberschüssen werden die auf die Geschäftsantheile eingezahlten Beträge an die Genossenschafter zurückgezahlt. Reicht der Bestand zur vollständigen Deckung nicht aus, so erfolgt die Vertheilung desselben nach Verhältnifs der Höhe der einzelnen Guthaben, wenn in dem Genossenschaftsvertrage nichts anderes bestimmt ist;

3) der nach Deckung der Schulden der Genossenschaft, sowie der Geschäftsantheile der Genossenschafter noch vorhandene Ueberschufs wird, nach den Bestimmungen des Genossenschaftsvertrages über die Gewinnstvertheilung (§. 5, Abs. 6) unter die Genossenschafter vertheilt.

§. 49. (48).

Die Liquidatoren haben sofort beim Beginne der Liquidation eine Bilanz aufzustellen. Ergibt diese oder eine später aufgestellte Bilanz, dafs die Activen der Genossenschaft einschliefslich des Reservefonds und der Geschäftsantheile der Genossenschafter zur Deckung der Schulden der Genossenschaft nicht hinreichen, so haben die Liquidatoren bei eigener Verantwortlichkeit sofort die Eröffnung des Concurses über das Vermögen der Genossenschaft zu beantragen und hievon einer gleichzeitig zu berufenden Generalversammlung die Mittheilung zu machen.

§. 50. (49).

Ungeachtet der Auflösung der Genossenschaft kommen bis zur Beendigung der Liquidation im übrigen in Bezug auf die Rechtsverhältnisse der bisherigen Genossenschafter unter einander, sowie zu dritten Personen die Anordnungen des ersten und zweiten Abschnittes zur Anwendung, soweit sich aus den Bestimmungen des gegenwärtigen Abschnittes und aus dem Wesen der Liquidation nicht ein anderes ergibt.

Der Gerichtsstand, welchen die Genossenschaft zur Zeit ihrer Auflösung hatte, bleibt bis zur Beendigung der Liquidation für die aufgelöste Genossenschaft bestehen. Zustellungen an die Genossenschaft geschehen mit rechtlicher Wirkung an einen der Liquidatoren.

§. 51. (50).

Nach Beendigung der Liquidation werden die Bücher und Schriften der aufgelösten Genossenschaft einem der gewesenen Genossenschafter oder einem Dritten in Verwahrung gegeben. Der Genossenschafter oder der Dritte wird in Ermangelung einer gütlichen Uebereinkunft durch das Handelsgericht bestimmt.

Die Genossenschafter und deren Rechtsnachfolger behalten das Recht auf Einsicht und Benutzung der Bücher und Papiere.

§. 52.

Inwiefern über das Vermögen der Genossenschaft außer dem im §. 49 bezeichneten Falle der Concurs zu eröffnen ist, wird durch die Concursordnung bestimmt.

Ein Zwangsausgleich findet nicht statt.

II. Hauptstück.

Besondere Bestimmungen für Genossenschaften mit unbeschränkter Haftung.

§. 53. (12).

Die Mitglieder einer mit unbeschränkter Haftung errichteten Genossenschaft haften für alle Verbindlichkeiten der Genossenschaft, insoferne zur Deckung derselben im Falle der Liquidation oder des Concurses die Activen der Genossenschaft nicht ausreichen, solidarisch mit ihrem ganzen Vermögen.

Wer in eine bestehende Genossenschaft eintritt, haftet gleich den anderen Genossenschaftern für alle von der Genossenschaft vor seinem Eintritte eingegangenen Verbindlichkeiten.

Ein entgegenstehender Vertrag ist gegen Dritte ohne rechtliche Wirkung.

§. 54. (38).

Jeder Genossenschafter hat das Recht, aus der Genossenschaft auszutreten, auch wenn der Genossenschaftsvertrag auf bestimmte Zeit geschlossen ist.

Ist über die Kündigungsfrist und den Zeitpunkt des Austrittes im Genossenschaftsvertrage nichts festgesetzt, so findet der Austritt nur mit dem Schlusse des Geschäftsjahres nach vorheriger mindestens vierwöchentlicher Kündigung statt. Ferner erlischt die Mitgliedschaft durch den Tod, sofern der Genossenschaftsvertrag keine entgegengesetzten Bestimmungen enthält.

§. 55. (39).

Die aus der Genossenschaft ausgeschiedenen Mitglieder, sowie ihre Erben bleiben den Gläubigern der Genossenschaft innerhalb der Verjährungsfrist für alle bis zum Ausscheiden von der Genossenschaft eingegangenen Verbindlichkeiten in Haftung.

Wenn der Genossenschaftsvertrag nichts anderes bestimmt, haben sie an den Reservefond und an das sonst vorhandene Vermögen der Genossenschaft keinen Anspruch; sie sind nur berechtigt zu verlangen, dafs ihnen ihr Geschäftsantheil, wie er sich nach dem Rechnungsabschlusse für das Jahr, in welchem der Genossenschafter ausgeschieden ist, darstellt, einen Monat nach Feststellung dieses Rechnungsabschlusses ausgezahlt werde, insoferne nicht bis dahin die Auflösung der Genossenschaft beschlossen oder verfügt ist.

§. 56. (13).

Die Privatgläubiger eines Genossenschafters sind nicht befugt, die zum Genossenschaftsvermögen gehörigen Sachen, Forderungen oder Rechte, oder einen Antheil an denselben zum Behufe ihrer Befriedigung oder Sicherstellung in Anspruch zu nehmen. Gegenstand der Execution oder des Verbotes kann für sie nur dasjenige sein, was der Genossenschafter selbst an Zinsen und an Gewinnantheilen zu fordern berechtigt ist, und was ihm im Falle der Auflösung der Genossenschaft oder des Ausscheidens aus derselben bei der Auseinandersetzung zukommt.

§. 57. (14).

Die Bestimmung des vorigen Paragraphes gilt auch in Betreff der Privatgläubiger, zu deren Gunsten ein Pfandrecht an dem Vermögen eines Genossenschafters besteht. Ihr Pfandrecht erstreckt sich nicht auf die zum Genossenschaftsvermögen gehörigen Sachen, Forderungen und Rechte oder auf einen Antheil an denselben, sondern nur auf dasjenige, was in dem letzten Satze des Paragraphes bezeichnet ist.

Jedoch werden die Rechte, welche an dem von einem Genossenschafter in das Vermögen der Genossenschaft eingebrachten Gegenstande bereits zur Zeit des Einbringens bestanden, durch die vorstehenden Bestimmungen nicht berührt.

§. 58. (15).

Eine Compensation zwischen Forderungen der Genossenschaft und Privatforderungen des Genossenschaftsschuldners gegen einen Genossenschafter findet während der Dauer der Genossenschaft weder ganz noch theilweise statt. Nach Auflösung der Genossenschaft ist sie zulässig, wenn und soweit die Genossenschaftsforderung dem Genossenschafter bei der Auseinandersetzung überwiesen ist.

§. 59. (16).

Hat ein Privatgläubiger eines Genossenschafters nach fruchtlos vollstreckter Execution in dessen Privatvermögen die Execution in das demselben für den Fall seines Ausscheidens aus der Genossenschaft zukommende Guthaben erwirkt, so ist er berechtigt, die Genossenschaft mag auf bestimmte oder unbestimmte Zeit eingegangen sein, behufs seiner Befriedigung nach vorher von ihm geschehener Kündigung das Ausscheiden jenes Genossenschafters zu verlangen.

Die Kündigung mufs mindestens sechs Monate vor Ablauf des Geschäftsjahres der Genossenschaft geschehen.

§. 60. (51).

Die Eröffnung des Concurses über das Genossenschaftsvermögen zieht den Concurs über das Privatvermögen der einzelnen Genossenschafter nicht nach sich.

Der Beschlufs über die Eröffnung des Concurses hat die Namen der solidarisch haftenden Genossenschafter nicht zu enthalten.

Dem Vorstande, rücksichtlich den Liquidatoren kommt im Concursverfahren die rechtliche Stellung zu, welche die Concursordnung dem Gemeinschuldner einräumt.

Sobald der Concurs beendet ist, sind die Gläubiger berechtigt, wegen des Ausfalles an ihren Forderungen, jedoch nur, wenn solche bei dem Concursverfahren angemeldet und als richtig festgestellt sind, einschliefslich Zinsen und Kosten, die einzelnen, ihnen solidarisch haftenden Genossenschafter in Anspruch zu nehmen.

Wegen Forderungen, welche im Concurse der Genossenschaft als richtig festgestellt und auch von dem Vorstande, beziehungsweise den Liquidatoren nicht bestritten worden sind, kann gegen den Genossenschafter, ohne dafs es der Einleitung eines neuerlichen rechtlichen Verfahrens bedarf, die Execution erwirkt werden.

§. 61. (52).

Nachdem das Concursverfahren soweit gediehen ist, dafs der Schlufsvertheilungsentwurf feststeht, liegt dem Vorstande ob, eine Berechnung (Beitragsberechnung) anzufertigen, aus welcher sich ergibt, wie viel jeder Genossenschafter nach den Bestimmungen des Genossenschaftsvertrages (§. 5, Absatz 6) zur Befriedigung der

Gläubiger wegen der in dem Concurse erlittenen Ausfälle beizutragen hat.

Wird die Zahlung der Beiträge verweigert oder verzögert, so ist die Beitragsberechnung in zweifacher Ausfertigung von dem Vorstande dem Concursgerichte zur gerichtlichen Bestätigung vorzulegen.

Der Eingabe ist eine Abschrift des Genossenschaftsvertrages und ein Verzeichnifs der Ausfälle der Gläubiger, sowie der nach der Beitragsberechnung zu einem Beitrage verpflichteten Genossenschafter beizufügen.

§. 62. (53).

Der Concurscommissär hat allen Genossenschaftern durch besondere Verständigung und mittelst Anschlages bei Gericht bekannt zu geben, dafs sie von der Beitragsberechnung bei ihm oder bei dem Vorstande Einsicht und Abschrift nehmen können und dafs es ihnen freistehe, gegen dieselbe bei der unter Einem anzuordnenden Tagfahrt ihre allfälligen Erinnerungen einzubringen.

Von der Tagfahrt ist auch der Vorstand unter Zustellung einer Ausfertigung der Vertheilungsberechnung in Kenntnifs zu setzen.

Die rechtlichen Folgen der Verständigung aller Genossenschafter treten schon durch den Anschlag bei Gericht ein, wenn etwa die Zustellung in Ansehung Einzelner unterblieben ist.

§. 63. (53).

Werden bei der Tagfahrt Erinnerungen gemacht, so ist das betreffende Sach- und Rechtsverhältnifs insoweit aufzuklären, als es zur vorläufigen Beurteilung der Erheblichkeit der Erinnerungen erforderlich ist.

Ueber die wesentlichen Ergebnisse der Tagfahrt ist ein Protokoll aufzunehmen.

Sollte die Verhandlung an Einem Tage nicht zu Ende geführt werden können, so hat der Concurscommissär die Fortsetzung derselben für einen der nächsten Tage anzuordnen und diefs den anwesenden Betheiligten bei Unterbrechung der Verhandlung bekannt zu geben, sowie dafs es geschehen, in dem Protokolle anzumerken.

Einer neuen Vorladung der Betheiligten bedarf es nicht.

§. 64. (54).

Das Gericht hat die Beitragsberechnung nach Beschlufsfassung über die allfälligen Erinnerungen und nach entsprechender Berichtigung zu bestätigen.

Gegen die Bestätigung ist ein Rechtsmittel nicht zulässig.

Die gerichtlich bestätigte Beitragsberechnung ist binnen vierzehn Tagen vom Tage des Anschlages des Bestätigungsbeschlusses executionsfähig.

§. 65. (55).

Eine Ausfertigung der mit der gerichtlichen Bestätigung versehenen Beitragsberechnung ist mittelst Bescheides dem Vorstande mitzutheilen.

Die zweite ist bei Gericht zur Einsicht der Genossenschafter aufzubehalten.

Der Beschlufs über die Bestätigung ist den Genossenschaftern mittelst Anschlages bei Gericht bekannt zu geben.

Der Vorstand ist befugt und im Falle der Weigerung oder Zögerung verpflichtet, auf Grund der gerichtlich bestätigten Beitragsberechnung die Beiträge, welche von den einzelnen Genossenschaftern zu zahlen sind, mittelst Execution einzubringen.

Die Execution ist bei dem Concursgerichte anzusuchen und nach den Bestimmungen über das summarische Verfahren durchzuführen.

§. 66. (56).

Jeder Genossenschafter ist berechtigt, die gerichtlich bestätigte Beitragsberechnung, soweit sie ihn betrifft, im Wege der Klage anzufechten; diese Klage ist bei dem ordentlichen Gerichtsstande der Genossenschaft gegen den Vorstand derselben zu überreichen, welcher in diesem Processe die übrigen betheiligten Genossenschafter zu vertreten hat.

Durch die Erhebung der Klage wird die Execution nicht gehemmt.

§. 67 (57).

Können die Beiträge von einzelnen Genossenschaftern ganz oder theilweise nicht eingebracht werden, so hat der Vorstand in Ansehung dieses Ausfalls eine neue Beitragsberechnung anzufertigen, in welcher der Ausfall auf die übrigen Genossenschafter vertheilt wird.

Das weitere Verfahren bestimmen die §§. 61—66.

§. 68. (58).

Der Vorstand ist befugt, die von den Genossenschaftern zu entrichtenden Beiträge in Empfang zu nehmen, und verpflichtet, dieselben ihrer Bestimmung zuzuführen.

§. 69. (59).

Die Bestimmungen der vorstehenden §§. 61—68 kommen auch dann zur Anwendung, wenn zwar das Vermögen der Genossenschaft zur Befriedigung der Gläubiger nicht ausreicht, aber dennoch der Concurs aus den im §. 66. der Concursordnung aufgeführten Gründen nicht eröffnet wird.

An Stelle des Concursgerichtes tritt in diesem Falle jenes Gericht, bei welchem die Genossenschaft ihren ordentlichen Gerichtsstand hat.

§. 70. (60).

Wenn der Vorstand die ihm nach den §§. 61—69 obliegenden Verpflichtungen nicht erfüllt, so kann das Gericht auf Antrag eines betheiligten Genossenschafters einen oder mehrere Genossenschafter oder auch andere Personen zur Besorgung der Geschäfte des Vorstandes bestellen.

§. 71. (61).

Die für den Vorstand gegebenen Bestimmungen (§§. 61—70.) gelten auch für die an seine Stelle tretenden Liquidatoren.

§. 72. (62).

Durch das in den §§. 61—71 angeordnete Verfahren werden die Genossenschaftsgläubiger nicht gehindert, ihre Rechte aus der solidarischen Haftung der Genossenschafter gegen dieselben selbständig wegen der an ihren Forderungen erlittenen Ausfälle geltend zu machen.

§. 73. (63).

Die Klagen gegen einen Genossenschafter aus Ansprüchen gegen die Genossenschaft verjähren in zwei Jahren nach Auflösung der Genossenschaft oder nach seinem Ausscheiden aus derselben, sofern nicht nach Beschaffenheit der Forderung eine kürzere Verjährungsfrist gesetzlich eintritt.

Die Verjährung beginnt mit dem Tage, an welchem die Auflösung der Genossenschaft in das Genossenschaftsregister oder das Ausscheiden des Genossenschafters in das bei der Genossenschaft zu führende Register der Mitglieder (§. 14) eingetragen ist. Wird die Forderung erst nach diesem Zeitpunkte fällig, so beginnt die Verjährung mit dem Zeitpunkte der Fälligkeit; bei nicht fälligen, jedoch kündbaren Forderungen hingegen ohne Rücksicht auf den Zeitpunkt der Fälligkeit mit dem Ausgange der für die Forderung bestehenden Kündigungsfrist.

Ist noch ungetheiltes Genossenschaftsvermögen vorhanden, so kann dem Gläubiger die zweijährige Verjährung nicht entgegengesetzt werden, sofern er seine Befriedigung nur aus dem Genossenschaftsvermögen sucht.

§. 74. (64).

Die Verjährung der Klagen gegen einen Genossenschafter aus Ansprüchen gegen die Genossenschaft wird nicht durch Rechtshandlungen gegen einen anderen Genossenschafter, wohl aber durch Rechtshandlungen gegen die fortbestehende Genossenschaft und im Falle der Auflösung oder des Concurses durch Rechtshandlungen gegen die Liquidatoren, beziehungsweise gegen die Concursmasse unterbrochen.

§. 75. (65).

Die Verjährung läuft in gleicher Weise auch gegen minderjährige und pflegebefohlene Personen, sowie gegen Körperschaften, mit Vorbehalt des Regresses gegen die Vormünder und Verwalter.

III. Hauptstück.

Besondere Bestimmungen für Genossenschaften mit beschränkter Haftung.

§. 76.

Jedes Mitglied einer mit beschränkter Haftung errichteten Genossenschaft haftet im Falle des Concurses oder der Liquidation für deren Verbindlichkeiten, insofern der Gesellschaftsvertrag nicht einen höheren Haftungsbetrag festsetzt, nicht nur mit seinen Geschäftsantheilen, sondern auch noch mit einem weiteren Betrage in der Höhe derselben.

§. 77.

Der Austritt eines Genossenschafters darf nicht vor Ablauf des Geschäftsjahres und nur nach vorausgegangener, mindestens vierwöchentlicher Kündigung geschehen.

Ebenso wird die Kündigung eines oder mehrerer Ge-

Geschäftsantheile, ohne gleichzeitigen Austritt eines Genossenschafters, welcher mit anderen Geschäftsantheilen in der Genossenschaft verbleibt, nicht vor Ablauf des Geschäftsjahres wirksam und muſs mindestens vier Wochen vorher erfolgen.

Jede Kündigung ist sogleich in das nach §. 14 zu führende Register der Mitglieder einzutragen.

§. 78.

Die Haftung eines ausgeschiedenen Genossenschafters oder seiner Erben dauert noch durch Ein Jahr nach Ablauf des Geschäftsjahres, in welchem das Ausscheiden des Genossenschafters erfolgt ist, insoferne nicht durch den Genossenschaftsvertrag eine längere Dauer der Haftung festgesetzt ist, und erstreckt sich auf alle Verbindlichkeiten, welche von der Genossenschaft bis zur Ausscheidung des Genossenschafters eingegangen waren.

§. 79.

Der Geschäftsantheil des ausgeschiedenen Genossenschafters und das sonst demselben auf Grund des Genossenschaftsverhältnisses gebührende Guthaben darf erst nach dem Erlöschen der im §. 78 erwähnten Haftung ausbezahlt werden.

An den Reservefond und an das sonst vorhandene Vermögen der Genossenschaft hat der ausgeschiedene Genossenschafter keinen Anspruch, wenn nicht in dem Genossenschaftsvertrage etwas anderes bestimmt ist.

§. 80.

Die Bestimmungen der §§. 78 und 79 haben auch in Beziehung auf die Fortdauer der Haftung des Genossenschafters aus gekündigten Geschäftsantheilen (§. 77, Absatz 2) und in Beziehung auf deren Rückzahlung zur Anwendung zu kommen.

§. 81.

Im Falle der Auflösung der Genossenschaft darf die Zurückzahlung der eingezahlten Geschäftsantheile, sowie die Vertheilung des Ueberschusses an die Genossenschafter (§. 48, Z. 2 und 3) nicht eher stattfinden, als nach Ablauf eines Jahres, von dem Tage an gerechnet, an welchem die Bekanntmachung in den hierzu bestimmten öffentlichen Blättern (§. 40) zum dritten Male erfolgt ist.

Diese Bestimmung hat auch für jene Geschäftsantheile

zu gelten, welche zur Zeit des Auflösungsbeschlusses bereits gekündigt waren.

§. 82.

Mitglieder des Vorstandes und Liquidatoren, welche den Vorschriften der §§. 79—81 entgegenhandeln, sind persönlich und solidarisch zur Erstattung der geleisteten Zahlungen verpflichtet.

§. 83.

Die Geschäftsantheile und sonstigen auf Grund des Genossenschaftsverhältnisses zugeschriebenen Guthaben der Genossenschafter können mit Bewilligung des Vorstandes an andere übertragen werden, wenn nicht der Genossenschaftsvertrag etwas anderes bestimmt.

Auch in diesem Falle bleibt jedoch der übertragende Genossenschafter subsidiarisch nach den Bestimmungen der §§. 78 und 80 in Haftung.

§. 84.

Ergibt sich aus der Bilanz, dafs die Hälfte des auf die Geschäftsantheile eingezahlten Betrages verloren gegangen ist, so hat der Vorstand unverzüglich eine Generalversammlung zu berufen und ihr von der Lage der Genossenschaft die Anzeige zu machen.

Sobald das Vermögen der Genossenschaft nicht mehr die Schulden deckt, mufs der Vorstand bei eigener Verantwortlichkeit die Eröffnung des Concurses über das Vermögen der Genossenschaft bei Gericht beantragen.

§. 85.

In dem Concurse über das Vermögen einer Genossenschaft mit beschränkter Haftung ist der Masseverwalter berechtigt, eine Berechnung jener Beiträge, welche die einzelnen Genossenschafter an die Genossenschaft schulden, und für welche sie nach §. 76 haften (Beitragsberechnung), anzufertigen und dieselbe, wenn die Genossenschafter die Zahlung der rückständigen Beiträge verweigern oder verzögern, dem Concursgerichte zur gerichtlichen Bestätigung vorzulegen. Der Eingabe ist eine doppelte Ausfertigung der Beitragsberechnung, sowie eine Abschrift des Genossenschaftsvertrages und ein Verzeichnifs der zu einem Beitrage verpflichteten Genossenschafter beizufügen.

In Ansehung dieser Beitragsberechnung haben die §§. 62 bis 65 mit der Mafsgabe zur Anwendung zu kommen, dafs an die Stelle des Vorstandes der Masseverwalter zu treten hat.

§. 86.

Jeder Genossenschafter ist berechtigt, die gerichtlich bestätigte Beitragsberechnung, soweit sie ihn betrifft, im Wege der Klage anzufechten. Diese Klage ist gegen die Concursmasse zu richten. Durch die Erhebung der Klage wird die Execution nicht gehemmt.

IV. Hauptstück.

Strafbestimmungen.

§. 87. (67).

Die Unterlassung der den Genossenschaften obliegenden Anmeldungen zum Genossenschaftsregister ist an den hiezu Verpflichteten nach den im Handelsgesetzbuche für die Unterlassung der Anmeldungen zum Handelsregister enthaltenen Bestimmungen mit Ordnungsstrafen zu ahnden. Die Nichtbefolgung der in den §§. 14, 22 (3. Absatz), 34 (2. Absatz), 35 (1. Absatz), 49, 61—69, 71 und 77 (3. Absatz) dieses Gesetzes enthaltenen Vorschriften, sowie Unrichtigkeiten in den durch dieses Gesetz angeordneten Nachweisungen und Mittheilungen sind von dem Handelsgerichte an den Mitgliedern des Vorstandes und Aufsichtsrathes, beziehungsweise den Liquidatoren mit Ordnungsstrafen bis zu 100 fl. österr. W. zu ahnden. Auch diese Ordnungsstrafen gleichwie die im §. 29 und im §. 35 (2. Absatz) erwähnten Geldstrafen fliefsen in den Armenfond des Ortes, an welchem die Genossenschaft ihren Sitz hat, und können nicht in Arreststrafen umgeändert werden.

§. 88. (35).

Wenn eine Genossenschaft ihre Thätigkeit oder ihre Verhandlungen auf andere als die im §. 1 dieses Gesetzes bezeichneten Gegenstände ausdehnt, sind die betheiligten Genossenschafter, insoferne sie nach dem allgemeinen Strafgesetze nicht einer strengeren Behandlung unterliegen, eines Vergehens schuldig und mit Geld bis zu 300 fl. zu bestrafen.

§. 89. (67. 68).

Mitglieder des Vorstandes und des Aufsichtsrathes, ferner Liquidatoren und sonstige Beauftragte der Genossenschaft, welche in den Generalversammlungs-Protokollen, in den Rechnungsabschlüssen, Bilanzen und Geschäftsberichten, in dem Register der Mitglieder (§. 14), sowie in den, durch §. 35 angeordneten Mittheilungen wissentlich falsche Angaben machen oder bestätigen, sind, insoferne sie nach den allgemeinen Strafgesetzen nicht einer strengeren Behandlung unterliegen, eines Vergehens schuldig und mit Arrest bis zu drei Monaten zu bestrafen.

V. Hauptstück.

Schlufsbestimmungen.

§. 90.

Auf die in Gemäfsheit dieses Gesetzes errichteten Erwerbs- und Wirthschaftsgenossenschaften findet das Vereinsgesetz vom 26. November 1852 (R.-G.-B. Nr. 253) keine Anwendung.

§. 91.

Auch die vor Beginn der Wirksamkeit dieses Gesetzes errichteten Vereine, welche die im §. 1 bezeichneten Zwecke verfolgen, sind, wenn ihre Statuten dem gegenwärtigen Gesetze entsprechen, oder mit demselben auf statutenmäfsigen Wege in Uebereinstimmung gesetzt worden sind, auf ihr Ansuchen in das Genossenschaftsregister einzutragen und sohin als Genossenschaften nach diesem Gesetze zu behandeln.

Aenderungen der Statuten von solchen Vereinen sind nur zu dem Zwecke zulässig, um dieselben mit dem gegenwärtigen Gesetze in Uebereinstimmung zu setzen, und bedürfen keiner staatlichen Genehmigung.

§. 92.

Wenn eine Genossenschaft Unternehmungen betreiben will, zu welchen eine staatliche Bewilligung (Concession) gesetzlich erforderlich ist, bleibt sie zur Erwirkung dieser Bewilligung nach den bestehenden Vorschriften verpflichtet.

§. 93.

Die staatliche Bewilligung ist insbesondere zur Ausgabe von Pfandbriefen, von Schuldverschreibungen, die auf Inhaber lauten, und von verzinslichen Cassenanweisungen, sowie zum Betriebe von Versicherungsgeschäften erforderlich.

Die Bewilligung zu diesen Unternehmungen wird vom

Ministerium des Innern im Einvernehmen mit den anderen betheiligten Ministerien ertheilt.

§. 94.

Früher errichtete Vereine, welche eine Concession zu den im §. 93 bezeichneten Geschäften besitzen, haben im Falle der Aenderung ihrer gegenwärtigen Statuten (§. 91, Absatz 2) die Ausstellung einer abgesonderten Urkunde über die Bedingungen für den Betrieb der concessionirten Unternehmung (Concessionsurkunde) bei sonstigem Erlöschen der Concession zu erwirken.

§. 95.

In Ansehung des Betriebes von concessionspflichtigen Unternehmungen unterstehen die Genossenschaften der Staatsaufsicht nach den Bestimmungen, welche für die der staatlichen Genehmigung unterliegenden Vereine gelten.

Der Handelsminister, der Minister des Innern und der Justizminister sind mit dem Vollzuge dieses Gesetzes beauftragt.

Gesetz,

betreffend die Kommanditgesellschaften auf Aktien und die Aktiengesellschaften. Vom 11. Juni 1870 [1]).

Wir Wilhelm, von Gottes Gnaden König von Preufsen etc. verordnen im Namen des Norddeutschen Bundes, nach erfolgter Zustimmung des Bundesrathes und des Reichstages, was folgt:

§. 1.

Die Artikel 5. 173. bis 176. 178. 198. 199. 203. 206. bis 212. 214. 215. 217. 222. 225. 239. 240. 242. und 247. bis 249. des Allgemeinen Deutschen Handelgesetzbuches werden durch nachstehende, den bisherigen Zifferzahlen entsprechende Artikel ersetzt [2]).

§. 2.

Die Landesgesetze, welche zur Errichtung von Kommanditgesellschaften auf Aktien oder Aktiengesellschaften die staatliche Genehmigung vorschreiben oder eine staatliche Beaufsichtigung dieser Gesellschaft anordnen, werden aufgehoben.

Auch treten für die bereits bestehenden Kommanditgesellschaften auf Aktien und Aktiengesellschaften diejenigen Bestimmungen der Gesellschaftsverträge aufser Kraft, welche die staatliche Genehmigung und Beaufsichtigung betreffen.

§. 3.

Die landesgesetzlichen Vorschriften, nach welchen der Gegenstand des Unternehmens der staatlichen Genehmigung

---

1) B.-Ges.-Bl. 1870, S. 375 ff. Durch die »Verfassung des Deutschen Bundes« vom 31. Dezember 1870, Artikel 80. Nr. 26. (B.-Ges.-Bl. 1870, S. 648.) auch in Würtemberg, Baden und Hessen und durch Reichsgesetz vom 22. April 1871. (B.-Ges.-Bl. 1871, S. 90.) in Baiern eingeführt, in Elsafs-Lothringen durch das Einführungsgesetz zum Handelsgesetzbuche vom 19. Juni 1872.

2) Die Aenderungen sind oben an den betreffenden Stellen in den Text des Handelsgesetzbuchs aufgenommen.

bedarf, und das Unternehmen der staatlichen Beaufsichtigung unterliegt, werden durch den §. 2. nicht berührt. Dasselbe gilt für die bereits bestehenden Kommanditgesellschaften auf Aktien und Aktiengesellschaften von denjenigen Bestimmungen der Gesellschaftsverträge, welche sich auf die staatliche Genehmigung und Beaufsichtigung wegen des Gegenstandes des Unternehmens beziehen oder in Verbindung mit besonderen der Gesellschaft bewilligten Privilegien bestehen.

§. 4.

Für diejenigen bereits bestehenden Kommanditgesellschaften auf Aktien und Aktiengesellschaften, welche nach den bisherigen Vorschriften in das Handelsregister nicht einzutragen waren, gelten folgende Uebergangbestimmungen:

1) Auf die bezeichneten Gesellschaften finden die Vorschriften des Allgemeinen Deutschen Handelsgesetzbuches, welche die Eintragung in das Handelsregister und die bei dem Handelsgericht zu bewirkende Zeichnung der Firmen und Unterschriften oder die Einreichung der Zeichnungen betreffen, gleichfalls Anwendung.

   Die Anmeldungen zur Eintragung in das Handelsregister und die Zeichnung der Firmen und Unterschriften oder die Einreichung der Zeichnungen sind binnen drei Monaten, von dem Tage an gerechnet, an welchem dieses Gesetz in Geltung tritt, zu bewirken. Nach Ablauf dieser Frist sind die Betheiligten zur Befolgung der betreffenden Vorschriften durch Ordnungsstrafen anzuhalten.

2) Ist die Anmeldung einer Gesellschaft zur Eintragung in das Handelsregister binnen der dreimonatlichen Frist bewirkt, so bleibt die Anwendung der Bestimmungen der Artikel 17. 18. 20. 21. Absatz 2. 168. des Allgemeinen Deutschen Handelsgesetzbuches ausgeschlossen.

3) Eine gültig errichtete Gesellschaft ist in das Handelsregister einzutragen, auch wenn die Voraussetungen nicht vorhanden sind, welche nach diesem Gesetze für die Errichtung der Gesellschaft erforlich sein würden.

4) Sind die persönlich haftenden Gesellschafter einer

Kommanditgesellschaft auf Aktien, oder ist der Vorstand einer Aktiengesellschaft in der Befugnifs, die Gesellschaft zu vertreten, beschränkt, so finden die Bestimmungen des Artikels 116. und des Artikels 231. des Allgemeinen Deutschen Handelsgesetzbuches bis zum Ablauf von drei Monaten, von dem Tage an gerechnet, an welchem dieses Gesetz in Geltung tritt, keine Anwendung. Auch bleibt die Anwendung dieser Vorschriften noch während eines Zeitraumes von fünf Jahren, von jenem Tage an gerechnet, ausgeschlossen, wenn die Beschränkung innerhalb der unter Ziffer 1. bezeichneten dreimonatlichen Frist zur Eintragung in das Handelsregister angemeldet ist.

§. 5.

Die Bestimmungen des Artikels 199. des Allgemeinen Deutschen Handelsgesetzbuches nach der durch dieses Gesetz festgesetzten neuen Fassung finden auch auf diejenigen zur Zeit der Geltung des Artikels 199. in der früheren Fassung errichteten Kommanditgesellschaften auf Aktien Anwendung, bei welchen in dem Gesellschaftsvertrage oder in einem denselben abändernden Vertrage bestimmt ist, dafs das Austreten eines oder mehrerer persönlich haftender Gesellschafter die Auflösung der Gesellschaft nicht zur Folge habe.

Urkundlich unter Unserer Höchsteigenhändigen Unterschrift und beigedrucktem Bundes-Insiegel.

Gegeben Berlin, den 11. Juni 1870.

(L. S.) **Wilhelm.**

Gr. v. Bismarck-Schönhausen.

Gesetz,

betreffend die Inhaberpapiere mit Prämien[1]).

Vom 8. Juni 1871.

Wir Wilhelm, von Gottes Gnaden Deutscher Kaiser, König von Preufsen etc. verordnen im Namen des Deutschen Reichs, nach erfolgter Zustimmung des Bundesrathes und des Reichstages, was folgt:

§. 1.

Auf den Inhaber lautende Schuldverschreibungen, in welchen allen Gläubigern oder einem Theile derselben aufser der Zahlung der verschriebenen Geldsumme eine Prämie dergestalt zugesichert wird, dafs durch Auslоosung oder durch eine andere auf den Zufall gestellte Art der Ermittelung die zu prämiirenden Schuldverschreibungen und die Höhe der ihnen zufallenden Prämie bestimmt werden sollen (Inhaberpapiere mit Prämien), dürfen innerhalb des Deutschen Reichs nur auf Grund eines Reichsgesetzes und nur zum Zwecke der Anleihe eines Bundesstaats oder des Reichs ausgegeben werden.

§. 2.

Inhaberpapiere mit Prämien, welche nach Verkündigung des gegenwärtigen Gesetzes, der Bestimmung im §. 1. zuwider, im Inlande ausgegeben sein möchten, imgleichen Inhaberpapiere mit Prämien, welche nach dem 30. April 1871. im Auslande ausgegeben sind, dürfen weder weiter begeben, noch an den Börsen, noch an anderen zum Verkehr mit Werthpapieren bestimmten Versammlungsorten zum Gegenstande eines Geschäfts oder einer Geschäftsvermittelung gemacht werden.

§. 3.

Dasselbe gilt vom 15. Juli 1871. ab von ausländischen Inhaberpapieren mit Prämien, deren Ausgabe vor dem 1. Mai 1871. erfolgt ist, sofern dieselben nicht abgestempelt sind (§§. 4. 5.).

§. 4.

Die Schuldverschreibungen, deren Abstempelung er-

---

1) R.-Ges.-Bl. 1871, S. 210 f.

folgen soll, müssen spätestens am 15. Juli 1871. zu diesem Zwecke eingereicht werden.

Für die Abstempelung ist eine Gebühr zu entrichten, welche für eine Schuldverschreibung, deren Nominalbetrag den Werth von Einhundert Thalern nicht übersteigt
5 Sgr. oder $17^1/_2$ Kr. S. W.,
für eine Schuldverschreibung, deren Nominalbetrag den Werth von Einhundert Thalern übersteigt . . . . . . 10 „ „ 35 „ „ „
beträgt.

Der Ertrag dieser Abstempelungsgebühr fliefst zur Reichskasse.

§. 5.

Der Bundesrath wird die zur Ausführung dieses Gesetzes erforderliche Instruktion erlassen und in derselben festsetzen, unter welchen Umständen ein gutgläubiger Inhaber, der aus entschuldbaren Gründen die Einreichungsfrist versäumt hat, noch nachträglich Abstempelung seiner Schuldverschreibungen erlangen kann. Der Bundesrath wird ferner zur Berechnung der Stempel-Abgabe den Thalerwerth der fremden Valuten feststellen, auch die Behörden bestimmen, bei welchen die Einreichung zur Abstempelung (§. 4.) zu erfolgen hat.

§. 6.

Wer den Bestimmungen der §§. 1. 2. oder 3. zuwiderhandelt, verfällt in eine Geldstrafe, welche dem fünften Theile des Nennwerthes der den Gegenstand der Zuwiderhandlung bildenden Papiere gleichkommt, mindestens aber Einhundert Thaler betragen soll.

Mit Geldstrafe bis zu Einhundert Thalern oder Gefängnifs bis zu drei Monaten wird bestraft, wer ein im §. 2. oder §. 3. bezeichnetes Inhaberpapier mit Prämie öffentlich ankündigt, ausbietet oder empfiehlt, oder zur Feststellung eines Kurswerthes notirt.

Urkundlich unter Unserer Höchsteigenhändigen Unterschrift und beigedrucktem Kaiserlichen Insiegel.

Gegeben Berlin, den 8. Juni 1871.

(L. S.) **Wilhelm.**

Fürst v. Bismarck.

Münzgesetz[1]).

Vom 9. Juli 1873.

Wir Wilhelm, von Gottes Gnaden Deutscher Kaiser, König von Preufsen etc. verordnen im Namen des Deutschen Reichs, nach erfolgter Zustimmung des Bundesrathes und des Reichstages, was folgt:

Art. 1.

An die Stelle der in Deutschland geltenden Landeswährungen tritt die Reichsgoldwährung. Ihre Rechnungseinheit bildet die Mark, wie solche durch §. 2 des Gesetzes vom 4. Dezember 1871, betreffend die Ausprägung von Reichsgoldmünzen (Reichs-Gesetzbl. S. 404), festgestellt worden ist.

Der Zeitpunkt, an welchem die Reichswährung im gesammten Reichsgebiete in Kraft treten soll, wird durch eine mit Zustimmung des Bundesrathes zu erlassende, mindestens drei Monate vor dem Eintritt dieses Zeitpunktes zu verkündende Verordnung des Kaisers bestimmt. Die Landesregierungen sind ermächtigt, auch vor diesem Zeitpunkte für ihr Gebiet die Reichsmarkrechnung im Verordnungswege einzuführen.

Art. 2.

Aufser den in dem Gesetz vom 4. Dezember 1871 bezeichneten Reichsgoldmünzen sollen ferner ausgeprägt werden Reichsgoldmünzen zu fünf Mark, von welchen aus einem Pfunde feinen Goldes 279 Stück ausgebracht werden. Die Bestimmungen der §§. 4, 5, 7, 8 und 9 jenes Gesetzes finden auf diese Münzen entsprechende Anwendung, jedoch mit der Mafsgabe, dafs bei denselben die Abweichung in Mehr oder Weniger im Gewicht (§. 7) vier Tausendtheile, und der Unterschied zwischen dem Normalgewicht und dem Passirgewicht (§. 9) acht Tausendtheile betragen darf.

---

1) R.-Ges.-Bl. 1873, S. 233—240.

Art. 3.

Aufser den Reichsgoldmünzen sollen als Reichsmünzen und zwar

1) als Silbermüzen:
Fünfmarkstücke,
Zweimarkstücke,
Einmarkstücke,
Fünfzigpfennigstücke und
Zwanzigpfennigstücke;

2) als Nickelmünzen:
Zehnpfennigstücke und
Fünfpfennigstücke;

3) als Kupfermünzen:
Zweipfennigstücke und
Einpfennigstücke

nach Mafsgabe folgender Bestimmungen ausgeprägt werden.

§. 1.

Bei Ausprägung der Silbermünzen wird das Pfund feinen Silbers in

20 Fünfmarkstücke,
50 Zweimarkstücke,
100 Einmarkstücke,
200 Fünfzigpfennigstücke und in
500 Zwanzigpfennigstücke

ausgebracht.

Das Mischungsverhältnifs beträgt 900 Theile Silber und 100 Theile Kupfer, so dafs 90 Mark in Silbermünzen 1 Pfund wiegen.

Das Verfahren bei Ausprägung dieser Münzen wird vom Bundesrath festgestellt. Bei den einzelnen Stücken darf die Abweichung im Mehr oder Weniger im Feingehalt nicht mehr als drei Tausendtheile, im Gewicht, mit Ausnahme der Zwanzigpfennigstücke, nicht mehr als zehn Tausendtheile betragen. In der Masse aber müssen das Normalgewicht und der Normalgehalt bei allen Silbermünzen innegehalten werden.

§. 2.

Die Silbermünzen über ein Mark tragen auf der einen Seite den Reichsadler mit der Inschrift „Deutsches Reich“ und mit der Angabe des Werthes in Mark, sowie mit der Jahreszahl der Ausprägung, auf der anderen Seite das

Bildnifs des Landesherrn beziehungsweise das Hoheitszeichen der freien Städte mit einer entsprechenden Umschrift und dem Münzzeichen. Durchmesser der Münzen, Beschaffenheit und Verzierung der Ränder derselben werden vom Bundesrathe festgestellt.

§. 3.

Die übrigen Silbermünzen, die Nickel- und Kupfermünzen tragen auf der einen Seite die Werthangabe, die Jahreszahl und die Inschrift „Deutsches Reich“, auf der andern Seite den Reichsadler und das Münzzeichen. Die näheren Bestimmungen über Zusammensetzung, Gewicht und Durchmesser dieser Münzen, sowie über die Verzierung der Schriftseite und die Beschaffenheit der Ränder werden vom Bundesrathe festgestellt.

§. 4.

Die Silber-, Nickel- und Kupfermünzen werden auf den Münzstätten derjenigen Bundesstaaten, welche sich dazu bereit erklären, ausgeprägt. Die Ausprägung und Ausgabe dieser Münzen unterliegt der Beaufsichtigung von Seiten des Reichs. Der Reichskanzler bestimmt unter Zustimmung des Bundesrathes die auszuprägenden Beträge, die Vertheilung dieser Beträge auf die einzelnen Münzgattungen und auf die einzelnen Münzstätten und die den letzteren für die Prägung jeder einzelnen Münzgattung gleichmäfsig zu gewährende Vergütung. Die Beschaffung der Münzmetalle für die Münzstätten erfolgt auf Anordnung des Reichskanzlers.

Art. 4.

Der Gesammtbetrag der Reichssilbermünzen soll bis auf Weiteres zehn Mark für den Kopf der Bevölkerung des Reichs nicht übersteigen.

Bei jeder Ausgabe dieser Münzen ist eine dem Werthe nach gleiche Menge der umlaufenden groben Landessilbermünzen und zwar zunächst der nicht dem Dreifsigthalerfufse angehörenden einzuziehen. Der Werth wird nach der Vorschrift im Artikel 14 §. 2 berechnet.

Art. 5.

Der Gesammtbetrag der Nickel- und Kupfermünzen soll zwei und eine halbe Mark für den Kopf der Bevölkerung des Reichs nicht übersteigen.

Art. 6.

Von den Landesscheidemünzen sind:

1) die auf andere als Thalerwährung lautenden, mit Ausschlufs der bayerischen Heller und der mecklenburgischen nach dem Marksysteme ausgeprägten Fünf-, Zwei- und Einpfennigstücke,
2) die auf der Zwölftheilung des Groschens beruhenden Scheidemünzen zu 2 und 4 Pfennigen,
3) die Scheidemünzen der Thalerwährung, welche auf einer anderen Eintheilung des Thalers, als der in 30 Groschen beruhen, mit Ausnahme der Stücke im Werthe von $^1/_{12}$ Thaler,

bis zu dem Zeitpunkte des Eintritts der Reichswährung (Art. 1.) einzuziehen.

Nach diesem Zeitpunkte ist Niemand verpflichtet, diese Scheidemünzen in Zahlung zu nehmen, als die mit der Einlösung derselben beauftragten Kassen.

Art. 7.

Die Ausprägung der Silber-, Nickel- und Kupfermünzen (Artikel 3.), sowie die vom Reichskanzler anzuordnende Einziehung der Landessilbermünzen und Landesscheidemünzen erfolgt auf Rechnung des Reichs.

Art. 8.

Die Anordnung der Aufserkurssetzung von Landesmünzen und Feststellung der für dieselbe erforderlichen Vorshriften erfolgt durch den Bundesrath.

Die Bekanntmachungen über Aufserkurssetzung von Landesmünzen sind aufser in den zu der Veröffentlichung von Landesverordnungen bestimmten Blättern auch durch das Reichs-Gesetzblatt zu veröffentlichen.

Eine Aufserkurssetzung darf erst eintreten, wenn eine Einlösungsfrist von mindestens vier Wochen festgesetzt und mindestens drei Monate vor ihrem Ablaufe durch die vorbezeichneten Blätter bekannt gemacht worden ist.

Art. 9.

Niemand ist verpflichtet, Reichssilbermünzen im Betrage von mehr als zwanzig Mark und Nickel- und Kupfermünzen im Betrage von mehr als einer Mark in Zahlung zu nehmen.

Von den Reichs- und Landeskassen werden Reichssilbermünzen in jedem Betrage in Zahlung genommen.

Der Bundesrath wird diejenigen Kassen bezeichnen, welche Reichsgoldmünzen gegen Einzahlung von Reichssilbermünzen in Beträgen von mindestens 200 Mark oder von Nickel- und Kupfermünzen in Beträgen von mindestens 50 Mark auf Verlangen verabfolgen. Derselbe wird zugleich die näheren Bedingungen des Umtausches festsetzen.

Art. 10.

Die Verpflichtung zur Annahme und zum Umtausch (Artikel 9.) findet auf durchlöcherte und anders, als durch den gewöhlichen Umlauf im Gewicht verringerte, ingleichen auf verfälschte Münzstücke keine Anwendung.

Reichs-Silber-, Nickel- und Kupfermünzen, welche in Folge längerer Cirkulation und Abnutzung an Gewicht oder Erkennbarkeit erheblich eingebüſst haben, werden zwar noch in allen Reichs- und Landeskassen angenommen, sind aber auf Rechnung des Reichs einzuziehen.

Art. 11.

Eine Ausprägung von anderen, als den durch dieses Gesetz eingeführten Silber-, Nickel- und Kupfermünzen findet nicht ferner statt. Die durch die Bestimmung im §. 10. des Gesetzes, betreffend die Ausprägung von Reichsgoldmünzen, vom 4. Dezember 1871 (Reichs-Gesetzbl. S. 404), vorbehaltene Befugniſs, Silbermünzen als Denkmünzen auszuprägen, erlischt mit dem 31. Dezember 1873.

Art. 12.

Die Ausprägung von Reichsgoldmünzen geschieht auch ferner nach Maſsgabe der Bestimmung im §. 6 des Gesetzes, betreffend die Ausprägung von Reichsgoldmünzen, vom 4. Dezember 1871 (Reichs-Gesetzbl. S. 404), auf Rechnung des Reichs.

Privatpersonen haben das Recht, auf denjenigen Münzstätten, welche sich zur Ausprägung auf Reichsrechnung bereit erklärt haben, Zwanzigmarkstücke für ihre Rechnung ausprägen zu lassen, soweit diese Münzstätten nicht für das Reich beschäftigt sind.

Die für solche Ausprägungen zu erhebende Gebühr wird vom Reichskanzler mit Zustimmung des Bundesrathes festgestellt, darf aber das Maximum von 7 Mark auf das Pfund fein Gold nicht übersteigen.

Die Differenz zwischen dieser Gebühr und der Vergütung, welche die Münzstätte für die Ausprägung in

Anspruch nimmt, fliefst in die Reichskasse. Diese Differenz mufs für alle deutschen Münzstätten dieselbe sein.

Die Münzstätten dürfen für die Ausprägung keine höhere Vergütung in Anspruch nehmen, als die Reichskasse für die Ausprägung von Zwanzigmarkstücken gewährt.

Art. 13.

Der Bundesrath ist befugt:

1) den Werth zu bestimmen, über welchen hinaus fremde Gold- und Silbermünzen nicht in Zahlung angeboten und gegeben werden dürfen, sowie den Umlauf fremder Münzen gänzlich zu untersagen;
2) zu bestimmen, ob ausländisebe Münzen von Reichs- oder Landeskassen zu einem öffentlich bekannt zu machenden Kurse im inländischen Verkehr in Zahlung genommen werden dürfen, auch in solchem Falle den Kurs festzusetzen.

Gewohnheitsmäfsige oder gewerbsmäfsige Zuwiderhandlungen gegen die vom Bundesrathe in Gemäfsheit der Bestimmungen unter 1. getroffenen Anordnungen werden bestraft mit Geldstrafe bis zu 150 Mark oder mit Haft bis zu sechs Wochen.

Art. 14.

Von dem Eintritt der Reichswährung an gelten folgende Vorschriften:

§. 1.

Alle Zahlungen, welche bis dahin in Münzen einer inländischen Währung oder in landesgesetzlich den inländischen Münzen gleichgestellten ausländischen Münzen zu leisten waren, sind vorbehaltlich der Vorschriften Art. 9, 15 und 16 in Reichsmünzen zu leisten.

§. 2.

Die Umrechnung solcher Goldmünzen, für welche ein bestimmtes Verhältnifs zu Silbermünzen gesetzlich nicht feststeht, erfolgt nach Mafsgabe des Verhältnisses des gesetzlichen Feingehalts derjenigen Münzen, auf welche die Zahlungsverpflichtung lautet, zu dem gesetzlichen Feingehalte der Reichsgoldmünzen.

Bei der Umrechnung anderer Münzen werden

der Thaler zum Werthe von 3 Mark,

der Gulden süddeutscher Währung zum Werthe von $1^5/_7$ Mark,

die Mark lübischer oder hamburgischer Kurantwährung zum Werthe von $1^1/_5$ Mark,

die übrigen Münzen derselben Währungen zu entsprechenden Werthen nach ihrem Verhältniſs zu den genannten berechnet.

Bei der Umrechnung werden Bruchtheile von Pfennigen der Reichswährung zu einem Pfennig berechnet, wenn sie einen halben Pfennig oder mehr betragen, Bruchtheile unter einem halben Pfennig werden nicht gerechnet.

§. 3.

Werden Zahlungsverpflichtungen nach Eintritt der Reichswährung unter Zugrundelegung vormaliger inländischer Geld-, oder Rechnungswährungen begründet, so ist die Zahlung vorbehaltlich der Vorschriften Artikel 9. 15. und 16. in Reichsmünzen unter Anwendung der Vorschriften des §. 2 zu leisten.

§. 4.

In allen gerichtlich oder notariell aufgenommenen Urkunden, welche auf einen Geldbetrag lauten, desgleichen in allen zu einem Geldbetrag verurtheilenden gerichtlichen Entscheidungen ist dieser Geldbetrag, wenn für denselben ein bestimmtes Verhältniſs zur Reichswährung gesetzlich feststeht, in Reichswährung auszudrücken; woneben jedoch dessen gleichzeitige Bezeichnung nach derjenigen Währung, in welcher ursprünglich die Verbindlichkeit begründet war, gestattet bleibt.

Art. 15.

An Stelle der Reichsmünzen sind bei allen Zahlungen bis zur Auſserkurssetzung anzunehmen:

1) im gesammten Bundesgebiete an Stelle aller Reichsmünzen die Ein- und Zweithalerstücke deutschen Gepräges unter Berechnung des Thalers zu 3 Mark;
2) im gesammten Bundesgebiete an Stelle der Reichssilbermünzen, Silberkurantmünzen deutschen Gepräges zu $^1/_3$ und $^1/_6$ Thaler unter Berechnung des $^1/_3$ Thalerstücks zu einer Mark und des $^1/_6$ Thalerstücks zu einer halben Mark;
3) in denjenigen Ländern, in welchen gegenwärtig die Thalerwährung gilt, an Stelle der Reichs-, Nickel-

und Kupfermünzen die nachbezeichneten Münzen der Thalerwährung zu den daneben bezeichneten Werthen:

1/12 Thalerstücke	zum Werthe von	25 Pfennig,
1/15 "	" " "	20 "
1/30 "	" " "	10 "
1/2 Groschenstücke	" " "	5 "
1/5 "	" " "	2 "
1/10 und 1/12 "	" " "	1 "

4) in denjenigen Ländern, in welchen die Zwölftheilung des Groschens besteht, an Stelle der Reichs-, Nickel- und Kupfermünzen die auf der Zwölftheilung des Groschens beruhenden Dreipfennigstücke zum Werthe son $2^1/_2$ Pfennig;

5) in Bayern an Stelle der Reichskupfermünzen die Hellerstücke zum Werhe von $^1/_2$ Pfennig;

6) in Mecklenburg an Stelle der Reichskupfermünzen die nach dem Marksystem ausgeprägten Fünfpfennigstücke, Zweipfennigstücke und Einpfennigstücke zum Werthe von 5, 2 und 1 Pfennig.

Die sämmtlichen sub 3. und 4. verzeichneten Münzen sind an allen öffentlichen Kassen des gesammten Bundesgebietes zu den angegebenen Werthen bis zur Aufserkurssetzung in Zahlung anzunehmen.

Der Bundesrath ist befugt, zu bestimmen, dafs die Einthalerstücke deutschen Gepräges, sowie die in Oesterreich bis zum Schlusse des Jahres 1867 geprägten Vereinsthaler bis zu ihrer Aufserkurssetzung nur noch an Stelle der Reichssilbermünzen, unter Berechnung des Thalers zu 3 Mark, in Zahlung anzunehmen sind.

Eine solche Bestimmung ist durch das Reichs-Gesetzblatt zu veröffentlichen und tritt frühestens einen Monat nach ihrer Veröffentlichung in Kraft [1]).

Art. 16.

Deutsche Goldkronen, Landesgoldmünzen und landesgesetzlich den inländischen Münzen gleichgestellte ausländische Goldmünzen, sowie grobe Silbermünzen, welche einer

---

1) Zusatz des Reichsgesetzes vom 6. Januar 1876. (R.-Ges.-Bl. 1876, S. 3.)

anderen Landeswährung als der Thalerwährung angehören, sind bis zur Aufserkurssetzung als Zahlung anzunehmen, soweit die Zahlung nach den bisherigen Vorschriften in diesen Münzsorten angenommen werden mufste.

Art. 17.

Schon vor Eintritt der Reichsgoldwährung können alle Zahlungen, welche gesetzlich in Münzen einer inländischen Währung oder in ausländischen, den inländischen Münzen landesgesetzlich gleichgestellten Münzen geleistet werden dürfen, ganz oder theilweise in Reichsmünzen, vorbehaltlich der Vorschrift Artikel 9, dergestalt geleistet werden, dafs die Umrechnung nach den Vorschriften Art. 14 §. 2 erfolgt.

Art. 18.

Bis zum 1. Januar 1876 sind sämmtliche nicht auf Reichswährung lautenden Noten der Banken einzuziehen. Von diesem Termine an dürfen nur solche Banknoten, welche auf Reichswährung in Beträgen von nicht weniger als 100 Mark lauten, in Umlauf bleiben oder ausgegeben werden.

Dieselben Bestimmungen gelten für die bis jetzt von Korporationen ausgegebenen Scheine.

Das von den einzelnen Bundesstaaten ausgegebene Papiergeld ist spätestens bis zum 1. Januar 1876 einzuziehen und spätestens sechs Monate vor diesem Termine öffentlich aufzurufen. Dagegen wird nach Mafsgabe eines zu erlassenden Reichsgesetzes eine Ausgabe von Reichspapiergeld stattfinden. Das Reichsgesetz wird über die Ausgabe und den Umlauf des Reichspapiergeldes, sowie über die den einzelnen Bundesstaaten zum Zweck der Einziehung ihres Papiergeldes zu gewährenden Erleichterungen die näheren Bestimmungen treffen.

Urkundlich unter Unserer Höchsteigenhändigen Unterschrift und beigedrucktem Kaiserlichen Insiegel.

Gegeben Bad Ems, den 9. Juli 1873.

(L. S.) **Wilhelm.**

Fürst v. Bismarck.

Gesetz,

betreffend die Ausgabe von Reichskassenscheinen [1]).

Vom 30. April 1874.

Wir Wilhelm, von Gottes Gnaden Deutscher Kaiser, König von Preufsen etc. verordnen im Namen des Deutschen Reichs, nach erfolgter Zustimmung des Bundesraths und des Reichstags, was folgt:

§. 1.

Der Reichkanzler wird ermächtigt, Reichskassenscheine zum Gesammtbetrage von 120 Millionen Mark in Abschnitten zu 5, 20 und 50 Mark ausfertigen zu lassen und unter die Bundesstaaten nach dem Mafsstabe ihrer durch die Zählung vom 1. Dezember 1871 festgestellten Bevölkerung zu vertheilen.

Ueber die Vertheilung des Gesammtbetrages auf die einzelnen Abschnitte beschliefst der Bundesrath.

§. 2.

Jeder Bundesstaat hat das von ihm seither ausgegebene Staatspapiergeld spätestens bis zum 1. Juli 1875 zur Einlösung öffentlich aufzurufen und thunlichst schnell einzuziehen.

Zur Annahme von Staatspapiergeld sind vom 1. Januar 1876 an nur die Kassen desjenigen Staats verpflichtet, welcher das Papiergeld ausgegeben hat.

§. 3.

Denjenigen Staaten, deren Papiergeld den ihnen nach §. 1 zu überweisenden Betrag von Reichskassenscheinen übersteigt, werden zwei Drittheile des überschiefsenden Betrages aus der Reichskasse als ein Vorschufs überwiesen und zwar, soweit die Bestände der letzteren es gestatten, in Reichskassenscheinen.

Der Reichskanzler wird zu diesem Zwecke ermächtigt, Reichskassenscheine über den im §. 1 festgesetzten Betrag hinaus bis auf Höhe des zu leistenden Vorschusses anfertigen zu lassen, und soweit als nöthig in Umlauf zu setzen.

---

1) R.-Ges.-Bl. 1874, S. 40 f.

Ueber die Art der Tilgung dieses Vorschusses wird gleichzeitig mit der Ordnung des Zettelbankwesens Bestimmung getroffen. In Ermangelung einer solchen Bestimmung hat die Rückzahlung des Vorschusses innerhalb 15 Jahren, vom 1. Januar 1876 an gerechnet, in gleichen Jahresraten zu erfolgen.

Die auf den Vorschuſs eingehenden Rückzahlungen sind zunächst zur Einziehung der nach vorstehenden Bestimmungen ausgefertigten Reichskassenscheine zu verwenden.

§. 4.

Diejenigen Bundesstaaten, welche Papiergeld ausgegeben haben, werden die ihnen ausgefolgten Reichskassenscheine (§§. 1 und 3), soweit der Betrag der letzteren den Betrag des ausgegebenen Staatspapiergeldes nicht übersteigt, nur in dem Maſse in Umlauf setzen, als Staatspapiergeld zur Einziehung gelangt.

§. 5.

Die Reichskassenscheine werden bei allen Kassen des Reichs und sämmtlicher Bundesstaaten nach ihrem Nennwerthe in Zahlung angenommen und von der Reichs-Hauptkasse für Rechnung des Reichs jederzeit auf Erfordern gegen baares Geld eingelöst.

Im Privatverkehr findet ein Zwang zu ihrer Annahme nicht statt.

§. 6.

Die Ausfertigung der Reichskassenscheine wird der Preuſsischen Haupt-Verwaltung der Staatsschulden unter der Benennung „Reichsschulden-Verwaltung" übertragen.

Die Reichsschulden-Verwaltung hat für beschädigte oder unbrauchbar gewordene Exemplare für Rechnung des Reichs Ersatz zu leisten, wenn das vorgelegte Stück zu einem echten Reichskassenscheine gehört und mehr als die Hälfte eines solchen beträgt. Ob in anderen Fällen ausnahmsweise ein Ersatz geleistet werden kann, bleibt ihrem pflichtmäſsigen Ermessen überlassen.

§. 7.

Vor der Ausgabe der Reichskassenscheine ist eine genaue Beschreibung derselben öffentlich bekannt zu machen.

Die Kontrole über die Ausfertigung und Ausgabe der Reichskassenscheine übt die Reichsschulden-Kommission.

§. 8.

Von den Bundesstaaten darf auch ferner nur auf Grund eines Reichgesetzes Papiergeld ausgegeben oder dessen Ausgabe gestattet werden.

Urkundlich unter Unserer Höchsteigenhändigen Unterschrift und beigedrucktem Kaiserlichen Insiegel.

Gegeben Berlin, den 30. April 1874.

(L. S.) **Wilhelm.**

Fürst v. Bismarck.

Deutsches Bankgesetz[1].

Vom 14. März 1875.

Wir Wilhelm, von Gottes Gnaden Deutscher Kaiser, König von Preufsen etc. verordnen im Namen des Deutschen Reichs, nach erfolgter Zustimmung des Bundesraths und des Reichstags, was folgt:

Titel I.

Allgemeine Bestimmungen.

§. 1.

Die Befugnifs zur Ausgabe von Banknoten kann nur durch Reichsgesetz erworben, oder über den bei Erlafs des gegenwärtigen Gesetzes zulässigen Betrag der Notenausgabe hinaus erweitert werden.

Den Banknoten im Sinne dieses Gesetzes wird dasjenige Staatspapiergeld gleich geachtet, dessen Ausgabe einem Bankinstitute zur Verstärkung seiner Betriebsmittel übertragen ist.

§. 2.

Eine Verpflichtung zur Annahme von Banknoten bei Zahlungen, welche gesetzlich in Geld zu leisten sind, findet nicht statt und kann auch für Staatskassen durch Landesgesetz nicht begründet werden.

§. 3.

Banknoten dürfen nur auf Beträge von 100, 200, 500 und 1000 Mark oder von einem Vielfachen von 1000 Mark ausgefertigt werden.

§. 4.

Jede Bank ist verpflichtet, ihre Noten sofort auf Präsentation zum vollen Nennwerthe einzulösen, auch solche nicht nur an ihrem Hauptsitz, sondern auch bei ihren Zweiganstalten jederzeit zum vollen Nennwerthe in Zahlung anzunehmen.

---

1) R.-Ges.-Bl. 1875, S. 177 ff.

Für beschädigte Noten hat sie Ersatz zu leisten, sofern der Inhaber entweder einen Theil der Note präsentirt, welcher gröſser ist, als die Hälfte, oder den Nachweis führt, daſs der Rest der Note, von welcher er nur die Hälfte oder einen geringeren Theil als die Hälfte präsentirt, vernichtet sei.

Für vernichtete oder verlorene Noten Ersatz zu leisten ist sie nicht verpflichtet.

§. 5.

Banknoten, welche in die Kasse der Bank oder einer ihrer Zweiganstalten oder in eine von ihr bestellte Einlösungskasse in beschädigtem oder beschmutztem Zustande zurückkehren, dürfen nicht wieder ausgegeben werden.

§. 6.

Der Aufruf und die Einziehung der Noten einer Bank oder einer Gattung von Banknoten darf nur auf Anordnung oder mit Genehmigung des Bundesraths erfolgen.

Die Anordnung erfolgt, wenn ein gröſserer Theil des Umlaufs sich in beschädigtem oder beschmutztem Zustande befindet, oder wenn die Bank die Befugniſs zur Notenausgabe verloren hat.

Die Genehmigung darf nur ertheilt werden, wenn nachgewiesen wird, daſs Nachahmungen der aufzurufenden Noten in den Verkehr gebracht sind.

In allen Fällen schreibt der Bundesrath die Art, die Zahl und die Fristen der über den Aufruf zu erlassenden Bekanntmachungen, den Zeitraum, innerhalb dessen und die Stellen, an welchen die Noten eingelöst werden sollen, die Maſsgaben, unter denen nach Ablauf der Fristen eine Einlösung der aufgerufenen Noten noch stattzufinden hat, und die zur Sicherung der Noteninhaber sonst erforderlichen Maſsregeln vor.

Die nach dem Vorstehenden von dem Bundesrathe zu erlassenden Vorschriften sind durch das Reichs-Gesetzblatt zu veröffentlichen.

§. 7.

Den Banken, welche Noten ausgeben, ist nicht gestattet:

1) Wechsel zu akzeptiren;
2) Waaren oder kurshabende Papiere für eigene oder für fremde Rechnung auf Zeit zu kaufen oder auf

Zeit zu verkaufen, oder für die Erfüllung solcher Kaufs- oder Verkaufsgeschäfte Bürgschaft zu übernehmen.

§. 8.

Banken, welche Noten ausgeben, haben

1) den Stand ihrer Aktiva und Passiva vom 7., 15., 23. und Letzten jedes Monats, spätestens am fünften Tage nach diesen Terminen und

2) spätestens drei Monate nach dem Schlusse jedes Geschäftsjahres eine genaue Bilanz ihrer Aktiva und Passiva, sowie den Jahresabschlufs des Gewinn- und Verlustkontos

durch den Reichsanzeiger auf ihre Kosten zu veröffentlichen.

Die wöchentliche Veröffentlichung mufs angeben

1) auf Seiten der Passiva:
 das Grundkapital,
 den Reservefonds,
 den Betrag der umlaufenden Noten,
 die sonstigen täglich fälligen Verbindlichkeiten,
 die an eine Kündigungsfrist gebundenen Verbindlichkeiten,
 die sonstigen Passiva;

2) auf Seiten der Aktiva:
 den Metallbestand (den Bestand an kursfähigem deutschem Gelde und an Gold in Barren oder ausländischen Münzen, das Pfund fein zu 1392 Mark berechnet),
 den Bestand:
 an Reichs-Kassenscheinen,
 an Noten andere Banken,
 an Wechseln,
 an Lombardforderungen,
 an Effekten,
 an sonstigen Aktiven.

Welche Kategorien der Aktiva und Passiva in der Jahresbilanz gesondert nachzuweisen sind, bestimmt der Bundesrath.

Aufserdem sind in beiden Veröffentlichungen die aus weiterbegebenen im Inlande zahlbaren Wechseln entsprungenen eventuellen Verbindlichkeiten ersichtlich zu machen.

§. 9.

Banken, deren Notenumlauf ihren Baarvorrath und den ihnen nach Maſsgabe der Anlage[1]) zugewiesenen Betrag übersteigt, haben vom 1. Januar 1876 ab von dem Ueberschusse eine Steuer von jährlich Fünf vom Hundert an die Reichskasse zu entrichten. Als Baarvorrath gilt bei Feststellung der Steuer der in den Kassen der Bank befindliche Betrag an kursfähigem deutschem Gelde, an Reichs-Kassenscheinen, an Noten anderer deutscher Banken und an Gold in Barren oder ausländischen Münzen, das Pfund fein zu 1392 Mark berechnet.

Erlischt die Befugniſs einer Bank zur Notenausgabe (§. 49), so wächst der derselben zustehende Antheil an dem Gesammtbetrage des der Steuer nicht unterliegenden ungedeckten Notenumlaufs dem Antheile der Reichsbank zu.

§. 10.

Zum Zweck der Feststellung der Steuer hat die Verwaltung der Bank am 7., 15., 23. und Letzten jedes Monats den Betrag des Baarvorraths und der umlaufenden Noten der Bank festzustellen und die Feststellung an die Aufsichtsbehörde einzureichen. Am Schluſs jedes Jahres wird von der Aufsichtsbehörde auf Grund dieser Nachweisungen die von der Bank zu zahlende Steuer in der Weise festgestellt, daſs von dem aus jeder dieser Nachweisungen sich ergebenden steuerpflichtigen Ueberschusse des Notenumlaufs $^{5}/_{48}$ Prozent als Steuersoll berechnet werden. Die Summe dieser für jede einzelne Nachweisung als Steuersoll berechneten Beträge ergiebt die von der Bank spätestens am 31. Januar des folgenden Jahres zur Reichskasse abzuführende Steuer.

§. 11.

Ausländische Banknoten oder sonstige auf den Inhaber lautende unverzinsliche Schuldverschreibungen ausländischer Korporationen, Gesellschaften oder Privaten dürfen, wenn sie ausschlieſslich oder neben anderen Werthbestimmungen in Reichswährung oder einer deutschen Landeswährung ausgestellt sind, innerhalb des Reichsgebietes zu Zahlungen nicht gebraucht werden.

---

1) Vgl. R.-Ges.-Bl. 1875, S. 198.

Titel II.

Reichsbank.

§. 12.

Unter dem Namen

„Reichsbank"

wird eine unter Aufsicht und Leitung des Reichs stehende Bank errichtet, welche die Eigenschaft einer juristischen Person besitzt und die Aufgabe hat, den Geldumlauf im gesammten Reichsgebiete zu regeln, die Zahlungsausgleichungen zu erleichtern und für die Nutzbarmachung verfügbaren Kapitals zu sorgen.

Die Reichsbank hat ihren Hauptsitz in Berlin. Sie ist berechtigt, aller Orten im Reichsgebiete Zweiganstalten zu errichten.

Der Bundesrath kann die Errichtung solcher Zweiganstalten an bestimmten Plätzen anordnen.

§. 13.

Die Reichsbank ist befugt, folgende Geschäfte zu betreiben:

1) Gold und Silber in Barren und Münzen zu kaufen und zu verkaufen;
2) Wechsel, welche eine Verfallzeit von höchstens drei Monaten haben und aus welchen in der Regel drei, mindestens aber zwei als zahlungsfähig bekannte Verpflichtete haften, ferner Schuldverschreibungen des Reichs, eines deutschen Staats oder inländischer kommunaler Korporationen, welche nach spätestens drei Monaten mit ihrem Nennwerthe fällig sind, zu diskontiren, zu kaufen und zu verkaufen;
3) zinsbare Darlehne auf nicht länger als drei Monate gegen bewegliche Pfänder zu ertheilen (Lombardverkehr), und zwar:
   a) gegen Gold und Silber, gemünzt und ungemünzt,
   b) gegen zinstragende oder spätestens nach einem Jahre fällige und auf den Inhaber lautende Schuldverschreibungen des Reichs, eines deutschen Staats oder inländischer kommunaler Korporationen, oder gegen zinstragende, auf den Inhaber lautende Schuldverschreibungen,

deren Zinsen vom Reiche oder von einem Bundesstaate garantirt sind, gegen voll eingezahlte Stamm- und Stammprioritätsaktien und Prioritätsobligationen deutscher Eisenbahngesellschaften, deren Bahnen in Betrieb befindlich sind, sowie gegen Pfandbriefe landschaftlicher, kommunaler oder anderer unter staatlicher Aufsicht stehender Bodenkreditinstitute Deutschlands und deutscher Hypothekenbanken auf Aktien, zu höchstens drei Viertel des Kurswerthes,

c) gegen zinstragende, auf den Inhaber lautende Schuldverschreibungen nicht deutscher Staaten, sowie gegen staatlich garantirte ausländische Eisenbahn-Prioritätsobligationen, zu höchstens 50 Prozent des Kurswerthes,

d) gegen Wechsel, welche anerkannt solide Verpflichtete aufweisen, mit einem Abschlage von mindestens 5 Prozent ihres Kurswerthes,

e) gegen Verpfändung im Inlande lagernder Kaufmannswaaren, höchstens bis zu zwei Drittheilen ihres Werthes;

4) Schuldverschreibungen der vorstehend unter 3. b. bezeichneten Art zu kaufen und zu verkaufen; die Geschäftsanweisung für das Reichsbank-Direktorium (§. 26) wird feststellen, bis zu welcher Höhe die Betriebsmittel der Bank in solchen Schuldverschreibungen angelegt werden dürfen;

5) für Rechnung von Privatpersonen, Anstalten und Behörden Inkassos zu besorgen und nach vorheriger Deckung Zahlungen zu leisten und Anweisungen oder Ueberweisungen auf ihre Zweiganstalten oder Korrespondenten auszustellen;

6) für fremde Rechnung Effekten aller Art, sowie Edelmetalle nach vorheriger Deckung zu kaufen und nach vorheriger Ueberlieferung zu verkaufen;

7) verzinsliche und unverzinsliche Gelder im Depositengeschäft und im Giroverkehr anzunehmen; die Summe der verzinslichen Depositen darf diejenige des Grundkapitals und des Reservefonds der Bank nicht übersteigen;

8) Werthgegenstände in Verwahrung und in Verwaltung zu nehmen.

§. 14.

Die Reichsbank ist verpflichtet, Barrengold zum festen Satze von 1392 Mark für das Pfund fein gegen ihre Noten umzutauschen.

Die Bank ist berechtigt, auf Kosten des Abgebers solches Gold durch die von ihr zu bezeichnenden Techniker prüfen und scheiden zu lassen.

§. 15.

Die Reichsbank hat jeweilig den Prozentsatz öffentlich bekannt zu machen, zu welchem sie diskontirt (§. 13, 2) oder zinsbare Darlehne ertheilt (§. 13, 3). Die Aufstellung ihrer Wochen-Uebersichten erfolgt auf Grundlage der Bücher des Reichsbank-Direktoriums und der demselben unmittelbar untergeordneten Zweiganstalten.

§. 16.

Die Reichsbank hat das Recht, nach Bedürfnifs ihres Verkehrs Banknoten auszugeben.

Die An- und Ausfertigung, Einziehung und Vernichtung derselben erfolgt unter Kontrole der Reichsschulden-Kommission, welcher zu diesem Zwecke ein vom Kaiser ernanntes Mitglied hinzutritt.

§. 17.

Die Reichsbank ist verpflichtet, für den Betrag ihrer im Umlauf befindlichen Banknoten jederzeit mindestens ein Drittheil in kursfähigem deutschen Gelde, Reichs-Kassenscheinen oder in Gold in Barren oder ausländischen Münzen, das Pfund fein zu 1392 Mark gerechnet, und den Rest in diskontirten Wechseln, welche eine Verfallzeit von höchstens drei Monaten haben, und aus welchen in der Regel drei, mindestens aber zwei als zahlungsfähig bekannte Verpflichtete haften, in ihren Kassen als Deckung bereit zu halten.

§. 18.

Die Reichsbank ist verpflichtet, ihre Noten:

a) bei der Hauptkasse in Berlin sofort auf Präsentation,

b) bei ihren Zweiganstalten, soweit es deren Baarbestände und Geldbedürfnisse gestatten,

dem Inhaber gegen kursfähiges deutsches Geld einzulösen.

§. 19.

Die Reichsbank ist verpflichtet, die Noten der, vom Reichskanzler nach der Bestimmung im §. 45 dieses Gesetzes bekannt gemachten Banken sowohl in Berlin, als auch bei ihren Zweiganstalten in Städten von mehr als 80000 Einwohnern oder am Sitze der Bank, welche die Noten ausgegeben hat, zum vollen Nennwerthe in Zahlung zu nehmen, so lange die ausgebende Bank ihrer Noteneinlösungspflicht pünktlich nachkommt. Die auf diesem Wege angenommenen Banknoten dürfen nur entweder zur Einlösung präsentirt oder zu Zahlungen an diejenige Bank, welche dieselben ausgegeben hat, oder zu Zahlungen an dem Orte, wo letztere ihren Hauptsitz hat, verwendet werden.

Die Reichsbank ist ermächtigt, mit anderen deutschen Banken Vereinbarungen über Verzichtleistung der letzteren auf das Recht zur Notenausgabe abzuschliefsen.

§. 20.

Wenn der Schuldner eines im Lombardverkehr (§. 13 Ziffer 3) gewährten Darlehns im Verzuge ist, ist die Reichsbank berechtigt, ohne gerichtliche Ermächtigung oder Mitwirkung das bestellte Faustpfand durch einen ihrer Beamten oder durch einen zu Versteigerungen befugten Beamten öffentlich verkaufen, oder, wenn der verpfändete Gegenstand einen Börsenpreis oder Marktpreis hat, den Verkauf auch nicht öffentlich durch einen ihrer Beamten, oder durch einen Handelsmakler, oder, in Ermangelung eines solchen, durch einen zu Versteigerungen befugten Beamten zum laufenden Preise bewirken zu lassen, und sich aus dem Erlöse wegen Kapital, Zinsen und Kosten bezahlt zu machen. Dieses Recht behält die Bank auch gegenüber anderen Gläubigern und gegenüber der Konkursmasse des Schuldners.

§. 21.

Die Reichsbank und ihre Zweiganstalten sind im gesammten Reichsgebiete frei von staatlichen Einkommen- und Gewerbesteuern.

§. 22.

Die Reichsbank ist verpflichtet, ohne Entgelt für Rechnung des Reichs Zahlungen anzunehmen und bis auf Höhe des Reichsguthabens zu leisten.

Sie ist berechtigt, die nämlichen Geschäfte für die Bundesstaaten zu übernehmen.

§. 23.

Das Grundkapital der Reichsbank besteht aus einhundertundzwanzig Millionen Mark, getheilt in vierzigtausend auf Namen lautende Antheile von je dreitausend Mark.

Die Antheilseigner haften persönlich für die Verbindlichkeiten der Reichsbank nicht.

§. 24.

Aus dem beim Jahresabschlusse sich ergebenden Reingewinn der Reichsbank wird:

1) zunächst den Antheilseignern eine ordentliche Dividende von vier und einhalb Prozent des Grundkapitals berechnet, sodann
2) von dem Mehrbetrage eine Quote von zwanzig Prozent dem Reservefonds zugeschrieben, so lange derselbe nicht ein Viertel des Grundkapitals beträgt,
3) der alsdann verbleibende Ueberrest zur Hälfte an die Antheilseigner und zur Hälfte an die Reichskasse gezahlt, soweit die Gesammtdividende der Antheilseigner nicht acht Prozent übersteigt. Von dem weiter verbleibenden Reste erhalten die Antheilseigner ein Viertel, die Reichskasse drei Viertel.

Erreicht der Reingewinn nicht volle vier und einhalb Prozent des Grundkapitals, so ist das Fehlende aus dem Reservefonds zu ergänzen.

Das bei Begebung von Antheilsscheinen der Reichsbank etwa zu gewinnende Aufgeld fliefst dem Reservefonds zu.

Dividendenrückstände verjähren binnen vier Jahren, von dem Tage ihrer Fälligkeit an gerechnet, zum Vortheil der Bank.

§. 25.

Die dem Reiche zustehende Aufsicht über die Reichsbank wird von einem Bank-Kuratorium ausgeübt, welches aus dem Reichskanzler als Vorsitzenden und vier Mitgliedern besteht. Eines dieser Mitglieder ernennt der Kaiser, die drei anderen der Bundesrath.

Das Kuratorium versammelt sich vierteljährlich einmal. In diesen Versammlungen wird ihm über den Zustand der Bank und alle darauf Bezug habenden Gegenstände Bericht erstattet und eine allgemeine Rechenschaft von allen Operationen und Geschäftseinrichtungen der Bank ertheilt.

§. 26.

Die dem Reiche zustehende Leitung der Bank wird vom Reichskanzler, und unter diesem von dem Reichsbank-Direktorium ausgeübt; in Behinderungsfällen des Reichskanzlers wird die Leitung durch einen vom Kaiser hierfür ernannten Stellvertreter wahrgenommen.

Der Reichskanzler leitet die gesammte Bankverwaltung innerhalb der Bestimmungen dieses Gesetzes und des zu erlassenden Statuts (§. 40). Er erläſst die Geschäftsanweisungen für das Reichsbank-Direktorium und für die Zweiganstalten, sowie die Dienstinstruktionen für die Beamten der Bank, und verfügt die erforderlichen Abänderungen der bestehenden Geschäftsanweisungen (Reglements) und Dienstinstruktionen.

§. 27.

Das Reichsbank-Direktorium ist die verwaltende und ausführende, sowie die, die Reichsbank nach auſsen vertretende Behörde.

Es besteht aus einem Präsidenten und der erforderlichen Anzahl von Mitgliedern, und faſst seine Beschlüsse nach Stimmenmehrheit, hat jedoch bei seiner Verwaltung überall den Vorschriften und Weisungen des Reichskanzlers Folge zu leisten.

Präsident und Mitglieder des Reichsbank-Direktoriums werden auf den Vorschlag des Bundesraths vom Kaiser auf Lebenszeit ernannt.

§ 28.

Die Beamten der Reichsbank haben die Rechte und Pflichten der Reichsbeamten.

Ihre Besoldungen, Pensionen und sonstigen Dienstbezüge, sowie die Pensionen und Unterstützungen für ihre Hinterbliebenen, trägt die Reichsbank. Der Besoldungs- und Pensionsetat des Reichsbank-Direktoriums wird jährlich durch den Reichshaushalts-Etat, der der übrigen Beamten jährlich vom Kaiser im Einvernehmen mit dem Bundesrathe auf den Antrag des Reichskanzlers festgesetzt.

Kein Beamter der Reichsbank darf Antheilscheine derselben besitzen.

§. 29.

Die Rechnungen der Reichsbank unterliegen der Revision durch den Rechnungshof des Deutschen Reichs.

Die Form, in welcher die jährliche Rechnungslegung zu erfolgen hat, wird durch den Reichskanzler bestimmt. Die hierüber ergehenden Bestimmungen sind dem Rechnungshof mitzutheilen.

§. 30.

Die Antheilseigner üben die ihnen zustehende Betheiligung an der Verwaltung der Reichsbank durch die Generalversammlung, aufserdem durch einen aus ihrer Mitte gewählten ständigen Zentralausschufs nach Mafsgabe der nachfolgenden Bestimmungen aus.

§. 31.

Der Zentralausschufs ist die ständige Vertretung der Antheilseigner gegenüber der Verwaltung. Er besteht aus fünfzehn Mitgliedern neben welchen fünfzehn Stellvertreter zu wählen sind. Die Mitglieder und die Stellvertreter werden von der Generalversammlung aus der Zahl der im Besitze von mindestens je drei auf ihren Namen lautenden Antheilscheinen befindlichen Antheilseigner gewählt. Sämmtliche Mitglieder und Stellvertreter müssen im Reichsgebiete und wenigstens neun Mitglieder und neun Stellvertreter in Berlin ihren Wohnsitz haben. Ein Drittel der Mitglieder scheidet jährlich aus. Die Ausscheidenden sind wieder wählbar.

Der Zentralausschufs versammelt sich unter Vorsitz des Präsidenten des Reichsbank-Direktoriums wenigstens einmal monatlich, kann von demselben aber auch aufserordentlich berufen werden. Er ist beschlufsfähig bei Anwesenheit von wenigstens sieben Mitgliedern; die Geschäftsanweisung wird festsetzen, in welchen Fällen und in welcher Reihenfolge die Einberufung von Stellvertretern zu bewirken ist.

§. 32.

Dem Zentralausschufs werden in jedem Monat die wöchentlichen Nachweisungen über die Diskonto-, Wechsel- und Lombardbestände, den Notenumlauf, die Baarfonds, die Depositen, über den An- und Verkauf von Gold,

Wechseln und Effekten, über die Vertheilung der Fonds auf die Zweiganstalten zur Einsicht vorgelegt, und zugleich die Ergebnisse der ordentlichen und der aufserordentlichen Kassenrevisionen, sowie die Ansichten und Vorschläge des Reichsbank-Direktoriums über den Gang der Geschäfte im Allgemeinen und über die etwa erforderlichen Mafsregeln mitgetheilt.

Insbesondere ist der Zentralausschufs gutachtlich zu hören:

a) über die Bilanz und die Gewinnberechnung, welche nach Ablauf des Geschäftsjahres vom Reichsbank-Direktorium aufgestellt, mit dessen Gutachten dem Reichskanzler zur definitiven Festsetzung überreicht, und demnächst den Antheilseignern in deren ordentlicher Generalversammlung mitgetheilt wird;

b) über Abänderungen des Besoldungs- und Pensionsetats (§. 28);

c) über die Besetzung erledigter Stellen im Reichsbank-Direktorium, mit Ausnahme der Stelle des Präsidenten, vor der Beschlufsfassung des Bundesraths (§. 27);

d) über den Höchstbetrag, bis zu welchem die Fonds der Bank zu Lombarddarlehen verwendet werden können.

Der Ankauf von Effekten für Rechnung der Bank kann nur erfolgen, nachdem die Höhe des Betrages, bis zu welcher die Fonds der Bank zu diesem Zwecke verwendet werden können, zuvor mit Zustimmung des Zentralausschusses festgesetzt ist;

e) über die Höhe des Diskontosatzes und des Lombard-Zinsfufses, sowie über Veränderungen in den Grundsätzen und Fristen der Kreditertheilung;

f) über Vereinbarungen mit anderen deutschen Banken (§. 19), sowie über die in den Geschäftsbeziehungen zu denselben zu beobachtenden Grundsätze.

Allgemeine Geschäftsanweisungen und Dienstinstruktionen sind dem Zentralausschusse alsbald nach ihrem Erlasse (§. 26) zur Kenntnifsnahme mitzutheilen.

§. 33.

Die Mitglieder des Zentralausschusses beziehen keine Besoldung.

Wenn ein Ausschufsmitglied das Bankgeheimnifs (§. 39) verletzt, die durch sein Amt erlangten Aufschlüsse gemifsbraucht oder sonst das öffentliche Vertrauen verloren hat, oder wenn durch dasselbe überhaupt das Interesse des Instituts gefährdet erscheint, so ist die Generalversammlung berechtigt, seine Ausschliefsung zu beschliefsen.

Ein Ausschufsmitglied, welches in Konkurs geräth, während eines halben Jahres den Versammlungen nicht beigewohnt, oder eine der Voraussetzungen seiner Wählbarkeit (§. 31) verloren hat, wird für ausgeschieden erachtet.

§. 34.

Die fortlaufende spezielle Kontrole über die Verwaltung der Reichsbank üben drei, von dem Zentralausschusse aus der Zahl seiner Mitglieder auf ein Jahr gewählte Deputirte des Zentralausschusses beziehungsweise deren gleichzeitig zu wählende Stellvertreter. Die Geschäftsanweisung wird festsetzen, in welchen Fällen und in welcher Reihenfolge die Einberufung von Stellvertretern zu bewirken ist.

Die Deputirten sind insbesondere berechtigt, allen Sitzungen des Reichsbank-Direktoriums mit berathender Stimme beizuwohnen.

Sie sind ferner berechtigt und verpflichtet, in den gewöhnlichen Geschäftsstunden und im Beisein eines Mitgliedes des Reichsbank-Direktoriums von dem Gange der Geschäfte Kentnifs zu nehmen, die Bücher und Portefeuilles der Bank einzusehen und den ordentlichen, wie aufserordentlichen Kassenrevisionen beizuwohnen. Ueber ihre Wirksamkeit erstatten sie in den monatlichen Versammlungen des Zentralausschusses Bericht.

Im Fall des §. 33 Absatz 2 kann ein Deputirter bereits vor der Entscheidung der Generalversammlung durch den Zentralausschufs suspendirt werden.

§. 35.

Geschäfte mit den Finanzverwaltungen des Reichs oder deutscher Bundesstaaten dürfen nur innerhalb der Bestimmungen dieses Gesetzes und des Bankstatuts gemacht und müssen, wenn andere als die allgemein geltenden Bedingungen des Bankverkehrs in Anwendung kommen sollen, zuvor zur Kenntnifs der Deputirten gebracht, und, wenn auch nur Einer derselben darauf anträgt, dem Zentralausschufs vorgelegt werden. Sie müssen unterbleiben, wenn der letztere nicht in einer beschlufsfähigen Versammlung mit Stimmenmehrheit für die Zulässigkeit sich ausspricht.

§. 36.

Aufserhalb des Hauptsitzes der Bank sind an, vom Bundesrathe zu bestimmenden, gröfseren Plätzen Reichsbankhauptstellen zu errichten, welche unter Leitung eines aus wenigstens zwei Mitgliedern bestehenden Vorstandes, und unter Aufsicht eines vom Kaiser ernannten Bank-Kommissarius stehen.

Bei jeder Reichsbankhauptstelle soll, wenn sich daselbst eine hinreichende Zahl geeigneter Antheilseigner vorfindet, ein Bezirksausschufs bestehen, dessen Mitglieder vom Reichskanzler aus den vom Bank-Kommissar und vom Zentralausschufs aufgestellten Vorschlagslisten der am Sitz der Bankhauptstelle oder in dessen unmittelbarer Nähe wohnhaften Antheilseigner ausgewählt werden. Dem Ausschufs werden in seinen monatlich abzuhaltenden Sitzungen die Uebersichten über die Geschäfte der Bankhauptstelle und die von der Zentralverwaltung ergangenen allgemeinen Anordnungen mitgetheilt. Anträge und Vorschläge des Bezirksausschusses, welchen vom Vorstande der Bankhauptstelle nicht in eigener Zuständigkeit entsprochen wird, werden von letzterem dem Reichskanzler mittelst Berichts eingereicht.

Eine fortlaufende spezielle Kontrole über den Geschäftsgang bei den Bankhauptstellen nach Mafsgabe der Bestimmungen im §. 34 üben, soweit es ohne Störung der täglichen laufenden Geschäfte geschehen kann, 2 bis 3 Beigeordnete, welche vom Bezirksausschufs aus seiner Mitte gewählt, oder, wo ein Bezirksausschufs nicht besteht, vom Reichskanzler nach Absatz 2 ernannt werden.

§. 37.

Die Errichtung sonstiger Zweiganstalten erfolgt, sofern dieselben dem Reichsbank-Direktorium unmittelbar untergeordnet werden (Reichsbankstellen), durch den Reichskanzler, sofern sie einer anderen Zweiganstalt untergeordnet werden, durch das Reichsbank-Direktorium.

§. 38.

Die Reichsbank wird in allen Fällen, und zwar auch wo die Gesetze eine Spezialvollmacht erfordern, durch die Unterschrift des Reichsbank-Direktoriums oder einer Reichsbankhauptstelle verpflichtet, sofern diese Unterschriften von zwei Mitgliedern des Reichsbank-Direktoriums beziehungsweise von zwei Mitgliedern des Vorstandes der Reichsbankhauptstelle oder den als Stellvertretern der letzteren bezeichneten Beamten vollzogen sind.

Unter welchen Voraussetzungen und in welcher Form die Unterschriften der Bankstellen eine Verpflichtung für die Reichsbank begründen, wird vom Reichskanzler bestimmt und besonders bekannt gemacht.

Gegen die Reichsbankhauptstellen und Bankstellen können alle Klagen, welche auf den Geschäftsbetrieb derselben Bezug haben, bei dem Gerichte des Orts erhoben werden, wo die Zweiganstalt errichtet ist.

§. 39.

Sämmtliche bei der Verwaltung der Bank als Beamte, Ausschufsmitglieder, Beigeordnete betheiligte Personen sind verpflichtet, über alle einzelnen Geschäfte der Bank, besonders über die mit Privatpersonen und über den Umfang des den letzteren gewährten Kredits, Schweigen zu beobachten. Die Deputirten des Zentralausschusses und deren Stellvertreter, sowie die Beigeordneten bei den Reichsbankhauptstellen sind hierzu vor Antritt ihrer Funktionen mittelst Handschlags an Eidesstatt besonders zu verpflichten.

§. 40.

Das Statut der Reichsbank wird nach Mafsgabe der vorstehend in den §§. 12 bis 39 enthaltenen Vorschriften vom Kaiser im Einvernehmen mit dem Bundesrath erlassen.

Dasselbe mufs insbesondere Bestimmungen enthalten:

1) über die Form der Antheilscheine der Reichsbank und der dazu gehörigen Dividendenscheine und Talons;
2) über die bei Uebertragung oder Verpfändung von Antheilscheinen zu beachtenden Formen;
3) über die Mortifikation verlorener oder vernichteter Antheilscheine, sowie über das Verfahren in Be-

treff abhanden gekommener Dividendenscheine und Talons;

4) über die Grundsätze, nach denen die Jahresbilanz der Reichsbank aufzunehmen ist;

5) über Termine und Modalitäten der Erhebung der Dividende;

6) über die Form, in welcher die Zusammenberufung der Generalversammlungen geschieht, sowie über die Bedingungen und die Art der Ausübung des Stimmrechts der Antheilseigner; die Ausübung des Stimmrechts darf jedoch nicht durch den Besitz von mehr als einem Antheilsscheine bedingt, noch dürfen mehr als hundert Stimmen in einer Hand vereinigt werden;

7) über die Modalitäten der Wahl des Zentralausschusses und der Deputirten desselben, der Bezirksausschüsse und der Beigeordneten bei den Reichsbankhauptstellen;

8) über die Form, in welcher die von der Gesellschaft ausgehenden Bekanntmachungen erfolgen, sowie über die öffentlichen Blätter, in welche dieselben aufzunehmen sind;

9) über die im Fall der Aufhebung der Reichsbank (§. 41) eintretende Liquidation;

10) über die Form, in welcher die Mitwirkung der Antheilseigner oder deren Vertreter zu einer durch Reichsgesetz festzustellenden Erhöhung des Grundkapitals herbeigeführt werden soll;

11) über die Voraussetzungen der Sicherstellung, unter denen Effekten für fremde Rechnung gekauft oder verkauft werden dürfen.

§. 41.

Das Reich behält sich das Recht vor, zuerst zum 1. Januar 1891, alsdann aber von zehn zu zehn Jahren nach vorausgegangener einjähriger Ankündigung, welche auf Kaiserliche Anordnung, im Einvernehmen mit dem Bundesrath, vom Reichskanzler an das Reichsbank-Direktorium zu erlassen und von letzterem zu veröffentlichen ist, entweder

a) die auf Grund dieses Gesetzes errichtete Reichsbank aufzuheben und die Grundstücke derselben gegen Erstattung des Buchwerthes zu erwerben, oder

b) die sämmtlichen Antheile der Reichsbank zum Nennwerthe zu erwerben.

In beiden Fällen geht der bilanzmäſsige Reservefonds, soweit derselbe nicht zur Deckung von Verlusten in Anspruch zu nehmen ist, zur einen Hälfte an die Antheilseigner, zur andern Hälfte an das Reich über.

Zur Verlängerung der Frist nach Inhalt des ersten Absatzes ist die Zustimmung des Reichstags erforderlich.

Titel III.

Privat-Notenbanken.

§. 42.

Banken, welche sich bei Erlaſs dieses Gesetzes im Besitze der Befugniſs zur Notenausgabe befinden, dürfen auſserhalb desjenigen Staates, welcher ihnen diese Befugniſs ertheilt hat, Bankgeschäfte durch Zweiganstalten weder betreiben noch durch Agenten für ihre Rechnung betreiben lassen, noch als Gesellschafter an Bankhäusern sich betheiligen.

§. 43.

Die Noten einer Bank, welche sich bei Erlaſs dieses Gesetzes im Besitze der Befugniſs zur Notenausgabe befindet, dürfen auſserhalb desjenigen Staates, welcher derselben diese Befugniſs ertheilt hat, zu Zahlungen nicht gebraucht werden.

Der Umtausch solcher Noten gegen andere Banknoten, Papiergeld oder Münzen unterliegt diesem Verbote nicht.

§. 44.

Die beschränkenden Bestimmungen des §. 43 finden auf diejenigen Banken keine Anwendung, welche bis zum 1. Januar 1876 folgende Voraussetzungen erfüllen:

1) Die Bank darf ihre Betriebsmittel nur in den im §. 13 unter 1 bis 4 bezeichneten Geschäften, und zwar zu 4 höchstens bis zur Höhe der Hälfte des Grundkapitals der Bank und der Reserven anlegen.

   Bezüglich des Darlehnsgeschäfts ist der Bank eine Frist bis zum 1. Januar 1877 eingeräumt, innerhalb welcher sie ihre Darlehne den Bestimmungen des §. 13 Nr. 3 zu konformiren hat.

Sie hat jeweilig den Prozentsatz öffentlich bekannt zu machen, zu welchem sie diskontirt oder zinsbare Darlehne gewährt.

2) Die Bank legt von dem sich jährlich über das Mafs von $4^1/_2$ Prozent des Grundkapitals hinaus ergebenden Reingewinn jährlich mindestens 20 Prozent so lange zur Ansammlung eines Reservefonds zurück, als der letztere nicht ein Viertheil des Grundkapitals beträgt.

3) Die Bank verpflichtet sich, für den Betrag ihrer im Umlauf befindlichen Banknoten jederzeit mindestens ein Drittheil in kursfähigem deutschem Gelde, Reichs-Kassenscheinen oder in Gold in Barren oder ausländischen Münzen, das Pfund fein zu 1392 Mark gerechnet, und den Rest in diskontirten Wechseln, welche eine Verfallzeit von höchstens drei Monaten haben und aus welchen in der Regel drei, mindestens aber zwei als zahlungsfähig bekannte Verpflichtete haften, in ihren Kassen als Deckung bereit zu halten.

4) Die Bank verpflichtet sich, ihre Noten bei einer von ihr zu bezeichnenden Stelle in Berlin oder Frankfurt, deren Wahl der Genehmigung des Bundesraths unterliegt, dem Inhaber gegen kursfähiges deutsches Geld einzulösen.

Die Einlösung hat spätestens vor Ablauf des auf den Tag der Präsentation folgenden Tages zu erfolgen.

5) Die Bank verpflichtet sich, alle deutschen Banknoten, deren Umlauf im gesammten Reichsgebiete gestattet ist, an ihrem Sitze, sowie bei denjenigen ihrer Zweiganstalten, welche in Städten von mehr als 80,000 Einwohnern ihren Sitz haben, zu ihrem vollen Nennwerthe in Zahlung zu nehmen, so lange die Bank, welche solche Noten ausgegeben hat, ihrer Noteneinlösungspflicht pünktlich nachkommt. Alle bei einer Bank eingegangenen Noten einer anderen Bank dürfen, soweit es nicht Noten der Reichsbank sind, nur entweder zur Einlösung prä-

sentirt, oder zu Zahlungen an diejenige Bank, welche dieselben ausgegeben hat, oder zu Zahlungen an dem Orte, wo letztere ihren Hauptsitz hat, verwendet werden.

6) Die Bank verzichtet auf jedes Widerspruchsrecht, welches ihr entweder gegen die Ertheilung der Befugnifs zur Ausgabe von Banknoten an andere Banken, oder gegen die Aufhebung einer etwa bestehenden Verpflichtung der Landesregierung, ihre Noten in den öffentlichen Kassen statt baaren Geldes in Zahlung nehmen zu lassen, zustehen möchte.

7) Die Bank willigt ein, dafs ihre Befugnifs zur Ausgabe von Banknoten zu den in §. 41 bezeichneten Terminen durch Beschlufs der Landesregierung oder des Bundesraths mit einjähriger Kündigungsfrist aufgehoben werden könne, ohne dafs ihr ein Anspruch auf irgend welche Entschädigung zustände.

Von Seiten des Bundesraths wird eine Kündigung nur eintreten zum Zwecke weiterer einheitlicher Regelung des Notenbankwesens oder wenn eine Notenbank den Anordnungen gegenwärtigen Gesetzes zuwidergehandelt hat. Ob diese Voraussetzungen vorliegen, entscheidet der Bundesrath.

Einer Bank, welche die vorstehend unter 1 bis 7 bezeichneten Voraussetzungen erfüllt hat, kann der Betrieb von Bankgeschäften durch Zweiganstalten oder Agenturen aufserhalb des im §. 42 bezeichneten Gebietes auf Antrag der für den Ort, wo dies geschehen soll, zuständigen Landesregierung durch den Bundesrath gestattet werden.

Banken, welche bis zum 1. Januar 1876 nachweisen, dafs der Betrag der nach ihrem Statut oder Privileg ihnen gestatteten Notenausgabe auf den Betrag des Grundkapitals eingeschränkt ist, welcher am 1. Januar 1874 eingezahlt war, sind von der Erfüllung der unter 2 bezeichneten Voraussetzung entbunden und erlangen mit der Gestattung des Umlaufs ihrer Noten im gesammten Reichsgebiete zugleich die Befugnifs, im gesammten Reichsgebiete durch Zweiganstalten oder Agenturen Bankgeschäfte zu betreiben. Dem Bundesrath bleibt vorbehalten, diesen Banken einzelne der durch die Bestimmungen unter 1 ausgeschlossenen Formen der Kreditertheilung, in deren

Ausübung dieselben sich bisher befunden haben, auf Grund des nachgewiesenen besonderen Bedürfnisses zeitweilig oder widerruflich auch ferner zu gestatten und die hierfür etwa nothwendigen Bedingungen festzusetzen.

§. 45.

Banken, welche von den Bestimmungen im §. 44 zu ihren Gunsten Gebrauch machen wollen, haben dem Reichskanzler nachzuweisen:

1) dafs ihre Statuten den durch den §. 44 aufgestellten Voraussetzungen entsprechen;
2) dafs die erforderliche Einlösungsstelle eingerichtet ist.

Sobald dieser Nachweis geführt ist, erläfst der Reichskanzler eine durch das Reichs-Gesetzblatt zu veröffentlichende Bekanntmachung, in welcher:

1) die beschränkenden Bestimmungen der §§. 42 und 43 oder des §. 43 dieses Gesetses zu Gunsten der zu bezeichnenden Bank als nicht anwendbar erklärt;
2) die Stelle, an welcher die Noten der Bank eingelöst werden, bezeichnet wird.

§. 46.

Kann die Dauer einer bereits erworbenen Befugnifs zur Ausgabe von Banknoten durch eine vom Staate oder einer öffentlichen Behörde ausgehende, an einen bestimmten Termin gebundene Kündigung auf eine bestimmte Zeit beschränkt werden, so tritt diese Kündigung zu dem frühesten zulässigen Termine kraft gegenwärtigen Gesetzes ein, es sei denn, dafs die Bank den zulässigen Betrag ihrer Notenausgabe auf den am 1. Januar 1874 eingezahlten Betrag ihres Grundkapitals beschränkt und sich den Bestimmungen im §. 44 unter 1 und 3 bis 7 unterworfen hat.

Statutarische Bestimmungen, durch welche die Dauer einer Bank oder der derselben ertheilten Befugnifs zur Notenausgabe von der unveränderten Fortdauer des Notenprivilegiums der Preufsischen Bank abhängig gemacht ist, treten aufser Kraft.

§. 47.

Jede Abänderung der Bestimmungen des Grundgesetzes, Statuts oder Privilegiums einer Bank, welche die Befugnifs zur Ausgabe von Banknoten bereits erworben hat, bedarf, so lange der Bank diese Befugniss zusteht, zu ihrer Gültigkeit der Genehmigung des Bundesraths, sofern sie das Grundkapital, den Reservefonds, den Geschäftskreis oder die Deckung der auszugebenden Noten, oder die Dauer der Befugniss zur Notenausgabe zum Gegenstande hat. Landesgesetzliche Vorschriften und Konzessionsbedingungen, durch welche eine Bank bezüglich des Betriebs des Diskonto-, des Lombard-, des Effekten- und des Depositengeschäfts Beschränkungen unterworfen ist, welche das gegenwärtige Gesetz nicht enthält, stehen einer solchen Aenderung nicht entgegen.

Die Genehmigung wird, nach Erfüllung der sonstigen gesetzlichen Erfordernisse, durch die betheiligte Landesregierung beantragt und muss versagt werden, wenn die Bank nicht von den Bestimmungen des §. 44 Gebrauch macht.

Die bayerische Regierung ist berechtigt, bis zum Höchstbetrage von 70 Millionen Mark die Befugniss zur Ausgabe von Banknoten für die in Bayern bestehende Notenbank zu erweitern, oder diese Befugniss einer anderen Bank zu ertheilen, sofern die Bank sich den Bestimmungen des §. 44 unterwirft.

§. 48.

Der Reichskanzler ist jederzeit befugt, sich nöthigenfalls durch kommissarische Einsichtnahme von den Büchern, Geschäftslokalen und Kassenbeständen der Noten ausgebenden Banken die Ueberzeugung zu verschaffen, dass dieselben die durch Gesetz oder Statut festgestellten Bedingungen und Beschränkungen der Notenausgabe innehalten, oder die Voraussetzungen der zu ihren Gunsten etwa ausgesprochenen Nichtanwendbarkeit der §§. 42 und 43 oder des §. 43 dieses Gesetzes erfüllen und dass die von ihnen veröffentlichen Wochen- und Jahresübersichten (§. 8), sowie die behufs der Steuerberechnung abgegebenen Nachweise (§. 10) der wirklichen Sachlage entsprechen.

Das Aufsichtsrecht der Landesregierungen wird durch diese Bestimmung nicht berührt.

§. 49.

Die Befugniss zur Ausgabe von Banknoten geht verloren:

1) durch Ablauf der Zeitdauer, für welche sie ertheilt ist,
2) durch Verzicht,
3) im Falle des Konkurses durch Eröffnung des Verfahrens gegen die Bank,
4) durch Entziehung kraft richterlichen Urtheils,
5) durch Verfügung der Landesregierung nach Mafsgabe der Statuten oder Privilegien.

§. 50.

Die Entziehung der Befugnifs zur Notenausgabe wird auf Klage des Reichskanzlers oder der Regierung des Bundesstaates, in welchem die Bank ihren Sitz hat, durch gerichtliches Urtheil ausgesprochen:

1) wenn die Vorschriften der Statuten, des Privilegiums oder des gegenwärtigen Gesetzes über die Deckung für die umlaufenden Noten verletzt worden sind oder der Notenumlauf die durch Statut, Privilegium oder Gesetz bestimmte Grenze überschritten hat;
2) wenn die Bank vor Erlafs der in §. 45 erwähnten Bekanntmachung des Reichskanzlers aufserhalb des durch §. 42 ihr angewiesenen Gebiets die in §. 42 ihr untersagten Geschäfte betreibt, oder aufserhalb des durch §. 43 ihr angewiesenen Gebiets ihre Noten vertreibt oder vertreiben läfst;
3) wenn die Bank die Einlösung präsentirter Noten nicht bewirkt
    a) an ihrem Sitze am Tage der Präsentation,
    b) an ihrer Einlösungsstelle (§. 44 Nr. 4) bis zum Ablaufe des auf den Tag der Präsentation folgenden Tages,
    c) an sonstigen durch die Statuten bestimmten Einlösungsstellen bis zum Ablaufe des dritten Tages nach dem Tage der Präsentation;
4) sobald das Grundkapital sich durch Verluste um ein Drittheil vermindert hat.

Die Klage ist im ordentlichen Verfahren zu verhandeln. Der Rechtsstreit gilt im Sinne der Reichs- und Landesgesetze als Handelssache.

In dem Urtheile ist zugleich die Verpflichtung zur Einziehung der Noten auszusprechen.

§. 51.

Das Urtheil ist erst nach Eintritt der Rechtskraft vollstreckbar. Die Vollstreckung wird auf Antrag durch das Prozeſsgericht verfügt. Das Gericht bestimmt zu diesem Zwecke die Frist, innerhalb welcher von der Bankverwaltung die Bekanntmachung über die Einziehung der Noten zu erlassen ist.

Sofern nicht der Konkurs über die Bank ausgebrochen ist, setzt das Gericht einen Kurator ein, welcher die Einziehung der Noten zu überwachen und, wenn die Bank den für diesen Fall vorgesehenen Verpflichtungen nicht nachkommt, die Liquidation der Bank beim Gerichte zu beantragen verpflichtet ist.

Eingehende Noten sind von der Bank an eine vom Reichskanzler zu bezeichnende, am Sitze der Bank gelegene Kasse abzuliefern.

§. 52.

Sechs Monate, nachdem das Urtheil (§. 50) die Rechtskraft erlangt hat, zahlt die Bank an die vom Reichskanzler bezeichnete Kasse einen Betrag in baarem Gelde ein, welcher dem bis dahin nicht abgelieferten Betrage ihrer Noten gleichkommt. Dieser Baarbetrag wird ihr nach Maſsgabe der weiter von ihr abgelieferten Noten und der verbleibende Rest nach Ablauf der letzten vom Bundesrathe für die Einlösung festgesetzten Frist zurückgezahlt.

§. 53.

Die an die Kasse abgelieferten Noten (§. 51 und §. 52) werden in Gegenwart des Kurators der Kasse und des für die Einziehung der Noten bestellten Kurators vernichtet. Ueber die Vernichtung wird ein gerichtliches oder notarielles Protokoll aufgenommen. Die Verwaltung der Bank ist befugt, an der Vernichtung durch zwei Abgeordnete Theil zu nehmen. Der für die Vernichtung bestimmte Termin ist ihr jedesmal spätestens acht Tage vorher von der der Kasse vorgesetzten Behörde anzuzeigen. Die Vernichtung kann in einem oder in mehreren Terminen erfolgen.

§. 54.

Für diejenigen Korporationen, welche, ohne Zettelbanken zu sein, sich beim Erlaſs dieses Gesetzes im Besitz der Befugniſs zur Ausgabe von Noten, Kassenscheinen oder sonstigen auf den Inhaber ausgestellten unverzinslichen Schuldverschreibungen befinden, und für das von ihnen ausgegebene Papiergeld gelten insolange, als sie von der Befugnifs, Papiergeld in Umlauf zu erhalten, Gebrauch machen, die Bestimmungen der §§. 2 bis einschliefslich 6, dann des §. 43 und des §. 47 Absatz 1 dieses Gesetzes, soweit sich derselbe auf die Befugnifs zur Ausgabe von Papiergeld, auf deren Dauer, oder auf die Deckung des Papiergeldes bezieht.

Titel IV.

Strafbestimmungen.

§. 55.

Wer unbefugt Banknoten oder sonstige auf den Inhaber lautende unverzinsliche Schuldverschreibungen ausgiebt, wird mit einer Geldstrafe bestraft, welche dem Zehnfachen des Betrages der von ihm ausgegebenen Werthzeichen gleichkommt, mindestens aber fünftausend Mark beträgt.

§. 56.

Mit Geldstrafe bis zu einhundertfünfzig Mark wird bestraft, wer der Verbotsbestimmung des §. 43 zuwider, Noten inländischer Banken, oder Noten oder sonstige Geldzeichen inländischer Korporationen aufserhalb desjenigen Landesgebiets, für welches dieselben zugelassen sind, zur Leistung von Zahlungen verwendet.

§. 57.

Mit Geldstrafe von fünfzig Mark bis zu fünftausend Mark wird bestraft, wer der Verbotsbestimmung im §. 11 zuwider, ausländische Banknoten oder sonstige auf den Inhaber lautende unverzinsliche Schuldverschreibungen ausländischer Korporationen, Gesellschaften oder Privaten, welche ausschliefslich oder neben anderen Werthbestimmungen in Reichswährung oder einer deutschen Landeswährung ausgestellt sind, zur Leistung von Zahlungen verwendet.

Geschieht die Verwendung gewerbsmäfsig, so tritt neben der Geldstrafe Gefängnifs bis zu einem Jahre ein. Der Versuch ist strafbar.

§. 58.

Mit Geldstrafe bis zu fünftausend Mark wird bestraft, wer den Bestimmungen im §. 42 zuwider, für Rechnung von Banken als Vorsteher von Zweiganstalten oder als Agent Bankgeschäfte betreibt oder mit Banken als Gesellschafter in Verbindung tritt.

Die gleiche Strafe trifft die Mitglieder des Vorstandes einer Bank, welche den Bestimmungen des §. 7 entgegenhandeln, oder welche dem Verbot des §. 42 zuwider

a) Zweiganstalten oder Agenturen bestellen,
oder

b) die von ihnen vertretene Bank als Gesellschafter an Bankhäusern betheiligen.

§. 59.

Die Mitglieder des Vorstandes einer Bank werden:

1) wenn sie in den durch die Bestimmungen des §. 8 vorgeschrieebnen Veröffentlichungen wissentlich den Stand der Verhältnisse der Bank unwahr darstellen oder verschleiern, mit Gefängnifs bis zu drei Monaten bestraft;

2) wenn sie durch unrichtige Aufstellung der im §. 10 vorgeschriebenen Nachweisungen den steuerpflichtigen Notenumlauf zu gering angeben, mit einer Geldstrafe bestraft, welche dem Zehnfachen der hinterzogenen Steuer gleichsteht, mindestens aber fünfhundert Mark beträgt;

3) wenn die Bank mehr Noten ausgiebt, als sie auszugeben befugt ist, mit einer Geldstrafe bestraft, welche dem Zehnfachen des zuviel ausgegebenen Betrages gleichkommt, mindestens aber fünftausend Mark beträgt.

Die Strafe zu 3. trifft auch die Mitglieder des Vorstandes solcher Korporationen, welche zur Ausgabe von auf den Inhaber lautenden unverzinslichen Schuldverschreibungen befugt sind, wenn sie mehr solche Geldzeichen ausgeben, als die Korporation auszugeben befugt ist.

Titel V.

Schlufsbestimmungen.

§. 60.

Die §§. 6, 42 und 43, sowie die auf die letzteren bezüglichen Strafbestimmungen in den §§. 56 und 58 gegenwärtigen Gesetzes treten am 1. Januar 1876 in Kraft.

§. 61.

Der Reichskanzler wird ermächtigt, mit der Königlich preufsischen Regierung wegen Abtretung der Preufsischen Bank an das Reich auf folgenden Grundlagen einen Vertrag abzuschliefsen:

1) Preufsen tritt nach Zurückziehung seines Einschufskapitals von 1,906,800 Thalern, sowie der ihm zustehenden Hälfte des Reservefonds die Preufsische Bank mit allen ihren Rechten und Verpflichtungen mit dem 1. Januar 1876 unter den nachstehend Ziffer 2 bis 6 bezeichneten Bedingungen an das Reich ab. Das Reich wird diese Bank an die nach Mafsgabe der Bestimmungen dieses Gesetzes zu errichtende Reichsbank übertragen.
2) Preufsen empfängt für Abtretung der Bank eine Entschädigung von fünfzehn Millionen Mark, welche aus den Mitteln der Reichsbank zu decken ist.
3) Den bisherigen Antheilseignern der Preufsischen Bank wird die Befugnifs vorbehalten, gegen Verzicht auf alle ihnen durch ihre Bankantheilsscheine verbrieften Rechte zu Gunsten der Reichsbank den Umtausch dieser Urkunden gegen Antheilsscheine der Reichsbank von gleichem Nominalwerthe zu verlangen.
4) Die Reichsbank hat denjenigen Antheilseignern, welche nach den Bestimmungen der §§. 16 und 19 der Bankordnung vom 5. Oktober 1846 (Preufs. Gesetz-Samml. S. 435) die Herauszahlung des eingeschossenen Kapitals und ihres Antheils an dem Reservefonds der Preufsischen Bank verlangen, diese Zahlung zu leisten.
5) Die Reichsbank wird zur Erfüllung der von der Preufsischen Bank durch Vertrag vom 28./31. Januar 1856 hinsichtlich der Staatsanleihe von sechs-

zehn Millionen fünfhundertachtundneunzigtausend Thalern übernommenen Verbindlichkeiten an Preufsen für die Jahre 1876 bis einschliefslich 1925 jährlich 621,910 Thaler in halbjährlichen Raten zahlen. Wird die Konzession der Reichsbank nicht verlängert, so wird das Reich dafür sorgen, dafs, so lange keine andere Bank in diese Verpflichtung eintritt, die Rente bis zu dem ebengedachten Zeitpunkte der preufsischen Staatskasse unverkürzt zufliefse.

6) Eine Auseinandersetzung zwischen Preufsen und der Reichsbank wegen der Grundstücke der Preufsischen Bank bleibt vorbehalten.

§. 62.

Der Reichskanzler wird ermächtigt:

1) diejenigen Antheilsscheine der Reichsbank zu begeben, welche nicht nach §. 61 Nr. 3 gegen Antheilsscheine der Preufsischen Bank umzutauschen sind,
2) auf Höhe der nicht begebenen Antheilsscheine zur Beschaffung des nach §. 23 erforderlichen Grundkapitals der Reichsbank verzinsliche, spätestens am 1. Mai 1876 fällig werdende Schatzanweisungen auszugeben.

§. 63.

Die Ausfertigung der Schatzanweisungen (§. 62 Nr. 2) wird der Preufsischen Hauptverwaltung der Staatsschulden übertragen. Den Zinssatz bestimmt der Reichskanzler. Bis zum 1. Mai 1876 kann, nach Anordnung des Reichskanzlers, der Betrag der Schatzanweisungen wiederholt, jedoch nur zur Deckung der in Verkehr gesetzten Schatzanweisungen ausgegeben werden.

§. 64.

Die zur Verzinsung und Einlösung der Schatzanweisungen erforderlichen Beträge müssen der Reichsschulden-Verwaltung aus den bereitesten Einkünften des Reichs zur Verfallzeit zur Verfügung gestellt werden.

§. 65.

Die Ausgabe der Schatzanweisungen ist durch die Reichskasse zu bewirken.

Die Zinsen der Schatzanweisungen verjähren binnen vier Jahren, die verschriebenen Kapitalbeträge binnen 30

Jahren nach Eintritt des in jeder Schatzanweisung auszudrückenden Fälligkeitstermins.

§. 66.

Die Bestimmungen des Handelsgesetzbuchs über die Eintragung in das Handelsregister und die rechtlichen Folgen derselben finden auf die Reichsbank keine Anwendung.

Urkundlich unter Unserer Höchsteigenhändigen Unterschrift und beigedrucktem Kaiserlichen Insiegel.

Gegeben Berlin, den 14. März 1875.

(L. S.) **Wilhelm.**

Fürst v. Bismarck.

Gesetz,

betreffend die Nationalität der Kauffahrteischiffe und ihre Befugnifs zur Führung der Bundesflagge[1]).

Vom 25. October 1867.

Wir Wilhelm, von Gottes Gnaden König von Preufsen etc. verordnen im Namen des Norddeutschen Bundes, nach erfolgter Zustimmung des Bundesrathes und des Reichstages, was folgt:

§. 1.

Die zum Erwerb durch die Seefahrt bestimmten Schiffe (Kauffahrteischiffe) der Bundesstaaten haben fortan als Nationalflagge ausschliefslich die Bundesflagge zu führen (Artikel 54. und 55. der Bundesverfassung).

§. 2.

Zur Führung der Bundesflagge sind die Kauffahrteischiffe nur dann berechtigt, wenn sie in dem ausschliefslichen Eigenthum solcher Personen sich befinden, welchen das Bundesindigenat (Artikel 3. der Bundesverfassung) zusteht.

Diesen Personen sind gleich zu achten die im Bundesgebiete errichteten Aktiengesellschaften und Kommanditgesellschaften auf Aktien, in Preufsen auch die nach Maafsgabe des Gesetzes vom 27. März 1867. eingetragenen Genossenschaften, sofern diese Gesellschaften und Genossenschaften innerhalb des Bundesgebietes ihren Sitz haben und bei den Kommanditgesellschaften auf Aktien allen persönlich haftenden Mitgliedern das Bundesindigenat zusteht.

§. 3.

Für die zur Führung der Bundesflagge befugten Kauffahrteischiffe sind in den an der See belegenen Bundesstaaten Schiffsregister zu führen. Die Landesgesetze be-

---

1) B.-Ges.-Bl. 1867, S. 35 ff. Durch die »Verfassung des deutschen Bundes« vom 31. Dezember 1870 Art. 80 auch in Würtemberg, Baden und Hessen, durch Reichsgesetz vom 22. April 1871 (R.-Ges.-Bl. 1871 S. 87) in Baiern eingeführt.

stimmen die Behörden, welche das Schiffsregister zu führen haben.

§. 4.

Das Schiffsregister ist öffentlich; die Einsicht desselben ist während der gewöhnlichen Dienststunden einem Jeden gestattet.

§. 5.

Ein Schiff kann nur in das Schiffsregister desjenigen Hafens eingetragen werden, von welchem aus die Seefahrt mit ihm betrieben werden soll (Heimathshafen, Registerhafen).

§. 6.

Die Eintragung des Schiffes in das Schiffsregister muſs enthalten:

1) den Namen und die Gattung des Schiffes (ob Barke, Brigg u. s. w.);
2) seine Gröſse und die nach der Gröſse berechnete Tragfähigkeit;
3) die Zeit und den Ort seiner Erbauung, oder, wenn es die Flage eines nicht zum Norddeutschen Bunde gehörenden Landes geführt hat, den Thatumstand, wodurch es das Recht, die Bundesflagge zu führen, erlangt hat, und auſserdem, wenn thunlich, die Zeit und den Ort der Erbauung;
4) den Heimathshafen;
5) den Namen und die nähere Bezeichnung des Rheders, oder, wenn eine Rhederei besteht, den Namen und die nähere Bezeichnung aller Mitrheder und die Gröſse der Schiffspart eines Jeden; ist eine Handelsgesellschaft Rheder oder Mitrheder, so sind die Firma und der Ort, an welchem die Gesellschaft ihren Sitz hat, und, wenn die Gesellschaft nicht eine Aktiengesellschaft ist, die Namen und die nähere Bezeichnung aller die Handelsgesellschaft bildenden Gesellschafter einzutragen; bei der Kommanditgesellschaft auf Aktien genügt statt der Eintragung aller Gesellschafter die Eintragung aller persönlich haftenden Gesellchafter;
6) den Rechtsgrund, auf welchem die Erwerbung des Eigenthums des Schiffes oder der einzelnen Schiffsparten beruht;

7) die Nationalität des Rheders oder der Mitrheder;
8) den Tag der Eintragung des Schiffes.

Ein jedes Schiff wird in das Schiffsregister unter einer besonderen Ordnungsnummer eingetragen.

§. 7.

Die Eintragung des Schiffes in das Schiffsregister darf erst geschehen, nachdem das Recht desselben, die Bundesflagge zu führen, und alle in dem §. 6. bezeichneten Thatsachen glaubhaft nachgewiesen sind.

§. 8.

Ueber die Eintragung des Schiffes in das Schiffsregister wird von der Registerbehörde eine mit dem Inhalt der Eintragung übereinstimmende Urkunde (Certifikat) ausgefertigt.

Das Certifikat muss ausserdem bezeugen, dass die nach §. 7. erforderlichen Nachweisungen geführt sind, sowie, dass das Schiff zur Führung der Bundesflagge befugt sei.

§. 9.

Durch das Certifikat wird das Recht des Schiffes, die Bundesflagge zu führen, nachgewiesen.

Zum Nachweis dieses Rechts ist insbesondere ein Seepass nicht erforderlich.

§. 10.

Das Recht, die Bundesflagge zu führen, darf weder vor der Eintragung des Schiffes in das Schiffsregister, noch vor der Ausfertigung des Certifikats ausgeübt werden.

§. 11.

Treten in den Thatsachen, welche in dem §. 6. bezeichnet sind, nach der Eintragung Veränderungen ein, so müssen dieselben in das Schiffsregister eingetragen und auf dem Certifikate vermerkt werden.

Im Fall das Schiff untergeht oder das Recht, die Bundesflagge zu führen, verliert, ist das Schiff in dem Schiffsregister zu löschen und das ertheilte Certifikat zurückzuliefern, sofern nicht glaubhaft bescheinigt wird, dass es nicht zurückgeliefert werden könne.

§. 12.

Die Thatsachen, welche gemäss §. 11. eine Eintragung oder die Löschung im Schiffsregister erforderlich machen, sind von dem Rheder binnen sechs Wochen nach Ablauf des Tages, an welchem er von ihnen Kenntnifs erlangt hat, der Registerbehörde zum Zweck der Verfolgung der Vorschriften des §. 11. anzuzeigen und glaubhaft nachzuweisen, betreffenden Falls unter Zurücklieferung des Certifikats.

Die Verpflichtung zu der Anzeige und Nachweisung liegt ob:

1) wenn eine Rhederei besteht, allen Mitrhedern;
2) wenn eine Aktiengesellschaft Rheder oder Mitrheder ist, für dieselbe allen Mitgliedern des Vorstandes;
3) wenn eine andere Handelsgesellschaft Rheder oder Mitrheder ist, für dieselbe allen persönlich haftenden Gesellschaftern;
4) wenn die Veränderung in einem Eigenthumswechsel besteht, wodurch das Recht des Schiffes, die Bundesflagge zu führen, nicht berührt wird, dem neuen Erwerber des Schiffes oder der Schiffspart.

§. 13.

Wenn ein Schiff, welches gemäfs der Bestimmung des §. 2. zur Führung der Bundesflagge nicht berechtigt ist, unter der Bundesflagge fährt, so hat der Führer des Schiffes Geldbufse bis zu fünfhundert Thalern oder Gefängnifsstrafe bis zu sechs Monaten verwirkt; auch kann auf Konfiskation des Schiffes erkannt werden.

§. 14.

Wenn ein Schiff, welches gemäfs §. 10. sich der Führung der Bundesflagge enthalten mufs, weil die Eintragung in das Schiffsregister oder die Ausfertigung des Schiffscertifikats noch nicht erfolgt ist, unter der Bundesflagge fährt, so hat der Führer des Schiffes Geldbufse bis zu Einhundert Thalern oder verhältnifsmäfsige Gefängnifsstrafe verwirkt, sofern er nicht nachweist, dafs der unbefugte Gebrauch der Bundesflagge ohne sein Verschulden geschehen sei.

§. 15.

Die im §. 14. angedrohte Strafe hat auch derjenige verwirkt, welcher eine nach den Bestimmungen des §. 12. ihm obliegende Verpflichtung binnen der sechswöchentlichen Frist nicht erfüllt, sofern er nicht beweist, dafs er ohne sein Verschulden aufser Stande gewesen sei, dieselbe zu erfüllen. Die Strafe tritt nicht ein, wenn vor Ablauf der Frist die Verpflichtung von einem Mitverpflichteten erfüllt ist. Die Strafe wird gegen denjenigen verdoppelt, welcher die Verpflichtung auch binnen sechs Wochen nach Ablauf des Tages, an welchem das ihn verurtheilende Erkenntnifs rechtskräftig geworden ist, zu erfüllen versäumt.

§. 16.

Wenn ein aufserhalb des Bundesgebietes befindliches fremdes Schiff durch den Uebergang in das Eigenthum einer Person, welcher das Bundesindigenat zusteht, das Recht, die Bundesflagge zu führen, erlangt, so können die Eintragung in das Schiffsregister und das Certifikat durch ein von dem Bundeskonsul, in dessen Bezirk das Schiff zur Zeit des Eigenthumsüberganges sich befindet, über den Erwerb des Rechts, die Bundesflagge zu führen, ertheiltes Attest, jedoch nur für die Dauer eines Jahres seit dem Tage der Ausstellung des Attestes und über dieses Jahr hinaus nur für die Dauer einer durch höhere Gewalt verlängerten Reise, ersetzt werden. So lange Landeskonsulate noch bestehen, ist zur Ausstellung des Attestes auch der Konsul des Bundesstaates befugt, welchem der Erwerber angehört, und in Ermangelung eines solchen Konsuls, sowie in Ermangelung eines Bundeskonsuls, der Konsul eines anderen Bundesstaates (Art. 56. der Bundesverfassung).

§. 17.

Den Landesgesetzen bleibt vorbehalten zu bestimmen, dafs und welche kleinere Fahrzeuge (Küstenfahrer u. s. w.) zur Ausübung des Rechts, die Bundesflagge zu führen, auch ohne vorherige Eintragung in das Schiffsregister und Ertheilung des Certifikats befugt seien.

§. 18.

Die in Gemäfsheit des §. 2. zur Führung der Bundesflagge berechtigten Schiffe, welche in Folge der Vorschrift Artikel 432. ff. des Allgemeinen Deutschen Handelsgesetzbuchs in das Schiffsregister eines Bundesstaates bereits eingetragen und mit Certificaten Behufs Führung der Landesflagge versehen sind, brauchen zur Ausübung des Rechts, die Bundesflagge zu führen, von Neuem in das

Schiffsregister nicht eingetragen und mit neuen Certifikaten nicht versehen zu werden.

§. 19.

Die landesgesetzlichen Bestimmungen über die Führung der bisherigen Schiffsregister finden auch auf die nach diesem Gesetze zu führenden Schiffsregister Anwendung, soweit sie mit den Vorschriften desselben sich vertragen, und unbeschadet ihrer späteren Aenderung auf landesgesetzlichem Wege.

§. 20.

Gegenwärtiges Gesetz tritt mit dem 1. April 1868. in Wirksamkeit.

Für die Schiffe, welche gegenwärtig die Mecklenburg-Schwerinsche Landesflagge zu führen befugt sind, treten die Vorschriften des §. 2. über die Erfordernisse der Nationalität erst am 1. April 1869. in Geltung.

Urkundlich unter Unserer Höchsteigenhändigen Unterschrift und beigedrucktem Bundes-Insiegel.

Gegeben Schloſs Babelsberg, den 25. Oktober 1867.

(L. S.) **Wilhelm.**

Gr. v. Bismarck-Schönhausen.

Gesetz,

betreffend die Registrirung und die Bezeichnung der Kauffahrteischiffe[1]).

Vom 28. Juni 1873.

Wir Wilhelm, von Gottes Gnaden Deutscher Kaiser, König von Preufsen etc. verordnen im Namen des Deutschen Reichs, nach erfolgter Zustimmung des Bundesrathes und des Reichstages, was folgt:

§. 1.

An Stelle des §. 17. des Gesetzes, betreffend die Nationalität der Kauffahrteischiffe und ihre Befugnifs zur Führung der Bundesflagge, vom 25. Oktober 1867 tritt die folgende Bestimmung:

Schiffe von nicht mehr als 50 Kubikmeter Brutto-Raumgehalt sind zur Ausübung des Rechts, die Reichsflagge zu führen, auch ohne Eintragung in das Schiffsregister und Ertheilung des Certifikats befugt.

§. 2.

Die Aenderung des Namens eines in das Schiffsregister eingetragenen Schiffes soll nur aus ganz besonders dringenden Gründen gestattet werden. Sie bedarf der Genehmigung des Reichskanzler-Amts.

§. 3.

Jedes in das Schiffsregister eingetragene Schiff mufs 1) seinen Namen auf jeder Seite des Bugs und 2) seinen Namen und den Namen des Heimatshafens am Heck an den festen Theilen in gut sichtbaren und fest angebrachten Schriftzeichen führen.

§. 4.

Im Falle einer Zuwiderhandlung gegen die Vorschriften des §. 3. hat der Führer des Schiffes Geldstrafe bis zu einhundertfünfzig Mark oder Haft verwirkt.

§. 5.

Dieses Gesetz tritt am 1. Januar 1874. in Kraft.

Urkundlich unter Unserer Höchsteigenhändigen Unterschrift und beigedrucktem Kaiserlichen Insiegel.

Gegeben Schlofs Babelsberg, den 28. Juni 1873.

(L. S.) **Wilhelm.**

Fürst v. Bismarck.

---

[1]) R-Ges.-Bl. 1873, S. 184.

Seemannsordnung [1]).

Vom 27. Dezember 1872.

Wir Wilhelm, von Gottes Gnaden Deutscher Kaiser, König von Preußen etc. verordnen im Namen des Deutschen Reichs, nach erfolgter Zustimmung des Bundesrathes und des Reichstages, was folgt:

Erster Abschnitt.

Einleitende Bestimmungen.

§. 1.

Die Vorschriften dieses Gesetzes finden auf alle Kauffahrteischiffe (Gesetz vom 25. Oktober 1867 §. 1, Bundesgesetzblatt S. 35) Anwendung, welche das Recht, die Reichsflagge zu führen, ausüben dürfen.

§. 2.

Schiffer im Sinne dieses Gesetzes ist der Führer des Schiffes (Schiffskapitän), in Ermangelung oder Verhinderung desselben dessen Stellvertreter.

§. 3.

Zur „Schiffsmannschaft" („Mannschaft") werden auch die Schiffsoffiziere mit Ausschluß des Schiffers gerechnet, desgleichen ist unter „Schiffsmann" auch jeder Schiffsoffizier mit Ausnahme des Schiffers zu verstehen.

Personen, welche, ohne zur Schiffsmannschaft zu gehören, auf einem Schiffe als Maschinisten, Aufwärter, oder in anderer Eigenschaft angestellt sind, haben dieselben Rechte und Pflichten, welche in diesem Gesetze in Ansehung der Schiffsmannschaft festgesetzt sind. Es macht hierbei keinen Unterschied, ob sie von dem Schiffer oder von dem Rheder angenommen worden sind.

§. 4.

Seemannsämter sind innerhalb des Bundesgebiets die Musterungsbehörden der einzelnen Bundesstaaten und im Auslande die Konsulate des Deutschen Reichs.

---

1) R.-Ges.-Bl. 1872, S. 409 ff.

Die Errichtung der Musterungsbehörden innerhalb des Bundesgebiets steht den Landesregierungen nach Maſsgabe der Landesgesetze zu. Die Geschäftsführung derselben unterliegt der Oberaufsicht des Reichs.

Zweiter Abschnitt.

Seefahrtsbücher und Musterung.

§. 5.

Niemand darf im Bundesgebiet als Schiffsmann in Dienst treten, bevor er sich über Namen, Heimath und Alter vor einem Seemannsamte ausgewiesen und von demselben ein Seefahrtsbuch ausgefertigt erhalten hat.

Ist der Schiffsmann ein Deutscher, so darf er vor vollendetem vierzehnten Lebensjahr zur Uebernahme von Schiffsdiensten nicht zugelassen werden; auch hat er sich über seine Militärverhältnisse, sowie, wenn er noch der väterlichen Gewalt unterworfen, oder minderjährig ist, über die Genehmigung des Vaters oder Vormundes zur Uebernahme von Schiffsdiensten auszuweisen.

Mit dem Seefahrtsbuch ist dem Schiffsmann zugleich ein Abdruck der Seemannsordnung und des Gesetzes, betreffend die Verpflichtung deutscher Kauffahrteischiffe zur Mitnahme hülfsbedürftiger Seeleute, auszuhändigen.

§. 6.

Die väterliche oder vormundschaftliche Genehmigung (§. 5) gilt, sofern ihr eine Einschränkung nicht beigefügt ist, als ein- für allemal ertheilt.

Kraft derselben wird der Minderjährige einem Groſsjährigen gleichgeachtet, insoweit es sich um den Abschluſs von Heuerverträgen, die aus ihnen hervorgehenden Rechte und Pflichten und das gerichtliche Verfahren darüber handelt.

§. 7.

Wer bereits ein Seefahrtsbuch ausgefertigt erhalten hat, muſs behufs Erlangung eines neuen Seefahrtsbuches das ältere vorlegen oder den Verlust desselben glaubhaft machen. Daſs dies geschehen, wird von dem Seemannsamt in dem neuen Seefahrtsbuch vermerkt.

Wird der Verlust glaubhaft gemacht, so ist diesem Vermerke zugleich eine Bescheinigung des Seemannsamtes über die früheren Rang- und Dienstverhältnisse, sowie über die Dauer der Dienstzeit, insoweit der Schiffsmann sich hierüber genügend ausweist, beizufügen.

§. 8.

Wer nach Inhalt seines Seefahrtsbuches angemustert ist, darf nicht von neuem angemustert werden, bevor er sich über die Beendigung des früheren Dienstverhältnisses durch den in das Seefahrtsbuch einzutragenden Vermerk (§§. 20, 22) ausgewiesen hat. Kann nach dem Ermessen des Seemannsamtes ein solcher Vermerk nicht beigebracht werden, so dient statt desselben, sobald die Beendigung des Dienstverhältnisses auf andere Art glaubhaft gemacht ist, ein vom Seemannsamt hierüber einzutragender Vermerk im Seefahrtsbuche.

§. 9.

Einrichtung und Preis des Seefahrtsbuches bestimmt der Bundesrath. Die Ausfertigung selbst erfolgt kosten- und stempelfrei.

Das Seefahrtsbuch mufs über die Militärverhältnisse des Inhabers (§. 5) Auskunft geben.

§. 10.

Der Schiffer hat die Musterung (Anmusterung, Abmusterung) der Schiffsmannschaft nach Mafsgabe der folgenden Bestimmungen (§§. 11 bis 22) zu veranlassen.

Der Schiffsmann hat sich, wenn nicht ein unabwendbares Hindernifs entgegensteht, zur Musterung zu stellen.

§. 11.

Die Anmusterung besteht in der Verlautbarung des mit dem Schiffsmann geschlossenen Heuervertrages vor einem Seemannsamt. Sie mufs für die innerhalb des Bundesgebietes liegenden Schiffe unter Vorlegung der Seefahrtsbücher vor Antritt oder Fortsetzung der Reise, für andere Schiffe, sobald ein Seemannsamt angegangen werden kann, erfolgen.

§. 12.

Die Anmusterungsverhandlung wird vom Seemannsamt als Musterrolle ausgefertigt. Wenn die zur Schiffsmannschaft eines Schiffs gehörigen Personen nicht gleichzeitig mittelst Einer Verhandlung angemustert werden, so erfolgt die Ausfertigung auf Grund der ersten Verhandlung.

Die Musterrolle mufs enthalten: Namen und Nationalität des Schiffs, Namen und Wohnort des Schiffers, Namen, Wohnort und dienstliche Stellung jedes Schiffsmannes, und die Bestimmungen des Heuervertrages, einschliefslich etwaiger besonderer Verabredungen. Insbesondere mufs aus der Musterrolle erhellen, was dem Schiffsmann für den Tag an Speise und Trank gebührt. Im Uebrigen wird die Einrichtung der Musterrolle vom Bundesrath bestimmt.

§. 13.

Wird ein Schiffsmann erst nach Ausfertigung der Musterrolle angemustert, so hat das Seemannsamt eine solche Musterung in die Musterrolle einzutragen.

§. 14.

Bei jeder innerhalb des Bundesgebiets erfolgenden Anmusterung wird vom Seemannsamt hierüber und über die Zeit des Dienstantritts ein Vermerk in das Seefahrtsbuch jedes Schiffsmannes eingetragen, welcher zugleich als Ausgangs- oder Seepafs dient. Aufserhalb des Bundesgebiets erfolgt eine solche Eintragung nur, wenn das Seefahrtsbuch zu diesem Zweck vorgelegt wird.

Das Seefahrtsbuch ist hiernächst vom Schiffer für die Dauer des Dienstverhältnisses in Verwahrung zu nehmen.

§. 15.

Wenn ein angemusterter Schiffsmann durch ein unabwendbares Hindernifs aufser Stande gesetzt wird, den Dienst anzutreten, so hat er sich hierüber sobald wie möglich gegen den Schiffer und das Seemannsamt, vor welchem die Musterung erfolgt ist, auszuweisen.

§. 16.

Die Abmusterung besteht in der Verlautbarung der Beendigung des Dienstverhältnisses seitens des Schiffers und der aus diesem Verhältnifs ausscheidenden Mannschaft. Sie mufs, sobald das Dienstverhältnifs beendigt ist, erfolgen, und zwar, wenn nicht ein Anderes vereinbart wird, vor dem Seemannsamt desjenigen Hafens, wo das Schiff liegt, und nach Verlust des Schiffs vor demjenigen Seemannsamt, welches zuerst angegangen werden kann.

§. 17.

Vor der Abmusterung hat der Schiffer dem abzumusternden Schiffsmann im Seefahrtsbuch die bisherigen Rang- und Dienstverhältnisse und die Dauer der Dienstzeit zu bescheinigen, auf Verlangen auch ein Führungszeugnifs zu ertheilen. Das letztere darf in das Seefahrtsbuch nicht eingetragen werden.

§. 18.

Die Unterschriften des Schiffers unter der Bescheinigung und dem Zeugnifs (§. 17) werden von dem Seemannsamte, vor welchem die Abmusterung stattfindet, kosten- und stempelfrei beglaubigt.

§. 19.

Verweigert der Schiffer die Ausstellung des Zeugnisses (§. 17), oder enthält dasselbe Beschuldigungen, deren Richtigkeit der Schiffsmann bestreitet, so hat auf Antrag des letzteren das Seemannsamt den Sachverhalt zu untersuchen und das Ergebnifs der Untersuchung dem Schiffsmann zu bescheinigen.

§. 20.

Die erfolgte Abmusterung wird vom Seemannsamt in dem Seefahrtsbuch des abgemusterten Schiffsmannes und in der Musterrolle vermerkt.

§. 21.

Die Musterrolle ist nach Beendigung derjenigen Reise oder derjenigen Zeit, auf welche die als Musterrolle ausgefertigte Anmusterungsverhandlung (§. 12) sich bezieht, dem Seemannsamt, vor welchem abgemustert wird, zu überliefern.

Letzteres übersendet dieselbe dem Seemannsamt des Heimathshafens.

§. 22.

Wenn der Bestand der Mannschaft Aenderungen erfährt, bei welchen eine Musterung (§. 10) nach Mafsgabe vorstehender Bestimmungen unausführbar ist, so hat der Schiffer, sobald ein Seemannsamt angegangen werden kann, bei demselben unter Darlegung der Hinderungsgründe die Musterung nachzuholen, oder, sofern auch diese nachträgliche Musterung nicht mehr möglich ist, den Sachverhalt anzuzeigen. Ein Vermerk über die Anzeige ist vom Seemannsamt in die Musterrolle und in die Seefahrtsbücher der betheiligten Schiffsleute einzutragen.

§. 23.

Die für die Musterungsverhandlungen, einschliefslich der Ausfertigung der Musterrolle, zu erhebenden Kosten fallen dem Rheder zur Last.

Die Bestimmung über die in gleicher Höhe für alle Seemannsämter innerhalb des Bundesgebiets festzustellenden Kosten bleibt dem Bundesrath vorbehalten.

Bis zur Erledigung dieses Vorbehalts steht die Bestimmung über die Höhe der Kosten den Landesregierungen im Verordnungswege zu.

Dritter Abschnitt.

Vertragsverhältnifs.

§. 24.

Die Gültigkeit des Heuervertrages ist durch schriftliche Abfassung nicht bedingt.

§. 25.

Wenn bei dem Abschlufs des Heuervertrages die Vereinbarung über den Betrag der Heuer nicht durch ausdrückliche Erklärung getroffen ist, so wird im Zweifel diejenige Heuer als vereinbart angesehen, welche das Seemannsamt des Hafens, in welchem der Schiffsmann angemustert wird, für die daselbst zur Zeit der Anmusterung übliche erklärt.

§. 26.

Wenn ein Schiffsmann sich auf eine Zeit verheuert, für die er durch einen früher geschlossenen Heuervertrag gebunden ist, so hat der Anspruch auf Erfüllung des zuerst geschlossenen Vertrages den Vorzug.

Hat jedoch eine Anmusterung auf Grund des späteren Vertrages stattgefunden, ohne dafs auch auf Grund des ersten Vertrages angemustert ist, so geht jener vor.

§. 27.

Wird ein Schiffsmann erst nach Anfertigung der Musterrolle geheuert, so gelten für ihn in Ermangelung anderer Vertragsbestimmungen die nach Inhalt der Musterrolle mit der übrigen Schiffsmannschaft getroffenen Abreden; insbesondere kann er nur dieselbe Heuer fordern, welche nach der Musterrolle den übrigen Schiffsleuten seines Ranges gebührt.

§. 28.

Die Verpflichtung des Schiffsmannes, mit seinen Effekten sich an Bord einzufinden und Schiffsdienste zu leisten, beginnt, wenn nicht ein Anderes bedungen ist, mit der Anmusterung.

Wenn der Schiffsmann den Dienstantritt länger als vierundzwanzig Stunden verzögert, ist der Schiffer zum Rücktritt von dem Heuervertrage befugt. Die Ansprüche wegen etwaiger Mehrausgaben für einen Ersatzmann und wegen sonstiger aus der Verzögerung erwachsener Schäden werden hierdurch nicht berührt.

§. 29.

Den Schiffsmann, welcher nach der Anmusterung dem Antritt oder der Fortsetzung des Dienstes sich entzieht, kann der Schiffer zur Erfüllung seiner Pflicht durch das Seemannsamt zwangsweise anhalten lassen.

Die daraus erwachsenden Kosten hat der Schiffsmann zu ersetzen.

§. 30.

Der Schiffsmann ist verpflichtet, in Ansehung des Schiffsdienstes den Anordnungen des Schiffers unweigerlich Gehorsam zu leisten und zu jeder Zeit alle für Schiff und Ladung ihm übertragene Arbeiten zu verrichten.

Er hat diese Verpflichtung zu erfüllen, sowohl an Bord des Schiffs und in dessen Booten, als auch in den Leichterfahrzeugen und auf dem Lande, sowohl unter gewöhnlichen Umständen, als auch unter Havarie.

Ohne Erlaubniſs des Schiffers darf er das Schiff bis zur Abmusterung nicht verlassen. Ist ihm eine solche Erlaubniſs ertheilt, so muſs er zur festgesetzten Zeit, wenn aber keine Zeit festgesetzt ist, noch vor 8 Uhr Abends zurückkehren.

§. 31.

Wenn das Schiff in einem Hafen liegt, so ist der Schiffsmann nur in dringenden Fällen schuldig, länger als zehn Stunden täglich zu arbeiten.

§. 32.

Bei Seegefahr, besonders bei drohendem Schiffbruch, sowie bei Gewalt und Angriff gegen Schiff oder Ladung hat der Schiffsmann alle befohlene Hülfe zur Erhaltung von Schiff und Ladung unweigerlich zu leisten, und darf ohne Einwilligung des Schiffers, so lange dieser selbst an Bord bleibt, das Schiff nicht verlassen.

Er bleibt verbunden, bei Schiffbruch für Rettung der

Personen und ihrer Effekten, sowie für Sicherstellung der Schiffstheile, der Geräthschaften und der Ladung, den Anordnungen des Schiffers gemäfs, nach besten Kräften zu sorgen und bei der Bergung gegen Fortbezug der Heuer und der Verpflegung Hülfe zu leisten.

§. 33.

Der Schiffsmann ist verpflichtet, auf Verlangen bei der Verklarung mitzuwirken und seine Aussage eidlich zu bestärken.

Dieser Verpflichtung hat er gegen Zahlung der etwa erwachsenden Reise- und Versäumnifskosten nachzukommen, auch wenn der Heuervertrag in Folge eines Verlustes des Schiffs beendigt ist (§. 56).

§. 34.

Wird nach Antritt der Reise entdeckt, dafs der Schiffsmann zu dem Dienste, zu welchem er sich verheuert hat, untauglich ist, so ist der Schiffer befugt, den Schiffsmann, mit Ausschlufs des Steuermanns, im Range herabzusetzen und seine Heuer verhältnifsmäfsig zu verringern.

Macht der Schiffer von dieser Befugnifs Gebrauch, so hat er die getroffene Anordnung, sobald thunlich, dem Betheiligten zu eröffnen, auch in das Schiffsjournal einzutragen, dafs und wann dies geschehen. Vor der Eröffnung und Eintragung tritt die Verringerung der Heuer nicht in Wirksamkeit.

§. 35.

Die Heuer ist in Ermangelung einer anderweitigen Abrede vom Zeitpunkte der Anmusterung an zu zahlen.

§. 36.

Die Heuer ist dem Schiffsmann, sofern keine andere Vereinbarung getroffen ist, erst nach Beendigung der Reise oder bei der sonstigen Beendigung des Dienstverhältnisses zu zahlen, wenn diese früher erfolgt.

Der Schiffsmann kann jedoch bei Zwischenreisen in dem ersten Hafen, in welchem das Schiff ganz oder zum gröfseren Theil entlöscht wird, die Auszahlung der Hälfte der bis dahin verdienten Heuer (§. 67) verlangen, sofern bereits sechs Monate seit der Anmusterung verflossen sind. In gleicher Weise ist der Schiffsmann bei Ablauf je weiterer sechs Monate nach der früheren Auszahlung wiederum die Auszahlung der Hälfte der seit der letzten Auszahlung verdienten Heuer zu fordern berechtigt.

§. 37.

Ob und inwieweit vor dem Antritt der Reise Vorschufszahlungen auf die Heuer zu leisten oder Handgelder zu zahlen sind, bestimmt in Ermangelung einer Vereinbarung der Ortsgebrauch des Hafens, in welchem der Schiffsmann angemustert wird.

§. 38.

Alle Zahlungen an Schiffsleute müssen, wenn nicht ein Anderes vereinbart ist, nach Wahl derselben entweder baar oder mittelst einer auf den Rheder ausgestellten, auf Sicht zahlbaren Anweisung geleistet werden.

§. 39.

Vor Antritt der Reise hat der Schiffer ein Abrechnungsbuch anzulegen, in welches alle auf die Heuer geleisteten Vorschufs- und Abschlagszahlungen, sowie die etwa gegebenen Handgelder einzutragen sind. In dem Abrechnungsbuche ist von dem Schiffsmann über den Empfang jeder Zahlung zu quittiren. Auch hat der Schiffer jedem Schiffsmann, der es verlangt, noch ein besonderes Heuerbuch zu übergeben und darin ebenfalls jede auf die Heuer des Inhabers geleistete Zahlung einzutragen.

§. 40.

Wenn die Zahl der Mannschaft sich während der Reise vermindert und nicht wieder ergänzt wird, so sind, falls nicht ein Anderes bedungen ist, die dadurch ersparten Heuerbeträge unter die verbleibenden Schiffsleute nach Verhältnifs ihrer Heuer zu vertheilen. Ein Anspruch auf die Vertheilung findet jedoch nicht statt, wenn die Verminderung der Mannschaft durch Entweichung herbeigeführt ist und die Effekten des entwichenen Schiffsmannes nicht an Bord zurückgeblieben sind.

Wenn die Zahl der Mannschaft sich während der Reise um mehr als ein Sechstel verringert, so mufs der Schiffer dieselbe auf Verlangen der verbleibenden Schiffsleute ergänzen, sofern die Umstände eine Ergänzung gestatten.

§. 41.

In allen Fällen, in welchen ein Schiff länger als zwei Jahre auswärts verweilt, tritt in Ermangelung einer anderweitigen Abrede für den seit zwei Jahren in Dienst befindlichen Schiffsmann eine Erhöhung der Heuer ein, wenn diese nach Zeit bedungen ist.

Diese Erhöhung wird wie folgt bestimmt:

1) der Schiffsjunge tritt mit Beginn des dritten Jahres in die in der Musterrolle bestimmte oder aus derselben als Durchschnittsbetrag sich ergebende Heuer der Leichtmatrosen, und mit Beginn des vierten Jahres in die in der Musterrolle bestimmte Heuer der Vollmatrosen ein;
2) der Leichtmatrose erhält mit Beginn des dritten Jahres die in der Musterrolle bestimmte Heuer der Vollmatrosen und mit Beginn des vierten Jahres ein Fünftel derselben mehr an Heuer;
3) für die übrige Mannschaft steigt die in der Musterrolle angegeben Heuer mit Beginn des dritten Jahres um ein Fünftel und mit Beginn des vierten Jahres um ein ferneres Fünftel ihres ursprünglichen Betrages.

In dem Fall der Ziffer 2 tritt der Leichtmatrose mit Beginn des dritten Jahres in den Rang eines Vollmatrosen ein.

§. 42.

Die aus den Dienst- und Heuerverträgen herrührenden Forderungen des Schiffers und der zur Schiffsmannschaft gehörigen Personen, welche auf einem, nach den Artikeln 866 und 867 des allgemeinen Deutschen Handelsgesetzbuches, als verschollen anzusehenden Schiffe sich befunden haben, werden fällig mit Ablauf der Verschollenheitsfrist. Das Dienstverhältniſs gilt sodann einen halben Monat nach dem Tage für beendet, bis zu welchem die letzte Nachricht über das Schiff reicht.

Der Betrag der Forderungen ist dem Seemannsamt des Heimathshafens zu übergeben, welches die Aushändigung an die Empfangsberechtigten zu vermitteln hat.

§. 43.

Dem Schiffsmann gebührt Beköstigung für Rechnung des Schiffs von dem Zeitpunkt des Dienstantritts an. Er darf die verabreichten Speisen und Getränke nur zu seinem eigenen Bedarf verwenden und nichts davon veräuſsern, vergeuden oder sonst bei Seite bringen.

§. 44.

Die Schiffsmannschaft hat an Bord des Schiffs Anspruch auf einen, ihrer Zahl und der Gröſse des Schiffs entsprechenden, nur für sie und ihre Effekten bestimmten wohlverwahrten und genügend zu lüftenden Logisraum.

Kann dem Schiffsmann in Folge eines Unfalls oder aus anderen Gründen zeitweilig ein Unterkommen auf dem Schiffe nicht gewährt werden, so ist ihm ein anderweitiges angemessenes Unterkommen zu verschaffen.

§. 45.

Die dem Schiffsmann für den Tag mindestens zu verabreichenden Speisen und Getränke (§. 43), die Gröſse und die Einrichtung des Logisraumes (§. 44) und die mindestens mitzunehmenden Heilmittel bestimmen sich im Zweifel nach dem örtlichen Rechte des Heimathshafens.

Der Erlaſs näherer Bestimmungen steht den Landesregierungen im Verordnungswege zu.

§. 46.

Der Schiffer ist berechtigt, bei ungewöhnlich langer Dauer der Reise, oder wegen eingetretener Unfälle, eine Kürzung der Rationen oder eine Aenderung hinsichtlich der Wahl der Speisen und Getränke eintreten zu lassen.

Er hat im Schiffsjournal zu bemerken, wann, aus welchem Grunde und in welcher Weise eine Kürzung oder Aenderung eingetreten ist.

Wenn dies versäumt ist, oder wenn die vom Schiffer getroffenen Anordnungen sich als ungerechtfertigt oder durch sein Verschulden herbeigeführt erweisen, so gebührt dem Schiffsmann eine den erlittenen Entbehrungen entsprechende Vergütung. Ueber diesen Anspruch entscheidet unter Vorbehalt des Rechtsweges das Seemannsamt, vor welchem abgemustert wird.

§. 47.

Wenn ein Schiffsoffizier oder nicht weniger als drei Schiffsleute bei einem Seemannsamte Beschwerde darüber erheben, daſs das Schiff, für welches sie angemustert sind, nicht seetüchtig ist, oder daſs die Vorräthe, welche das Schiff für den Bedarf der Mannschaft an Speisen und Getränken mit sich führt, ungenügend oder verdorben sind, so hat das Seemannsamt eine Untersuchung des Schiffs beziehungsweise der Vorräthe zu veranlassen, und deren

Ergebniſs in das Schiffsjournal einzutragen. Auch hat dasselbe, falls die Beschwerde sich als begründet erweist, für die geeignete Abhülfe Sorge zu tragen.

§. 48.

Falls der Schiffsmann nach Antritt des Dienstes erkrankt oder verwundet wird, so trägt der Rheder die Kosten der Verpflegung und Heilung:

1) wenn der Schiffsmann wegen der Krankheit oder Verwundung die Reise nicht antritt, bis zum Ablauf von drei Monaten seit der Erkrankung oder Verwundung;
2) wenn er die Reise antritt und mit dem Schiffe nach einem deutschen Hafen zurückkehrt, bis zum Ablauf von drei Monaten seit der Rückkehr des Schiffs;
3) wenn er die Reise antritt und mit dem Schiffe zurückkehrt, die Rückreise des Schiffs jedoch nicht in einem deutschen Hafen endet, bis zum Ablauf von sechs Monaten seit der Rückkehr des Schiffs;
4) wenn er während der Reise am Lande zurückgelassen werden muſste, bis zum Ablauf von sechs Monaten seit der Weiterreise des Schiffs.

Auch gebührt dem Schiffsmann, falls er nicht mit dem Schiffe nach dem Hafen zurückkehrt, von welchem das Schiff seine Ausreise angetreten hat, freie Zurückbeförderung nach diesem Hafen (§§. 65, 66), oder nach Wahl des Schiffers eine entsprechende Vergütung.

§. 49.

Die Heuer bezieht der erkrankte oder verwundete Schiffsmann:

wenn er die Reise nicht antritt, bis zur Einstellung des Dienstes;

wenn er die Reise antritt und mit dem Schiffe zurückkehrt, bis zur Beendigung der Rückreise;

wenn er während der Reise am Lande zurückgelassen werden muſte, bis zu dem Tage, an welchem er das Schiff verläſst.

Ist der Schiffsmann bei der Vertheidigung des Schiffs beschädigt, so hat er überdies auf eine angemessene, erforderlichenfalls von dem Richter zu bestimmende Belohnung Anspruch.

§. 50.

Auf den Schiffsmann, welcher die Krankheit oder Verwundung durch eine unerlaubte Handlung sich zugezogen hat, oder mit einer syphilitischen Krankheit behaftet ist, finden die §§. 48 und 49 keine Anwendung.

§. 51.

Stirbt der Schiffsmann nach Antritt des Dienstes, so hat der Rheder die bis zum Todestage verdiente Heuer (§. 67) zu zahlen und die Bestattungskosten zu tragen.

Wird der Schiffsmann bei Vertheidigung des Schiffs getödtet, so hat der Rheder überdies eine angemessene, erforderlichenfalls von dem Richter zu bestimmende Belohnung zu entrichten.

§. 52.

Ueber jeden nach Antritt des Dienstes eintretenden Todesfall eines Schiffsmannes mufs vom Schiffer unter Zuziehung von zwei Schiffsoffizieren oder anderen glaubhaften Personen ein urkundlicher Nachweis beschafft werden. Die Urkunde mufs Tag und Stunde des Todes, Vor- und Familiennamen, Geburts- oder Wohnort und Alter des Verstorbenen, sowie die muthmafsliche Ursache des Todes enthalten. Sie ist von dem Schiffer und den zugezogenen Zeugen zu vollziehen.

Soweit der Nachlafs des verstorbenen Schiffsmannes sich an Bord befindet, hat der Schiffer für die Aufzeichnung und Aufbewahrung, sowie erforderlichenfalls für den Verkauf des Nachlasses Sorge zu tragen. Die Aufzeichnung ist unter Zuziehung von zwei Schiffsoffizieren oder anderen glaubhaften Personen vorzunehmen.

Die Nachlafsgegenstände selbst, der etwaige Erlös aus denselben, sowie der etwaige Heuerrückstand sind nebst der erwähnten Aufzeichnung und dem Nachweis über den Todesfall demjenigen Seemannsamt, bei dem es zuerst geschehen kann, zu übergeben. Wenn im Auslande das Seemannsamt aus besonderen Gründen die Uebernahme der Nachlafsgegenstände ablehnt, so hat der Schiffer die Uebergabe bei demjenigen Seemannsamt zu bewirken, bei welchem es anderweit zuerst geschehen kann.

Durch die Vorschriften des ersten und dritten Absatzes werden die auf die Führung der Civilstandsregister bezüglichen Bestimmungen der Landesgesete nicht berührt.

§. 53.

Wenn der Schiffer während der Reise stirbt, ist der Steuermann verpflichtet, für die Beschaffung eines Nachweises über den Todesfall und für den Nachlaſs nach Maſsgabe der vorstehenden Bestimmungen (§. 52) zu sorgen.

§. 54.

Der Schiffsmann ist verpflichtet, während der ganzen Reise, einschlieſslich etwaiger Zwischenreisen, bis zur Beendigung der Rückreise im Dienste zu verbleiben, wenn in dem Heuervertrage nicht ein Anderes bestimmt ist.

Uuter Rückreise im Sinne der vorstehenden Bestimmung ist die Reise nach dem Hafen zu verstehen, von welchem das Schiff seine Ausreise angetreten hat. Wenn jedoch das Schiff von einem nicht europäischen Hafen oder von einem Hafen des Schwarzen oder des Azowschen Meeres kommt und dasselbe seine Ausreise von einem deutschen Hafen angetreten hat, so gilt auch jede der nachstehend bezeichneten Reisen als Rückreise, falls der Schiffer spätestens alsbald nach der Ankunft die Reise der Schiffsmannschaft gegenüber für beendigt erklärt:

1) die Reise nach jedem anderen deutschen Hafen;
2) die Reise nach einem auſserdeutschen Hafen der Nordsee oder nach einem Hafen des Kanals oder Groſsbritanniens;
3) sofern das Schiff seine Ausreise von einem Hafen der Ostsee angetreten hat, auch die Reise nach einem auſserdeutschen Hafen der Ostsee oder nach einem Hafen des Sundes oder des Kattegats.

Endet die Rückreise nicht in dem Hafen, von welchem das Schiff seine Ausreise angetreten hat, so hat der Schiffsmann Anspruch auf freie Zurückbeförderung (§§. 65, 66) nach diesem Hafen und auf Fortbezug der Heuer während der Reise oder nach seiner Wahl auf eine entsprechende Vergütung.

§. 55.

Nach beendigter Reise kann der Schiffsmann seine Entlassung nicht früher verlangen, als bis die Ladung gelöscht, das Schiff gereinigt und im Hafen oder an einem anderen Orte festgemacht, auch die etwa erforderliche Verklarung abgelegt ist.

§. 56.

Der Heuervertrag endet, wenn das Schiff durch einen Zufall dem Rheder verloren geht, insbesondere:

wenn es verunglückt;

wenn es als reparaturunfähig oder reparaturunwürdig kondemnirt (Artikel 444 des allg. Deutschen Handelsgesetzbuchs) und in dem letzteren Falle ohne Verzug öffentlich verkauft wird;

wenn es geraubt wird;

wenn es aufgebracht oder angehalten und für gute Prise erklärt wird.

Dem Schiffsmann gebührt alsdann nicht allein die verdiente Heuer (§. 67), sondern auch freie Zurückbeförderung (§§. 65, 66) nach dem Hafen, von welchem das Schiff seine Ausreise angetreten hat, oder nach Wahl des Schiffers eine entsprechende Vergütung.

§. 57.

Der Schiffer kann den Schiffsmann, abgesehen von den in dem Heuervertrage bestimmten Fällen, vor Ablauf der Dienstzeit entlassen:

1) so lange die Reise noch nicht angetreten ist, wenn der Schiffsmann zu dem Dienste, zu welchem er sich verheuert hat, untauglich ist;
2) wenn der Schiffsmann eines groben Dienstvergehens, insbesondere des wiederholten Ungehorsams oder der fortgesetzten Widerspenstigkeit, der Schmuggelei sich schuldig macht;
3) wenn der Schiffsmann des Vergehens des Diebstahls, Betrugs, der Untreue, Unterschlagung, Hehlerei oder Fälschung, oder einer nach dem Strafgesetzbuche mit Zuchthaus bedrohten Handlung sich schuldig macht;
4) wenn der Schiffsmann mit einer syphilitischen Krankheit behaftet ist, oder wenn er durch eine unerlaubte Handlung eine Krankheit oder Verwundung sich zuzieht, welche ihn arbeitsunfähig macht;
5) wenn die Reise, für welche der Schiffsmann geheuert war, wegen Krieg, Embargo oder Blokade oder wegen eines Ausfuhr- oder Einfuhrverbots oder wegen eines anderen, Schiff oder Ladung betreffen-

den Zufalls nicht angetreten oder fortgesetzt werden kann.

Die Entlassung, sowie der Grund derselben mufs, sobald es geschehen kann, dem Schiffsmann angezeigt und in den Fällen der Ziffern 2, 3, 4 in das Schiffsjournal eingetragen werden.

§. 58.

Dem Schiffsmann gebührt in den Fällen der Ziffern 1 bis 4 des §. 57 nicht mehr als die verdiente Heuer (§. 67), in den Fällen der Ziffer 5 hat er, wenn er nach Antritt der Reise entlassen wird, nicht allein auf die verdiente Heuer, sondern auch auf freie Zurückbeförderung (§§. 65, 66) nach dem Hafen, von welchem das Schiff seine Ausreise angetreten hat, oder nach Wahl des Schiffers auf eine entsprechende Vergütung Anspruch.

§. 59.

Der für eine Reise geheuerte Schiffsmann, welcher aus anderen als aus den in dem §. 57 erwähnten Gründen vor Ablauf des Heuervertrages entlassen wird, behält, wenn die Entlassung vor Antritt der Reise erfolgt, als Entschädigung die etwa empfangenen Hand- und Vorschufsgelder, soweit dieselben den üblichen Betrag nicht übersteigen.

Sind Hand- und Vorschufsgelder nicht gezahlt, so hat er als Entschädigung die Heuer für einen Monat zu fordern.

Ist die Entlassung erst nach Antritt der Reise erfolgt, so hat er Anspruch auf freie Zurückbeförderung (§§. 65, 66) nach dem Hafen, von welchem das Schiff seine Ausreise angetreten oder nach Wahl des Schiffers auf eine entsprechende Vergütung. Auch erhält er aufser der verdienten Heuer (§. 67) noch die Heuer für zwei oder vier Monate, je nachdem er in einem europäischen (§. 70) oder in einem nichteuropäischen Hafen entlassen ist, jedoch nicht mehr als er erhalten haben würde, wenn er erst nach Beendigung der Reise entlassen worden wäre.

§. 60.

Wenn die Vorschrift am Schlufs des vorstehenden Paragraphen Anwendung findet, und der Schiffsmann nach Beendigung der Reise in einem deutschen Hafen entlassen worden wäre, so wird, um die ihm aufser der verdiemten Heuer gebührende Heuer zu bestimmen, die Dauer der Reise eines Segelschiffs gerechnet:

von Häfen:	nach Häfen der Nordsee	nach Häfen der Ostsee
	Monaten	
1) der Nordsee bis zum 61. Grade nördlicher Breite und des Englischen Kanals zu	1	1 1/2
2) der Ostsee und der angrenzenden Gewässer zu	1 1/2	1
3) in Europa aufserhalb des Englischen Kanals und bis zur Strafse von Gibraltar mit Einschlufs der Azoren, sowie der Nordsee über den 61, Grad nördlicher Breite hinaus und aufserhalb der Nordsee bis zum Nordkap einschliefslich zu	1 1/2	2
4) des Mittelmeeres, des Schwarzen und Azowschen Meeres zu	2	2
5) in Europa, östlich des Nordkaps zu .	2	2
6) der Ostküste Amerikas von Quebeck bis Rio de Janeiro einschliefslich zu .	2	2 1/2
7) südlich von Rio de Janeiro bis Kap Horn einschliefslich zu	2 1/2	3
8) der Westküste Amerikas von Kap Horn bis Panama einschliefslich zu . . .	3 1/2	4
9) der Westküste von Afrika nördlich vom Aequator einschliefslich der Kanarischen und der Kapverdischen Inseln zu	2	2 1/2
10) südlich vom Aequator bis zum Kap der guten Hoffnung einschliefslich zu	2 1/4	2 3/4
11) jenseits des Kap der guten Hoffnung, diesseits des Kap Komorin mit Einschlufs des Rothen Meeres und des Persischen Golfs zu	3 1/2	4
12) von den sonstigen, vorstehend nicht mit einbegriffenen Häfen zu . . .	4	4

§. 61.

Der Schiffsmann kann seine Entlassung fordern:

1) wenn sich der Schiffer einer schweren Verletzung seiner ihm gegen denselben obliegenden Pflichten, insbesondere durch Mifshandlung oder durch grundlose Vorenthaltung von Speise und Trank schuldig macht;
2) wenn das Schiff die Flagge wechselt:
3) wenn nach Beendigung der Ausreise eine Zwischenreise beschlossen, oder wenn eine Zwischenreise beendigt ist, sofern seit dem Dienstantritt zwei oder drei Jahre, je nachdem das Schiff in einem europäischen (§. 70) oder in einem nichteuropischen Hafen sich befindet, verflossen sind.

Der Wechsel des Rheders oder Schiffers giebt dem Schiffsmann kein Recht, die Entlassung zu fordern.

§. 62.

In dem Falle des §. 61 Ziffer 3 kann die Entlassung nicht gefordert werden:

1) wenn der Schiffsmann für eine längere als die daselbst angegebene Zeit sich verheuert hat. Die Verheuerung auf unbestimmte Zeit oder mit der allgemeinen Bestimmung, dafs nach Beendigung der Ausreise der Dienst für alle Reisen, welche noch beschlossen werden möchten, fortzusetzen sei, wird als Verheuerung auf solche Zeit nicht angesehen;
2) sobald die Rückreise angeordnet ist.

§. 63.

Der Schiffsmann hat in den Fällen der Ziffer 1 und 2 des §. 61 dieselben Ansprüche, welche für den Fall des §. 59 bestimmt sind, in dem Falle der Ziffer 3 gebührt ihm nicht mehr, als die verdiente Heuer (§. 67).

§. 64.

Im Auslande darf der Schiffsmann, welcher seine Entlassung fordert, aufser in dem Falle eines Flaggenwechsels, nicht ohne Genehmigung eines Seemannsamtes (§. 105) den Dienst verlassen.

§. 65.

Wenn nach den Bestimmungen dieses Gesetzes ein Anspruch auf freie Zurückbeförderung begründet ist, so umfafst derselbe auch den Unterhalt während der Reise.

§. 66.

Dem Anspruche auf freie Zurückbeförderung wird genügt, wenn dem Schiffsmann, welcher arbeitsfähig ist, mit Genehmigung des Seemannsamtes ein seiner früheren Stellung entsprechender und durch angemessene Heuer zu vergütender Dienst auf einem deutschen Kauffahrteischiffe nachgewiesen wird, welches nach dem Hafen, von welchem das Schiff seine Ausreise angetreten hat, oder einem demselben nahe belegenen Hafen geht; letzteren Falls unter Gewährung der entsprechenden Vergütung für die weitere freie Zurückbeförderung (§. 65) bis zum Hafen, von welchem das Schiff seine Ausreise angetreten hat.

Ist der Schiffsmann kein Deutscher, so wird ein Schiff seiner Nationalität einem deutschen Schiff gleichgeachtet.

§. 67.

In den Fällen der §§. 36, 51, 56, 58, 59 und 63 wird die verdiente Heuer, sofern die Heuer nicht zeitweise, sondern in Bausch und Bogen für die ganze Reise bedungen ist, mit Rücksicht auf den vollen Heuerbetrag nach Verhältniſs der geleisteten Dienste, sowie des etwa zurückgelegten Theils der Reise bestimmt. Zur Ermittelung der in den §§. 59 und 60 erwähnten Heuer für einzelne Monate wird die durchschnittliche Dauer der Reise einschlieſslich der Ladungs- und Löschungszeit unter Berücksichtigung der Beschaffenheit des Schiffs in Ansatz gebracht und danach die Heuer für die einzelnen Monate berechnet.

§. 68.

Der Rheder haftet für die Forderungen des Schiffers und der zur Schiffsmannschaft gehörigen Personen aus den Dienst- und Heuerverträgen nicht nur mit Schiff und Fracht, sondern persönlich.

Diese Bestimmung tritt an die Stelle des Artikels 453 des allgemeinen Deutschen Handelsgesetzbuchs.

§. 69.

Der dem Schiffsmann als Lohn zugestandene Theil an der Fracht oder am Gewinn wird als Heuer im Sinne dieses Gesetzes nicht angesehen.

§. 70.

In den Fällen der §§. 59 und 61 sind den europäischen Häfen die nichteuropäischen Häfen des Mittelländischen, Schwarzen und Azowschen Meeres gleichzustellen.

§. 71.

Der Schiffer darf einen Schiffsmann im Auslande nicht ohne Genehmigung des Seemannsamtes zurücklassen. Wenn für den Fall der Zurücklassung eine Hülfsbedürftigkeit des Schiffsmannes zu besorgen ist, so kann die Ertheilung der Genehmigung davon abhängig gemacht werden, daſs der Schiffer gegen den Eintritt der Hülfsbedürftigkeit für einen Zeitraum bis zu drei Monaten Sicherstellung leistet.

Die Bestimmungen des §. 103 werden hierdurch nicht berührt.

Vierter Abschnitt.

Disziplinar-Bestimmungen.

§. 72.

Der Schiffsmann ist der Disziplinargewalt des Schiffers unterworfen.

Dieselbe beginnt mit dem Antritt des Dienstes und erlischt mit dessen Beendigung.

§. 73.

Der Schiffsmann ist verpflichtet, sich stets nüchtern zu halten und gegen Jedermann ein angemessenes und friedfertiges Betragen zu beobachten.

Dem Schiffer und seinen sonstigen Vorgesetzten hat er mit Achtung zu begegnen und ihren dienstlichen Befehlen unweigerlich Folge zu leisten.

§. 74.

Der Schiffsmann hat dem Schiffer auf Verlangen wahrheitsgemäſs und vollständig mitzutheilen, was ihm über die den Schiffsdienst betreffenden Angelegenheiten bekannt ist.

§. 75.

Der Schiffsmann darf ohne Erlaubniſs des Schiffers keine Güter an Bord bringen oder bringen lassen. Für die gegen dieses Verbot beförderten eigenen oder fremden Güter muſs er die höchste am Abladungsorte zur Abladungszeit für solche Reisen und Güter bedungene Fracht erstatten, unbeschadet der Verpflichtung zum Ersatz eines erweislich höheren Schadens.

Der Schiffer ist auch befugt, die Güter über Bord zu werfen, wenn dieselben Schiff oder Ladung gefährden.

§. 76.

Die Bestimmungen des §. 75 finden ebenfalls Anwendung, wenn der Schiffsmann ohne Erlaubnifs des Schiffers Branntwein oder andere geistige Getränke oder mehr an Taback, als er zu seinem Gebrauche auf der beabsichtigten Reise bedarf, an Bord bringt oder bringen läfst.

Die gegen dieses Verbot mitgenommenen geistigen Getränke und Taback verfallen dem Schiffe.

§. 77.

Die auf Grund der Bestimmungen der §§. 75 und 76 getroffenen Anordnungen des Schiffers sind, sobald es geschehen kann, in das Schiffsjournal einzutragen.

§. 78.

Wenn das Schiff in einem Hafen liegt, so ist der Schiffer befugt, die Effekten der Schiffsleute zur Verhütung einer Entweichung bis zur Abreise des Schiffs in Verwahrung zu nehmen.

§. 79.

Der Schiffer ist befugt, alle zur Aufrechterhaltung der Ordnung und zur Sicherung der Regelmäfsigkeit des Dienstes erforderlichen Mafsregeln zu ergreifen. Zu diesem Zwecke darf er namentlich auch herkömmliche Erschwerungen des Dienstes oder mäfsige Schmälerung der Kost, letztere jedoch auf höchstens drei Tage, als Strafe eintreten lassen. Geldbufse, körperliche Züchtigung oder Einsperrung darf er als Strafe nicht verhängen.

Bei einer Widersetzlichkeit oder bei beharrlichem Ungehorsam ist der Schiffer zur Anwendung aller Mittel befugt, welche erforderlich sind, um seinen Befehlen Gehorsam zu verschaffen. Er darf gegen die Betheiligten die geeigneten Sicherungsmafsregeln ergreifen und sie nöthigenfalls während der Reise fesseln.

Jeder Schiffsmann mufs dem Schiffer auf Erfordern Beistand zur Aufrechthaltung der Ordnung sowie zur Abwendung oder Unterdrückung einer Widersetzlichkeit leisten.

Im Auslande hat der Schiffer in dringenden Fällen die Kommandanten der ihm zugänglichen Fahrzeuge der Kriegsmarine des Reichs um Beistand zur Aufrechthaltung der Disziplin anzugehen.

§. 80.

Jede vom Schiffer in Gemäſsheit der Bestimmungen des §. 79 getroffene Verfügung ist mit Angabe der Veranlassung, sobald es geschehen kann, in das Schiffsjournal einzutragen.

Fünfter Abschnitt.

Strafbestimmungen.

§. 81.

Ein Schiffsmann, welcher nach Abschluſs des Heuervertrages sich verborgen hält, um sich dem Antritte des Dienstes zu entziehen, wird mit Geldstrafe bis zu zwanzig Thalern gestraft. Die Verfolgung tritt nur auf Antrag ein.

Wenn ein Schiffsmann, um sich der Fortsetzung des Dienstes zu entziehen, entläuft oder sich verborgen hält, so tritt Geldstrafe bis zu Einhundert Thalern oder Gefängniſsstrafe bis zu drei Monaten ein. Die Verfolgung tritt nur auf Antrag ein.

Ein Schiffsmann, welcher mit der Heuer entläuft oder sich verborgen hält, um sich dem übernommenen Dienste zu entziehen, wird mit der im §. 298 des Strafgesetzbuchs angedrohten Gefängniſsstrafe bis zu Einem Jahre belegt.

§. 82.

In den Fällen der beiden letzten Absätze des §. 81 verliert der Schiffsmann, wenn er vor Abgang des Schiffes weder zur Fortsetzung des Dienstes freiwillg zurückkehrt, noch zwangsweise zurückgebracht wird, den Anspruch auf dio bis dahin verdiente Heuer. Die Heuer und, sofern diese nicht ausreicht, auch die Effekten können zur Deckung der Schadensansprüche des Rheders aus dem Heuer- oder Dienstvertrage in Anspruch genommen werden; soweit die Heuer hierzu nicht erforderlich ist, wird mit ihr nach Maſsgabe des §. 107 verfahren.

§. 83.

Hat der Schiffsmann sich dem Dienste in einem der Fälle des §. 61, 1 und 3 ohne Genehmigung des Seemannsamtes (§. 64) entzogen, so tritt Geldstrafe bis zum Betrage einer Monatsheuer ein.

§. 84.

Mit Geldstrafe bis zum Betrage einer Monatsheuer

wird ein Schiffsmann bestraft, welcher sich einer gröblichen Verletzung seiner Dienstpflichten schuldig macht.

Als Verletzung der Dienstpflicht in diesem Sinne wird insbesondere angesehen:

Nachlässigkeit im Wachdienste;

Ungehorsam gegen den Dienstbefehl eines Vorgesetzten;

ungebührliches Betragen gegen Vorgesetzte, gegen andere Mitglieder der Schiffsmannschaft oder gegen Reisende;

Verlassen des Schiffes ohne Erlaubnifs oder Ausbleiben über die festgesetzte Zeit;

Wegbringen eigener oder fremder Sachen von Bord des Schiffes und an Bord bringen oder an Bord bringen lassen von Gütern oder sonstigen Gegenständen ohne Erlaubnifs;

eigenmächtige Zulassung fremder Personen an Bord und Gestattung des Anlegens von Fahrzeugen an das Schiff;

Trunkenheit im Schiffsdienste;

Vergeudung, unbefugte Veräufserung oder bei Seite bringen von Proviant.

Gegen Schiffsoffiziere kann die Strafe bis auf den Betrag einer zweimonatlichen Heuer erhöht werden.

Wenn die Heuer nicht zeitweise bedungen ist, so wird die Strafe auf einen nach dem Ermessen des Seemannsamtes der Monatsheuer entsprechenden Geldbetrag bestimmt.

Die Verfolgung tritt nur auf Antrag ein. Der Antrag ist bis zur Abmusterung zulässig.

§. 85.

Der Schiffer hat jede Verletzung der Dienstpflicht (§. 84), sobald es geschehen kann, mit genauer Angabe des Sachverhaltes in das Schiffsjournal einzutragen und wenn thunlich, dem Schiffsmann von dem Inhalt der Eintragung unter ausdrücklicher Hinweisung auf die Strafandrohung des §. 84 Mittheilung zu machen.

Unterbleibt die Mittheilung, so sind die Gründe der Unterlassung im Journal anzugeben. Ist die Eintragung versäumt, so tritt keine Verfolgung ein.

§. 86.

Ein Schiffsmann, welcher den wiederholten Befehlen des Schiffers oder eines anderen Vorgesetzten den schuldigen Gehorsam verweigert, wird mit Gefängnifs bis zu drei Monaten oder mit Geldstrafe bis zu Einhundert Thalern bestraft.

§. 87.

Wenn zwei oder mehrere zur Schiffsmannschaft gehörige Personen dem Schiffer oder einem anderen Vorgesetzten den schuldigen Gehorsam auf Verabredung gemeinschaftlich verweigern, so tritt gegen jeden Betheiligten Gefängnifsstrafe bis zu Einem Jahre ein. Der Rädelsführer wird mit Gefängnifs bis zu drei Jahren bestraft.

Sind mildernde Umstände vorhanden, so kann auf Geldstrafe bis zu zweihundert Thalern erkannt werden.

Der Rädelsführer wird mit Gefängnifs bis zu zwei Jahren bestraft.

§. 88.

Ein Schiffsmann, welcher zwei oder mehrere zur Schiffsmannschaft gehörige Personen zur Begehung einer nach den §§. 87 und 91 strafbaren Handlung auffordert, ist gleinh dem Anstifter zu bestrafen, wenn die Aufforderung die strafbare Handlung oder einen strafbaren Versuch derselben zur Folge gehabt hat.

Ist dic Aufforderung ohne Erfolg geblieben, so tritt im Falle des §. 87 Geltstrafe bis zu Einhundert Thalern, im Falle des §. 91 Geldstrafe bis zu zweihundart Thalern oder Gefängnifsstrafe bis zu Einem Jahre ein.

§. 89.

Ein Schiffsmann, welcher es unternimmt, den Schiffer oder einen andern Vorgesetzten durch Gewalt oder durch Bedrohung mit Gewalt, oder durch Verweigerung der Dienste zur Vornahme oder zur Unterlassung einer dienstlichen Verrichtung zu nöthigen, wird mit Gefängnifs bis zu zwei Jahren bestraft. Sind mildernde Umstände vorhanden, so kann auf Geldstrafe bis zu zweihundert Thalern erkannt werden.

§. 90.

Dieselben Strafbestimmungen (§. 89) finden auf den Schiffsmann Anwendung, welcher es unternimmt, dem Schiffer oder einem anderen Vorgesetzten durch Gewalt oder durch Bedrohung mit Gewalt Widerstand zu leisten oder den Schiffer oder einen anderen Vorgesetzten thätlich anzugreifen.

§. 91.

Wenn eine der in den §§. 89, 90 bezeichneten Handlungen von mehreren Schiffsleuten auf Verabredung gemeinschaftlich begangen wird, so kann die Strafe bis auf das Doppelte des angedrohten Höchstbetrages erhöht werden.

Der Rädelsführer, sowie diejenigen, welche gegen den Schiffer oder gegen einen anderen Vorgesetzten Gewaltthätigkeiten verüben, werden mit Zuchthaus bis zu fünf Jahren oder mit Gefängniſs von gleicher Dauer bestraft; auch kann auf Zulässigkeit von Polizeiaufsicht erkannt werden. Sind mildernde Umstände vorhanden, so tritt Gefängniſsstrafe nicht unter drei Monaten ein.

§. 92.

Ein Schiffsmann, welcher solchen Befehlen des Schiffers oder eines andern Vorgesetzten den Gehorsam verweigert, welche sich auf die Abwehr oder auf die Unterdrückung der in den §§. 89, 90 bezeichneten Handlungen beziehen, ist als Gehülfe zu bestrafen.

§. 93.

Mit Geldstrafe bis zu zwanzig Thalern oder mit Haft bis zu vierzehn Tagen wird bestraft ein Schiffsmann, welcher

1) bei Verhandlungen, die sich auf die Ertheilung eines Seefahrtsbuches, auf eine Eintragung in daselbe oder auf eine Musterung beziehen, wahre Thatsachen entstellt oder unterdrückt oder falsche vorspiegelt, um ein Seemannsamt zu täuschen;
2) es unterläſst, sich gemäſs §. 10 zur Musterung zu stellen;
3) im Falle eines dem Dienstantritt entgegenstehenden Hindernisses unterläſst, sich hierüber gemäſs §. 15 gegen das Seemannsamt auszuweisen.

Durch die Bestimmung der Ziffer 1 wird die Vorschrift des §. 271 des Strafgesetzbuchs nicht berührt.

§. 94.

Wer wider besseres Wissen eine auf unwahre Behauptungen gestützte Beschwerde über Seeuntüchtigkeit des

Schiffs oder Mangelhaftigkeit des Proviants bei einem Seemannsamte vorbringt und auf Grund dieser Behauptungen eine Untersuchung veranlaſst, wird mit Gefängniſs bis zu drei Monaten bestraft.

Wer leichtfertig eine auf unwahre Behauptungen gestützte Beschwerde über Seeuntüchtigkeit des Schiffs oder Mangelhaftigkeit des Proviants bei einem Seemannsamte vorbringt und auf Grund dieser Behauptungen eine Untersuchung veranlaſst, wird mit Geldstrafe bis zu Einhundert Thalern bestraft.

§. 95.

Die Verhängung einer in diesem Abschnitte oder durch sonstige strafgesetzliche Bestimmungen angedrohten Strafe wird dadurch nicht ausgeschlossen, daſs der Schuldige aus Anlaſs der ihm zur Last gelegten That bereits disziplinarisch bestraft worden ist. Jedoch kann eine erlittene Disziplinarstrafe, sowohl in dem Strafbescheide des Seemannsamtes (§. 101), wie in dem gerichtlichen Strafurtheil bei Abmessung der Strafe berücksichtigt werden.

§. 96.

Der Schiffer oder sonstige Vorgesetzte, welcher einem Schiffsmann gegenüber seine Disziplinargewalt miſsbraucht, wird mit Geldstrafe bis zu dreihundert Thalern oder mit Gefängniſs bis zu Einem Jahre bestraft.

§. 97.

Der Schiffer, welcher seine Verpflichtung, für die gehörige Verproviantirung des Schiffes zu sorgen, vorsätzlich nicht erfüllt, wird mit Gefängniſs bestraft, neben welchem auf Geldstrafe bis zu fünfhundert Thalern, sowie auf Verlust der bürgerlichen Ehrenrechte erkannt werden kann.

Hat der Schiffer die Erfüllung der Verpflichtung fahrlässiger Weise unterlassen, so ist, wenn in Folge dessen der Schiffsmannschaft die gebührende Kost nicht gewährt werden kann, auf Geldstrafe bis zu zweihundert Thalern oder Gefängniſs bis zu Einem Jahre zu erkennen.

§. 98.

Mit Geldstrafe bis zu Einhundert Thalern, mit Haft oder mit Gefängniſs bis zu drei Monaten wird ein Schiffer bestraft, welcher einen Schiffsmann im Auslande ohne Genehmigung des Seemannsamtes zurückläſst (§. 71).

§. 99.

Mit Geldstrafe bis zu fünfzig Thalern oder mit Haft wird bestraft ein Schiffer, welcher

1) den ihm in Ansehung der Musterung obliegenden Verpflichtungen nicht genügt (§. 10);
2) bei Verhandlungen, welche sich auf eine Musterung oder eine Eintragung in ein Seefahrtsbuch beziehen, wahre Thatsachen entstellt oder unterdrückt, oder falsche vorspiegelt, um ein Seemannsamt zu täuschen;
3) bei Todesfällen die Beschaffung und Uebergabe des vorgeschriebenen Nachweises unterläſst oder die ihm obliegende Fürsorge für den Nachlaſs verabsäumt (§§. 52, 53);
4) eine der in den §§. 77 und 80 vorgeschriebenen Eintragungen in das Schiffsjournal unterläſst;
5) den ihm bei Vergehen und Verbrechen nach §§. 102 und 103 obliegenden Verpflichtungen nicht genügt;
6) dem Schiffsmann ohne dringenden Grund die Gelegenheit versagt, die Entscheidung des Seemannsamtes nachzusuchen (§§. 105, 106);
7) einem Schiffsmann grundlos Speise oder Trank vorenthält;
8) es unterläſst, dafür Sorge zu tragen, daſs ein Exemplar dieses Gesetzes, sowie der maſsgebenden Vorschriften über Kost und Logis im Volkslogis zugänglich ist (§. 108).

Durch die Bestimmung der Ziffer 2 wird die Vorschrift des §. 271 des Strafgesetzbuchs nicht berührt.

§. 100.

Die Bestimmungen der §§. 81—99 finden auch dann Anwendung, wenn die strafbaren Handlungen auſserhalb des Bundesgebietes begangen sind.

Die Verjährung der Strafverfolgung beginnt in diesem Falle erst mit dem Tage, an welchem das Schiff, dem der Thäter zur Zeit der Begehung angehörte, zuerst ein Seemannsamt erreicht.

§. 101.

In den Fällen der §§. 81 Abs. 1, 84, 93, 99 erfolgt die Untersuchung und Entscheidung durch das Seemannsamt. Dasselbe hat den Angeschuldigten verantwortlich zu vernehmen und den Thatbestand summarisch festzustellen. Eine Vereidigung von Zeugen findet nicht statt. Nach Abschlufs der Untersuchung ist ein mit Gründen versehener Bescheid zu ertheilen, welcher dem Angeschuldigten im Falle seiner Anwesenheit zu verkünden, im Falle seiner Abwesenheit in Ausfertigung zuzustellen ist. Wird eine Strafe festgesetzt, so ist die Dauer der für den Fall des Unvermögens an Stelle der Geldstrafe tretenden Haft zu bestimmen.

Gegen den Bescheid kann der Beschuldigte innerhalb einer zehntägigen Frist von der Verkündigung oder der Zustellung ab auf gerichtliche Entscheidung antragen. Der Antrag ist bei dem Seemannsamt zu Protokoll oder schriftlich anzubringen.

Hat das Seemannsamt seinen Sitz im Auslande, so ist für das weitere Verfahren dasjenige Gericht örtlich zuständig, in dessen Bezirk der Heimathshafen und in Ermangelung eines solchen derjenige deutsche Hafen belegen ist, welchen das Schiff nach der Straffestsetzung zuerst erreicht.

Der Bescheid des Seemannsamtes ist in Betreff der Beitreibung der Geldstrafe vorläufig vollstreckbar.

§. 102.

Begeht ein Schiffsmann, während das Schiff sich auf der See oder im Auslande befindet, ein Vergehen oder Verbrechen, so hat der Schiffer unter Zuziehung von Schiffsoffizieren und anderen glaubhaften Personen alles dasjenige genau aufzuzeichnen, was auf den Beweis der That und auf deren Bestrafung Einflufs haben kann. Insbesondere ist in den Fällen der Tödtung oder schweren Körperverletzung die Beschaffenheit der Wunden genau zu beschreiben, auch zu vermerken, wie lange der Verletzte etwa noch gelebt hat, ob und welche Heilmittel angewendet sind und welche Nahrung der Verletzte zu sich genommen hat.

§. 103.

Der Schiffer ist ermächtigt, jederzeit die Effekten der Schiffsleute, welche der Betheiligung an einer strafbaren Handlung verdächtig sind, zu durchsuchen.

Der Schiffer ist ferner ermächtigt, denjenigen Schiffsmann, der sich einer mit schwerer Strafe bedrohten Handlung (§. 57 Ziffer 3) schuldig macht, festzunehmen. Er ist hierzu verpflichtet, wenn das Entweichen des Thäters zu besorgen steht.

Der Thäter ist unter Mittheilung der aufgenommenen Verhandlungen an dasjenige Seemannsamt, bei welchem es zuerst geschehen kann, abzuliefern. Wenn im Auslande das Seemansamt aus besonderen Gründen die Uebernahme ablehnt, so hat der Schiffer die Ablieferung bei demjenigen Seemannsamt zu bewirken, bei welchem es anderweit zuerst geschehen kann.

In dringenden Fällen ist der Schiffer, wenn im Auslande ein Seemannsamt nicht rechtzeitig angegangen werden kann, ermächtigt, den Thäter der fremden Behörde behufs dessen Uebermittelung an die zuständige Behörde des Heimathshafens zu übergeben. Hiervon hat er bei demjenigen Seemannsamt, bei welchem es zuerst geschehen kann, Anzeige zu machen.

Sechster Abschnitt.

Allgemeine Bestimmungen.

§. 104.

Jedes Seemannsamt ist verpflichtet, die gütliche Ausgleichung der zu seiner Kenntnifs gebrachten, zwischen dem Schiffer und dem Schiffsmanne bestehenden Streitigkeiten zu versuchen. Insbesondere hat das Seemannsamt, vor welchem die Abmusterung des Schiffsmannes erfolgt, hinsichtlich solcher Streitigkeiten einen Güteversuch zu veranstalten.

§. 105.

Der Schiffsmann darf den Schiffer vor einem fremden Gericht nicht belangen. Handelt er dieser Bestimmung zuwider, so ist er nicht allein für den daraus entstehenden Schaden verantwortlich, sondern er wird aufserdem der bis dahin verdienten Heuer verlustig.

Er kann in Fällen, die keinen Aufschub leiden, die vorläufige Entscheidung des Seemannsamtes nachsuchen. Die Gelegenheit hierzu darf der Schiffer ohne dringenden Grund nicht versagen.

Jeder Theil hat die Entscheidung des Seemannsamtes einstweilen zu befolgen, vorbehaltlich der Befugnifs, nach Beendigung der Reise seine Rechte vor der zuständigen Behörde geltend zu machen.

Im Falle eines Zwangsverkaufs des Schiffes finden die Bestimmungen des ersten Absatzes auf die Geltendmachung der Forderungen des Schiffsmanns aus dem Dienst- oder Heuervertrage keine Anwendung.'

§. 106.

Im Inlande wird der Streit zwischen dem Schiffer und dem Schiffsmann, welcher nach der Anmusterung über den Antritt oder die Fortsetzung des Dienstes entsteht, von dem Seemannsamt unter Vorbehalt des Rechtsweges entschieden. Die Entscheidung des Seemannsamtes ist vorläufig vollstreckbar.

§. 107.

Die nach den Bestimmungen des V. Abschnittes festgesetzten oder erkannten Geldstrafen fliefsen der Seemannskasse und in Ermangelung einer solchen der Orts-Armenkasse des Heimathshafens des Schiffes, welchem der Thäter zur Zeit der Begehung der strafbaren Handlung angehörte, zu, insofern sie nicht im Wege der Landesgesetzgebung zu anderen ähnlichen Zwecken bestimmt werden.

§. 108.

Ein Exemplar dieses Gesetzes, sowie die für das Schiff über Kost und Logis geltenden Vorschriften (§. 45), mufs im Volkslogis zur jederzeitigen Einsicht der Schiffsleute vorhanden sein.

§. 109.

Die Anwendung der §§. 5 bis 23 und der §§. 48 bis 52 auf kleinere Fahrzeuge (Küstenfahrer u. s. w.) kann durch Bestimmung der Landesregierungen im Verordnungswege ausgeschlossen werden.

§. 110.

Dieses Gesetz tritt mit dem 1. März 1873 in Kraft. Mit demselben Tage tritt der vierte Titel des fünften Buchs des allgemeinen Deutschen Handelsgesetzbuchs aufser Kraft.

§. 111.

Wenn in anderen Gesetzen auf Bestimmungen verwiesen wird, welche durch dieses Gesetz aufser Kraft gesetzt sind, so treten die entsprechenden Bestimmungen des letzteren an die Stelle des ersteren.

Urkundlich unter Unserer Höchsteigenhändigen Unterschrift und beigedrucktem Kaiserlichen Insiegel.

Gegeben Berlin, den 27. Dezember 1872.

(L. S.) **Wilhelm.**

Fürst v. Bismarck.

Strandungsordnung [1]).

Vom 17. Mai 1874.

Wir Wilhelm, von Gottes Gnaden Deutscher Kaiser, König von Preufsen etc. verordnen im Namen des Deutschen Reichs, nach erfolgter Zustimmung des Bundesraths und des Reichstags, was folgt:

I. Abschnitt.

Von den Strandbehörden.

§. 1.

Die Verwaltung der Strandungsangelegenheiten wird durch Strandämter geführt.

Den Strandämtern werden Strandvögte untergeordnet. Letztere haben insbesondere diejenigen Mafsregeln zu leiten, welche zum Zwecke der Bergung oder Hülfsleistung zu ergreifen sind.

§. 2.

Die Organisation der Strandämter, die Abgrenzung ihrer Bezirke, die Anstellung der Strandbeamten, die Regelung des Verhältnisses der Strandvögte zu den Strandämtern, und die Bestimmung der Behörden, welche die Aufsicht über diese Aemter und Beamten zu führen haben, sowie die Feststellung der Dienstbezüge der Strandbeamten steht den Landesregierungen nach Mafsgabe der Landesgesetze zu.

Der Vorsteher eines Strandamts kann für den ihm überwiesenen Bezirk oder einen Theil desselben zugleich zum Strandvogt bestellt werden.

§. 3.

Die Oberaufsicht über die Verwaltung der Strandungsangelegenheiten steht dem Reiche zu.

---

1) R.-Ges.-Bl. 1874 S. 73 ff.

II. Abschnitt.

Von dem Verfahren bei Bergung und Hülfsleistung in Seenoth.

§. 4.

Wer ein auf den Strand gerathenes oder sonst unweit desselben in Seenoth befindliches Schiff wahrnimmt, hat hiervon sofort dem zuständigen Strandvogt oder der nächsten Gemeindebehörde Anzeige zu machen. Der Ueberbringer der ersten Anzeige hat Anspruch auf eine angemessene Vergütung.

§. 5.

Die Gemeindebehörde hat unverzüglich für die Mittheilung der Nachricht an den Strandvogt zu sorgen. Die Gemeinden sind verpflichtet, hierzu gegen eine den ortsüblichen Sätzen entsprechende Vergütung einen Boten und die nöthigen Beförderungsmittel (Pferd, Gespann, Boot) zu stellen.

§. 6.

Der Strandvogt hat unverzüglich nach Empfang der Nachricht (§. 5.) sich an Ort und Stelle zu begeben und daselbst die zur Aufrechterhaltung der Ordnung sowie zur Bergung oder Hülfsleistung erforderlichen Anordnungen zu treffen. Auch hat er für schleunigste Benachrichtigung des Strandamts sowie des nächsten Zollbeamten Sorge zu tragen, bis zur Ankunft des letzteren aber das Zollinteresse selbst wahrzunehmen.

Bis zum Erscheinen des Strandvogts sind die Strand-Unterbeamten und in deren Ermangelung die nächste Gemeindebehörde zu den erforderlichen Anordnungen berufen.

§. 7.

Wider den Willen des Schiffers dürfen Maſsregeln zum Zweck der Bergung oder Hülfsleistung nicht ergriffen werden. Insbesondere darf wider den Willen des Schiffers weder an das Schiff angelegt, noch dasselbe betreten werden. Ist das Schiff von der Schiffsbesatzung verlassen, so bedarf es zum Anlegen an dasselbe oder zum Betreten desselben, sofern nicht dringende Gefahr im Verzuge liegt, der Erlaubniſs des Strandvogts.

Auf die Thätigkeit der Vereine zur Rettung Schiffbrüchiger finden diese Bestimmungen keine Anwendung.

§. 8.

Der Schiffer ist befugt, dem Strandvogt die Leitung des Verfahrens jederzeit wieder abzunehmen, sobald er für die etwa bereits entstandenen Bergungs- und Hülfskosten, einschliefslich des Berge- und Hülfslohnes (Artikel 753 des Allgemeinen Deutschen Handelsgesetzbuchs), die von dem Vorsteher des Strandamtes oder dem Strandvogt erforderlich befundene Sicherheit bestellt hat.

§. 9.

Die Verpflichtung, den polizeilichen Aufforderungen zur Hülfe Folge zu leisten, bestimmt sich nach §. 360. Nr. 10 des Strafgesetzbuchs mit der Mafsgabe, dafs als „Polizeibehörde“ im Sinne dieser Vorschrift auch der Strandvogt gilt.

Während der Seenoth ist der Strandvogt befugt, zur Rettung von Menschenleben die erforderlichen Fahrzeuge und Geräthschaften, sowie jeden aufserhalb der öffentlichen Wege zum Strande führenden Zugang auch ohne Einwilligung der Verfügungsberechtigten in Anspruch zu nehmen. Der hieraus entstehende wirkliche Schaden ist zu vergüten. Wer der Anordnung des Strandvogts nicht Folge leistet, wird mit der im §. 360 Nr. 10 a. a. O. angedrohten Strafe belegt.

Die Fahrzeuge und Geräthschaften der Vereine zur Rettung Schiffbrüchiger dürfen nur, insoweit die Vereinsmannschaft nicht selbst einschreitet, zur Rettung von Menschenleben in Anspruch genommen werden.

§. 10.

Die in den §§. 4, 5 und 9 bezeichneten Vergütungen gehören zu den im Artikel 745 Absatz 2 des Allgemeinen Deutschen Handelsgesetzbuchs bestimmten Bergungs- und Hülfskosten. Dieselben werden nach Mafsgabe der Bestimmungen des fünften Abschnitts festgesetzt und sind, wenn anderweit die Befriedigung nicht zu erreichen ist, aus Staatsmitteln zu leisten. Auf Verlangen sind sie aus diesen vorschufsweise zu zahlen.

§. 11.

Der Strandvogt hat vor Allem für die Rettung der Personen zu sorgen. Im Falle der Bergung hat er zunächst die Schiffs- und Ladungspapiere, inbesondere das Schiffsjournal an sich zu nehmen, das letztere sobald als möglich mit dem Datum und seiner Unterschrift abzuschliefsen und demnächst sämmtliche Papiere dem Schiffer zurückzugeben.

§. 12.

Ohne Genehmigung des Schiffers darf nichts aus dem Schiffe fortgeschafft werden. Auch hat zunächst der Schiffer darüber Bestimmung zu treffen, wohin die fortgeschafften Gegenstände sowie das Schiff selbst zu bringen sind. Sowohl jene Genehmigung als auch diese Bestimmung steht dem Strandvogt zu, wenn derselbe die Leitung des Verfahrens übernommen hatte. In Ermangelung einer Bestimmung des Schiffers oder des Strandvogts mufs das Geborgene, sofern keine Hindernisse entgegenstehen, bei Verlust des Anspruchs auf Berge- oder Hülfslohn nach dem zunächst erreichbaren deutschen Hafen oder Landungsplatze gebracht und sofort der nächsten Polizeibehörde oder dem Strandvogt angezeigt werden.

Die aus dem Schiffe fortgeschafften Gegenstände sind, sobald dies thunlich, zu verzeichnen.

§. 13.

Werden einzelne Stücke der Ladung oder des Schiffs oder sonstige Gegenstände, welche auf dem Schiffe sich befunden, oder zu demselben gehört haben, an das Land getrieben, so hat derjenige, welcher dieselben birgt, dies sofort einem der mitwirkenden Beamten anzuzeigen und auf Erfordern die Sachen abzuliefern.

§. 14.

Der Strandvogt hat dem nächsten Steuerbeamten von der Bergung sofort Nachricht zu geben und bis zur Ankunft desselben das steuerfiskalishe Interesse wahrzunehmen.

Die geborgenen Gegenstände werden von dem Strandamt und dem Zollbeamten gemeinschaftlich in Gewahrsam genommen.

§. 15.

Das Strandamt hat mit Zuziehung des Schiffers und des Zollbeamten ein Inventarium der geborgenen Gegenstände unter Angabe der etwa vorhandenen Marken und Nummern und mit Benutzung der vorläufigen Verzeichnisse (§. 12) aufzunehmen, dabei auch überall den Werth und die Menge zu vermerken, soweit dieselben sich aus vorhandenen Schriftstücken ergeben oder anderweit ohne Verletzung der Verpackung festzustellen sind. Das Inventarium ist von dem Zollbeamten und dem Schiffer zu unterschreiben, die Einsicht desselben oder die Fertigung einer Abschrift ist anderen Betheiligten zu gestatten.

§. 16.

Die geborgenen Gegenstände sind dem Schiffer, in Ermangelung desselben demjenigen, welcher sonst seine Empfangsberechtigung nachweist, auszuliefern. Die Auslieferung darf jedoch, mit Ausnahme der für das augenblickliche Bedürfniſs der Mannschaft und Passagiere erforderlichen Gegenstände, erst nach Bezahlung oder Sicherstellung der Bergungskosten einschlieſslich des Bergelohns (Artikel 753 des Allgemeinen Deutschen Handelsgesetzbuchs) und nach erfolgter zollamtlicher Abfertigung geschehen.

§. 17.

Behufs Uebernahme der Vertretung der Betheiligten in Bergungs- und Hülfsleistungsfällen können von den Landesregierungen an geeigneten Orten ein- für allemal Sachverständige bestellt werden. Dieselben sind in den einzelnen Fällen den Betheiligten von dem Strandamt namhaft zu machen. Die Wahl anderer Vertreter ist hierdurch nicht ausgeschlossen.

§. 18.

Leicht verderbliche und solche Gegenstände, deren Aufbewahrung mit Gefahr oder unverhältniſsmäſsigen Kosten verbunden sein würde, können von dem Strandamt öffentlich verkauft werden, jedoch bei Anwesenheit des Empfangsberechtigten nur mit Zustimmung desselben oder nach fruchtlos an ihn ergangener Aufforderung, die Gegenstände gemäſs §. 16 im Empfang zu nehmen.

§. 19.

Entstehen Zweifel oder Streitigkeiten über die Empfangsberechtigung, oder sind die Empfangsberechtigten nicht alsbald zu ermitteln, so hat das Strandamt die betreffenden Gegenstände oder deren Erlös (§. 18) in Verwahrung zu nehmen, und demnächst nach den Bestimmungen des IV. Abschnitts zu verfahren.

III. Abschnitt.

Von Seeauswurf und strandtriftigen Gegenständen, sowie von versunkenen und seetriftigen Gegenständen.

§. 20.

Wenn außer dem Falle der Seenoth eines Schiffes besitzlos gewordene Gegenstände von der See auf den Strand geworfen oder gegen denselben getrieben, und vom Strande aus geborgen werden, so haben auch in diesen Fällen die Berger Anspruch auf Bergelohn nach den Vorschriften des Allgemeinen Deutschen Handelsgesetzbuchs, Buch V. Titel 9. Sie sind verpflichtet, bei Verlust des Anspruchs auf Bergelohn von den geborgenen Gegenständen der nächsten Polizeibehörde oder dem Strandvogt sofort Anzeige zu machen, und dieselben zur Verfügung zu stellen.

§. 21.

Denselben Anspruch und dieselbe Verpflichtung haben die Berger, wenn versunkene Schiffstrümmer oder sonstige Gegenstände vom Meeresgrunde heraufgebracht, oder wenn ein verlassenes Schiff oder sonstige besitzlos gewordene Gegenstände in offener See treibend, von einem Fahrzeuge geborgen werden.

Die Verpflichtung tritt in diesem Falle ein, sobald das bergende Fahrzeug nach der Bergung an der deutschen Küste anlegt oder vor Anker geht, fällt aber fort, wenn das Fahrzeug inzwischen an einer fremden Küste angelegt hat, oder vor Anker gegangen ist, und die Berger dort die geborgenen Gegenstände dem Eigenthümer oder einer Behörde zur Verfügung gestellt haben.

§. 22.

Welche Gewässer bei Anwendung der §§. 20 und 21 der See gleichzustellen sind, bestimmen die Landesregierungen.

§. 23.

Das Strandamt hat den Berger über die Zeit, den Ort und die Umstände der Bergung sowie über den beanspruchten Lohn zu hören und für die angemessene Aufbewahrung der Gegenstände zu sorgen, auch dem nichsten Zollbeamten Nachricht zu geben. Die Bestimmungen der §§. 14, 15 und 18 finden auch hier Anwendung.

Kann der Empfangsberechtigte alsbald ermittelt werden, so ist nach der Vorschrift des §. 16, andernfalls nach den Vorschriften des IV. Abschnitts, zu verfahren.

§. 24.

Die Landesregierungen sind ermächtigt, Anmeldestellen einzurichten, welchen die Strandämter jede Bergung in den Fällen der §§. 20 und 21 mitzutheilen haben. Auf diesen Anmeldestellen ist ein Fundverzeichniſs über die geborgenen Gegenstände und den Ort ihrer Aufbewahrung zu führen und zur Einsicht für jedermann auszulegen. Ein Auszug aus dem Verzeichniſs wird in angemessenen Fristen bekannt gemacht.

Die Bestimmungen des §. 23 finden auch da Anwendung, wo Anmeldestellen bestehen.

§. 25.

Wenn auf der Rhede oder im Fahrwasser eines Hafens versunkene Wracks, Anker oder andere Gegenstände die Schifffahrt beeinträchtigen und der Eigenthümer entweder nicht bekannt oder zur Fortschaffung derselben nicht bereit ist, so ist die Behörde befugt, die Beseitigung zu veranlassen und zur Deckung der Kosten die beseitigten Gegenstände öffentlich zu verkaufen. In diesem Falle ist mit dem Rest des Erlöses nach den §§. 16 und 19 zu verfahren. Nach fruchtlosem Aufgebotsverfahren (§. 26) fällt derselbe der Seemannskasse oder in Ermangelung einer solchen der Armenkasse des Hafenorts zu.

IV. Abschnitt.

Von dem Aufgebotsverfahren in Bergungssachen und dem Rechte auf herrenlose geborgene Gegenstände.

§. 26.

Behufs der Ermittelung des Empfangsberechtigten hat das Strandamt, sofern sich genügender Anlass dazu bietet, geeignete Vorverhandlungen einzuleiten. Dem dadurch ermittelten Berechtigten sind die geborgenen Gegenstände nach Maſsgabe des §. 16 auszuliefern.

Wenn sich kein Anlaſs zu Vorverhandlungen bietet,

oder durch dieselben der Empfangsberechtigte nicht ermittelt wird, so tritt das Aufgebotsverfahren (§§. 27 ff.) ein.

§. 27.

Im Aufgebotsverfahren werden alle unbekannten Berechtigten aufgefordert, bis zu einem bestimmten Termine bei dem Strandamte ihre Ansprüche anzuzeigen, widrigenfalls dieselben bei der Verfügung über die geborgenen Gegenstände unberücksichtigt bleiben würden.

Der Termin ist auf vier Wochen bis neun Monate zu bestimmen. Das Aufgebot wird durch Aushang (Anschlag) an der Amtsstelle sowie nach dem Ermessen des Strandamtes durch eine oder mehrere Anzeigen in öffentlichen Blättern und Anschlag an Börsen und anderen geeigneten Orten bekannt gemacht. Zur Ersparung von Kosten kann das Aufgebot so lange ausgesetzt werden, bis eine angemessene Zahl von Gegenständen angesammelt ist.

Ein Auschlufsbescheid wird nicht erlassen.

§. 28.

Diejenigen Gegenstände, auf welche ein Anspruch nicht angezeigt ist, werden nach Ablauf des Termins den nach §. 35 Berechtigten gegen Erlegung der Bergungskosten, zu welchen in den Fällen des ersten Absatzes des §. 35 auch der Bergelohn gehört, nach erfolgter zollamtlicher Abfertigung ausgeliefert.

Der Empfänger ist, wenn versäumte Ansprüche später geltend gemacht werden, nur insoweit, als er sich dann im Besitze der Sache noch befindet oder durch den aus derselben gelösten Werth noch bereichert ist, dem Berechtigten zur Entschädigung verpflichtet. In den Fällen des zweiten Absatzes des §. 35 behält der Berger auch den noch in seinem Besitze befindlichen Vortheil, insoweit dieser den Bergelohn nicht übersteigt.

§. 29.

Sind dagegen Ansprüche angezeigt, so fordert das Strandamt die nach §. 35 Berechtigten auf, sich binnen einer bestimmten Frist zu erklären, ob sie diese Ansprüche anerkennen wollen oder nicht, widrigenfalls dieselben für anerkannt erachtet werden würden.

Wenn innerhalb dieser Frist ein Widerspruch seitens der Aufgeforderten nicht erfolgt, so ist die Auslieferung der Gegenstände an denjenigen, welcher den Anspruch angezeigt hat, gemäfs §. 16 zu bewirken und zwar, falls das Strandamt den Anspruch für nachgewiesen erachtet, sofort, anderenfalls erst nach Ablauf des Aufgebotstermins, sofern auch bis dahin weitere Ansprüche nicht angemeldet werden.

Wenn dagegen ein Widerspruch von einem der Aufgeforderten innerhalb der Erklärungsfrist erfolgt, so sind die angezeigten Ansprüche gegen denselben im Wege der Klage auszuführen.

§. 30.

Wenn die Berechtigung zum Empfang streitig, und von keinem der nach §. 35 Berechtigten ein Widerspruch erhoben ist, so bestimmt das Strandamt denjenigen, gegen welchen die sonst angezeigten Ansprüche im Wege der Klage auszuführen sind.

Diesem steht auch die Befugnifs zu, gegen Leistung der vom Strandamte zu bestimmenden Sicherheit die Auslieferung der geborgenen Gegenstände zu verlangen.

§. 31.

Zur Anstellung der Klage (§§. 29 Abs. 3 und 30), welche bei dem für den Ort des Strandamts zuständigen Gerichte zu erheben ist, bestimmt das Strandamt eine angemessene Ausschlufsfrist.

§. 32.

Im Falle des §. 30 hat das Strandamt auf Antrag dafür zu sorgen, dafs die nach Abschnitt V. dieses Gesetzes festgestellten Ansprüche aus der bestellten Sicherheit oder durch den Verkauf der geborgenen Gegenstände befriedigt werden.

§. 33.

Streitigkeiten über die Empfangsberechtigung werden im Prozefswege erledigt.

§. 34.

Die Kosten der Vorverhandlungen und des Aufgebotsverfahrens gehören zu den im Artikel 745 Absatz 2 des Allgemeinen Deutschen Handelsgesetzbuchs bestimmten Bergungskosten.

§. 35.

Wenn der Empfangsberechtigte auch durch das Aufgebotsverfahren nicht ermittelt wird, so werden Gegenstände, welche in Seenoth vom Strande aus geborgen sind

(§§. 4—19), desgleichen Seeauswurf und strandtriftige Güter (§. 20), dem Landesfiskus überwiesen.

Unter gleicher Voraussetzung werden versunkene und seetriftige Gegenstände (§. 21) dem Berger überwiesen.

Die Antheile mehrerer Mitberechtigter im Falle des Artikels 751 des Allgemeinen Deutschen Handelsgesetzbuchs bestimmen sich auch in Beziehung auf diesen Anspruch nach den dort vorgeschriebenen Grundsätzen. Wer die ihm nach dem §. 21 obliegende Anzeige unterläſst, geht dieses Anspruchs zu Gunsten der Seemannskasse des Orts, wo das Strandamt seinen Sitz hat, und in Ermangelung einer solchen, zu Gunsten der Ortsarmenkasse verlustig.

Ob und in welcher Weise diejenigen zu entschädigen sind, welchen nach den bisherigen Bestimmungen die in den vorstehenden Absätzen der Staatskasse und dem Berger überwiesenen Ansprüche zugestanden haben, bestimmen die Landesgesetze.

V. Abschnitt.

Von der Festsetzung der Bergungs- und Hülfskosten.

§. 36.

Wer Berge- oder Hülfslohn oder die Erstattung sonstiger Bergungs- oder Hülfskosten verlangt, hat in Ermangelung einer gütlichen Einigung seine Ansprüche bei dem Strandamt anzumelden.

§. 37.

Das Strandamt hat nach Anhörung der Betheiligten, soweit dieselben anwesend sind, eine Berechnung der aufgestellten Forderungen zu entwerfen und mit seinen gutachtlichen Bemerkungen der Aufsichtsbehörde einzureichen.

§. 38.

Die Aufsichtsbehörde hat die angemeldeten Ansprüche nach den Bestimmungen des Allgemeinen Deutschen Handelsgesetzbuchs, Buch V. Titel 9, zu prüfen und durch Bescheid festzusetzen. Jedem Betheiligten ist der Bescheid zu Protokoll bekannt zu machen, oder eine Ausfertigung desselben zuzustellen.

Die Zustellung ist gültig, wenn sie unter Beobachtung der für Zustellungen in bürgerlichen Rechtsstreitigkeiten vorgeschriebenen Formen erfolgt. Die vereideten Verwaltungsbeamten haben dabei die Glaubwürdigkeit der Gerichtsbeamten.

§. 39.

Gegen den Bescheid der Aufsichtsbehörde findet nur der Rechtsweg statt.

Die Partei, welche sich durch den Bescheid beschwert fühlt, hat binnen einer Ausschlufsfrist von 14 Tagen — vom Tage nach der Bekanntmachung oder Behändigung des Bescheides (§. 38) an gerechnet — die Klage bei dem für den Ort des Strandamts zuständigen Gerichte anzubringen. Das Gericht kann aus Gründen, die in der Sache selbst liegen, diese Frist angemessen verlängern.

Durch rechtzeitige Erhebung der Klage verliert der Bescheid zwischen den Prozefsparteien seine Kraft.

§. 40.

Den Landesregierungen steht es zu, die in §. 38 der Aufsichtsbehörde zugewiesenen Obliegenheien dem Strandamt zu übertragen.

§. 41.

Die Erhebung der festgesetzten Beträge und die Vertheilung derselben unter die Berechtigten erfolgt in der Regel durch das Strandamt.

Der Vorsteher des Strandamts hat auch in dem Falle keinen Anspruch auf Berge- oder Hülfslohn, wenn er zugleich zum Strandvogt bestellt ist.

VI. Abschnitt.

Allgemeine Bestimmungen.

§. 42.

Schiffer im Sinne dieses Gesetzes ist der Führer des Schiffs (Schiffskapitän), in Ermangelung oder Verhinderung desselben dessen Stellvertreter.

§. 43.

Wer den Vorschriften der §§. 4, 7 Abs. 1, 12 Abs. 1, 13, 20, 21 zuwiderhandelt, wird, sofern nicht nach allgemeinen Strafgesetzen eine höhere Strafe verwirkt ist, mit Geldstrafe bis zu einhundertfünfzig Mark oder mit Haft bestraft.

§. 44.

Die Bestimmungen des Gesetzes, betreffend die Errichtung eines obersten Gerichtshofes für Handelssachen, vom 12. Juni 1869, sowie die Ergänzungen desselben werden auf diejenigen bürgerlichen Rechtsstreitigkeiten ausgedehnt, in welchen durch Klage oder Widerklage ein Anspruch aus Rechtsverhältnissen geltend gemacht wird, welche auf die Bergung aufser dem Falle der Seenoth sich beziehen.

§. 45.

Ob und inwieweit im Falle der Bergung des von den Landesregierungen zur Betonnung verwendeten Materials an Tonnen, Ketten und sonstigem Zubehör bestimmte Lohnsätze an Stelle des Bergelohns treten, bestimmt sich, wenn die Bergung im eigenen Gebiete erfolgt, nach dem bezüglichen Landesrecht, anderenfalls nach den etwa abgeschlossenen Staatsverträgen.

§. 46.

Die in diesem Gesetz vorgeschriebene Mitwirkung der Zollbehörde findet in den Zollausschlüssen nicht statt.

§. 47.

Die Bestimmungen der Staatsverträge über die den Konsuln fremder Staaten in Bergungsfällen zustehenden Rechte werden durch dieses Gesetz nicht berührt.

§. 48.

Dieses Gesetz tritt am 1. Januar 1875 in Kraft.

Urkundlich unter Unserer Höchsteigenhändigen Unterschrift und beigedrucktem Kaiserlichen Insiegel.

Gegeben Wiesbaden, den 17. Mai 1874.

(L. S.) **Wilhelm.**

Fürst v. Bismarck.

Universitäts-Buchdruckerei von Carl Georgi in Bonn.

Sachregister.[1]

---

[1] Auf den Wunsch der Verlagsbuchhandlung wird schon diesem Bande ein besonderes Sachregister, verfaſst von Herrn Stud. jur. B. Matthiaſs aus Potsdam, beigefügt. Die Zahlen beziehen sich auf die Seiten.

Nachträge und Berichtigungen.

S. 3. Die Bremer Verordnung betr. die Löschung der Seeschiffe, vom 12. Februar 1866, ist jetzt abgeändert durch die Gesetze vom 23. April 1876 und 6. Mai 1877.

S. 5 ff. Nach Einführung des Reichsgerichts haben nur mehr die §§. 13 bis 15 eine praktische Bedeutung, indem die vor dem 1. Oktober 1879 zur Kompetenz des Reichsoberhandelsgerichts gehörigen Sachen gegenwärtig allgemein, auch in Bayern, welches ein oberstes Landesgericht für bürgerliche Rechtsstreitigkeiten beibehalten hat, vor das Reichsgericht gehören. Vgl. §. 8 des Einführungsgesetzes zum Gerichtsverfassungsgesetz für das Deutsche Reich, vom 27. Januar 1877.

S. 21. Ueber die Handelsbücher vgl. die §§. 112, 209 und 210 der Konkursordnung für das Deutsche Reich, vom 10. Februar 1877.

S. 23 f. Die Artikel 34—36, 37 Satz 2 und 39 sind im Deutschen Reiche aufgehoben durch §. 13 des Einf.-Ges. zur Civilprozeſsordnung vom 30. Januar 1877.

S. 33 f. Die Art. 77, 78 und 79 Abs. 2 sind aufgehoben durch §. 13 des Einf. Ges. zur Civilprozessordnung für das Deutsche Reich.

S. 45. Art. 122 ist abgeändert durch die österreichische Konkursordnung v. 25. Dez. 1868 §. 199—201 und die Konkursordnung f. d. Deutsche Reich §. 198—201.

S 79. Art. 227 muſs das Allegat im Deutschen Reiche Art. 209 Ziff. 8 lauten, was bei der Novelle vom 11. Juni 1870 übersehen ist.

S. 92. Das österreichische Gesetz vom 1. April 1875 betr. die Organisierung der Börsen (R.-G.-Bl. Nr. 67) bestimmt §. 14: „Börsegeschäfte sind als Handelsgeschäfte zu betrachten".

S. 96. Zu Art. 292 ist noch des in Geltung gebliebenen bayerischen Gesetzes vom 5. Dezember 1867 und des österreichischen Gesetzes vom 14. Juni 1868, wodurch die gegen den Wucher bestehenden Gesetze aufgehoben werden, zu gedenken.

S. 97. Zu Art. 295 vgl. §. 17 des Einf.-Ges. zu der Civilprozeſsordnung für das Deutsche Reich.

S. 99. Zu Art 305 Abs. 2 vgl. §. 837 ff. der Civilprozeſsordnung für das Deutsche Reich.

S. 101. Nach §. 15 des österreichischen Gesetzes vom 1.

April 1875, betr. die Organisierung der Börsen, findet Art. 311 bei „Pfandgeschäften, Prolongations- oder Kostgeschäften, welche Börsegeschäfte sind“, auch dann Anwendung, wenn das Geschäft nicht unter Kaufleuten für eine Forderung von beiderseitigen Handelsgeschäften entstanden, und wenn auch nicht schriftlich vereinbart ist, dafs der Gläubiger ohne gerichtliches Verfahren sich aus dem Pfande befriedigen könne.

S. 103. Zu Art. 315 vgl. Konkursordnung f. d. Deutsche Reich §. 41 Nr. 9.

S. 113. Zu Art. 354—57 vgl. §. 16 des österreichischen Gesetzes v. 1. April 1875, betr. die Organisierung der Börsen. §. 13 desselben bestimmt: „Bei der Entscheidung von Rechtsstreitigkeiten aus Börsegeschäften (§. 12) ist die Einwendung, dafs dem Anspruche ein als Wette oder Spiel zu beurtheilendes Differenzgeschäft zu Grunde liege, unstatthaft.“

S. 119 Zeile 4 ist das Komma hinter „nicht“ zu streichen.

S. 130 Anm. 1. Für den inneren Postverkehr in Bayern und Würtemberg sind die Reichspostreglements nicht mafsgebend. Für den Postverkehr mit dem Auslande vgl. den Weltpostvereinsvertrag vom 1. Juni 1878 (R.-Ges.-Bl. 1879, S. 83 ff.). — Zu Anm. 2 vgl. das Betriebsreglement für die österreichischen Eisenbahnen vom 10. Juni 1874 (R.-Ges.-Bl. Nr. 75).

S. 134 Zeile 12 v. u. lies 401 st. 701.

S. 140. Art. 453 ist aufgehoben. Siehe S. 428 §. 68.

S. 144. Art. 468 ist in Mecklenburg-Schwerin ausgeschlossen durch die Einführungsverordnung zum HGB. vom 28. Dezember 1863, §. 51—55. Vgl. oben S. 3.

S. 147. Zu dem dritten Titel vgl. das deutsche Reichsgesetz vom 27. Juli 1877 betr. die Untersuchung von Seeunfällen (R.-Ges.-Bl. 1877 S. 549).

S. 150. Art. 488 ist aufgehoben durch §. 13 des Einf.-Gesetzes zur Civilprozefsordnung f. d. Deutsche Reich vom 30. Januar 1877.

S. 152. Art. 494 ist ebenfalls durch den angeführten §. 13 aufgehoben.

S. 212 Anm. 1. Ueber das Verfahren bei Aufmachung der Dispachen vgl. §. 29 des preufsischen Ausführungsgesetzes zur Civilprozefsordnung, vom 24. März 1879.

S. 214 Anm. 1. Vgl. VO. über das Verhalten der Schiffer nach einem Zusammenstofs von Schiffen auf See, vom 15. Aug. 1876 (R.-Ges.-Bl. 1876, S. 189). Die VO. vom 23. Dezember 1871 ist aufgehoben durch die VO. zur Verhütung des Zusammenstofsens der Schiffe auf See, vom 7. Jan. 1880 (R.-Ges.-Bl. 1880, S. 1).

S. 219 Anm. 1. Die angeführten Bestimmungen des preufsischen Einführungsgesetzes gelten jetzt auch in der Provinz Hannover, vgl. preufs. Gesetz vom 27. Januar 1879 (Ges.-Sammlung 1879, S. 9). Aehnliche Bestimmungen enthält das oldenburgische Gesetz betr. die Verpfändung von Schiffen, anderen beweglichen Sachen und Forderungen, vom 3. April 1876, für das Herzogthum Oldenburg.

S. 231 Zeile 7 lies „späteren“ st. „früheren“.

S. 262. Art 889 ist aufgehoben durch §. 13 des Einf.-Ges. zu der Civilprozeſsordnung für das Deutsche Reich.

S. 270. Die Novellen zur Wechselordnung sind in Oesterreich eingeführt durch Justizministerialverordnung vom 2. November 1858 (R.-Ges.-Bl. Stück 49, Nr. 197).

S. 271 Zeile 14 lautet in der österreichischen WO.: „auf Sicht (Vorzeigung, a vista, a piacere etc.) oder auf eine bestimmte Zeit nach Sicht“.

S. 276. Statt Art. 25 Abs. 2 hat die österreichische Wechselordnung: „Die Art der Sicherstellung und der Ort, wo die zur Sicherheit gegebene Sache verwahrt werden soll, hängt von der Uebereinkunft der Parteien ab. Sind sie darüber nicht einig, so muſs der sicherzustellende Betrag bei Gericht bar erlegt werden. Dem Wechselgläubiger gebührt auf die zur Sicherstellung erlegte Sache das Pfandrecht, wenn es ihm auch nicht ausdrücklich eingeräumt worden ist.“

S. 278 Anm. 1. Novelle 6 ist in Oesterreich eingeführt durch besondere Justizministerialverordnung vom 2. November 1858 (R.-Ges.-Bl. Stück 49, Nr. 198).

S. 281. Art. 40 der österreichischen Wechselordnung sind die Worte „oder bei . . . Anstalt“ ausgelassen.

S. 285 Zeile 11 v. u. lies: Zahlungsort.

S. 288. Art. 73 hat in der österreichischen Wechselordnung folgenden Wortlaut: „Der Eigenthümer eines abhanden gekommenen Wechsels kann die Amortisation des Wechsels bei dem Gerichte des Zahlungsortes beantragen. Das Gericht, bei welchem ein Gesuch um Amortisation eines Wechsels überreicht worden ist, hat hierüber ein Edict mit der Aufforderung an den Inhaber des Wechsels, denselben dem Gerichte vorzulegen, zu erlassen, darin die Frist auf fünfundvierzig Tage zu bestimmen, und den Anfang derselben, wenn der Wechsel noch nicht fällig ist, auf den ersten Tag nach der Verfallzeit des Wechsels festzusetzen. Nach Einleitung des Amortisationsverfahrens kann der Eigenthümer vom Acceptanten Zahlung fordern, wenn er bis zur Amortisation des Wechsels Sicherheit bestellt. Ohne eine solche Sicherstellung ist er nur die Deposition der aus dem Accepte schuldigen Summe bei Gericht zu fordern berechtigt.“

S. 290. Zu Art. 80 sind jetzt §. 13 des Einführungsgesetzes zu der Civilprozeſsordnung und §. 3 des Einführungsgesetzes zu der Konkursordnung für das Deutsche Reich zu vergleichen. — Zu Art. 82 bestimmt eine österreichische Ministerialverordnung vom 6. Oktober 1853 (R.-Ges.-Bl. Nr.200): „Die Einwendung, daſs zur Zeit, als die Acceptation oder eine andere verbindliche Erklärung (Indossament, Aval) auf den Wechsel gesetzt wurde, die Unterschrift des Ausstellers, oder eines der übrigen im Art. 4 aufgezählten wesentlichen Erfordernisse eines Wechsels noch gemangelt hat und erst später ausgefüllt worden sei, findet gegen einen dritten redlichen Inhaber des Wechsels in keinem Falle, gegen diejenigen aber, welche an der nachträglichen Ausfüllung Theil genommen haben, nur dann statt, wenn erwiesen wird, daſs mit der noch unausgefüllten Urkunde durch eine unbefugte oder der getroffenen Verabredung zuwider laufende Ausfüllung ein rechtswidriger Gebrauch gemacht worden ist."

S. 293. Zu Art. 95 vgl. das österreichische Gesetz vom 19. Juni 1872 (R.-Ges.-Bl. Nr. 88): „Ansprüche aus Wechselerklärungen, welche nicht von ihrem Aussteller selbst unterzeichnet, sondern mit dessen Namen von einem anderen unterschrieben sind, eignen sich zur Geltendmachung im Wechselverfahren nur dann, wenn der letztere auch seine eigene Unterschrift mit einem auf Bevollmächtigung hinweisenden Zusatze beigefügt hat, und wenn auſserdem die von dem Machtgeber unterschriebene, oder mit dessen gerichtlich oder notariell beglaubigten Handzeichen versehene Vollmacht beigebracht wird. Die gesetzlichen Bestimmungen über die Zeichnung der Firma eines Kaufmannes werden durch diese Anordnung nicht berührt."

S. 300 §. 20. Markenschutzverträge bestehen zwischen dem Deutschen Reiche und folgenden Staaten: Belgien (R.-Ges.-Bl. 1875, S. 301), Brasilien (ebd. 1877, S. 406), Dänemark (ebd. 1879, S. 123), Frankreich (ebd. 1873, S. 365), Groſsbritannien (ebd. 1875, S. 199), Italien (ebd. 1875, S. 200), Luxemburg (ebd. 1876, S. 169), Oesterreich-Ungarn (ebd. 1878, S. 372), Portugal (ebd. 1872, S. 258), Ruſsland (ebd. 1873, S. 337), Schweden-Norwegen (ebd. 1872, S. 293), Schweiz (ebd. 1869, S. 606), Spanien (ebd 1868, S. 325), Vereinigte Staaten von Nordamerika (ebd. 1872, S. 106).

S. 319 f. Zu §. 35 vgl. §. 2 des Gesetzes gegen die gemeingefährlichen Bestrebungen der Sozialdemokratie, vom 21. Oktober 1878 (R.-Ges.-Bl. 1878, S. 351).

S. 324 f. §. 51 ist aufgehoben durch §. 3 des Einführungsgesetzes zur Konkursordnung für das Deutsche Reich, wofür die §§. 195—197 der letzteren zur Anwendung kommen.

S. 363. Das Art. 1 angeführte Münzgesetz bestimmt folgendes. „§. 1. Es wird eine Reichsgoldmünze ausgeprägt, von welcher aus Einem Pfunde feinen Goldes 139½ Stück ausgebracht werden. §. 2. Der zehnte Theil dieser Goldmünze wird Mark genannt und in hundert Pfennige eingetheilt. — §. 4. Das Mischungsverhältniſs der Reichsgoldmünzen wird auf 900 Tausendtheile Gold und 100 Tausendtheile Kupfer festgestellt. Es werden demnach 125,55 Zehn-Mark-Stücke, 62,775 Zwanzig-

Mark-Stücke, je Ein Pfund wiegen. — §. 9. Reichsgoldmünzen, deren Gewicht um nicht mehr als fünf Tausendtheile hinter dem Normalgewicht (§. 4) zurückbleibt (Passirgewicht), und welche nicht durch gewaltsame oder gesetzwidrige Beschädigung am Gewicht verringert sind, sollen bei allen Zahlungen als vollwichtig gelten. — — — Die Reichsgoldmünzen werden, wenn dieselben in Folge längerer Cirkulation und Abnutzung am Gewicht so viel eingebüſst haben, daſs sie das Passirgewicht nicht mehr erreichen, für Rechnung des Reichs zum Einschmelzen eingezogen. Auch werden dergleichen abgenutzte Goldmünzen bei allen Kassen des Reichs und der Bundesstaaten stets voll zu demjenigen Werthe, zu welchem sie ausgegeben sind, angenommen werden.“

S. 410. Ueber die Beurkundung des Personenstandes der auf See befindlichen Personen vgl. Reichsgesetz vom 6. Febr. 1875, §§. 61—64 (Theil II, S. 23 f.).

S. 476 Zeile 3 v. u. lies: 212 f. 215. — Zeile 10 v. u. lies: „Frachtgut“ st. „Freigut“.

FSC
www.fsc.org
MIX
Papier | Fördert gute Waldnutzung
FSC® C083411

Kolibri 360 GmbH
Ferdinand-Jühlke-Straße 7
99095 Erfurt, Deutschland
produktsicherheit@kolibri360.de